KB119021

이 삶이 당신을 어디로 이끌었든

이 삶이 당신을 어디로 이끌었든

김현수 옮김

안토니아 케이스 지음

위즈덤하우스

●

당신 외엔 아무도 갈 수 없는 길이 딱 하나 있다.
그 길이 어디로 이어지는지 묻지 마라.
그냥 떠나라.

-프리드리히 니체

계획하지 않은 삶이
기다리고 있다

우리가 그동안 계획해온 삶은 놓아 보내야 한다.
그래야만 우리를 기다리고 있는 삶을 받아들일 수 있으니까.

— 조지프 캠벨

　　　　　　　　이런 느낌을 받은 적 있는가? 내 삶에
무언가 빠진 것 같은 느낌. 하지만 그게 뭔지 콕 집어낼 수는 없고, 무언가
가 나를 기다리고 있는 듯하긴 한데 무엇을 기대해야 할지 혹은 찾아내야
할지 알 수 없는 느낌. 내 삶에 틈이, 빈 공간이 있지만 그 부분을 어떻게
메워야 할지 가늠할 수 없는 느낌. 얼마간 혼자 조용한 시간을 보내거나
지혜로운 조언을 듣는다면 마침내 그것이 무엇인지 알아낼 수 있을 것도
같고, 그러면 그것을 찾아 나설 수 있을 것도 같고, 왜 추구해야 하는지도
알 수 있을 것 같은 느낌.

　　어릴 적 내가 살던 곳에는 기다리는 여자가 있었다. 학교 가는 길, 차

안에서 매일 아침 그를 보곤 했다. 그는 자기 집 밖 골목길에 서서 사방을 둘러보았다. 하루는 차를 타고 그 앞을 지나가다 엄마에게 물었다. "저 사람은 뭐 하는 거예요?" 엄마는 나직이 대답했다. "기다리는 거야."

그 여자의 기다림이 당분간 계속될 거라는 생각이 들었다. 기다리는 게 무엇인지 그 자신도 모른다는 걸 나는 분명히 알 수 있었다. 그의 기다림은 잃어버린 무언가에 대한 기다림이 아닌 듯했다. 잃어버린 열쇠를 찾듯 여기저기 샅샅이 뒤지는 그런 기다림은 아니라고. 그보다는 더 실존주의적 기다림 같았다. 제자리를 잃어버린 느낌, 혹은 잃어버린 자신의 일부가 돌아오기를 기다리는 느낌.

쇠렌 키르케고르는 자기 자신을 잃어버리는 게 가능하다고 생각했다. 나 자신에 대한 책임이나 주인의식을 버리면 자아는 시들고 만다고. "세상에서 가장 위태로운 일, 나 자신을 잃어버리는 일은 아주 조용히 일어난다. 마치 아무 일도 아닌 것처럼." 키르케고르는 이렇게 썼다. 단순히 내가 입는 옷으로, 내가 타는 차와 내가 소유한 재산으로 나 자신을 정의하기 시작한다면, 문득 돌아보았을 때 어느새 노년으로 접어든 내 모습을 발견하게 될 것이다. 자의식을 갖고 나라는 사람에 대한 주인의식과 책임감을 잃지 않으며 자신을 본인이 원하는 사람으로 만들어가지 않는다면, 당신은 사람일지는 모르겠지만 '나 자신'은 아니라고 키르케고르는 주장했다.

그렇다면 내 삶을 어떻게 살아야 할까? 막막한 질문처럼 들릴지 모르겠지만, 니체는 이런 고민을 삶에서 빼놓을 수 없는 중요한 것으로 보았다. 내게 중요한 것은 무엇일까? 무엇이 가치 있을까? 무엇이 의미 있고 좋은 삶을 만들까? 나의 우선순위는 무엇이고, 그 이유는 뭘까? 이런 가치관은 내 선택을 지배하고, 내 열망과 목표와 행동의 근거가 된다.

따분하거나 초조해지고 삶이 만족스럽지 않은 순간이 오면, 니체는 바로 그때 그 감정을 자세히 들여다보고 연구하라고 간곡히 말했다. 니체가 보기에, 의문을 품는다는 건 어떤 형태든 정신이 건강하다는 신호였다. 어느 날 당신이 문득 멈춰 서서 '내가 지금 왜 이렇게 살고 있지? 이렇게 사는 게 옳은 걸까? 어떻게 하면 더 잘 살 수 있을까?'라는 의문을 품는다면 당신은 올바른 질문을 시작한 것이다.

초조함과 의문은 불안함의 신호인 동시에 지금보다 나아질 수 있다는 느낌을 가졌다는 신호다. 뭘 하며 살아야 할지 지금은 모르겠지만 내 삶을 더 풍요롭게 만들어줄 무언가가 어딘가에 있겠지, 하는 막연한 느낌과는 다르다. 무언가를 하면, 무언가를 배우면, 무언가를 바꾸면 내 삶이 눈에 띄게 발전하리라는 느낌이다. 하지만 어째선지 그 '무엇'이 무엇인지 잡아내기 어렵다.

이런 이야기를 하다 보니, 파리에 갔을 때 어둠 속에서 살아가는 가족을 만난 기억이 떠오른다. 밤이 되면 그 집 식구 넷은 아파트의 어둑한 벽 사이를 조심스럽게 오가며 마치 전깃불을 켜둔 것처럼 어렵지 않게 옷을 정리하고 물건을 챙기곤 했다. 그들은 어둠 속에서 살아가며 익숙한 세상을 다르게 보는 법을 터득했다. 그들이 전기 요금을 걱정할 형편이 아니었다는 사실은 언급해야 할 것 같다. 그들은 일찍 일어나고 일찍 하루를 마감하며 그저 깨어 있는 시간을 태양의 리듬에 맞추고 싶었을 뿐이다. 내가 왜 이렇게 사느냐고 묻자 그들은 좋은 삶을 위해 알맞은 조건을 만들 필요가 있기 때문이라고 했다. 좋은 삶은 그냥 굴러 들어오는 게 아니고 적극적으로 만들어가야 하는 것임을 그들은 분명히 보여주었다.

삶을 적극적으로 만들어가야 한다는 것은 내게 익숙한 개념이 아니었다. 나는 다들 그렇게 하니까 우리도 그렇게 하는 거라고 여기는 집에서 자랐다. 여름에 태풍이 불어 전기가 나가고 집 안이 암흑에 잠기면 우리는 더듬거리며 손전등을 찾고 촛불을 켰고, 그러는 내내 익숙한 방향감각을 잃어버린 것을 불평해댔다. 매일 밤 일부러 어둠 속으로 뛰어드는 일은 완전히 미친 짓 같았다. 그러다가 다시 생각해보기 시작했다. 늘 우리 머리 위에 있는 전깃불처럼 내가 지금껏 당연하게 생각해온 삶의 가정과 조건에 대해서. 그러자 삶의 얼마나 많은 부분이 '원래 그런 것'인지도, '그렇게' 하지 않음으로써 어째서 더 나아질 수 있는지도 생각해보게 됐다. 우리가 모든 것이 더 나아질 수 있다고 여긴다면, 우리 삶의 모든 것들을 다른 각도에서 바라볼 수 있지 않을까.

이미 귀가 닳도록 들은 이야기겠지만, 우리에게 주어지는 삶은 단 한 번뿐이라는 이야기는 아무리 해도 지나치지 않다. 이 소중한 선물을 제대로 써보지도 못하고 아무 생각 없이 시간을 허비해버린 뒤, 이번 생은 망했다는 충격적 깨달음과 함께 생을 마감하고 싶은 사람은 없으리라. 만약 당신이 열심히 노력하는 사람이고 선의를 지니고 있으며 기꺼이 시간을 투자하고 싶다면 – 나는 대부분의 사람들이 이런 부류라 믿는다 – 주어진 시간을 가장 잘 쓸 수 있는 방법을 알고 싶을 것이다.

우리는 종종 좋은 삶이란 개인의 발전을 위해 잘 짜인 프로그램을 따라가는 것이라고 여긴다. 이는 걸리기 쉬운 덫이다. 자기계발서에는 더 나은 삶을 위한 조언들이 넘쳐난다. '세상에서 가장 강력한 목표 성취 시스템', '목표와 결심을 현실화하는 5단계 전략', '한 달에 백만 달러 벌기', '나만의 MBA' 등. 이런 책들은 대부분 목표 설정, 생산성, 시간 관리와 미루는 습관 고치기에 대한 조언들을 찍어낸다. 이런 조언의 문제는 '나는 어떻게 살아야 할까?'라는 문제를 건너뛴 채 다음 허들인 '어떻게 이룰 수 있을까?'로 질주한다는 점이다. 이러한 접근법이 제공하는 조언들로 무장한다면 분명 현재 상황을 벗어나 목표를 이룰 수 있을 테지만, 아마도 예전과 똑같은 초조함과 불안감에 휩싸여 다시 맨땅으로 떨어진 채 자문하게 될 것이다. '이것이 정말 내가 원하던 삶인가?'

누군가에게 번영의 기술이란, 은행 잔고를 두둑이 하고 물질을 안정적으로 소유하기 위한 생산적인 활동에 시간과 에너지를 투자하는 것이다. 좋은 삶이란, 물건을 사고 그것을 지불할 방법을 찾는 것이다. 그런 삶에는 번쩍거리는 검은색 자가용이나 멋진 집을 소유하고, 아이들을 사립학교에 보내고, 특급 서비스를 제공하는 리조트로 자주 떠나는 일의 흥분감이 포함돼 있다. 이런 부류는 소유를 목표로 정한 뒤 모든 결정을 그 방향으로 몰아간다. 부동산에 투자하고, 이율이 높은 계좌를 터서 적금을 붓고 매달 충실히 카드값을 납부하는 것이다.

하지만 스스로에게 물어볼 필요가 있다. 나는 가질 수 없는 무언가를 계속 갈망하며 살아가길 바라는가? 머릿속으로는 끊임없이 '이것만 이루고 나면 나는 행복해질 거야'라고 생각하면서. 집을 장만하면, 월급만 오르면, 집수리만 끝내면, 그러면 나는 행복해질 거야. 누군가에게는 '이것'이 더 넓은 의미로 확대될 수도 있다. 동반자를 찾는 것, 살을 빼는 것, 아이를 갖는 것, 일을 그만두는 것, 일을 찾는 것, 혹은 의미 있는 일을 찾는 것. 일단 내 열정을 쏟을 일을 찾고 나면, 그러면 나는 행복해질 거야. 이런 맥락에서 행복이란 미래의 어느 시점이 된다.

에피쿠로스는 이런 방식의 삶에 분개했다. "지금 갖지 못한 것을 탐하느라 지금 가진 것을 망치지 말라. 지금 가진 것들이 당신이 열망해오던 것임을 기억하라." 그는 늘 '다음 것'을 갈망한다면 영원한 불만족의 길로 접어들게 된다고 말했다. 갖지 못한 것에 대한 열망은 지금 내가 가진 것에 감사하는 마음을 희석시킨다. 설사 모든 열망을 다 이룬다 해도 결국은 다시 출발점으로 돌아가 '그다음 것'을 열망할 수밖에 없다. "향락의 쳇바퀴"라 불리는 이 패턴은 우리의 잠재의식에 스며들어 탐색을 관할하는 뇌에 새겨진다. 그 대안으로 에피쿠로스는 우리에게 어떤 제안을 했을까?

에피쿠로스는 빵과 물을 먹고 살며 이렇게 말했다. "소박한 식사는 값비싼 식사만큼의 즐거움을 줄 수 있다. 결핍의 고통이 사라질 때, 빵과 물이 굶주린 입술에 닿을 때 그것만으로도 가장 큰 기쁨을 누릴 수 있다." 그는 행복을 정신적·신체적 고통의 부재로 보았고, 질투·부러움·불만을 갖게 하는 욕구를 가라앉힘으로써 행복을 추구하고자 했다. 그에게는 욕구 없는 삶이 궁극의 기쁨이었다. 하지만 행복으로 가는 길이 기쁨이 희박한 스파르타식 삶이라는 데 동의할 사람은 현대인 가운데 거의 없으리라. 더러운 음식을 먹고 거의 가진 것 없이 살아가는 삶이 즐거울 것 같진 않으니까. 그렇다면 해답은 무엇일까?

이 해답을 찾는 과정이 철학 잡지《뉴 필로소퍼New Philosopher》와 뒤이어 광고 없는 여성 잡지《우먼카인드Womankind》의 창간을 이끌었다. 시내 중심가마다 언론사들이 자리하고 슈퍼마켓 체인점과 서점에서 잡지를 판매하던 시절, 독자들에게 소비로 가득한 삶을 제시하는 출판물들이 넘쳐났다. 광고비로 만들어진 이런 잡지들은 패션, 돈, 화장품, 엔터테인먼트에 초점을 맞추고 유명인들의 삶이 좋은 삶이라고 선전했다. 하지만 내 눈에 그것은 좋은 삶의 시시한 버전으로 보였다. 그것이 10여 년 전 내가 잡지를 창간한 이유이다.

그 잡지들의 지면에서, 의미 있고 좋은 삶을 사는 가장 좋은 방법에 대한 질문이 형태를 갖추어갔다. 잡지를 처음 만들던 당시에는 이 영원한 질문을 고민해보겠다는 창간 동기가 제법 혁명적으로 느껴졌다. 미디어에서 끝없이 반복해서 보여주는 것들이 스포트라이트 속의 똑같은 얼굴들, 경제를 살리는 효과적인 방법에 대한 똑같은 주장들이었기 때문에 더더욱 그랬다. 우리 잡지의 목표는 그런 것들을 걷어내고 판을 흔들어보자는 거였다. 그리고 그 위로 어떤 것이 자리를 잡는지 지켜보기로 했다.

그 후 탐구를 위해 나는 다양한 길을 다녔고 여러 대륙을 가로질렀다. 그 여정은 결연한 의지를 시험하기 위한 개인적인 탐색의 시간이었다. 마치 해류처럼 나를 특정한 방향으로 계속 몰아가던 내 삶의 추진력으로부터 힘껏 떨어져 나와 변화를 줘야 했다. 나의 틀을 잡고 나를 형성한 영향들을 몰아내기 위해 나 자신을 본연의 상태로 되돌려야 했다. 나는 전 세계의 수많은 전문가들을 만나 다양한 문화 속의 행복과 의미에 대해 인터뷰했다. '진정한 자아'를 찾을 수 있다거나 우리 안에 발견되길 기다리는 '내면의 자아'가 있다는 의견을 비웃는 철학자들과 만나 인간의 정체성에 대해 토론하기도 했다.

만약 인간의 번영이 정해진 관념이 아니라면, 어떤 틀에 끼워 넣을 수도 목록처럼 적을 수도 없는 것이라면, 그것은 진정 개인적인 여정일 수밖에 없다. 이 점을 강조한 사람이 바로 니체다. 사람들은 누구나 마음 저 깊은 곳에서는 자신이 특별한 존재이며 자신 같은 이는 이 지구상에 단 한 번만 나타날 수 있다는 사실을 안다. 아무리 기막힌 우연이 작용한다고 해도 다채로운 면모를 하나로 통합한 이 놀라운 존재와 똑같은 존재가 또 다시 만들어질 수는 없는 법이다. 우리는 이 사실을 잘 알지만 부끄러운 비밀처럼 숨긴다. 왜? 니체는 우리가 특별한 존재라는 영광을 부끄러워하는 이유가 다른 사람들의 의견을 두려워하기 때문이라고 생각했다. 그래서 무리와 함께 생각하고 행동하며 나만의 기쁨을 추구하지 않는다는 것이다. 부끄러움 탓에 이렇게 행동하는 사람들도 있지만 대부분은 게으름 탓이다. 우리는 고유의 독보적인 특별함을 탐구하기엔 너무나도 게으르다. 그래서 '특별한 존재'로서 인간사의 이 순간에 선물처럼 주어진 특별한 삶에서 무엇을 하고 싶은지 모른다. 니체는 말했다. "일반 대중 속에 남아 있고 싶지 않다면 안주하는 태도를 버려야 한다." 우리는 이렇게 외치는 양심의 소리를 따라갈 필요가 있다. "너 자신을 보여줘! 지금 이 순간 네 행동과 생각과 욕망은 너의 것이 아니야!"

개인의 번영을 위해서는 다른 사람들의 의견, 혹은 틀릴지도 모른다는 두려움에서 벗어날 필요가 있다고 니체는 주장했다. 우리는 게으름을 극복하고 진정한 천재성을 찾기 위한 여정을 시작해야 한다. 무한한 시간 속 아주 짤막한 순간 – 오늘 – 에 존재하는 우리는 "우리 존재의 이유를 밝혀내야만 한다"고 니체는 말했다. "우리는 자신에게 각자의 존재에 대한 답을 주어야 하고, 나만의 진정한 조종사가 돼야 한다. 우리라는 존재가 무작위적이고 무의미하다고 인정해서는 안 된다." 고유한 자아를 탐색하기 위해서는 길을 떠나야 할 수도 있고, 모든 걸 알고 있을 때의 안도감을 포기해야 할 수도 있다. "왜 그 작은 땅에, 작은 사업에 매달려 있는가? 왜 이웃이 말하는 대로 하는가?"라는 말로 니체는 우리를 꾀어낸다.

나 혼자서 내 삶의 방향을 결정해야 한다고 생각하면 불안할 수 있다. 사실 다른 사람들이 나를 위해 결정을 내려준다고 생각하면 더 편안하다. 내가 받은 양육이나 교육, 동료, 사회, 내가 태어난 시각, 가족의 부, 인간관계, 건강, 습관, 두려움이나 슬픔 등에 의해 운명이 어느 정도 미리 결정돼 있다고 하면 차라리 마음이 편한 거다. 그러나 니체는 허튼소리 말라며 그저 당신을 게으름뱅이 취급할 것이다. "당신이 건너야 할 삶의 강 위로 다리를 놓아줄 사람은 아무도 없다. 그건 오직 당신만이 할 수 있다." 우리를 이끌어줄 사람이 나타날 때까지 기다리고 앉아 있는 동안 잃어버리는 것은 우리의 삶이다. "기꺼이 당신 대신 당신을 데려가줄 길과 다리, 막강한 인물 등은 도처에 널렸다. 하지만 그 대가는 당신 자신을 잃어버리는 것이다. 당신 자신을 담보로 내주었다가 결국은 잃어버릴 것이다."

초조함이 고조돼 마침내 탐색을 시작하지만 어디서 찾아야 할지, 내가 원하는 것이 정확히 무엇인지 알 수 없는 상황을 신화종교학자 조지프 캠벨은 숲속에 들어갔다가 멀리서 매혹적인 음악 소리가 들려오는 것에 비유했다. 멈춰서 들을 것인가? 아니면 걱정과 상념에 사로잡혀 그대로 지나칠 것인가? "멈추세요"라고 캠벨은 간청한다. "들으세요." 아주 잠깐이라도.

그 매혹적인 음악이 바로 당신의 행복이고, 행복이 방향을 가리키는 이정표다. 캠벨에 따르면, 산스크리트어에는 초월의 바다로 뛰어들게 되는 지점인 벼랑 끝을 표현하는 세 단어가 있다. 사트Sat, 치트Chit, 아난다Ananda. "'사트'는 존재를 뜻한다. '치트'는 의식을 뜻한다. '아난다'는 행복 혹은 더없는 기쁨을 뜻한다." 캠벨은 이렇게 썼다. "나는 이런 생각을 했다. '내 의식이 올바른 것인지 아닌지 잘 모르겠다. 내 존재가 참된 존재인지 아닌지도 잘 모르겠다. 하지만 내 기쁨이 어디에 있는지는 잘 알겠다. 그러니 나의 기쁨을 붙들고 간다면 그것이 내 의식과 존재를 둘 다 챙겨서 데려가리라.' 이 방식이 효과가 있었던 것 같다."

철학자들은 의식을 정의하기 위해 끝없이 분투하고 철학과에서는 자아가 무엇인지에 대한 불꽃 튀는 토론이 여전히 계속되고 있지만 이 삶에서 우리가 거머쥘 수 있는 것은 우리의 기쁨이다. 무엇이 당신을 들뜨

게 하는가? 당신은 무엇에 대해 숨 가쁘게 정신없이 떠드는가? 어린 시절 당신의 마음을 사로잡았던 건 무엇인가? 물론 이런 질문에 답하기 쉽지 않을 수도 있다. 어깨를 축 늘어뜨리고 이렇게 말하기가 더 쉽다. "없어요… 바로 그게 문제라고요." 그러나 이런 질문들은 그저 출발점에 불과하다.

"우리 삶은 그동안 너무 경제적·현실적 방향으로 바뀌었고, 나이를 먹어갈수록 당장 눈앞에 놓인 엄청난 일들 때문에 당신이 대체 어디에 있는지, 의도는 무엇이었는지 제대로 모를 때가 허다하다. 당신은 늘 누군가가 요구하는 무언가를 하고 있다." 캠벨은 이렇게 진단했다. 24년간 쌓인 자신의 강의 자료와 글을 면밀히 들여다본 캠벨은 이상한 점을 발견했다. 한 세기의 4분의 1이라는 시간 동안 그는 한 인간으로서 성장했고, 변화했고, 진보했으며, 그의 인생에는 많은 일들이 일어났다. 그는 어느 여자대학교의 문학 교수로 일해왔고 예전에 자기 학생이었던 전직 무용수와 결혼도 했다. 그러나 그동안 써온 자신의 글을 다시 읽어보다가 불현듯 깨달았다. "나는 늘 똑같은 것에 대해 떠들어대고 있었다." 그는 자신의 글을 관통하는 연속성에 깜짝 놀랐다. 말하자면 그는 '하나의 주제'를 갖고 있었다. 그는 이 연속성 혹은 맥락을 개인의 신화라고 부른다. 그것이 바로 자신의 행복 본부였던 것이다.

진정 우리가 붙들고 시험하고 계획하며 씨름할 수 있는 것, 노래로 만들어 부를 수 있는 것, 손주들에게 이야기해줄 수 있는 것은 우리의 기쁨이나 행복이다. 캠벨은 이렇게 조언한다. "당신의 행복 본부는 어디인가? 그것을 찾으려고 노력해야 한다. 당신의 행복을 따라가라." 그것이 당신을 기다리는 당신의 운명이기 때문이다.

쇼펜하우어는 이를 개인의 서사, 한 사람의 삶에 대한 소설의 플롯과 비슷하다고 보았다. 어떤 용어를 선호하든 질문은 거의 똑같다. 당신의 삶에서 반복적으로 품는 생각이나 꿈은 무엇인가? 예전 일기를 들추어볼 때 어떤 주제가 눈에 띄는가? 해가 바뀌고, 바뀌고, 또 바뀌어도 언제나 할 일 목록에 올라오는 것은 무엇인가? 책이나 영화에서 당신에게 가장 영감을 주는 것은 무엇인가? 달리 말해, 당신은 무엇에 대해 계속 떠들어대는가? 그것을 찾아서 따라가라는 것이 캠벨의 메시지다. 당신의 행복을 따라갈 것.

대학 시절 캠벨은 성공한 육상선수였다. 당시 전 세계 어느 선수보다 월등히 빨리 달렸다. 그는 자신의 행복을 스포츠에서 찾았다. 훈련할 때, 경기에 나갈 때 행복했다. 하지만 대학 졸업 후 일자리를 찾을 수 없었다. 그래서 일자리를 찾는 대신 숲속의 오두막을 빌려 세상에서 철수했다. 그는 5년 동안 하루를 세 시간씩 네 묶음으로 나눠 매일 아홉 시간씩 책을 읽었다. "나는 한 책에서 다른 책으로, 한 사상가에서 다른 사상가로 난 길을 따라갔다. 나는 나의 기쁨을 따라갔다. 하지만 내가 하고 있는 것이 무엇인지는 몰랐다."

캠벨은 원하는 것을 하는 데는 용기가 필요하다는 점을 강조한다. "당신을 위한 계획을 세워둔 이들은 많지만, 당신이 원하는 것을 하길 바라는 사람은 아무도 없다. 그들은 모두 당신이 자기의 여정을 따라오길 바란다. 하지만 원하는 것을 해도 괜찮다. 내가 그랬다. 나는 숲으로 들어가 5년간 책을 읽었다."

캠벨도 누군가 해답을 제시해주길 바랐던 때가 있었다. 누군가 오두막의 문을 두드리고 삶을 어떻게 살아야 하는지 말해주길 바랐다. 책 속에서 메시지를 찾던 그에게 누군가가 힌트를 준다면 더 쉬울 것 같았다. 여기서 시작하고 이 방향으로 가면 된다고. 하지만 캠벨은 자신의 모험은 스스로 시작하고 끝내야 함을 알았다. "자유에는 결정을 내리는 일이 포함 된다. 그리고 각각의 결정은 운명의 결정이다. 내 안에서 열망하는 무언가 와 맞아떨어지는 것을 바깥세상에서 찾는다는 건 매우 어려운 일이다."

1929년부터 1934년까지 그는 토마스 만, 니체, 슈펭글러, 쇼펜하우 어, 칸트, 괴테, 칼 융의 책을 읽었다. 그리고 마침내 메시지를 받았다. 문 학 가르치는 일을 해보면 어떻겠느냐는 질문이었다. 캠벨은 이제 세상으 로 돌아가 배운 것들을 공유해야 할 때가 왔음을 직관적으로 알았다.

우리 삶의 결정들은 대부분 생존에 꼭 필요한 것들을 중심으로 이루 어진다. 음식, 물, 거처, 옷이 필요하다. 안전, 좋은 직장, 건강, 살 곳도 필 요하다. 사랑과 우정, 가족과 유대감도 필요하다. 많은 사람이 사회에서 어느 정도의 존중을 받길 바라는데 이런 바람은 사회적 인정, 지위, 명성 등을 필요로 한다. 이런 '욕구'는 심리학자 에이브러햄 매슬로의 '욕구 위 계론'에 분명하게 제시돼 있다. 욕구 위계론의 정점은 '자기실현', 혹은 최 대치의 자신이 되고자 하는 욕망이다. 욕구 위계라는 피라미드의 꼭대기 에 자리 잡은 이 욕구는 다른 욕구들이 모두 충족된 뒤에야 찾는 경우가 많다.

캠벨은 매슬로가 주장한 가치 체계에 혼란을 느꼈다. "나는 그 목록 이 왜 그토록 이상해 보일까 생각해보았다. 어떤 소명이나 헌신, 믿음, 열 의에 사로잡혀 있는 사람이라면 자신의 안전, 심지어 목숨도 희생할 것이 며, 인간관계나 명성을 버릴 수 있을 것이고, 개인의 발전 따위는 안중에 도 없을 것이다. 그는 자신의 신화에 모든 걸 던질 수 있다."

자신의 모험에 부름을 받는 경험을 하면 그렇게 된다. 캠벨이 그랬 다. 그는 숲으로 들어갔다. 그는 매슬로의 가치 체계를 무시했고, 부모와 스승과 친구들의 기대를 저버렸다. 사회적 명성은 말할 것도 없고 사회

속에 마련된 자리와 안정을 포기했다. "자기 소명에 주의를 기울인다면 위험한 모험에 뛰어들 수 있다. 그 모험이 언제나 위험할 수밖에 없는 이유는 공동체의 익숙한 영역에서 벗어나야 하기 때문이다."

캠벨은 다양한 전통 문화, 신화, 전설에서 주인공이 익숙한 영역을 벗어나 머나면 저편으로 향하는 내용을 수도 없이 접했다. 저서《블리스로 가는 길Pathways to Bliss》에서 그는 북미 원주민 나바호족 이야기를 다룬다. 어느 형제가 아버지인 태양을 찾아 떠난 내용을 담은, '두 아들이 아버지를 찾으러 간 곳'이라는 제목의 이야기다. 어머니는 두 아들에게 경고한다. "집에서 너무 멀리 가지는 말거라." 하지만 그보다 더 간곡한 당부는 괴물이 있는 북쪽으로는 절대 가지 말라는 것이었다. "동쪽, 남쪽, 서쪽으로는 가도 되지만 북쪽으로 가서는 안 된다."

형제는 물론 난생처음으로 자신만의 길을 만들며 북쪽으로 향했다. 형제의 목적은 아버지를 찾아 어머니가 괴물과 맞서 싸울 때 필요한 무기를 얻으려는 것이었다. 그들은 자신들이 아는 세상의 끝까지 간 다음 사막으로 향하는 문턱을 넘었다. 그곳의 풍경에는 특징도 특색도 없었다. "나는 이것을 문턱을 넘어서는 행위라 부른다." 캠벨은 말한다. "이는 의식에서 무의식의 세계로 건너가는 것이다."

두 형제는 올드 에이지라는 노파를 만나고 그는 이렇게 말한다. "얘들아, 너희 여기서 뭘 하는 거냐?" 형제가 아버지인 태양을 만나러 왔다고 하자 그가 말한다. "그건 정말 머나면 길이란다. 너희는 그곳에 도착하기도 전에 늙어 죽을 거야. 내가 조언을 하나 해주마. 내 경로대로 걷지 말고 오른쪽을 향해 가거라." 형제는 노파의 조언대로 걷기 시작하지만 얼마 안 가 조언을 잊어버리고 결국은 올드 에이지의 길을 걷는다.

아는 길에서 벗어나는 것을 신화에서는 종종 캄캄한 숲으로 들어서

거나, 바다에 뛰어들거나 사막을 가로지르는 일에 비유한다. 예를 들면, 문턱을 넘어서 미지의 세계로 들어서는 일은 성공적인 커리어의 안정성을 버리는 일일 수 있다. "이는 오르막길이나 내리막길 혹은 수평선을 넘어가는 일로 묘사되기도 한다. 그것들은 모두 모험이다. 관문이나 동굴, 혹은 험한 바위들을 지나기도 하는, 언제나 미지의 세계로 가는 길이다."

　니체도 고유한 자아를 찾고 진정한 자신을 드러내는 일이 쉽지 않다는 데 동의했다. "자기 내면으로 파고들어가는 일, 자기 자신이라는 구덩이 안으로 곧장 격렬하게 내려가는 일"은 힘들고 위험하다. 그는 자아−탐구라는 이 여정을 시작하는 일은 위험하고 순탄치 않다고 경고한다.

　형제는 조언을 잊은 채 노파의 길을 따라 계속 걸어갔고, 늙고 지쳐 한 걸음도 더 디딜 수 없는 상태에 이른다. 얼마 뒤 형제와 다시 만난 올드에이지는 자기의 조언을 무시한 형제를 꾸짖는다. "내 길에서 썩 물러나라. 너희만의 길을 만들어." 그는 우렁찬 소리로 외친다. 이번에는 형제가 노파의 말을 따르고, 결국 그들이 찾던 아버지를 만나게 된다.

　캠벨은 말한다. "당신의 행복을 따라간다면 언제나 그곳에서 당신을 기다리고 있던 길로 들어서게 된다. 그리고 살고 싶었던 삶을 살아가게 된다. 당신이 어디에 있든 당신의 행복을 따라간다면 거기서 오는 상쾌함, 당신에게 내재된 생기를 즐길 수 있다."

　그러나 우리는 매혹적인 음악 소리를 듣고도 그것을 거부할 때가 많을 것이다. 매슬로의 욕구 위계를 떠올리고, 안정과 유대와 사회적 인정과 명성 등 당신이 포기해야 할 것들이 얼마나 엄청난지 고민할 것이다. 돈은 어떻게 벌지? 어디서 살지? 모르는 것에 대한 두려움을 경험하고 나면 모험의 부름을 받고도 거부할 수 있다고 캠벨은 말한다. "그때는 부름을 따라갔을 때와는 근본적으로 다른 결과가 기다린다. 부름을 받고도 응답하지 않으면 내가 고갈되고 삶을 잃어버린다는 느낌에 휩싸인다."

그렇다고 모든 걸 잃어버리는 건 아니다. 우리는 살아가면서 모험으로 이끄는 부름을 반복적으로 받는다. 부름은 일생에 한 번 찾아오는 것이 아니다. 그것은 마치 주기처럼 돌아오고 우리는 때로는 부름에 응답하고 때로는 하지 않는다. 캠벨은 이렇게 결론 내린다. "좋은 삶이란 영웅의 여정을 하나씩 밟아나가는 것이다. 우리는 여러 차례 모험의 영역으로, 새로운 수평선으로 부름을 받는다. 그리고 매번 똑같은 문제가 기다린다. 용기를 낼 수 있을까? 만약 용기를 낼 수 있다면 그다음엔 위험 혹은 도움이 기다리고 있기도 하고, 성취 혹은 재앙이 찾아오기도 한다. 재앙의 가능성은 언제나 있다. 하지만 행복의 가능성 역시 우리를 기다린다."

내가 경제·금융 잡지의 수습기자로 일하던 시절의 인터뷰가 떠오른다. 각기 다른 거래 전략을 가진 세 남자에게 5000달러씩 주고 석 달 동안 주식시장에서 주식 거래를 하도록 했는데, 한 사람은 분석 투자자, 또 한 사람은 역투자자였고, 세 번째 남자는 바이홀드(구매 및 보유) 투자자였다. 어느 투자 전략이 가장 우수했을까? 나는 세 사람을 인터뷰하고, 그들의 결과물을 기록하고 그들의 성공과 실패를 분석해보았다. 그중 두 사람은 그리 특별할 게 없었으나 세 번째 남자는 아직도 기억에 남아 있다. 때로 그와의 전화 인터뷰는 한 시간 넘게 이어지기도 했다. 이야기는 곧잘 주제를 벗어났고, 아예 투자나 주식시장과 관련 없는 이야기도 했다. 그는 삶의 의미가 무엇인지, 장차 무슨 일을 하고 살아야 할지, 어떻게 그 일을 성공적으로 할 수 있을지 혼란스러운 것 같았다. 그는 무언가를, 그것도 빨리 시작하고 싶은 것 같았지만, 아무리 애를 써도 그것이 무엇인지는 정확히 알아내지 못하는 것 같았다. 20대인 내 눈에 40대 남자가 자신이 무어라 규정하지도 못하는 것을 갈망하는 모습이 제정신으로는 보이

지 않았다. 심지어 답을 나한테 묻다니. 정말로 내가 그 답을 주리라 생각
하진 않았겠지만 그는 내가 내놓는 자잘한 아이디어 조각들이라도 기꺼
이 듣고 고민해보고자 했다. 물론 나는 필사적으로 전화를 끊고 싶었고,
마라톤 통화를 끝내고 나면 칸막이 너머 편집장이 눈썹을 치켜올리며 어
이없다는 표정을 짓곤 했다.

　　그 남자가 내 기억에 남은 이유는 그로부터 몇 년 후 우연히 그의 이
름을 발견했기 때문이다. 그는 한 금융 기업의 창립자가 됐다. 무슨 일을
하는 곳인지는 잘 기억이 안 나지만 그 회사는 급속도로 성장하며 큰 이
윤을 냈고 경제 뉴스에 끊임없이 이름이 언급됐다. 그래서 그가 이제 많
은 이의 리더가 됐고 크게 성공했구나 싶었다. 예전에 그와 나눴던 전화
통화, 그의 확연한 불안과 의문들을 떠올리자니 니체가 보았다면 박수를
보내지 싶다. 그는 깊이 파고들어갔고 끝내 황금을 발견했으니까.

　　그러나 삶에는 세트 포인트라는 것이 존재하지 않는다. "바로 이거
야! 나는 번영하고 있어!"라고 외칠 수 있는 지점은 없다. 우리는 최후의
종점을 향해 계속 움직여가는 컨베이어벨트 위에 있다. 그곳에선 행복과
황홀의 장면이 지나가면 좌절과 깊은 절망의 장면이 이어지기도 한다. 그
러나 니체와 캠벨은 목소리를 모아 이렇게 말한다. 중요한 것을 찾고 나
만의 독립된 발자국을 발견하는 것이 삶이라고. 왜냐, 삶은 당신 앞에 펼
쳐진 길이니까. 쾌락주의자들은 이 말을 샴페인 잔을 들고 좋은 삶을 위
해 축배를 드는 것으로 해석할지도 모른다. 캠벨의 생각은 다르다. 그는
"당신의 행복bliss을 따라가세요"라는 말을 고의로 "당신의 물집blister을 따
라가세요"로 바꿔 썼다. 내게 중요한 목적을 따라가다 보면, 분명히 말하
건대 물집이 잡힐 것이기 때문이다.

어느 추운 저녁, 북아프리카의 아틀라스산맥 기슭에서 머리가 하얗게 센 북유럽 커플을 만난 적이 있다. 맨발에 빈털터리였던 두 사람은 여행 자금을 모으려 과일 농장에서 일했고, 밤이면 둘이 눕기엔 너무 작은 텐트에서 잠을 잤다. 저녁이 돼 우리 일행이 숙소 객실 안에 안전하고 포근하게 누우면 근처 평원에 깜빡이는 작은 손전등 불빛으로 그 커플의 행방을 짐작할 수 있었다. 그들의 텐트는 사막에서 무자비하게 불어대는 바람에 맞서며 쭉쭉 늘어났다. 우리 일행은 새벽에 일찍 일어나 모로코에서 두 번째로 높은 산을 오르기 위해 출발했다. 제대로 된 등산화를 신고, 일행 중 몇몇은 전문 산악인들이 사용하는 하이킹 스틱까지 갖춘 채 산길을 따라 열심히 올라갔다. 점심 무렵 산의 어느 굽이에선가 이 신기한 커플이 또 우리에게 말을 걸어왔다. 이번에 그들은 그 쌀쌀한 날씨에 샌들을 신은 채 마치 일요일 산책길에 마주친 사람들처럼 환하게 웃어 보였다. 그리고 정상을 불과 몇 킬로미터 앞에 두고 우리 일행이 함께 산꼭대기를 수직으로 올려다보고 있을 때, 나는 또 한 번 그 커플을 보았다. 그들은 구름 속에 앉아 산의 정점에서 풍경을 내려다보고 있었다. 그들은 그들만의 길을 냈던 거다. 이처럼 산을 오르는 길이 하나가 아니듯 삶을 살아가는 방법도 한 가지가 아니다.

여러 해 전에 나는 도시에서 다니던 회사를 그만두었다. 전망도 밝고 출세할 길도 여러 갈래인 안정적이고 보수 좋은 직장이었다. 하지만 나는 행복하지 않았다. 부름을 받았던 것 같다. 나는 그때까지 내 삶의 사운드트랙이었던 미디어와 인터넷을 꺼버리고 내 책임이었던 일과 의무를 등졌다. 그리고 미지의 거리를 걷고 산을 통과해서 사막으로 이어지는 여정에 올랐다.

　내 이야기를 들으며 여러분도 당신을 부르는 소리에 귀를 기울일 수 있게 되길 바란다. 니체가 말했듯 진정한 내 길은 당장은 캄캄하여 모퉁이를 돌았을 때 무엇이 나올지 알 수 없다. 그는 이렇게 재촉한다. "당신 외엔 아무도 갈 수 없는 길이 딱 하나 있다. 그 길이 어디로 이어지는지 물을 필요는 없다. 그냥 떠나면 된다."

차례

●

1장

●

내 삶에 무언가 빠져 있다는 생각

(오스트레일리아   )
(브리즈번   )

진짜 나를 찾기 전 약간의 시간 낭비는 불가피한 법이다.

－엘리자베스 보언

나는 골프를 치지 않는다. 하지만 지금은 아침 7시 23분이고 티오프까지는 7분밖에 남지 않았다. 나는 운전석에 앉아 아침 안개 속에 몇몇 사람이 모여 있는 모습을 본다. 상사는 카드를 마구 긁어대라고 분명히 지시했다. "이 사람들은 진짜 중요한 고객이야. 우리 펀드를 어마어마하게 팔아줄 사람들이라고. 무조건 좋은 시간 보내게 해줘." 오후쯤 이들은 기분 좋게 취해 있을 것이고, 초저녁쯤엔 바 앞에 몸을 제대로 세우지도 못할 것이다. 골프장에서 그들이 보낸 기분 좋은 하루는 종신 연금보험 판매량 수직 상승을 의미하고, 나는 황금 배지를 달게 될 거다.

그런데 웬일로 나는 운전석에서 몸을 일으킬 수가 없다. 푸른 잔디 위로 피어오른 안개 때문에 멀리 서 있는 고층 빌딩들이 작아 보인다. 푸석푸석 부은 얼굴들이 나타났다가 사라진다. 머리에서 발끝까지 흰색으로 차려 입은 남자가 커다란 손목시계를 들여다본다. 내 차 계기판의 시계가 7시 25분을 가리킨다.

인간만 가진 신기하고 다소 당황스러운 측면이 있다면 그것은 스스로를 응시하는 능력이다. 영국의 철학자 존 로크는 그것을 "우리 자신의 자아"가 되는 것이라고 했다. 우리는 자신인 동시에 자신을 분석할 수 있다. 그러는 과정에서 자신을 마치 사과나 배를 바라보듯 대상화할 수 있다. 나 자신의 이런 모습은 더 보이고 저런 모습은 좀 덜 보였으면 좋겠다고 바라기도 하고, 때로는 내가 보는 내 모습이 내가 아니길 바라기도 한다. 내 모습과 내가 바라는 모습 사이의 그 격차가 우리를 괴롭힌다. 새해가 되면 새로운 다짐들을 적어 내려가고, 내가 이루지 못한 꿈을 다른 사람들이 이루었을 때 질투하는 것도 그런 이유에서다. 《즐거운 학문La Gaya Sienza》에서 니체는 이렇게 선언했다. "당신의 양심이 무어라 말하는가?

'당신은 당신 자신이란 사람이 돼야 한다.'"

나는 용기를 내어 뒷거울 속의 나를 힐끗 본다. 얼굴은 두꺼운 화장으로 생기가 없고, 라임색 모자는 이마 위에 어색하게 얹혀 있다. 뒤늦게 온 세 사람이 내 차 뒤쪽에서 사람들 무리로 활기차게 걸어가더니 모두와 일일이 악수를 나눈다. 안개가 잠시 걷힌 사이 인원을 세어본다. 스무 명은 족히 되고 모두 남자다.

나는 가능성을 타진해본다. "네, 네. 제시간에 도착했어요. 제때 왔다고요. 근데 차에서 내릴 수가 없어요"라고 말할 수도 있다.

"뭐라고? 차에서 못 내리겠다고?"

"네. 제 손이 여기 분명 놓여 있는데 움직이질 못하겠어요. 그래서 그냥 앉아서 앞 유리 너머로 사람들을 지켜보고 있어요. 심지어 제리도 그냥 보고만 있었어요."

제리는 우리 고객사의 창립자였다. 내 상사조차 그의 사무실에 들어가면 긴장했다. 과도한 친한 척으로 긴장감을 감추려 했다. 이를테면 사무실 구석 플라스틱 블라인드 뒤에 숨겨둔 골프 가방을 뒤져 세일즈맨의 직감으로 제리가 제일 아끼는 골프채를 꺼내들고 허공에 치켜든 다음 이렇게 말하는 거다. "우아, 이거 정말 죽이는데요!" 그러고는 한쪽 눈만 가늘게 뜨고 엉덩이를 씰룩거리며 골프공을 카펫이 깔린 복도 위로 쳐서, 안내 데스크 여직원을 지나쳐 하얀 플라스틱 컵 안으로 명중시키는 식이다.

제리는 자수성가한 남자의 전형이었다. 제대로 된 교육도 못 받았고 유머 감각도 없는 그는 재정 고문을 수백 명이나 고용한 수백만 달러짜리 사업체를 만들었다. 수백만 달러가 나날이 황금빛으로 변해가는 회사 벽 안으로 흘러 들어갔고, 내 상사는 매년 그 황금 파이 가운데 한 조각을 차지했다. 상사는 골프가 제리의 마음으로 가는 길이고, 그 마음을 통해 그의 수표책에 닿을 수 있다고 믿었다. "그 인간을 움직이게 만드는 게 뭔지 찾아내." 교외의 미팅 장소로 가는 길에 신호를 받고 서 있을 때 상사가 말했다. "그들이 자길 중요한 사람이라고 느끼게 만드는 게 뭔지 찾아봐. 후각을 써서 찾으라고." 그는 깨끗하게 손질한 손톱으로 자기 코를 톡톡 치며 말했다. "누군가가 자길 중요한 사람이라고 느끼도록 하는 게 뭔지만 찾으면 그의 지갑도 열 수 있는 법이야."

안개 속 무리 가운데서 제리의 넓은 이마가 보인다. 그는 흰색 골프 반바지 주머니에서 핸드폰을 꺼내느라 애쓰는 중이다. 그 옆에 서 있던 남자가 마치 사냥개처럼 조급함의 냄새를 맡아낸다. 그가 손목시계를 들여다보며 투덜거린다. 그러자 제리가 그를 쏘아본다. 이제 티오프까지는 2분 31초 남았다.

차문 손잡이를 쳐다보지만 손은 무릎 위에서 꿈쩍도 하지 않는다. 나는 뒷거울에 비친 내 모습을 보고 머리를 흔들어 모자를 떨어뜨린다.

매슬로는 우리가 실질적 자아와 이상적인 자아의 불일치 상태에 빠질 수 있다고 경고했다. 즉, 지금의 나와 내가 이상적으로 되고 싶은 나 사이에 격차가 존재하는 것이다. 이 격차가 삶이 갑자기 휘청이며 예상치 못했던 길로 꺾어드는 중년의 위기를 설명해주기도 한다. 우울과 불안과 답답함에 시달리거나 아침에 침대에서 일어나지 못하는 사람, 걸음걸이에서 활기를 잃어버린 사람도. 실질적 자아와 이상적 자아가 일치하지 않을 때 부적응 행동이 나타날 수 있다고 매슬로는 예견했다. 누구나 이런 사람을 봤을 것이다. 한때 '모든 것', 즉 아이들과 잘 수리한 집과 수영장을 가졌던 부부가 어느 날 갑자기 갈라서는 것이다. 둘이 계속 싸우다가, 남편이 다른 이혼녀와 떠나버린다. 상담사와 가까운 친구들까지 '타협이 어려운 성격 차이' 때문이라고 결론 내리지만 부부가 20년을 함께 살았다면 성격 차이는 결코 결별의 본질적인 문제일 수 없다. 성격 차이는 몇 주, 혹은 길어봐야 몇 달쯤 만나면 드러나는 법. 함께 아이를 낳고 집을 수리하고도 같이 살 수 없게 된다면 그땐 다른 문제가 있다는 건데, 매슬로는 그것이 실질적 자아와 이상적 자아가 '불일치'하기 때문이라고 지적한다. 그것은 개인적인 문제다. 동반자 두 사람 중 한쪽이 어느 날 그 격차를 없애고 싶다는 열망에 휩싸이고, 그때 생각할 수 있는 가장 쉬운 방법인 결혼을 깨는 쪽을 택하는 것이다. 하지만 그렇게 해결할 수 있는 문제가 아니다. 결혼을 깨면 경제적 제약 때문에 두 사람은 혐오하는 직장에 성실하게 다니며 더 빡빡한 일상을 살게 되는 경우가 많다. '새로운 것을 시도'할 시간 따위는 생기지 않는다. 엄청 돈이 많이 드는 이혼 과정을 거친 다음 전업 사진작가의 길을 선택하기란 쉽지 않다. 새로 만난 파트너를 그렇게 살고 싶다고 어디 한번 설득해보시라.

그런가 하면 내 친한 친구 하나는 늦은 나이에 갑자기 공부해서 의사가 되겠다고 결심하더니 마흔다섯에 진료실에 앉아 환자를 보기 시작했다. 그때 이 친구가 바꾼 것은 단지 직업만이 아니었다. 그는 갑자기 딴사람이 된 것 같았다. 더 배려하고, 더 공감하고, 타인에게 필요한 것들에 더 신경 쓰고, 남을 부러워하지 않았다. 이때 우리가 목격하는 것이 바로 조화의 상태이며, 매슬로는 이를 '자아실현'이라 불렀다. 친구는 자아를 실현했고 다른 모든 외부 효과는 마치 조화로운 자아에서 햇살이 퍼져 나오듯 예견된 일이었다.

그러나 자아실현이란 것이 석 달 안에 이루어지는 일은 아니다. 더 정확히 말하면 평생에 걸쳐 수행할 프로젝트다. 자아실현은 나의 살갗으로 스며들어 퍼져 나가는 것이다. 혹은 독일의 심리학자 쿠르트 골드슈타인Kurt Goldstein이 1939년에 처음 언급한 것처럼 "유기체의 개인적 능력치를 세상에 최대한 실현하고자 하는 경향"이다. 그것은 우리가 매 순간 수행하는 주된 욕구이자 사명이다. "모든 개인, 식물, 동물 들은 저마다 오직 한 가지 목표를 타고난다. 바로 자신을 실현하는 것이다."

솔직히 말하면 예전 직업을 선택한 것은 온전히 내 탓이었다. 구인 광고를 보고 훗날 내 상사가 된 매니저에게 무작정 전화를 걸었다. 사람들로 꽉 찬 지하 구내식당에서 전화를 받은 그는 전화기 저편의 내 목소리를 제대로 듣지도 못했다. 어쨌거나 나는 대담하게 그에게 전화를 걸었다. 그 자리는 어차피 영업직이었으니까. 절차나 줄 서기 따위는 무시하고 밀어붙이는 스타일이야말로 거래를 성사시키는 스타 세일즈맨의 특징 아닌가. 그리하여 얼마 지나지 않아 나는 비행기를 타고 주와 주 사이를 가로질러 날아갔고, 쿵쾅쿵쾅 뛰는 심장을 부여잡은 채 심호흡을 하며 엘리베이터를 타고 50층까지 올라갔다. 전 직장 월급의 두 배에다, 회사 차도 주고 기름값에 의류비까지 지원해준다고 했다. 1년 안에 월급은 다시 두 배로 불었고 수백 미터 아래를 내려다보는 곳에 통창으로 된 사무실도 배정받았다. 바지 정장을 차려 입은 나는 상사와 그의 과도하게 아름다운 새 비서가 내 세일즈 별명을 의논하는 걸 듣고 있었다. 그리고 그는 마치 신에게 부름받은 사람처럼 우렁우렁한 목소리로 외쳤다. "터치다운 토니!"

그렇게 나는 인터넷에서 벤츠 컨버터블을 검색하는 터치다운 토니가 됐다. 하늘색 차가 마음에 쏙 들었다. 몇 대 시승을 해보고 특징들을 비교하며 영업 사원에게 이런 차는 주로 어떤 사람들이 사느냐고 물었던 기억이 난다. "저 같은 사람들이 사나요?" 내가 어떤 사람이 된 건지 궁금해하며 물었던 것 같다. 내 사무실 수백 미터 아래부터 우리 집까지는 구불구불 이어지는 보도가 있었다. 딱히 관심 둘 만한 것 없는 짧고 단순한 길이었다.

　나는 군이 회사 차를 타고 출근해서 지하주차장에 차를 세우고 보안 패스를 인식시켜 회전문을 통과하고 출근카드를 찍고 고속 엘리베이터를 타고 사무실로 올라와 비서로부터 그날의 스케줄을 들으며 잘근잘근 물어뜯은 내 손톱과 관리가 아주 잘 된 그의 손톱을 비교했고, 한 켤레뿐인 내 검정 부츠를 이렇게 매일 신어서는 안 되겠다는 생각을 했다. 얼마 지나지 않아 직장에서 차와 관련된 특전을 왜 이렇게 많이 제공하는지 깨달았다. 나는 잠깐 숨 돌릴 새도 없이 미팅 장소를 오가야 했다. 도시의 서쪽에서 동쪽으로, 북쪽에서 남쪽으로, 시내 지도의 빨간색 윤곽 속 작은 사무실들과 로비, 카페와 중역 회의실까지. 비서 켈리가 에어컨 바람이 빵빵한 창공의 안락한 사무실에서 내 동선을 지시했다. 오전 11시 45분 킹 스트리트 1동, 오후 1시 20분 캠벨 퍼레이드 1200동. 나는 덜미를 단단히 붙잡힌 채 장난감 경주 트랙 위의 파란 모형 자동차처럼 이쪽저쪽으로 이동했다. 그러다 보면 어느새 분초를 다투며 속도를 올렸고 여러 회사의 로비를 정신없이 들락거렸다. "터치다운 토니, 저 켈리예요. 내일 록햄프턴 행 비행기를 예약해뒀어요. 서른 명 정도 앞에서 프레젠테이션을 해야 해요." 40도에 육박하는 무더위 속에서 한 켤레뿐인 내 부츠는 빠르게 닳아갔다.

　인간에게는 자기 식구들을 돌보고 기본적인 욕구를 충족하기 위한 음식과 안식처가 필요하다. 그렇다고 인간의 삶이 그것만으로 충족되지는 않는다. 미켈란젤로의 다비드 상이나 톨스토이의 두툼한 문학작품들만 떠올려봐도 바로 알 수 있다. 매슬로는 삶의 가장 중요한 목적은 나의 고유한 재능, 성격, 환경에 근거하여 인간으로서 내가 가진 역량을 최대치로 발휘하는 것이라고 주장했다. 여덟 살 때 꿈꿨던 미래의 내 모습 같은 것 말이다. 어느 날 당신은 성공이라 생각하는 것을 이룬 사람이 되고, 삶이 가치 있는 것이 되길 꿈꾼다. 바로 그런 열망이야말로 우리가 수십 년 세월을 통과하면서도 시들지 않도록 생생하게 간직해야 하는 것이다.

헨리 데이비드 소로는 통나무집에서 검소한 삶을 살기 위해 자기가 속한 사회를 버리고 떠났다. "삶의 아주 근본적인 것들만 보고 살겠다는 의지"였다. 그것이 당대 사회 규범과 관습에 반하는 것이었음에도 도시의 삶과 일상에서 벗어나 삶의 진정한 목적을 찾고 그것을 따라가고자 했다는 점에서 매슬로는 소로를 높이 평가했다. 소로는 통나무집에서 무소유에 가까운 삶을 살며 글을 쓰고 읽고 명상했다. 낚시를 하고 열매와 채소를 채집해서 먹었다. 소로는 명예와 성공과 부에 대한 환상을 버리고 단순한 삶 속에서 자신의 목적을 발견했다. 소로는 말했다. "삶을 단순하게 만들수록 우주의 법칙도 단순해진다."

회사라는 감옥에 수감 중인 다른 죄수들과 달리 나는 점심시간에도 주변을 달리지 못했다. 그들이 신선한 바람을 쐬고, 운동복에 운동화를 신고 조깅을 하는 동안 나는 켈리가 잡아준 미팅에서 투자자와 함께 그날의 네 번째 커피를 주문했다. 우리는 수족관 같은 카페에 앉아 다른 죄수들이 째깍째깍 흘러가는 시간을 의식하며 숨차게 돌아다니는 모습을 지켜보았다. 테이블 위에는 내가 팔아야 할 펀드 목록이 놓여 있었다. '리퀴드 라이프스타일' 종신보험과 '기간제' 연금. 투자자는 손목시계를 들여다보며 아내와 자식들을 떠올리거나 영업사원은 언제나 자기 시간을 잡아먹는 인간들이라고 생각하고 있겠지. 프랑스 철학자 장 폴 사르트르가 실존주의 관점에서 경고했듯이 우리는 '불신' 속에서 살아가는 경향이 있다. 우리의 삶은 다른 누군가의 창조물이자 구조물이고, 우리는 그저 아무 생각 없이 그 안에서 살아간다. 마치 우리 살갗에 새겨진 흉한 문신처럼 말이다. 문질러서 지워보려 하지만 그 잉크는 우리 피부에 영구히 새겨진 채 남아 있다. 아니면 우리가 영구하다고 생각하거나.

엘리베이터를 타고 30층으로 올라가는 동안 상사는 엘리베이터 피치elevator pitch로 뭘 준비했느냐고 물었다. 내가 고개를 젓자 그는 깜짝 놀란 척 되받았다. "없다고? 당연히 준비했어야지. 완벽하게 해내야 해." 그날 나는 나에 대한 30초짜리 연설을 배우고 연습해서 낯선 사람들에게 선보여야 했다. 좋은 엘리베이터 피치란 엘리베이터가 1층에서 30층까지 초고속으로 올라가는 짧은 시간 동안 처음 본 사람에게 강한 인상을 남기는 것이라고 상사는 강조했다. 그리고 그 순간을 놓치지 않고 말했다. "지금 연습해. 그러고 나서 나한테 보여줘."

엘리베이터 피치 같은 속사포 소개에는 대개 명사가 많이 사용된다. 마치 명사가 많은 삶일수록 더 인상적이기라도 한 것처럼. 단어 몇 개로나 자신을 요약해보기로 하자. 소셜미디어 이용자들이 온라인에서 자신을 소개할 때 쓰는 방법이다. "서퍼, 아빠, 영화감독." "금융인, 골퍼, 여행가." 그러나 "진정성, 선의, 평등, 자유를 사랑하는 사람"처럼 개인적인 생각이나 추구하는 목표, 행동 원칙 등을 써두는 사람은 찾기 어렵다. 그동안 우리를 정의하는 방식이 달라졌는데, 좋은 쪽으로의 변화는 아닌 듯하다. 오늘날 우리는 마치 사회학자처럼 우리 자신을 기준과 평균치에 따라 집단으로 분류한다. 이상을 추구하는 사람으로, 혹은 완벽함과 뛰어남을 기준으로 생각하지 않는다.

이상을 사회 연구의 기본으로 삼던 때도 있었다. 작가 대니얼 부어스틴은 미국이 이상에 사로잡혔던 시절도 있었다고 주장했다. 미국의 독립을 이루고 헌법을 제정하기 위한 노력은 자유와 민주주의에 대한 이상을 토대로 했다. 그러나 지난 한 세기에 걸쳐 사회학자들은 중간값과 평균치를 찾느라 통계 자료와 대중에 대한 사실에 집중하며 인간 개개인의 초상은 내던져버렸다. 그렇게 얻은 데이터로 사회학자들은 사회 안에서 사람들의 집단 캐리커처를 그려냈다. 중간 관리직, 중산층 전업주부, 영업 관리직. 이렇게 극도로 단순화된 사회적 개념은 광고주, 판매자, 사회개혁가 등 누구든 이미지를 구축해야 할 사람들에게 아주 유용했다. "사회는 이런 캐리커처에 개개인이 자신을 맞춰 넣길 기대했다." 부어스틴은 말했다. "이 이미지는 금세 식자층 미국인들의 자아상을 지배하게 됐고, 미국인들은 사회학적 이미지에 자신을 맞추려 노력하게 됐다."

개인이 자신을 정의하는 방식의 이 미묘한 변화는 광고 산업계에는 신이 내린 선물이었다. 그 변화 덕에 전환율이 치솟고 수익이 불어났다. 선善을 이상으로 추구하는 남자에게 명품 구두를 판다거나, 자선이나 평화를 중시하는 여자에게 고가의 차를 판매하는 일의 어려움을 상상해보라. 그 대신 광고업자들은 대중을 작은 그룹으로 깔끔하게 분류해 그들의 정체성에 호소하는 이미지로 강타할 수 있었다. 금융인이나 골퍼는 럭셔리 손목시계를 보란 듯이 차고 고급 승용차를 원한다는 걸 예측할 수 있으므로.

부어스틴은 또 이렇게 말한다. "천진하게 이상을 강조하는 것은 기껏해야 완벽이라는 추상적인 기준을 추구하게 하는 비현실적인 일이었다. 유행과 이미지를 강조하는 방식은 사람들에게 각자의 유령을 추구하도록 부추겼다." 마치 개가 자기 꼬리를 좇듯이 우리는 이미 버젓이 존재하는 제 모습을 놔두고 그것을 대변하는 이미지를 수집하고 정체를 만들어내려 애쓴다.

상사와 함께 탄 엘리베이터에서 나 자신을 30초 안에 설명해야 한다고 생각하니 공포스러웠다. 그 행위는 30초짜리 라디오 광고의 특징을 모두 갖추고 있었지만, 한 가지 다른 점은 종신 연금보험이 아니라 나를 광고해야 한다는 점이었다. 어쩌다 내가 팔아야 할 상품이 된 걸까?

시계는 7시 29분을 가리켰고, 나는 영업용 자아의 얼굴을 아직 장착하지 못한 상태였다. 차 문을 겨우 연다고 해도 내 본 모습으로 내리게 될까 봐 걱정된다. 그건 마치 잠옷을 입은 듯 딱 보기에도 내 역할을 수행할 수 있는 모습이 아니다. 평소에는 차를 타고 이동하는 시간에 영업용 멘트가 가미된 엘리베이터 피치를 연습하곤 했다. "그 상품은 버릴까 심각하게 고민 중이에요. 투자자 중에 그 상품을 이해할 만한 분이 안 계실 듯해서요. 아시잖아요, 정말 복잡하고, 파생상품도 포함돼 있고, 평범한 펀드가 아니거든요. 요즘 같은 때는 그게 우리 스타 상품이긴 해요. 투자자가 제대로 이해만 하면 말이죠. 마티 씨, 비밀 골프 레슨이라도 받고 계세요? 정말 끝내주는 스윙이네요!"

그때 내게 실제로 무슨 일이 일어난 건지 가만히 돌아보면, 회사 건물 깊숙이 자리 잡은 회의실 안에서부터 이미 내 안에 금이 가고 있었음을 알 수 있다. 유리 자동문으로 둘러싸인 방 안에 기다란 직사각형 테이블이 놓여 있었다. 잘 닦아 반들반들 광이 나는 목재 테이블이었다. 비서 두 사람은 늘 그렇듯 일찍 도착해서 밝은 얼굴로 똑같은 의자에 단정하게 앉아 있었다. 내가 그 일을 시작한 지 몇 달쯤 지났을 무렵이었다. 비서들은 면접에 온 지원자들을 그들이 신은 신발로 분석한다는 말을 털어놓았다. "면접 때 검은색 부츠를 신고 계셨죠." 비서들이 키득거리며 말했다. "그래서 이 부츠가 뭘 말해주던가요?" 일을 시작하고 새 신발을 살 시간이 없었던 나는 쏘아붙이듯 물었다. "열심히 일하는 분일 거라고 생각했죠." 그들은 이렇게 대답하며 웃다가 상사가 들어오는 걸 보곤 웃음을 꾹 눌렀다. 8시 30분 정각에 행진하듯 걸어 들어온 그는 이 작은 회의실에서 우리 셋과 시간을 보낼 거란 생각에 아주 신이 난 얼굴이었다. 그는 비어 있던 상석에 앉았다. 벽장 같은 실내의 느낌, 꽉 막힌 하얀 벽, 30층짜리 건물을 채운 사원들이 커피를 마신 후 토해내는 입냄새, 그로 인해 산소가 부족한 공기에 면역이 된 모습이었다.

외부인의 눈에는 내가 '성공'한 사람으로 보였을지도 모르겠다. 고액 연봉에, 개인 비서, 고급 승용차에다 점심값도 법인 카드로 해결할 수 있었으니까. 하지만 '성공'이란 정확히 무엇일까? 중세 시대에 '성공success'이라는 명사는 존재하지도 않았다. 16세기에 성공의 의미는 '무언가를 따라가거나 계승하는 것'이었다. 즉, 내가 무슨 일을 하면 일어나는 게 성공이었다. 그러니 자기 자신을 '성공한' 사람으로 다른 이들과 구별하는 것 자체가 불가능했다. 그 당시에는 누군가를 '성공한' 사람으로 묘사하는 것이 그를 '보랏빛'이라 부르는 것만큼이나 말이 안 됐다.

그때 그 느낌을 제일 처음 인지한 건 내 얼굴이었다. 그다음엔 두 손이었고, 심장도 쿵쿵 뛰었다. 공포였다. 피를 차갑게 식히는 공포가 혈관을 통해 번져 나갔다. 상사가 채 한 마디도 하기 전에 나는 벌떡 일어나 웅얼웅얼 알아듣기도 힘들게 몸이 안 좋다고 겨우 말했다. 유리 벽장 밖으로 나가 중역 회의실을 벗어났지만, 나는 여전히 더 커다란 유리그릇 안에 있을 뿐이었다. 그길로 엘리베이터를 타고 핸드폰을 찾아 남자친구인 잰에게 전화를 걸었다. 그의 사무실 빌딩을 향해 신호가 퍼져 나갔다. 나는 얼굴을 유리에 갖다 붙인 채 지상에서 수십 미터 떨어진 공중에서 서성거렸다. 그리고 엘리베이터가 수직 통로로 직하강하기 시작할 때 소리쳤다. "나는 터치다운 토니가 아니야. 그게 누군지 몰라도, 나는 아니야!"

지금 나는 이상적 자아와 현실의 자아가 일치된 상태에서 차 앞 유리를 통해 제리를 지켜보고 있다. 제리는 공립학교에서 놀림이나 당하던 평범한 아이였을 거다. 어린 시절 그는 화장실 변기에 앉아 기업 자산이나 거래 협상 같은 것에 흥분하며 《파이낸셜 타임스》를 읽었겠지. "정장을 입고 태어난 애 같다니까요." 그의 모친은 뒷마당 울타리 너머 이웃들에게 자랑했으리라. 그리고 학교를 벗어남과 동시에 사무실에 들어가서는 책상에 앉아 햄 샌드위치를 먹으며 반짝이는 첫 골프 클럽을 사기 위해 돈을 모았겠지. 프로 골퍼들이 쓰는 모델로.

시계가 7시 30분을 가리켰을 땐 골프를 치러 나온 사람들이 내가 처음 세었던 스무 명보다 훨씬 많았다. 다들 아침 햇살 아래 바짝 붙어 서 있어서 내 눈에 보이는 건 커다란 하얀 빛 덩어리뿐이다. 나는 그 모습을 응시하며 초조하게 핸드폰 자판을 두드렸다. "차에서 내리질 못하겠어요. 말도 안 되는 거 아는데, 진짜예요."

어떻게 해야 한번 먹살 잡혀버린 내 정체성에서 벗어날 수 있을까? 여러 연구 결과를 통해 알 수 있듯, 삶의 가장 중요한 목표를 일에 두는 사람들은 자기 자신을 보는 방식과 일치하는 직업을 갖는다. 칼 융은 말했다. "삶이 던지는 질문에 불충분하거나 틀린 해답에 만족하고 살아가는 사람들은 신경증적인 증세를 보이는 경우가 많다. 그들은 사회적 위치, 결혼, 명성, 돈과 결부된 외적 성장을 추구하는데, 심지어 그토록 추구하던 걸 얻은 뒤에도 여전히 전전긍긍하며 불행하게 살아간다. 그런 사람들은 대개 너무 비좁은 영적 지평에 갇혀 있다. 그들의 삶은 내용도 의미도 결여돼 있다. 만약 그들이 더 폭넓은 인격체로 발전할 수 있으면 신경증적 증상은 대체로 사라진다."

자아실현을 위해서는 자기 자신에게 만족해야 하고, 자신만의 목표를 위해 움직이며, 타인 더 나아가 자신이 속한 사회에 발목 잡히지 않아야 한다. 매슬로는 자아실현을 이룬 사람들을 분석해서 그들이 가진 핵심 특징들을 몇 가지 찾아냈다. 자아실현을 이룬 사람들은 자신의 결함을 인정하고, 혼자 있는 시간을 편안해하며, 다른 사람의 사랑을 받으려 하기보다는 자기 본모습에 진실하고자 한다. 또한 그들은 세상을 아이처럼 새로운 눈으로 보고, 구름 뒤에 숨었다가 갑자기 내리쬐는 햇빛처럼 단순한 것에서도 지극한 행복을 느낀다. 물론 자아실현의 길은 고난이나 고통 없이 찾아오지 않는다고 매슬로는 경고한다. 성장하기 위해서 우리는 각자의 힘든 부분들을 드러내야 한다. 한 사람이 자신의 최고 버전으로 거듭나기 위해서는 두려움, 공포, 습관적으로 느끼는 자극 같은 것들을 도려내야 한다. "이런 경향은 자기 자신에게 더욱 가까워지려는 욕구, 자신이 도달 가능한 최대치에 이르려는 욕구라고 표현할 수 있다." 매슬로는 몇몇 철학자, 시인, 정치가, 작가를 그 예로 들었다. 윌리엄 제임스, 에이브러햄 링컨, 토머스 제퍼슨, 올더스 헉슬리, 스피노자 등이다. 어쩌면 매슬로는 제리도 이 명단에 포함시켰을지 모르겠다.

　　하루는 퇴근 후 잰을 기차역에서 만났다. 일의 굴레에서 하루쯤 벗어나고 싶어 교외로 나갈 생각이었다. 금요일 오후 러시아워 전에 도시에서 벗어나려는 퇴근 인파로 바글거리는 기차역에 내가 먼저 도착했다. 저 멀리 콘크리트 플랫폼 위로 어렴풋이 키 큰 잰의 윤곽이 눈에 들어왔다. 두 어깨는 남색 정장 안에서 직각으로 딱 떨어졌고, 목은 넥타이로 꽉 쥔 모습이었다. 잰은 주위 시선은 아랑곳하지 않고 넥타이를 잡아 뜯듯 풀더니 셔츠 단추 몇 개를 끌러 머리 위로 벗었다. 바지 단추도 끌러 벗고 대신 가져온 카키색 반바지에 몸을 끼워 넣었다. 마침내 나를 발견한 그는 상의를 벗고 정장은 둘둘 말아 한쪽 팔 밑에 끼운 채 맨발로 천천히 걸어왔다. "그렇게 더워?" 나는 애써 놀라지 않은 척 물었다. "아니, 그냥 이 삶이 나한텐 안 어울릴 뿐이야."

기차는 2분 연착해 오후 4시 43분에 왔고, 역방향 좌석에 앉은 우리는 과거가 멀어져가는 모습을 지켜보았다. 나는 차창에 얼굴을 붙인 채 무엇이 나를 이렇게 괴롭게 하는지 생각해보았지만 알 수 없었다. 마치 뒷주머니의 지갑을 도난당하듯 내 시간을 도둑맞은 느낌이었다. 그리고 깨달았다. 아침에 눈뜬 순간부터 밤에 눈을 감을 때까지 내가 '스케줄대로' 살아가고 있다는 것을. 출근 준비를 하고, 다이어리를 확인하고, 이 미팅에서 저 미팅으로 차를 몰고, 노트북 컴퓨터를 두들기고, 이메일에 답하고. 효율적인 시간 관리를 위해 하루를 점점 더 작은 단위로 쪼개고 있었다. 초고속 정보통신 기술은 이런 현상을 극대화하며 '할 일' 목록에 더 많은 것들을 추가했다. 그렇다면 쉬는 시간엔 무엇을 해야 하는 걸까? 나는 창밖으로 무표정한 얼굴의 통근자들을 보며 생각에 잠겼다. 그들도 그들 나름의 고민거리에 사로잡힌 채 신호등의 파란 불이 켜지길 기다리고 있었다. 내가 '스케줄대로' 움직이지 않아도 될 때, 내 정신이 사색하고 탐구할 자유가 있을 때 무슨 생각을 할까? 나의 내적 자아는 둔해지거나 이탈한 걸까? 나의 상상력과 자발성은 시들어버린 걸까? 나의 내적 자아는 영영 무언가를 잃어버린 걸까?

시계가 7시 32분을 가리켰고, 골퍼들은 티오프를 시작했다. 나는 절벽의 끄트머리 같은, 어딘가 거대한 곳의 가장자리에서 미끄러진 느낌이다. 내 안에서 무언가 움직이고 있다.

흥미롭게도 키르케고르는 절벽 면을 은유로 사용했다. 그에 따르면, 절벽 끝에 서서 아래쪽을 내려다볼 때 우리는 떨어지는 행위만 두려워하는 것이 아니다. 그와 동시에 자신을 내던지려는 충동에 굴복하게 될 것을 두려워한다. 절벽 끝에서 우리는 자유를 직접적으로 경험하게 된다. 바로 그곳에서 우리는 원하는 대로 할 수 있다. 광활한 심연으로 몸을 던질 수도 있고, 선 그 지점에 그대로 남을 수도 있다. 선택은 내 몫이다. 뛸 것이냐 뛰지 않을 것이냐, 내 인생의 방향을 결정할 절대적 자유가 나 자신에게 있다는 깨달음은 현기증이 날 정도로 아찔한 것이라고 키르케고르는 말했다. 그는 우리가 인생의 모든 선택들에 이와 같은 불안을 느끼게 된다고도 말했다. 우리가 취하는 모든 행동은 다른 누구도 아닌 우리의 선택으로 결정된다. 삶은 선택의 연속이며 그 선택들이 우리 삶에 의미를 부여하는 것이라는 키르케고르의 주장은 실존주의의 기반이다. 책임감을 사회나 종교로 떠넘기려 하지 말고 개인은 자기 삶에 의미를 부여하고 진정성을 갖는 것에 온전히 책임을 느껴야 한다.

기어 위에 얹었던 손을 밀어 차를 후진했다. 차축이 회전하며 바퀴들이 자갈 위에서 으드득 소리를 낸다. 즐거운 얼굴의 골퍼들이 게이트를 통해 골프장 안으로 들어갈 때 나는 잠시 멈추었다가 엑셀을 힘껏 밟는다. 뒤는 돌아보지 않는다. 결과를 생각하지도 않는다. 기어스틱에 손톱자국이 날 정도로 꽉 움켜쥔 채 앞으로 나아갈 뿐이다. 안정적인 수입과 상여금이 보장된 관습적인 삶, 그 신기루로부터 멀어져간다.

　　그리고 고속도로에 완전히 들어선 다음부터 결연하게 엑셀을 밟는다. 어깨는 바짝 움츠러들어 있고 회사 모자는 내 검정 부츠 아래 구겨져 있다. 나는 그렇게 심연으로 뛰어들었다.

•

2장

•

이상적인 나와 우리가 실제로 추구하는 것

(　　　　　집을 떠나며　　　　　)
(　　　　　　　　　　　　　　　)

창조적 에너지, 놀라운 성취, 충족감의 가장 강력한 원천 중 하나는
나의 꿈과 미래 이미지와 사랑에 빠지는 것이다.

－E. 폴 토런스

차바퀴가 급정거하는 소리에 눈을 뜬다. 곧 강철끼리 부딪히는 소리가 이어진다. 충돌 소리가 어찌나 요란한지 아파트 바닥이 다 흔들린다. 일요일 새벽 5시. 발코니 문을 활짝 열어젖힌다. 이른 햇살이 브리즈번강 위로 창백한 붉은 빛을 드리운다. 덥고 끈적거리는 날씨, 후텁지근한 공기가 벌써부터 텅 빈 거리를 채운다. 저 아래에서 찌그러진 철 덩어리 주변을 두 사람이 어쩔 줄 몰라 하며 뱅뱅 돌고 있다. 처음으로 보도 가장자리에 주차한 내 고급 승용차가 금속 철 덩어리가 돼 있었다.

나는 맨발로 외투만 든 채 엘리베이터를 타고 1층으로 내려간다. 강렬한 고무 냄새가 공기 중에 피어오르고 낯선 언어로 말하는 소리가 들린다. 하루 전에 이곳에 도착한 나이지리아인 남매. 두 눈이 커다래진 남매는 미안한 얼굴로 서 있다. 나는 그들의 맑은 검은색 눈동자를 들여다보며 미소 짓는다. 이것이 그저 그들에게 감사할 일임을 알기 때문이다.

지금부터 당신이 누군가를 만나러 어느 방에 들어갔다고 상상해보자. 그는 당신에게 손짓하며 소파에 앉으라고 한다. 미소를 지으며 예의를 갖춰 이런저런 말을 건네고 오늘 기분이 어떠냐고 물어온다. 그러고는 자기가 바로 당신 자신이라고 소개한다. 그 말을 들은 당신이 말한다. "당신은 내가 될 수 없어요. 내가 바로 난데요." 하지만 그는 그 말을 받아들이지 않고 실제로는 자기가 진짜 당신이라고 계속 주장한다. 두 사람 사이에는 누구라도 인정할 수밖에 없는 기이한 유사성이 있지만 그와 동시에 크게 다른 면도 있다. 이 사람은 당신의 취향대로 옷을 입은 데다, 당신이 의미 있다고 혼자 은밀히 생각해오던 주제에 대해 갑자기 이야기하기 시작한다. 그러나 다른 점도 많기에 여전히 같은 사람이라고 보는 것은 불가능하다. 그런데 당신의 과거에 대한 질문을 하면 매우 사적인 것까지 다 아는 듯 보이고 더 신기한 것은 당신 자신보다 당신 꿈을 더 잘 기억한다는 점이다. "그래, 맞아" 하며 둘은 다 안다는 듯 고개를 끄덕인다.

자신이 당신이라 주장하는 그 사람은 당신을 벽거울 앞으로 데려가 자기 옆에 나란히 세웠다가 당신 뒤로 가서 얼굴을 탑처럼 당신 얼굴 위에 얹는다. 그의 눈동자는 자신감으로 차 있고, 당신의 창백하고 초조한 얼굴에선 찾을 수 없는 방향감각과 차분함도 보인다. 누가 봐도 그가 당신보다 잘 사는 것 같다. 당신은 그의 그림자 뒤에 서 있다. 시간이 계속 흐르고, 급히 처리해야 할 일들이 압박해온다. 양해를 구하고 떠나야 한다는 걸 알면서도 무슨 이유에선지 자신이 당신이라고 주장하는 그 사람 옆에 서 있는 것 말고 다른 일을 하고 싶지 않다. 한번쯤 이렇게 나 자신만을 생각해도 괜찮을 것 같다는 느낌이 좋다. 어쩌면 인생에서 처음으로 시간에, 아니 그 어떤 것에도 끌려 다니지 않는 자신의 모습을 발견했기 때문이다. 당신은 느긋하게 그저 이 사람과 '있을' 뿐이다. 어디로도 갈 필요 없이, 그저 조용히 존재하고 있다는 사실에 마음이 편안해진다.

인문주의 심리학자 칼 로저스에 따르면, 당신이 그 거울 앞을 떠나 소파로 돌아가는 순간 당신 자신과 '이상적' 자아와의, 혹은 당신이 되고 싶어 하는 사람과의 불일치/분리 상태로 들어서게 된다. 분리 상태로 돌아가면 긴장감이 올라가는 느낌을 받을 수도 있다. 어쩌면 이는 거울로 돌아가고 싶은 열망, 적어도 이상적 자아의 그림자로라도 돌아가고 싶은 마음 때문일지 모른다. 어느 쪽이든 슬프게도 당신은 낙담한 채 소파의 쿠션으로 가라앉는다. 어떻게 하면 그 사람이 될 수 있을까? 오늘 당신이 있는 그 자리에서 당신이 가장 되고 싶은 사람의 자리로 가려면 어떻게 해야 할까? 프로이트는 우리 삶의 문제는 지금 그 삶을 만든 의식으로는 해결할 수 없다고 늘 강조했다. 그러므로 지금, 문제는 바로 이것이다. 사고의 주체가 당신이라면 정체성의 역설에 대한 답안을 당신은 절대로 알 수 없다. 만약 이상적 자아를 찾고 있다면 당신이 지금 속한 그 자리에서 벗어나야 한다.

　비행기가 난기류에 덜컹이고, 내 옆에 앉은 여자는 잠시도 가만히 있지 못하고 휴대폰을 반복해서 톡톡 친다. 나는 그 여자의 손에서 눈을 떼지 못한다. 18세기 사람이 보았다면 파란색 점프수트를 입은 이 여자가 끝없이 경련을 일으키는 '과민성 손' 증후군 따위를 앓고 있나 보다 추측했을지도 모르겠다. 마치 신이나 저 위의 어떤 높은 존재에게 조종이라도 당하는 것 같다. 나는 공책을 펴고 앞으로 펼쳐질 여정에 대한 생각을 적어보려고 한다. 나를 바꾸는 것이 과연 가능할까?

　난기류를 벗어나 기체가 안정되고 뒷좌석 남자의 초조한 기침소리도 잠시 멈추었지만 나는 여전히 옆자리 여자에게서 눈을 떼지 못한다. 그는 무표정한 얼굴로 앞을 응시하며 손가락을 계속 톡톡 두드린다. 승무원들이 머핀, 토스트 샌드위치, 차와 커피 등이 가득 담긴 카트를 밀고 나와 기체가 급히 오른쪽으로 방향을 틀기 전에 바퀴를 고정한다. 그중 한 명이 우리 쪽으로 몸을 숙이고 필요한 게 있는지 묻는다. 나는 잰을 위해 머핀과 커피를 받지만 옆의 여자는 눈길 한번 주지 않고 고개를 젓는다.

　심리학자들은 우리가 하는 일들을 왜 하는지 끝없이 고민했다. 우리의 행위를 유발하는 것은 무엇인가? 어째서 어떤 사람들이 꿈을 추구하는 동안 어떤 사람들은 망설임의 미로에서 헤맬까? 어떤 사람은 하루에 TV를 여섯 시간씩 보는데 다른 사람은 어째서 새벽 5시에 일어나 달리러 나가는 걸까? 어떤 여자가 몇 년씩 공부하고 지원서를 내고 인맥을 쌓고 전시회를 열고 작품을 팔아 어릴 적 꿈이었던 유명한 화가가 되는 동안, 같은 꿈을 가졌고 심지어 더 뛰어난 재능을 타고난 다른 여자는 어째서 시내 정부기관에서 일하느라 붓을 들 짬을 내지 못하는 걸까? 유전자나 기회, 타이밍, 운이나 돈 이상의 무언가가 작용하는 게 분명하다. 극단적인 예로 어떤 사람이 마약 중독자가 될 때 어떤 사람은 자수성가한 억만장자가 되기도 하듯이, 우리는 낮은 가능성을 뒤엎고 인생에서 자기가 원하는 걸 이룬 사람들을 잘 들여다보아야 한다. 꿈은 누구나 갖고 있다. 우리는 모두 삶에서 무언가를 원한다. 그런데 왜 어떤 사람이 동기와 의지를 끌어모아 마음껏 발휘하는 동안 어떤 사람은 매년 새해가 될 때마다 똑같은 다짐을 적기만 하는 걸까?

이런 주제를 다룬 책들은 넘쳐난다. 그러나 나처럼 자신이라는 감옥에서 탈출하고 싶어 하고, 행동을 변화시키고자 하고, 어릴 적 꿈을 이루거나 그저 조금이나마 관점을 바꾸길 바라는 사람들에게는 그런 책들이 채워주지 못하는 부분이 있다. 오늘의 당신으로부터 미래에 당신이 되고픈 모습으로 옮겨가는 방법은 무엇일까? 지금의 현실적 자아와 이상적 자아의 틈을 어떻게 메울 수 있을까? 이를 탐색하는 일은 맨 아래 서랍 속에 처박아둘 수 없는 문제, 특혜받은 소수의 자기중심적이고 하찮은 소일거리로 취급할 수 없는 문제다. 칼 로저스는 이상적 자아가 '되려는' 욕구가 우리 삶의 주된 사명이어야 한다고 보았다. 인간에게는 중요한 동기가 있고 그것은 바로 자아의 실현, 즉 자기가 가진 잠재력의 최대치를 발휘하는 것이며, 칼 로저스는 이것을 누구나 성취할 수 있다는 낙천적인 믿음을 가졌다. 그에 따르면 현실적 자아와 이상적 자아가 화합할 때 우리는 조화로운 일치의 상태가 된다. 그렇지 못하다면 경계할 필요가 있다!

당신의 이상적 자아는 어떤 사람인가? 잠시라도 짬을 내어 이런 생각을 해본 사람이 많지는 않을 것이다. 우리는 '진정한 자아'를 찾으라거나 '내적 자아'를 불러내라는 간곡한 조언을 자주 듣고 살지만, 이상적 자아가 어떤 모습일지 생각해보는 것은 그보다 훨씬 더 흥분되는 일이다. 당신은 어떤 사람이 되고 싶은가? 잠깐이라도 당신의 이상적 자아를 상상해보라. 무슨 일을 하며 살고, 무엇을 하며 즐거움을 느낄까? 어떤 옷을 입고 있을까? 이 이상적 자아를 백지에 그려본다면, 혹은 몇 줄짜리 글로 묘사해야 한다면 어떤 것을 그리고 적게 될까? 무엇보다 중요한 질문. 지금의 당신은 그 사람으로부터 얼마나 멀리 있는가? 이것이 흥미로운 생각 실험인 이유는 다음 두 가지 때문이다. 첫째, 당신이 되고 싶은 이상적인 사람에 대한 통찰을 얻을 수 있다. 둘째, 지금의 당신과 미래에 되고픈 사람 사이의 격차, 즉 현재 당신이 처한 불일치의 상태를 인지할 수 있다.

제임스 올즈James Olds가 하버드대학교에서 아동의 조작적 학습에 관한 논문을 마쳤을 때 그는 동기부여의 비밀이 뇌에 있다고 확신했다. 심리학을 전공한 올즈는 뇌의 기능에 대해 아는 바가 별로 없었기에 박사과정을 마친 뒤 몬트리올 신경학연구소의 도널드 헤브Donald Hebb 밑에서 연구를 이어나갔다. 삭막할 정도로 모던한 도너 빌딩 2층에 위치한 맥길대학교 헤브연구소에서 올즈와 피터 밀너Peter Milner는 행동신경과학 역사상 가장 새롭고 충격적인 실험에 착수했다.

호기심 많고 실험 정신이 강했던 젊은 올즈가 자신이 선택한 분야를 파고들어가기까지 오랜 시간이 걸리지는 않았다. 다만 그에게는 의학적 지식과 경험이 거의 없었기에 그보다 세 살 위인 신경과학자 밀너의 도움을 받아 긍정적 강화positive reinforcement에 관한 선구적 실험의 첫 번째 쥐를 마쳤했다(긍정적 강화란 긍정적 자극을 통해 행동에 변화를 주는 것이다). 이들은 테이블 위에 쥐를 올려놓고 뇌 한가운데 0.5밀리미터 깊이까지 전극을 심었다. 뇌 실험의 목표 지점은 잠을 자고 깨는 주기를 조절하는 영역으로 알려진 중뇌의 망상 체계였다. 그러나 모르는 사이 전극의 위치가 원래 목표 지점을 이탈해버렸다. 전극을 심는 데는 성공했지만 이 과학자들은 의도치 않게 쥐의 뇌(인간의 두뇌와 묘한 유사성을 지닌 포유동물의 두뇌)에서 한 번도 발견되지 않았던 부분을 탐구하게 될 참이었다.

시술 이후 깨어난 쥐는 모서리에 A, B, C, D 표시가 된 직사각형 상자로 옮겨졌다. 쥐의 뇌 속에 심은 전극에는 가느다란 와이어가 달려 있었고, 이 와이어의 다른 한쪽 끝은 전기 자극 장치에 꽂혀 있었다. 쥐가 모서리 A로 이동했을 때 올즈는 버튼을 눌러 쥐의 뇌 조직에 약한 전기 자극을 주었다. 그 자극은 쥐에게 고통은 전혀 주지 않았지만 뇌를 활성화했다. 실험자들은 쥐가 망상 체계를 더 자극받는 일은 피할 거라고 예상했다. 그러나 모서리 A에서 전기 자극을 주자 쥐는 거듭 A 쪽으로 돌아갔고, 잠잘 때만 제외하고 다른 모서리보다 A를 선호했다. 올즈와 밀너가 이 결과에 흥분해서 다음 날 실험을 다시 시작했을 때 A 모서리를 향한 쥐의 호기심은 더 두드러졌다. 섬뜩한 인형극이라도 하듯 쥐는 자극을 받기 위해 A 모서리로 행진했고, 자는 시간을 제외하고는 일관되게 A 모서리를 선호했다. 올즈와 밀너는 모서리를 바꾸어 쥐가 B 모서리로 갔을 때 전기 자극을 가했다. 5분 뒤, 쥐는 이동 코스를 A 모서리에서 B 모서리로 바꾸었다. 짤막한 자극은 쥐를 특정 모서리로 이끌 수 있었고, 일관되게 자극을 주면 쥐를 그 모서리에 잡아둘 수 있었다.

1930년대에 B. F. 스키너는 쥐를 스키너 상자에 넣었다. 이 상자에는 물과 음식을 제공하는 보상 레버와 전기 쇼크를 주는 처벌 레버가 달려 있었다. 스키너는 쥐들이 음식과 물을 먹기 위해 특정 레버를 누르도록, 전기 쇼크를 주는 레버는 피하도록 조건화될 수 있음을 보여주었다. 인간도 쥐와 마찬가지로 보상을 찾고 처벌을 피하려는 동기를 부여받는다고 스키너는 추정했고, 이 간단한 사실은 우리의 일상 행위에 대한 적절한 설명이 된다.

당시 헤브의 실험실에는 스키너 상자 같은 것이 없었으므로 올즈가 직접 제작했다. 그 상자 안에는 쥐가 스스로 전기 자극을 줄 수 있는 레버가 달려 있었다. 올즈는 '뇌의 특정 부위에 가한 전기 자극이 과연 행위에 대한 보상으로 작용할 수 있을까?'라는 "의심이 모두 사라졌다"고 썼다. 2~5분의 학습 이후 쥐는 5초마다 레버를 눌러 스스로를 자극했고, 자극은 매번 1초 정도 지속됐다. "30분 후 실험자는 전기를 차단했고, 동물이 레버를 눌러도 더 이상 뇌에 자극이 들어가지 않았다. 이 조건에서 동물은 7회 정도 레버를 누른 뒤 잠들었다. 우리는 다시 시도할 때마다 같은 상황이 반복된다는 사실을 알았다. 전기가 들어온 상태에서 애피타이저처럼 동물에게 전기 자극을 주자 동물은 다시 뇌에 자극을 가하기 시작했다. 전기를 차단하자 동물은 몇 번 시도한 뒤에 잠을 잤다."

이렇게 올즈와 밀너는 뇌의 쾌락 중추를 발견했다. 그것은 굉장히 '짜릿하고' 좋은 기분을 만들어 어떤 포유류라도 한 번, 두 번, 세 번… 아니 그 이상 자극 충동을 거부할 수 없는 부위였다. 대뇌 측좌핵을 목표로 자극을 주었을 때, 쾌락을 찾던 쥐들은 한 시간에 7000회 이상 레버를 누르기도 했다.

이 섬뜩한 인형극은 쥐들이 스스로를 자극하다 탈진할 때까지 계속

됐다. 배가 고파도 음식을 거부하고 목이 말라도 물을 거부했다. 스스로 자극하던 수컷 쥐들은 발정 난 암컷 쥐도 무시하고, 암컷 쥐들은 새끼도 방치한 채 레버만 눌러댔다. 어떤 쥐들은 24시간 동안 2000회나 스스로를 자극했고, 결국 실험자는 쥐들이 굶어 죽는 상황을 막으려 전력을 차단했다. 올즈와 밀너는 이 실험으로 뇌의 쾌락 중추 지도를 부지런히 그려냈다. 미래의 기업, 정부, 조직사회, 인간의 정신을 조종하고 조작하고 습관을 창출하는 데 흥미를 가질 모든 이에게 엄청나게 요긴하게 쓰일 지도였다.

그 뒤로 신경과학자들은 뇌의 쾌락 중추는 뇌에 깊이 박힌 전극뿐만이 아니라 음식, 섹스, 쇼핑, 학습, 도박, 춤, 인터넷 검색, 소셜미디어, 게임, 인공적 자극제인 코카인·알코올 등 일상적 쾌락에 의해서도 활성화된다는 사실을 발견했다. 심지어 더 고차원적인 예술적, 심미적, 음악적, 이타적, 초월적 쾌락도 쾌락 중추라 불리는 여러 회로가 연결된 지점인 작디작은 뇌의 한 부위에서 발생한다. 쾌락은 우리가 다른 것들을 제치고 하나의 길을 선택하게끔 동기를 부여하고 자극하는 역할을 한다. 뇌의 쾌락 중추가 발견되자 미디어와 테크놀로지 기업들은 이를 시험하고 실험하는 데 수십 년을 쏟아부었고, 습관 창출 기술을 정밀하게 갈고 닦았다. 신경 연구와 몰인정한 자본주의와의 막강한 만남은 인간이 습관을 들이고 그 행위를 매일매일 반복할 수밖에 없게 만드는 성배의 발견이었다.

만약 내 옆자리의 여자가 올즈와 밀너의 쥐와 같은 빈도 – 5초에 한 번씩 – 로 휴대폰을 두드렸다면 이륙 이후 족히 600번은 두드렸을 것이다. 만약 어린 시절의 그가, 당신이 장차 어른이 돼 하루에 몇 시간씩 끝없이 이어지는 화면 속 이미지를 보며 그것을 좋아하는지 싫어하는지 표시하는 버튼을 눌러댈 거라는 이야기를 들었다면, 자신이 어느 대학교의 기이한 심리학 실험 대상이 됐다고 생각하지 않았을까.

오늘날 세계 인구의 절반 이상이 소셜미디어를 이용한다. 한 사람이 매일 소셜미디어에 쓰는 시간은 평균 2시간 27분이다. 하지만 소셜미디어는 영화와 TV 시청, 라디오 청취, 스마트폰·태블릿 사용, 온라인·콘솔 게임 등 재미난 제작물의 뷔페 상에 올라온 메뉴 중 하나일 뿐이다.

이제는 중독성 테크놀로지에 관한 글을 쓰는, 전 구글 경영진 제이크 냅과 존 제라츠키는 실리콘밸리의 신기에 대해 이렇게 묘사한다. "구글에서는 사람들이 무엇을 원하는가에 대한 예감 따윈 믿을 필요가 없었다. 우리는 실험을 하고 숫자로 된 답을 얻었다."《메이크 타임Make Time》에서 그들은 이렇게 말한다. "사람들은 이런 종류의 영상을 더 많이 볼까, 저런 류의 영상을 더 많이 볼까? 사람들은 날마다 지메일을 열어보고 있나? 숫자가 올라가면 개선 방향이 먹히고 있고 고객들은 행복하다는 뜻이다. 그렇지 않다면, 새로운 것을 시도하면 된다. 소프트웨어를 새롭게 디자인해 선보이는 것이 딱히 쉬운 일은 아니지만, 신 모델 차를 제작하는 것보다는 훨씬 빠르다. 비결은 진화다. 테크 제품은 매년 드라마틱하게 개선된다."

소프트웨어 개발자들은 사람들이 문자를 보내고, 게임을 하고, '좋아요'를 누르고, 관련 트윗을 쓰고, 화면을 넘기고, 업로드를 하고, 다운로드를 하고, 더 자주 공유하도록 만들겠다는 구체적인 목표를 가지고 서비스를 계속 미세하게 개선해나간다. 그렇게 했는데도 사람들이 이런 활동에 빠지지 않으면, 즉 상품의 '흡인력'이 부족하다면, 다른 실패한 제품들과 함께 실패작이라는 꼬리표가 붙은 채 쓰레기통으로 직행한다. 사람들의 삶을 장악하지 못했으니까. 아무 IT 회사나 붙잡고 경쟁자가 누군지 물어본다면, 그들은 제한된 시간을 차지하기 위해 경쟁하는 모든 회사들이라고 대답할 것이다. "유튜브의 경쟁 상대는 다른 영상 플랫폼만이 아니다. 그들은 당신의 시간을 차지하기 위해 음악, 영화, 비디오게임, 트위터, 페이스북, 인스타그램과 경쟁한다. 물론 TV와도 경쟁한다. TV 프로그램들은 사라져버리기는커녕 점점 더 진화하고 있다. 계속 쏟아지는 몰아보기 콘텐츠들과의 끝없는 경쟁의 결과다." 냅과 제라츠키는 이렇게 설명한다. 달리 말하면 신제품 출시 또는 서비스 개선으로 이용자를 창출하기 위해 즉각적으로 대중의 이목을 끌어야 할 뿐만 아니라, 다음 날에도 그다음 날에도 이용자들을 반드시 되돌아오게 만들어야 한다. "어느 한 곳에서 거부하기 힘든 콘텐츠나 개선된 기술을 내놓을 때마다 경쟁자들의 허들이 한 단계씩 높아진다. 어떤 앱이나 사이트나 게임이 당신을 사로잡지 못한다 해도, 손가락을 두어 번만 놀리면 다른 무궁무진한 선택지가 제공된다. 모든 것들이 모든 것들을 상대로 무한 경쟁 중이다. 적자생존의 이 게임에서 살아남는 자는 끝내주게 강해야 한다."

스키너 상자 속에서 레버를 눌러대던 쥐는 무의미한 전기 자극을 받는 것보다는 맛있고 영양가 있는 먹이를 먹고, 매일 쳇바퀴에서 운동을 하고, 새끼를 돌보고, 짝을 짓고 다른 쥐들과 어울리는 것을 더 좋아하지 않았을까? 그러나 뇌에 박힌 교묘한 장치 때문에 쥐들도 사람처럼 때로는 제 행위를 통제하지 못한다. 특히 쾌락 중추에 전극이 꽂혀 있다면 말이다. 그렇다고 이런 이야기에 좌절하기만 할 건 아니다. 상황을 인식하기만 한다면 이 세상에서 우리가 갈 길을 좀 더 나은 방향으로 잡을 수 있다. 기술력이 당신을 이용하게 놔두지 않고 당신이 기술을 이용할 수도 있다. 삶의 목적을 발견하는 길에, 오늘의 나와 이상적 자아 사이의 격차를 줄이는 데, 자아를 실현하는 데, 혹은 일치 상태에 도달하는 데 이런 공허한 전기 자극이 방해가 된다면, 이 모든 걸 단지 인식하는 것만으로도 번영의 길에 혁명적인 첫발을 들일 수 있다.

3장

번영의 터전을 찾아서

(　　　　아르헨티나　　　　)
(　　　부에노스아이레스　　　)

내가 무엇으로부터 도망치는지는 알지만
무엇을 찾고 있는지는 모른다.

－미셸 드 몽테뉴

실존주의 철학자 장 폴 사르트르는 삶을 포근한 담요로 감쌀 생각이 전혀 없는 사람이었다. 그는 선언했다. 우리는 모두 혼자이며, 무한한 책임이 존재하는 지구의 한가운데 내던져진 존재라고. 우리에겐 우리가 정한 목표와 우리가 만들어내는 운명만이 존재한다고. 그러나 사람들은 대부분 자기 책임을 부정하는 상태에 머물러 있다고 사르트르는 생각했다. 우리는 그가 '자기 기만'이라고 이름붙인 상태로 빠져들어, 이 근본적인 자유에 대해 스스로를 기만한다.

《실존주의는 휴머니즘이다Existentialism Is a Humanism》에서 사르트르는 가차 없이 직설적으로 말한다. "우리의 신조라는 것들은 사람들을 공포에 질리게 한다. 사람들이 고통을 참아낼 수 있는 방법은 이렇게 생각하는 길밖에 없다. '환경이 나에게 너무 불리해. 나는 지금 사는 삶보다 훨씬 나은 삶을 살 자격이 있어. 내가 위대한 사랑이나 특별한 우정을 경험하지 못했다는 것은 인정해. 하지만 그건 그럴 만한 가치가 있는 남자나 여자를 만나지 못했기 때문이야. 내가 위대한 책을 쓰지 못했다면 그건 내가 책을 쓸 여유가 없었기 때문이야. 헌신할 자식이 없는 건, 내 삶을 공유하고픈 남자를 만나지 못했기 때문이야. 눈에 띄지 않을 뿐 내 안에는 시도하지는 못했지만 완벽히 실현 가능한 자질·의도·가능성이 풍부하고, 그렇기에 나는 가치 있는 사람이야.'" 실존주의자들에게 특별한 재능이란 오로지 결과로 표현된 것이다. 미술, 음악, 과학, 문학에서의 성취 등 무엇이든 마찬가지다. "프루스트의 천재성은 그의 작품들의 총체이다. 그 작품들의 바깥에는 아무것도 없다." 사르트르는 말한다. "물론 이런 생각은 삶에서 성공을 이루지 못한 사람에게 다소 모질게 들릴 수 있다. 한편으로는 오직 현실만이 인정된다는 것을 사람들이 이해하도록 도와주기도 한다. 꿈, 기대, 희망은 그저 누군가를 망가진 꿈, 좌절된 희망, 헛된 기대로 규정하게 만든다. 바꾸어 말하면 그런 것들은 사람을 긍정적이기보다는 부정적으로 규정한다." 사르트르에게 우리는 우리 행위의 총합 이상도 이하도 아니다.

　실존주의의 첫 번째 원칙은 실존이 본질에 앞선다는 것이다. 계란을 삶는 데 쓰도록 만들어진 에그타이머egg timer와 달리 인간은 특정한 목적을 갖고 태어나지 않는다. 오직 우리의 행위를 통해서만 삶의 목적을 정할 수 있다. "인간은 자신만의 프로젝트 그 이상도 이하도 아니다"라고 사르트르는 말했다. 그러나 인간은 다른 물건들처럼 자신도 무엇이 될 운명을 타고났다며 자신을 기만한다. 그렇게 함으로써 그들의 행위에 대한 책임을 타인 혹은 어떤 도덕적 잣대에 떠넘긴다. 사르트르에 따르면 현실은 오직 행위에 의해서만 존재한다. 삶에서 우리는 자신에게 전념하며 자화상을 그린다. 그 외에는 아무것도 존재하지 않는다.

〰

　황혼 무렵 우리는 전시장에서 차를 몰고 나온다. 언어를 이해하지 못하는 나라에서, 지도도 전화기도 없이 길을 알려줄 모든 장치를 끈 상태로. 하지만 그게 우리가 바라는 바다. 우리는 우리 자신으로부터 달아나는 중이니까. 그것 하나는 확실하다. TV 프로그램, 라디오와 뉴스, 규칙, 신념, 고정관념 그리고 우리가 태어남과 동시에 우리를 형성해온 사회의 가정들로부터. 컴퓨터도, 전화기도, 소셜미디어도, 카메라도 나침반도 인터넷도 없다. 그것이 우리의 규칙이다. 무엇보다 중요한 것은 계획이 없다는 것. 니체의 말대로, 우리가 계속 우리 문화의 산물로 머문다면 그 문화의 가치 이상을 넘어서지 못한다.

자동차 전시장에서 막 산 새 밴이었다. 우리는 갖가지 통 50개에 가득 담긴 페소로 차값을 지불했다. 몇 주째 이 동네 저 동네 다니며 현금지급기가 눈에 띌 때마다 페소를 뽑아서는 부에노스아이레스의 우리 아파트로 가져와 유리병, 시리얼 상자, 차 깡통에 쑤셔 넣고, 마치 돈세탁업자들처럼 남은 날짜와 돈 통의 돈을 헤아리며 부엌에서 초조하게 종종거렸다. 현금으로 밴을 한 대 뽑아 몰고 나올 만큼 돈이 모일 날을 기다리며.

부에노스아이레스에서 빌린 원룸 아파트는 화장실과 침실 공간이 천장에 박혀 있다시피 한 구조로, 층고가 낮아 몸을 반으로 접지 않고는 통과하기 힘들었다. 잰은 툭하면 머리를 박았고 매번 욕을 뱉었다. 우리는 그 동굴 같은 집에서 한낮에 방송해주는 스페인어 미니시리즈를 보았고, 딱 해질녘이 되면 밖으로 나와 산책했다. 대체로는 한 방향으로 쭉 걸었다. 우리는 로크로(호박, 옥수수, 고기 등을 넣고 끓인 걸쭉한 스튜 – 옮긴이)와 엠파나다(밀가루 반죽 속에 고기나 야채를 넣고 구운 아르헨티나 전통 요리 – 옮긴이) 냄새가 풍기는 큰 길을 따라가며 부에노스아이레스의 격자 모양 미로를 한가로이 걸었다. 그렇게 계속 걸으면 조그마한 그림자 두 개가 아파트 단지의 담장 사이에 낀 채 황혼이 밤으로, 밤이 새벽으로 변하는 과정이 반복되며 며칠이 지나가버릴 것 같다. 하지만 결국 우리는 바에 들러 맥주를 한잔씩 하고 이번엔 반대 방향으로 다시 걷기 시작한다.

무한함은 사람을 불안하게 만든다. 부에노스아이레스라는 도시의 거리는 어떤 결론에도 도달할 수 없을 듯한 모습이다. 당기기만 하면 새로 시작되는 카지노의 슬롯머신이나 끝없이 스크롤되는 소셜미디어처럼 말이다. 산책하는 동안 대개는 흥미 끄는 것을 발견하지 못했지만 이따금씩 시원한 바나 지역의 무명 커플이 운영하는 길모퉁이의 아트 갤러리처럼 마음을 흐뭇하게 하는 것들을 만나기도 했다.

구경 외에는 특별히 해야 할 일 없이 도시를 방랑하는 사람을 프랑스어로 플라뇌르Flaneur라고 한다. 흥미롭게도 영어에는 같은 말이 없다. 파리 거리를 목적 없이 걸어 다니며 사람들을 관찰하고, 가로수 늘어선 길이나 카페나 공원, 쇼핑 아케이드 등에 드나드는 일은 그곳에서 일종의 예술로 격상돼 있다. 플라뇌르는 철학적 스포츠 같은 것이다. 그 행위의 목적은 순전한 무익이다. 특별한 관심사도 없고, 마음속 목표도 없고, 어디를 가거나 무엇을 해야 한다는 의무도 없고, 그냥 걸을 뿐이다. 누군가에게는 순전히 시간 낭비로 보일 수도 있지만, 샤를 생트뵈브는 목적지와 특정한 목표 없이 걷는 행위가 '아무것도 하지 않는 것과 정반대의 일'이라고 보았다.

철학 교수 키어런 세티야 역시 플라뇌르의 마음가짐을 갖는 것이 지혜롭다고 보았다. 목적지 없이 걷는 일은 언제든 우리를 덮칠 수 있는 권태감을 방지하고 따분함을 이기는 데 특히 유용했다. 행복한 결혼 생활 속에 자식도 낳고, 대학 정교수로 임용돼 중년에 접어든 세티야는 갑자기 엄청난 무게의 권태감을 느꼈다. "어떤 일을 해내면 그 일이 더 많은 일로 대체됐고 나는 반복과 공허함을 느꼈다." 세티야는 시시포스와 비슷한 고통을 겪고 있었다. 그리스 신들로부터 미움을 산 시시포스는 바위를 산 위로 밀어올린 다음 그 바위가 굴러 떨어지면 산 밑으로 돌아가 거듭해서 바위를 밀어 올려야 하는 끝없는 형벌을 받았다. 알베르 카뮈는《시시포스 신화The Myth of Sisyphus》에서 "오늘날의 노동자들은 평생 매일 같은 일을 하고, 이 운명은 정말 부조리하다. 이것이 비극이 되는 것은 아주 드물게 이것을 의식하게 되는 순간이다"라고 적었다.

세티야가 그랬듯 일단 이것을 의식하면 도저히 참을 수 없게 된다. 이런 권태감이 한 번의 충격으로 나를 강타했는지 조금씩 길어지는 그림자처럼 내 앞을 서서히 어둡게 잠식해 들어왔는지는 잘 기억나지 않는다. 어느 쪽이든 나는 반복되는 일정에 갇힌 죄수 같았다. 내 사원증에는 출퇴근 시간, 커피 타임과 금요일 오후 반차 시간 등이 모두 찍혔다. 그들이 나를 감시하고, 내 모든 시간을 재고, 나를 이리저리 모는 느낌이었다. 니체의 말대로 나는 매일이 끝없이 펼쳐지는 영원한 반복의 삶을 살고 있었고, 내 모든 활동은 근무 일정에 따라 돌아갔다. 마치 모든 것이 이미 정해진 것처럼 미래가 내 앞에서 풀려나갔다.

'일상성'에 빠지면 어느 날 갑자기 습관적인 루틴과 의무에 갇혀버린 자신을 발견하게 된다. 철학자 알프레드 슈츠Alfred Schütz가 말했듯 "지식의 저장고"가 사회에서 얻은 것으로만 채워진다면, 즉 우리가 지식을 뉴스·TV·인터넷 등 사회의 구조물을 통해서만 주입받는다면 우리의 "평상시 사고"는 우리가 출구 전략을 생각해내지 못하도록 막아버린다. 일상성이 복잡함을 줄여 삶을 편하게 만들 수도 있지만, 사회가 정한 기준이 누군가의 하루하루를 어떻게 배열할지 결정할 수도 있다. 하이데거는 일상성을 한계, 혹은 가식으로 보았다. 아침으로 먹을 시리얼을 어떤 제품으로 살지, 다음에는 어떤 브랜드의 차를 뽑을지 외에는 의문을 전혀 품지 않는, 엉터리로 살아가는 상태로의 추락으로 본 것이다. 하이데거에게 일상성이란 우리 자신과 자아실현 사이를 가로막는 장벽이다.

중년에 도달한 세티야는 젊은 날의 결심을 모두 이루었을 것이다. 직장에서의 목표도 달성했고, 정신없이 읽고 썼다. 그러고는 추격의 설렘을 잃어버리고 어떤 종결을 맞이했다. 이제 그의 사냥 자루는 토끼들로 가득하다. 그렇다면 다음은 무엇인가?

어떤 이들에게 중년의 위기는 본인이 가진 모든 것 – 커리어, 집, 차, 배우자 – 을 몽땅 내던지고 다른 것으로 대체하는 행위로 정점을 찍기도 한다. 그러나 세티야가 쇼펜하우어를 연구하며 깨달은 사실은, 새로 시작하기 위해 가진 걸 내던지면 그 중년은 그 길의 시작점으로 되돌아가게 될 뿐이라는 것이다. 중년의 실패자가 갑자기 신참이 돼서 말이다. 그렇다고 예전과 똑같은 길을 계속 걸으면 평범함이라는 악취가 코를 찌른다. 어떻게 해야 할까?

세티야는 목적 없는 활동을 해보라고 충고한다. 플라뇌르의 영혼을 가져보라고.

우리는 먼저 명사로 시작했다. puerta, refrigerador, cama, ventana, silla. 그리고 손으로 적은 메모들을 집 안 물건들에 테이프로 붙였다. 냉장고를 열 땐 refrigerador라고 말했고, 그 말이 너무 쉬워지면 냉장고 안의 물건들에도 이름을 붙였다. mantequilla, memelada, leche, salsa de tomate. 명사를 끝낸 다음엔 문구로 넘어갔다. 처음엔 종이에 적어 화장실 캐비닛 유리문에 붙였고, 나중엔 빈 벽에 전부 붙여나갔다. Disculpe, ¿sabe dónde está la ofcina de correos? 온 벽이 종이로 꽉 차자, 그다음부터는 서로 테스트를 하며 이미 익힌 문장들을 새것으로 갈아 붙였다. 그러는 동안 부엌에 틀어둔 스페인어 라디오 방송의 잡음 속에서 가끔씩 알아들을 수 있는 단어나 문구가 울려나왔다. "나 저 말 알아들었어!" 우리는 암호 해독자였다.

오후가 되면 스페인어 레슨을 받으러 시내를 가로질러 밀폐된 아파트 건물로 갔다. 얇은 벽 너머에서 도시의 시끄러운 차 소리가 들어오고 여름 태양에 유리창이 뜨겁게 달구어지는 건물이었다. 우리는 그곳에서

'~이 되다'의 활용을 얇은 연습장에 정리했고, 우리와 동갑인 조지라는 미국인의 여자친구로부터 스페인어를 배웠다. 조지는 부에노스아이레스에 터를 잡고 미국인 특유의 강한 비음 섞인 스페인어를 구사하며 아르헨티나인 애인과 함께 어학원을 운영했다. 그들은 결혼과 출산에 대해 의논 중이었고, 지금 사는 아파트가 아닌 다른 곳을 임대하는 것도 고려 중이었다. 우리는 조지에게 금방 매료됐다. 이 용감한 영혼은 텍사스의 운명 따윈 버리기로 하고 이곳 부에노스아이레스의 차 소리 요란한 찻길 10미터 위에 삶의 터전을 잡았다. 이런 삶은 그의 운명이 아니었다. 손금에서 읽을 수 있는 일도 아니었다. 그는 경로를 벗어난 상태였다.

"올라." 우리가 그의 아파트로 들어서자 조지가 인사를 건네며 아르헨티나에서 친구 사이에 그러듯 잰의 양 볼에 어색하게 입을 맞춘다. 조지는 되도록 영어를 안 쓰려고 노력하며 영어와 스페인어 사이를 오간다.

"우리는 남쪽으로 가는 중이에요." 잰이 말한다.

"아, 어디로 가는데요?" 조지가 묻는다.

"계획은 없어요. 그냥 남쪽으로 가는 거예요." 잰이 대답한다.

"이곳 아파트랑 어학원을 떠나는 게 옳은지 확신이 안 가요." 내가 한마디 덧붙인다. "여기가 마음에 들고 갖출 것도 거의 다 갖췄고. 어떻게 보면 떠나는 건 죽음이죠. 사실 도착한 지 얼마 되지도 않았고."

조지는 의자에 앉더니 뒤쪽 창문을 닫는다. 그리고 어느 방에선가 나온 연배가 좀 있는 학생에게 인사하느라 잠시 멈춘다. "Estaré contigo de un momento."

"나이가 들어갈수록 내가 한 일보다는 하지 않은 일 때문에 더 후회하게 돼요. 하는 것과 하지 않는 것 사이에서 선택해야 할 땐 하는 쪽이 낫다고 봐요. 원했던 결과가 나오지 않는다고 해도. 왜냐면 하지 않으면 진짜로 후회하게 될 거니까요."

"그럴 수도 있고." 잰이 말한다. "키르케고르가 말했듯이 하든 안 하든 어쨌거나 후회는 하겠죠."

우리의 배낭은 들어 올릴 수 없을 정도로 무겁지만 그 안에 생존에 도움이 되는 것은 거의 없다. 육체적으로는 그렇단 이야기다. 헤드 랜턴, 침낭, 우천용 장비, 지도, 가이드북, 휴대폰, 보조 배터리, 손목시계, 카메라 같은 것은 전혀 없다. 대신 책만 잔뜩 싸 왔다. 대부분은 에피쿠로스의 《행복의 기술The Art of Happiness》, 크세노폰의 《소크라테스의 대화Conversations of Socrates》 같은 철학 책이지만, 사회학이나 심리학 책도 간간이 섞여 있다. '어떻게 살까'라는 질문은 한때 철학적 사고의 중심이었고, 에피쿠로스·소크라테스·플라톤·아리스토텔레스 같은 고대 철학자들의 가장 중요한 화두였다. 우리는 그들에게 무엇을 배울 수 있을까?

우리의 과거가 없는 곳에서 이 고대의 생각들을 흡수하고 싶다. 평소 환경에서 벗어나 이 고대의 목소리들을 들으며, 계속 쌓이는 더러운 빨래나 기한이 지난 차량 등록 같은 잡일의 방해 없이, 필터링 없이 생각해보고 싶다. 잠시 동안만이라도 가정사에서 벗어날 필요가 있다. 수도승처럼, 진정한 경험으로부터 우리를 차단하려는 개입의 목소리에서 벗어나야 한다. 우리의 가방에는 평소 관심 없던 분야의 책들도 들어 있다. 새로운 여정이 우리에게 무엇을 가져다줄지는 모르는 일이니까. 자아를 탐구하는 용감무쌍한 여행자로서 우리는 융통성 있고 열린 여정이 필요하다.

우리는 태양을 보며 남쪽으로 간다. 부에노스아이레스에서 벗어나자마자 교통량이 줄더니 어느 순간 우리를 지나쳐 남쪽으로 향하는 트럭만 보인다. 풍경은 점차 평평한 누런 땅으로 바뀐다. 전시장에서 바로 끌고 나온 새 피아트 밴은 아이 같은 에너지로 부르릉거리고 작은 바퀴들은 기쁨에 겨워 굴러간다. 우리는 계속 직진한다. 그리고 과거에 듣던 음악을 들을지 말지 토론을 벌인다. 음악은 잠재 기억을 건드리고 과거에 다시 불을 붙이는 힘을 가졌다. 그 대신 우리는 아르헨티나 음악과 말소리가 흘러나오는 라디오를 듣는다.

땅거미가 지면 묵을 만한 곳을 찾는다. 가이드북도 인터넷도 없이 숙소를 찾느라 좁은 골목을 무턱대고 누빈다. 컴퓨터, GPS, 미디어, 인터넷과 마찬가지로 시계 역시 우리를 트랙에 붙들어두는 끈질긴 목소리이고, 우린 그런 것들을 원하지 않았다.

"앞이 안 보이게 캄캄한데 아직도 운전 중이라니." 나는 주먹으로 계기판을 두드리며 말한다. "이 길만 1000번째 지나는 것 같아."

마침내 타일 바닥에 가방을 내려놓았을 땐 이미 자정이 지난 게 확실했다. 길에서 봤을 때 그저 문 하나와 'cabañas'(오두막)이라는 간판뿐인 집이었다. 그나마 간판도 그 길을 몇 번이나 오간 뒤에야 잰이 어둠에 가린 창문에 달린 걸 발견했다. 안쪽으로 안내받은 우리는 좁은 복도로 들어간다. 배낭에 달린 버클들이 벽을 긁고 잰은 천정에 달린 식물들에 머리를 부딪친다. 세뇨라(여주인)가 갑자기 어느 문 앞에서 우뚝 멈춰 서자, 우리 세 사람과 커다란 성인 체구만 한 배낭 두 개는 잠시 낮은 천장과 바닥 사이에 샌드위치처럼 끼어버렸다. 그는 열쇠를 만지작거리더니 문을 연다.

우리가 들어선 널찍한 안뜰에는 화분들과 잠든 고양이들이 있고, 머리 위로 반짝이는 별들이 점점이 박혀 있다. 계단을 올라가니 객실들이 마치 안뜰을 내려다보는 발코니석처럼 펼쳐져 있다. 우리의 네모난 방에는 꼭 필요한 가구 몇 개뿐이다.

아침이 밝아오고, 우리 방 창밖으로 산 정상이 보인다. 이 소박한 환경이 새로운 자아를 태동하기에 완벽한 것 같다는 느낌이 든다.

아침 식사는 안뜰에서 네덜란드인 커플 마리아와 행크와 함께 한다. 두 사람은 이미 습득한 세 언어, 네덜란드어·독일어·영어를 더는 쓰지 않는다. 대신 스페인어 학습용 카드를 꺼내놓고 서로를 보며 반복한다. planta, piedra, pintura. 오전 나절에는 세뇨라의 네 살배기 아들과 대화를 나눈다. 점심시간까지는 그 아이의 스페인어 실력을 최대한 흡수하고픈 마음이 간절한 것 같다. "El gato es muy muy lindo." 마리아는 muy, muy에 강세를 때려 박으며 말한다. 그러는 동안에도 그 커플은 손짓으로 더 고난도 활동을 선보인다. 마치 '몸으로 말해요' 게임을 하듯 허공에 숟가락질을 한다든가(먹자는 신호), 손가락으로 문을 가리킨다든가(그만 가자는 몸짓) 하면서.

그 모습을 보고 있자니 미국 작가 줌파 라히리가 떠오른다. 그는 이탈리아와 사랑에 빠져 대학을 졸업하자마자 피렌체로 여행을 떠난다. 낭만의 도시로의 첫 여행 이후 이탈리아어를 몇 년이나 공부했지만 그 언어를 완전히 통달하기는 어려웠다. 그럼에도 열망이 식지 않아, 언어에 제대로 몰입하려 가족과 함께 로마로 이주할 결심을 한다. 자신을 시험대 위에 올린 일이기도 했고, 새로운 언어로 들어가는 세례식이기도 했다. 그곳에서 읽고 쓰기 시작했다. 처음에는 일기를, 이탈리아어로만 썼다.

그 노력은 이탈리아어 저서로 막을 내렸다. 다른 언어로 자신을 표현하는 법을 배우는 과정, 작가가 새로운 목소리를 탐구하는 여정이 담긴 책이다. 책에서 줌파 라히리는 작가 도메니코 스타르노네를 인용한다. "새로운 언어는 거의 새로운 삶과 같다. 문법과 글의 짜임은 당신을 재구성한다. 당신은 또 다른 논리와 감수성으로 스며든다."

라히리는 자신에게 퓰리처상을 안겨준 언어인 영어로 쓰는 일을 그만두었다. 대신 '탈바꿈하는' 작가가 되기로 선택했다. 어린 시절 미국으로 이민 왔던 라히리는, 마치 한 번도 캘커타를 떠난 적 없는 사람처럼 옷 입고 먹고 살아가는 인도 태생 엄마와 정반대의 삶을 살고자 했다. "변화에 대한 거부가 엄마의 저항 방식이었다면 탈바꿈을 고집하는 것은 나의 저항 방식이다." 그는 이탈리아어로 쓴 첫 작품의 첫 문장을 이렇게 시작한다. "다른 사람이 되길 바랐던 (…) 한 여자가 있었다."

밤에는 별빛 아래 고양이가 잠들어 있는 안뜰에서 저녁을 먹었다. 세뇨라의 아들이 식탁 머리에 앉아 스페인어로 대화를 이끌었다.

"Esta comida es muy muy buena."

"Si, si, si."

"¿Más comida para ti?"

"Si, si, si."

침묵과 음식 씹는 소리가 지배하는 그 자리에선 네 살 아이가 왕이다.

"mamá, mamá, ¿dónde está mi carro? No, no, no, me gusta el azul. ¡Quiero el verde!"

우리가 그냥 여기 머물기로 하면 어떨까 생각해본다. 세뇨라의 아들과 우리 넷이 함께 이 안전하고 외딴 집의 안뜰에서 모국어인 네덜란드어나 영어를 쓰지 않고, 스페인어의 새로운 소리와 음절들을 천천히 습득해

나가면 어떨까. 당연한 이야기지만 며칠이 지나고 몇 주가 흐른 뒤 우리는 더 많은 단어를 배워 표현을 더 잘할 수 있게 됐다. 1년쯤 지나면 그 언어에 좀 더 능숙해질 것이고, 어쩌면 우리보다 먼저 시작해 유리한 고지를 점한 네 살 아이보다 더 실력이 늘 수도 있다. 하지만 그건 그저 모국어이던 네덜란드어나 영어가 스페인어로 대체되는 것일 뿐 서서히 다시 예전의 우리로 돌아갈 수도 있지 않을까? 아니면 옛날의 우리는 소멸하여 새로 발견한 언어의 수면으로 다시 떠오르지 않게 될까? 말을 더듬는 사람이 다른 언어를 배우면 새 언어로는 말을 더듬지 않는다는 이야기를 들은 적 있다. 어쩌면 우리 역시 새로운 목소리, 새로운 생각, 새로운 자아를 찾을 수 있을지도 모른다. 우리 네 사람이 이 안뜰에서 늙어가며, 새로운 언어로 새로 태어나 새로운 인간으로 탈바꿈하는 모습을 상상해본다. 우리는 무엇이 될까?

이런 생각을 하다 보니 마치 아직 태어나지 않은 아이의 이름을 짓듯, 이런 장소에 플러리시flourish(번영, 번창)라는 이름을 붙이면 좋겠다는 생각이 들었다. 그 장소는 한 집에서 가족이 성장하듯 꿈을 잉태할 공간이었다. 칼 로저스는 자아실현이 삶의 가장 중요한 목표 중 하나라고 했다. 삶의 그 중요한 단계를 일상적인 환경에서 얻긴 어려울 것이다. 중독자들은 집이라는 공간에서 중독을 극복하지 못한다. 그들은 편안한 영역에서 멀리 벗어나 예전 환경을 차단해야 한다. 우리의 기억과 습관은 냉장고 안의 음식이나 주전자의 물 끓는 소리 같은 일상과 촘촘하게 연결돼 있다. 자아실현은 이 모든 것들로부터 '벗어난' 곳에서 이루어져야 하는 과정이다. 우리는 그곳, 플러리시 홈을 찾기로 결심했다.

아테네 시내의 장벽 바깥쪽, 신성한 숲에 플라톤은 아카데미를 세웠다. 철학자들과 궤변가들이 모여들어 지적인 토론도 하고 운동도 하고 종교 활동도 하는 학교였다. 플라톤이 아카데미 구내와 근처 정원에서 토론을 이끈 이때가 기원전 4세기 초다.

에피쿠로스 역시 조용한 단순함, 벗들과의 사색을 위해 혼돈의 도시 아테네를 떠나 세계 최초의 철학 공동체 중 한 곳인 정원the Garden을 설립했다. 세상을 피해 이곳으로 들어온 철학자들은 빵, 올리브, 물, 이따금 치즈를 먹으며 지냈다. 그곳은 자연이 이끌어주는 가운데 새로운 발상이 무성하게 자라날 수 있는, 나무와 식물로 둘러싸인 사적 공간이었다. 우리는 생각한다. 고대 철학 공동체를 모델로 '플러리시'를 만들어보면 어떨까?

우리의 안뜰에서 며칠이 흘러간다. 그 사이 네덜란드 커플의 스페인어 실력이 훌쩍 늘었다. "Mi madre solía agregar cúrcuma a esta recta. ¡Sí, sí, es un ingrediente secreto!" 헹크가 웃는다. 밤이 되면 잰과 헹크는 고향에서의 삶 이야기를 나누고, 마리아는 한참 뒤처진 나의 스페인어 실력에 인내심을 발휘하며 헹크의 귀에 스페인어를 몇 마디 덧붙여주려 그쪽으로 몸을 숙인다. 세 사람은 신나게 한바탕 웃어댄다. 그동안 나는 세뇨라의 아들에게 그의 생강 빛깔 고양이에 대해 말을 건네고, 그 아이가 이렇게 말하면 그게 무슨 뜻인지 이해해보려고 고군분투한다. "¿sabes que los gatos pelirrojos son realmente gatos grises bañados en pintura?"

세뇨라의 어머니, 아부엘라(할머니)는 마치 공기 중에서 튀어나오듯 홀연히 나타났다가 문 뒤로 사라지며 집 안을 유령처럼 소리 없이 돌아다닌다. 거의 10분에 한 번씩 세뇨라는 한숨을 쉬고 두 손을 앞치마에 문지른 다음 아부엘라를 찾아다닌다. "¿Mama, Mama, dónde estás?" 아부엘라는 과거와 현재가 한데 얽힌 다른 방에서 죽은 친척들과 대화를 나누다가 발견되곤 한다. 이 삶의 구조물에 박힌 건 지금의 우리만이 아니다. 과거의 우리 역시 그것들에 사로잡혀 그 노예가 됐는지도 모른다.

어느 날 아침, 비명 소리, 타일 바닥을 때리는 발소리, 주먹으로 빈 방문 두드리는 소리에 눈을 뜬다. 나는 맨발로 방을 뛰쳐나가 발코니 아래쪽을 내려다본다. 초등학생들이 책가방을 메고 점심 도시락을 들고 밀려들어 온다. 교사로 보이는 이들이 서류가방과 공책들을 들고 그 뒤를 따라 들어온다. 건물 안쪽 작은 문으로 보이는 그들의 진격은 끝이 없다. 우리는 미친 듯이 옷이며 책들을 배낭에 쑤셔 넣고, 방 밖에서 슬리퍼에 발을 밀어 넣고, 배낭을 등에 메고 머리를 낮게 숙인다. 세뇨라를 찾아보지만 이미 떠나고 없다. 네덜란드 커플도 떠났다. 활짝 열린 빈 방 안에서는 사람 살던 흔적을 찾을 수 없다. 복도 문을 열자 작은 사람들이 쏟아져 들어오며 작은 머리들이 우리 배낭의 아랫부분과 마구 부딪힌다. 그러는 가운데 우리는 몇 주간 찾지 않던 밴을 찾는다. 몇 주가 아니라 몇 달이었나? 갑자기 강렬한 햇살에 노출된 우리는 정신이 혼미한 채 방향감각도 없이 지그재그로 길을 건너, 커피와 메디아루나(반달 모양의 빵 – 옮긴이)를 먹으러 카페에 들어간다. 우리의 공간은 결국 아카데미가 되긴 한 것 같다. 우리가 의도했던 그런 아카데미는 아니지만.

●

4장

●

우리 삶을 지탱하는 것들

(　　　　　아르헨티나　　　　　)
(　　　　　바릴로체　　　　　)

미래의 어떤 목표만을 위해 살겠다는 건 얕은 생각이다.

삶을 지탱하는 것은 산의 측면들이지 꼭대기가 아니다.

－ 로버트 M. 퍼시그

우리는 남쪽으로 향한다. 땅이 어찌나 평평한지 측량 기구로 잰다고 해도 완벽한 수평값을 얻을 것 같다. 나는 눈으로 차도 위 1미터쯤 올라와 있는 긴 전선을 따라가다가 우리 앞에서 간간히 깜빡깜빡하는 미등을 지켜본다. 때때로 과나코(남미 지역의 야생 라마 – 옮긴이)가 껑충껑충 길을 건너기도 한다. 남쪽으로 향하는 이 여행의 모든 순간, 빠르게 사라져가는 이 풍경들을 다시는 볼 수 없으리란 걸 안다. 아주 잠깐 흥미를 일으켰다가는 끝없이 사라져간다. 변화는 삶에서 우리가 신뢰할 수 있는 몇 안 되는 요소 중 하나지만 우리 인간은 변화의 결과를 거부하려 한다.

하버드대학교의 심리학자 조르디 쿠아드박Jordi Quoidbach, 대니얼 길버트Daniel Gilbert, 티머시 윌슨Timothy Wilson은 18~68세 성인 1900명을 대상으로 그들이 앞으로 10년간 얼마나 변하리라 생각하는지 물었다. "향후 10년 동안 당신의 이상, 원칙, 호불호, 행동 등이 만약 변한다면, 얼마나 변할 것 같습니까?" 그리고 그다음엔 지난 10년간 얼마나 변해왔는지 물었다. "당신은 10년 전과 같은 사람입니까?"

심리학자들은 이 질문을 통해, 신기하게도 사람들 대다수가 미래에 거의 변하지 않으리라 생각하고 있음을 알게 됐다. "사람들은 현재를 남은 삶을 어떻게 살아갈지 결정하는 분수령으로 보는 듯했다." 심리학자들은 이런 현상을 "역사가 끝났다는 착각"이라고 명명했다. 2013년에 발표된 이 연구 결과에 따르면, 이런 착각은 10대와 조부모들 사이에서 가장 뚜렷하게 나타났다. 이들은 "개인의 변화 속도가 급격히 떨어지고 본인들은 이제 막 변화가 없는 사람이 됐다고 믿는 듯 보였다. 역사는 언제나 오늘 끝나는 것처럼 보인다."

반면 사람들은 대부분 지난 10년간 자신이 크게 변화했다는 사실은 인지하고 있었다. "젊은이들, 중년들, 나이 든 사람들 모두 과거에는 자신이 많이 변해왔다고 믿었다." 심리학자들은 이렇게 보고했다. "삶의 모든 단계에서 사람들은 미래의 삶에 막대한 영향을 끼치는 결정들을 내린다." 10대 소녀는 제 피부에 문신을 새겨 넣으며 지금 자신이 원하는 무늬를 10년, 20년 뒤 더 나이 든 자신도 좋아하리라 확신하지만 꼭 그렇지는 않다. 자아가 고정돼 있다는 잘못된 믿음은 의사결정, 목표, 삶의 경로를 계획하는 데 영향을 미친다. 미래의 모습을 그려볼 때면 현재의 나라는 사람을 근거로 그 모습을 투영해보기 마련이다. 하지만 이런 방법이 최선은 아니다. 10년 전 당신이 어떤 사람이었는지 생각해보라. 어떤 옷을 입었고, 취미는 무엇이었고, 어떤 음식을 선호했고, 어디에 살았고, 친구들은 어떤 사람들이었으며 주말을 어떻게 보내는 걸 가장 좋아했는지. 다가오는 미래에도 그만큼, 혹은 더 큰 변화를 예측해야 적절하다.

그러나 많은 이에게 변화는 두렵다. 만약 변화가 불가피한 일이라면 – 우리가 2년, 5년, 10년 내로 다른 사람이 된다는 게 확실하다면 – 그 '미래의 자아'가 어떤 모습일지 계획을 세워봐야 할 것이다. 자아의 변화가 불가피하다는 사실을 인지하는 것만으로도 우리가 새로운 일을 할 필요가 있다는 자극이 된다. 그러나 우리가 '역사의 끝'에 이미 도달했다고 잘못된 주장을 한다면 앞으로 일어날 수 있는 변화를 포용할 기회마저 날려버릴 것이다.

땅거미가 질 때까지도 우리는 마을을 만나지 못했고, 길은 고르지 않다. 사방이 어두운데 저 앞 길 한가운데에 불길이 솟는 게 보인다. 잰은 밴의 속력을 확 줄였고, 우리는 전복된 트럭이나 도로 보수 작업, 혹은 누군가가 비상 상황을 경고하기 위해 미친 듯이 손을 흔드는 모습이 나타나겠지 생각한다. 하지만 더 가까이 다가갔음에도 길 한가운데서 입 벌린 구덩이의 지점을 알려주는 건 거대한 촛불 같은 불길뿐이다. 우리는 그 어두운 평야 어딘가에서 횃불 든 사람이라도 만나지 않을까 싶어 구덩이 주변을 돌았다. 휑뎅그렁한 구덩이는 깜깜하고 텅 빈 흑판 같고, 그 아래로 길이 끝없이 쭉 뻗어 있다. 우리는 눈을 크게 뜨고 천천히 차를 몬다.

이 여정에서 나는 목표도 목적지도 없다. 자기계발서에서는 권장하지 않는 방식이다. 그런 책들은 내가 어디로 향하고 있는지를 명확히 해야 한다고 말한다. 심지어 그 모든 걸 종이에 적으면 더 좋다고 한다. "겸손할 필요 없어요"라고 동기부여 강사들은 목소리 높여 말한다. 카리브해의 섬과 전용 비행기, 고급 차를 사는 사람들은 목표를 세우는 사람들이라고. 그리고 그들의 목표가 아닌 나만의 목표를 적어보라고 독려한다. "크게 생각하세요. 터무니없는 생각을 하세요. 컨버터블을 원합니까? 그대로 적으세요. 매년 백만 달러씩 벌고 싶나요? 그럼 그것도 적어보세요." 목표 설정이란 당신이 원하는 모든 소원을 들어주는 램프의 지니와 대화를 나누는 것이나 다름없다. "내가 꿈꾸는 사람" "가라테 검은 띠" "스위스 알프스의 목조 주택" 등.

목표를 설정하는 일의 문제는 우리의 결함이나 우리 삶에 부족한 것들을 짚어나가도록 강요한다는 점이다. 이런 과정은 부정적인 생각을 심어준다. 우리 뇌의 신경 체계는 패배를 인식한다. 목표 안에 훤히 드러난 '이상적 삶'이나 '이상적 자아' 역시 오늘 우리가 서 있는 지점에선 잡히지 않을 것처럼 느껴질 수 있다. 이런 느낌은 절망감을 잉태하기도 한다. 목표 실현의 실패는 의욕을 꺾고, 궁극적으로 실행 능력을 손상시킨다는 것을 여러 연구 결과가 보여준다.

동기부여 강사들은 목표 설정의 기회비용을 잘 언급하지 않는다. 우리가 끈질기게 목표만 좇을 때 포기하게 될 기회나 지불해야 할 대가 말이다. 항상 '더, 더, 더'를 외치는 우리 문화에서는 가치나 호의, 가구나 빈티지 차를 수리하는 창의적 노력보다는 더 많은 돈과 더 높은 지위를 우선시한다. 목표로 "더 좋은 사람 되기"를 적는 사람은 극히 드물다. 하지만 꼭 목표를 설정해야 한다면 쉽게 이룰 수 있는, 거창하지 않은 목표가 좋다고 연구 결과들이 말해주고 있다. 작은 성취들이 의욕을 더 불러일으키기 때문이다.

심리학자 팀 카서는 대학생들에게 다음 몇 달간의 목표를 적어보라고 했다. 그 목표들을 이루었을 때 느낄 법한 행복 지수도 매겨보라고 했다. 목표를 향한 진전과 웰빙에 대한 현재의 느낌이 학생들의 다이어리에 기록됐다. 흥미롭게도 물질적 목표 – 돈이나 명예 –를 추구한 학생들은 이런 목표치에 가까워져도 행복을 전혀 느끼지 못했다. 진전을 이루는 데 실패한 학생들보다도 웰빙의 감정을 더 못 느꼈다. "물질주의 지향성에 대해 이 결과가 시사하는 바는 매우 심오하다"라고 카서는 적었다. "첫째, 사람들이 물질적 가치를 따라가고 자기 삶을 부와 소유물 획득 중심으로 꾸려간다면 웰빙 방면으로는 근본적으로 시간을 낭비할 뿐이다. 그렇게 무익한 삶의 방식에 집중하면 정작 자신에게 필요한 것들을 충족시키고 삶의 질을 개선할 만한 목표를 추구할 기회는 놓치게 된다." 개인적 성장, 친밀한 인간관계, 공동체에 대한 봉사 등 비물질적인 목표를 추구한 학생들은 목표치에 근접하면서 웰빙 방면에서 상당한 성과를 이루었다고 카서는 밝혔다. 이런 주장을 한 사람은 카서만이 아니다. 그리스 철학자 아리스토텔레스 역시 행복한 삶에는 자기 자신만이 아니라 타인과의 관계가 포함돼야 한다고 강조했다.

지평선에 걸려 있던 목표를 제거한다는 것은 저 멀리 있는 경치를 즐기기보다는 우리가 그냥 지나치던 시골의 풍경과 곧바로 대면한다는 의미다. 목표를 제거하면 시간이 확장된다. 먹구름이 지나간 자리엔 맑은 하늘이 나온다. 우리의 정신은 주위 환경에서 곧바로 실현될 수 있는 가능성들을 찾는다. 마음속 덧없는 영화들이 잠잠해진다. 그러나 미래 제거란 불안한 일일 수밖에 없다. 그것이 하늘에 지어올린 동화 속 궁전 같은 것이었음을 인정하고 자백하는 일이니까.

　길가에 차를 세우고 나는 마음속 빈 공간을 채워줄 만한 생각들을 찾겠다는 절박함으로 차의 발판에 놓인 책들을 뒤진다. 텅 빈 하루를 책을 읽으며 보내노라면 내가 턱을 무릎 사이에 넣고 머리를 묻은 채 옹송그리고 있는 길가에서 작가들이 외치는 소리가 크게 들린다. 그리고 우리는 우리의 생각들만 품은 채 외따로 길을 떠난다. 그 생각들을 깊이 음미하고, 그것들이 내면에 깊이 가라앉아 내 안에 있던 다른 생각이나 경험들과 불꽃을 일으키도록 놓아둔다. 그런 것을 정신적으로 소화시키는 데에는 시간과 공간이 필요하니까. 내가 읽은 책 속 사상가들은 이 정신 나간 여행에서 유일하게 이성적인 목소리다. 그중에서도 특히 우리는 미국 철학자 헨리 데이비드 소로와 일본 불교 승려 가모노 초메이의 발자취를 따라가고 있다고 생각하고 싶다. 소로는 단순하고 소박한 삶을 살기 위해 숲속 오두막집으로 떠났고, 초메이는 교토의 궁정 시인이자 음악가의 삶을 버리고 예순의 나이에 수도승이 돼 은둔자의 삶을 살았다. 그는 수도의 남서쪽에 있는 히노산에 오두막을 짓고, 견과로 연명하며 칡으로 옷을 직접 짜 입었다. 그리고 그곳에서 인간 노력의 헛됨과 모든 것의 덧없음에 대해 썼다. "인간이 태어나고 죽는 것, 그들이 어디에서 오고 어디로 가는지 나는 아무것도 알 수 없다." 그렇다. 나는 속도를 올려 남쪽으로 가면서 자문한다. 우리는 정확히 무엇을 찾고 있는 걸까? 목표나 목적지가 없는데도 왜 우리는 서두르는 걸까? 인간의 대체 어떤 면이 우리를 이렇게 몰아가는 걸까?

　　우리의 여정은 점차적으로 꺼나가는 과정이었다. 처음에는 집에서 TV를 껐고, 그다음에는 매일 보던 뉴스에서 눈을 뗐고, 부에노스아이레스 아파트에서 영화를 껐고, 마지막으로 다큐멘터리마저 꺼버렸다. 그러자 남은 것은 바퀴가 아스팔트 길을 치고 지나가는 소리 그리고 닐 포스트먼, 버트런드 러셀, 아이리스 머독 등 차 바닥에 놓인 책 속 지식인들이 상징하는 소용돌이치는 우리의 정신뿐이었다. 어느 밤, 나는 바다로 난 창가에 앉아 머독의《바다여, 바다여The Sea, The Sea》를 읽었다. "프레드, 네가 원하는 것이 무엇인지 결정하고 그것을 향해 가. 모든 건 의지의 문제야!" 스위치를 끄는 행위는 시시각각 정보가 전혀 없는 빈 공간으로 떨어지는 것과 같아서 사람을 불안하게 만들었다. 나는 정치와도 멀어졌고, 최근 영화나 스포츠 경기 결과도 모르게 됐다. 대신 다른 것들을 위한 공간이 마련됐다. 레프 S. 비고츠키가 말했듯이 "우리는 다른 사람들을 통해 우리 자신이 된다." 그러므로 우리의 그 다른 **사람들**을 누구로 채울지, 성실한 자세로 임해야 한다. 스위치를 끔으로써 우리는 우리 정신의 문지기가 돼, 누가 들어올 수 있고 누굴 막아야 할지 정할 수 있었다. 한때 요란한 음악과 술 취한 주정꾼들의 디스코장이었던 내 정신의 무대는 이제 엄선한 소리가 흘러나오는 콘서트홀이 됐다. 스위치를 끈다는 것은 스포츠가 마치 새로운 태양계의 발견만큼이나 주목해야 할 만한 일인 양 떠들어대는 TV 진행자들이 사라진다는 의미였다. 우리는 엔터테인먼트와 미디어의 현란한 조명을 꺼버리고 그 자리를 일상의 단조롭고도 지극히 평범한 소리로 채웠다. 차 소리, 마른 풀이 스치는 소리, 한낮의 태양이 내리쬐는 가운데 공기가 웅웅 울리는 소리.

　　그 텅 빈 공간에 내가 늘 소중히 여기던 방정식이 떨어졌다. 만약 방정식에 반한다는 게 말이 된다면 내겐 쿠르트 레빈의 행위 방정식이 언제나 애정의 대상이었다. 처음 그 방정식을 안 것은 미국 경영학 석사인 슈시 선생님 덕분이었다. 화장을 짙게 한 얼굴에 금발을 늘어뜨린 화려하고 지적인 슈시 선생님의 말은 내게 예언 같은 계시로 다가왔다. 레빈의 방정식은 변화가 가능하다고 주장한다. 우리는 무언가 '다른 것'이 될 수 있고, 무언가를 만들어낼 수 있으며, 위대한 일이 생길 수 있다고. 그러기 위해 우리는 그저 변수들에 손을 대면 된다. 모든 것이 항수는 아니다.

레빈의 방정식은 B=f(P,E), 풀이하면 우리의 행위Behaviour(B)는 환경Environment(E) 속에 작용function(f)하는 우리의 성격Personality(P)이라는 의미다. 우리가 하는 일, 즉 행위는 레빈이 '삶의 공간'이라 부르는 환경에 영향을 받는다. 우리가 삶의 공간을 바꾸면 우리의 행위(B)가 그에 따라 변화하고, 결국은 그 아래 잠재된 성격(P)에 영향을 미친다. 만약 근본적인 변화를 바란다면 행위나 습관을 바꾸는 것부터 시작하면 되겠지만 습관의 동물인 인간에게 이는 쉬운 일이 아니다. 대신 환경(E)을 바꿈으로써 변화를 추구할 수 있다. 환경을 바꾼다는 것은 매일 무엇을 보고 들을 것인지 결정하는 것이기도 하니까. 어떤 변수를 조정하느냐는 본인의 결정에 달려 있다. 나는 E를 선택했다.

호텔에서 구호 외치는 소리가 들려온다. 이 동네에서 무슨 시위가 벌어지는 모양이다. 생일을 맞이한 나는 이상하게도 이런저런 생각들 때문에 안절부절못하고, 기분도 영 별로다. 마치 이 길이 아닌 다른 길을 여행하고 싶은 것처럼 어딘가 불만족스럽다. 나는 잰에게 말한다. "나만의 열정에 완전히 몰입하고 싶어. 열의를 갖고 그 열정을 추구하고 싶어. 하지만 내 열정이 정확히 뭔지도 모르겠고, 어디서부터 찾아야 할지도 모르겠어. 뭘 하며 살고 싶은지 '언제나 아는' 사람들은 얼마나 좋을까? 그러면 이렇게 헤맬 필요도 없잖아. 내 삶을 바쳐 할 일이 뭔지 알고, 그걸 해나갈 방법을 터득해서 방황을 멈춘다는 건 얼마나 큰 행복일까."

대학 시절에 내겐 그런 친구가 있었다. 빨간 머리에 자세가 곧고, 셔츠를 잘 다려 단추를 목까지 꼭 채워 입었던 리스라는 친구는 모든 경제학 수업에서 최고점을 받았고, 언제나 제시간에 숙제를 끝냈고, 과제를 마감일보다 훨씬 일찍 제출했다. 그는 필립스 곡선(인플레이션과 실업률의 상관관계를 나타내는 곡선 – 옮긴이)을 그 어떤 강사보다 잘 설명했고, 발언할 일이 있을 땐 마치 대통령 연설을 하듯 유머를 섞어가며 좌중을 휘어잡았다. 반면에 나는 어쩌다 수업 시간에 발표할 일이 생겨도 후줄근한 모습으로 늘 지각했고, 가끔은 교수님 연구실 문 밑으로 과제를 밀어넣기 위해 밤늦게 학교 복도를 기어 다니기도 했다. 한번은 리스와 함께 영화를 보러 갔다. 그는 미국 갱스터 영화를 좋아했고, 나는 예술 영화를 선호했다. 때는 졸업 직전이었고, 리스는 이미 유명한 경영 컨설팅 기업에서 장학금까지 받고 있었다. 반면에 나는 아무 제의도 받지 못했을 뿐더러 운이 좋아 어떤 제의를 받는다 한들 그것이 내가 원하는 것인지 알지 못했다. 경제학 학위만 가졌다뿐 전혀 방향을 잡지 못한 상태였다. "은행 자선활동 부서 같은 데서 일해보는 건 어때?" 친절하게도 리스가 조언을 해주었다. 영화관 카페에서 한 손에 초콜릿 아이스크림을 들고 선 채 문득 현실을 인식하던 그 순간이 똑똑히 기억난다. '리스는 이미 자기 길에 들어섰는데 나는 아니구나. 내 길이 없다는 건 무슨 뜻일까?'

동네 사람들이 외치는 구호 소리는 언덕을 내려가 시내 중심으로 향하는 모양이었다. 블라인드 사이로 창밖을 내다보자 남자와 소년이 대다수인 그 무리가 파란색과 하얀색 옷을 입고 깃발을 흔들며 유쾌하게 구호를 외치는 모습이 보였다. 무리의 뒤쪽에는 북을 치는 이도 있었고, 중심에선 잘 보이지도 않는 행렬의 끄트머리엔 되는대로 기타를 마구 치는 이도 있었다. "저 남자 좀 봐!" 나는 손가락으로 그 남자를 가리키며 잰에게 말했다. "기타 치는 사람 보여? 얼마나 행복해 보여. 열정에 차서 아무렇게나 마음대로 기타를 치잖아. 저 사람은 복도 많네!"

우리 집 창 아래로 구호 소리가 점점 더 커졌다가 무리가 언덕을 다 넘어갈 무렵 다시 줄어들었다. 아마도 동네 술집으로 몰려가 화면 속 사랑하는 축구 영웅들에게 환호를 보내며 승리를 기원하겠지. 나는 사람들 입에 자주 오르내리는 행복의 법칙을 떠올린다. '할 수 있는 일, 사랑하고 싶은 사람 그리고 무언가에 대한 희망.'

自신의 부고를 읽는다는 것은 섬뜩한 경험일 텐데, 어니스트 헤밍웨이가 실제로 그런 일을 겪었다. 그는 이틀간 두 건의 비행기 추락 사고를 겪고 생존했다. 그 뒤에 기자들이 자신의 비극적인 '죽음'을 다룬 기사를 읽었는데, 다행히 그 부고는 헤밍웨이가 (샴페인을 곁들인) 아침 식사를 하는 동안 아주 큰 읽기의 즐거움을 선사했다고 한다. 자기계발 훈련 코스에서는 종종 사람들에게 그간 보낸 세월과 삶에 대해 부고를 작성해보도록 한다. 섬뜩한 경험을 하게 하려는 의도가 아니라 지금껏 기여해온 일이 무엇이고 앞으로 남은 과제가 무엇인지 보도록 하려는 것이다. 늘 베이커리를 차리고 싶었지만 아직 제빵 기초도 모르는 사람이 있다면 이 부고 쓰기로 그것을 실행에 옮기게 해주려는 것이다. 서둘러, 시간은 금방 가! 약간 우울해질 수도 있다는 부작용을 접어둔다면, 부고를 색다르게 쓰는 방법도 있다. 여러 등장인물들과 흥미진진한 플롯이 담긴 자신에 관한 이야기를 미래형으로 써보는 것이다. 나를 주인공으로 써보는 판타지! 이 과정의 장점은 무모할 정도로 마음껏 자유롭게 나 자신을 세상에 펼쳐 보일 수 있다는 것이다. 현실이라는 울타리에 갇히지 않을 때 우리가 어떤 모험을 할 수 있을지는 아무도 모르는 일이다.

미국 일리노이주에서 나고 자란 헤밍웨이는 1940년대에 쿠바의 아바나 외곽에 농장 15에이커를 빌려 20년쯤 드나들었다. 쿠바에서 그는 배를 타고 낚시를 하며 지냈고 그 경험을 토대로 《노인과 바다The Old Man and the Sea》를 썼다. 그 책은 헤밍웨이에게 퓰리처상을 안겼고, 그로부터 몇 년 뒤 노벨 문학상을 수상하는 데도 일조했다. 소설은 생애 가장 큰 물고기인 청새치를 낚으려던 쿠바의 낚시꾼 노인에 관한 이야기로, 청새치의 힘이 너무 강력한 나머지 노인과 배는 바다에서 며칠 밤낮을 끌려 다닌다. 노인은 청새치와 용감한 사투를 벌이지만 청새치도 못 잡고 청새치를 잡아서 가질 수 있었던 명예도 놓쳐, 결국은 모든 걸 잃는다. 이 이야기에서 우리는 신중하게 목표를 정해야 한다는 교훈을 얻을 수 있다. 목표라는 것이 당신을 해안에서 아주 멀리 끌고 가버릴 수도 있으니까.

미래를 그려볼 때, (잠깐만이라도) 성공·명예·부를 그림에서 뺀 다음 그런 요소들이 빠진 채로도 여전히 그 목표를 이루기 위해 노력할 가치가 있는지 생각해보는 것이 좋다. 동기가 돈과 명예라면 쿠바의 낚시꾼 노인처럼 이런 보상은 보장된 것도 아니고 내가 통제할 수 있는 것도 아니기 때문이다. 당신의 그 커다란 목표나 꿈이 당신을 평생 이쪽저쪽으로 끌고만 다니다가 빈손으로 다시 해안에 던져놓을 수도 있다. 임상심리학자이자 스크랜턴대학교 심리학 교수인 존 노크로스는 저서《체인지올로지 Changeology》에서 자신의 미래에 대한 이야기를 써보라고 조언한다. "우리가 스스로에게 들려주는 이야기가 의도와 기분에 영향을 준다는 사실을 심리학자들은 아주 오래전부터 알았다. 우울한 이야기는 의욕을 꺾고 약해진 것 같은 기분을 남기는 반면, 영감을 주는 이야기는 적극적이고 성공적인 사람이 될 수 있도록 유도한다. 우리는 우리의 이야기와 서사를 더 나은 결말로 고쳐 쓰면서 자아상을 바꿀 수 있다. 우리가 변할 수 없다고 믿는 사람들의 말을 듣고 앉아 있는 대신 우리는 우리 손으로 설득력 있는 자기 개선과 탈바꿈의 이야기를 엮어낼 수 있다. 그것은 말로 만든 이미지다."

우리에게 자신의 부고를 읽어볼 기회는 아마 없을 것이다. 헤밍웨이도 그가 **진짜로** 숨을 거둔 1961년 7월 2일의 사망기사는 예측하지 못했다. 하지만 날마다 우리에게 주어지는 삶을 뒷받침하는 이야기는 어느 정도 통제할 수 있다. 그러니 노크로스가 제안한 것처럼 낙관적으로 미래의 이야기를 적어보는 일이 중요하다. "다른 사람들보다 우월한 존재가 되는 것은 전혀 고결한 일이 아니다"라고 헤밍웨이는 썼다. "진정한 고결함은 예전의 나보다 우월한 존재가 되는 것이다." 그리고 이것이야말로 진정한 노력을 쏟을 가치가 있는 일이다.

부동산 중개인과 함께 눈길을 걷는 우리 발걸음이 자꾸 처진다. 젖은 풀잎이 발밑에서 질벅거린다. 50대 중반의 뚱한 중개인 아저씨는 주머니에서 열쇠꾸러미를 꺼내들고 하나를 골라잡았다가 다시 주머니 속에 집어넣고, 다음 열쇠를 꺼내 열쇠구멍에 집어넣었다가 도로 주머니 속에 넣는다. 그동안 우리의 발은 질펀한 눈 속으로 더 깊이 박힌다. 겨우 집에 들어갔을 땐 냉기가 덮쳐오지만 집 안은 오두막집의 아늑한 매력이 있고 나무 냄새도 난다. 나는 연인이 벽난로 앞에 앉아 아르헨티나산 핫초콜릿을 마시며 보르헤스의 《미로Labyrinth》를 읽는 모습을 그려본다. 가운데 방이 호수의 수면 위로 툭 튀어나간 호숫가의 하얀 집, 이곳이 우리가 번영flourish할 장소임을 알 수 있다. 복도의 벽장문만 열어놓지 않으면 집의 거의 모든 각도에서 호수가 보인다. 나는 부엌에서, 화장실에서, 심지어 샤워실 안에서도 호수를 바라본다. 호수의 형태와 모양, 그 숨겨진 영광을 들여다본다. 해가 고요히 머리 위로 움직여갈 때 달라지는 호수의 미묘한 빛깔을, 마치 사랑에 빠진 연인 보듯 바라본다.

우리는 대부분 최고의 경험이란 아주 거창한 것이라고 여긴다. 고통스러운 등반으로 여러 날을 보낸 뒤에 에베레스트 정상에 오른다거나 고래와 함께 다이빙을 한다거나 주식시장에서 백만 달러 수익을 올릴 때의 희열. 또 누군가에게는 약물에 취해 절정을 느끼는 상태일지도 모르겠다. 그러나 에이브러햄 매슬로는 최고의 경험은 일상 속에서 일어날 수 있다고 주장한다. 아이를 데려다주려고 차를 몰고 가다가 무언가 아름다운 것을 본다거나, 지극히 평범한 시간을 '특별한' 시간으로 바꾸어줄 음악이 라디오에서 흘러나오는 순간처럼. 매슬로는 환자들에게 최고의 경험을 인식하는 법을 가르쳤다. 꽃 한 송이를 몇 시간 동안 응시하면서 그들의 인식이 어떻게 변화하는지 지켜보라고 했다. "최고의 순간을 일상에서 찾으세요"라는 매슬로의 주문에 통달하기만 한다면 그보다 더 귀한 재능은 없을 것이다. 나는 냉장고에서 우유를 꺼내 차 한 잔을 만드는 동안 머리 위 구름 색깔이 0.001초 단위로 바뀌는 것을 지켜보며, 그 여러 빛깔

중 단 하나도 놓치지 않기를 소망한다.

우리는 스페인어로 대화하려는 노력에 장단을 맞춰주지 않는 사람들 때문에 좌절한다. 여기 라틴아메리카 아닌가? "¿Donde está el banco?"라고 내가 물으면, 상대방은 예상대로 영어로 대답한다. "은행은 시내에 있어요. 이쪽으로 가세요." 스페인어만 쓰려는 우리의 노력은 무슨 수를 써도 떨쳐낼 수 없는, 어디에나 존재하는 영어라는 기호 때문에 무너진다. 우리의 언어는 이미 상품화돼 완판된 지 오래고, 그래서 마치 무료 지하철처럼 더 이상 비밀 기호가 아닌 메시지를 나르는 공공재가 된 것이다.

그래서 사람들에게 우리가 러시아인이라고 말하기로 한다. 여기 러시아어를 쓸 사람이 어디 있겠어? 라틴아메리카의 남쪽 끝자락에서 가장 사용되지 않을 법한 언어라는 게 러시아어를 선택한 이유다. 영어가 비집고 들어올 틈을 없애버렸고, 우리가 계속 스페인어를 쓰고 싶어 하므로 사람들은 어쩔 수 없이 그 지방 사투리로 말을 건넨다. 우리의 교활한 계획은 성공적인 듯하다. 동네 사람들이 갑자기 러시아의 우리 삶에 흥미를 보이며 이런저런 질문을 시작하기 전까진 말이다. 어디에 사는지, 그곳은 어떤 곳인지, 러시아와 아르헨티나를 비교하면 어떻게 다른지 등등. 우린 부랴부랴 러시아어 몇 개를 연습해서 다른 사람들이 옆에 있을 때 중얼거리다가 호숫가 집으로 돌아와서는 깔깔 웃어댄다.

눈 쌓인 마당이 있는 호숫가 집에서 나는 좀 과감한 짓을 해볼까 고민한다. 이 집을 5년간 장기 임대하는 일 같은. 정착하는 것만큼 운명을 강요하는 일은 없다. 만약 임대 계약을 맺으면 우리는 어쩔 수 없이 이곳에 머물러야 할 테고 하얀 호숫가 집은 우리의 철학 공동체가 되겠지.

'정착'하는 삶이, 땅에 깃발을 꽂고 운명에게 "꺼져! 여기를 피해서 지나가라고!"라고 외치는 것이 옳은 것일까 그른 것일까? 삶의 흐름은 언제든지 방향이 바뀔 수 있다. 한순간의 충동으로 하얀 집을 5년간 임대하는 일이 우리의 미래를 극적으로 바꾸어놓을 수 있다. 이래도 괜찮은 걸까? 이 결정이 과연 옳은지 현재 자아와 미래 자아의 만남이라도 주선해야 하는 건 아닐까?

사람들은 이런 결정들을 흔하게 한다. 결혼하고, 아이를 가지고, 목에 문신을 새기는 것도 정착하는 일이다. 하루 일과 중에 우리가 내리는 모든 결정들이 등반가가 암벽에 망치로 못을 박아넣듯 '고정하는 일'이 될 수 있다. 그것은 우릴 다음 단계로 이끈다. 우리가 무엇을 먹고, 어떻게 이동하고, 무엇을 사고, 어떻게 생각하는가 하는 모든 것들이 미래의 나를 향해 천천히 올라가는 길에 꽂힌 못이 된다. 하지만 우리는 삶의 거창한 순간들만 그렇게 여기곤 한다. 온종일 TV 앞에서만 보낼지, 이메일 회신을 할지 결정해야 하는 순간 같은 것 말고 아르헨티나의 외딴 집을 장기 계약하는 일 같은 것 말이다.

스페인어 책을 읽으며, 스페인어 라디오 토크쇼를 들으며, 거리를 산책하다가 흥분한 개를 만나 질겁하며 하루하루가 지나간다. 이 하얀 호숫가 집에서 우리 둘이 함께 늙어가는 모습을 그려본다. 그러는 사이 스페인어의 낯섦은 친숙함으로 바뀌어갈 테고 라디오 속 말도 더 많이 이해할 수 있게 될 테고. 하지만 그와 함께 다시 모든 게 평범해지고, 지루함이 우리 위에 내려앉게 되려나?

토요일 밤, 우리는 해답을 찾기 위해 어느 술집에 들어선다. 삶의 의미가 세상 밖 어딘가에 있다면 바깥에서 찾아야지 어느 날 기적적으로 머릿속에 떠오르진 않을 테니까. 우리는 우리 여정의 다음 부분을 이야기해줄 사람을 찾아 그 낯선 이에게 우리의 운명을 맡기기로 한다. "하하, 요건 몰랐지, 이 결정론자들아!" 우리는 의미심장한 몸짓을 하며 외친다.

자유의지 대 결정론 간의 불꽃 튀는 논쟁은 아리스토텔레스 시대로 거슬러 올라간다. 실존주의를 신봉하는 철학자들은 우리에게 삶을 창조할 힘이 있다고 주장한다. 우리의 선택으로 한 순간 한 순간 운명을 조종해나갈 수 있다고. 그러나 결정론자들은 그 의견에 동의하지 않고, 우리의 삶이 마치 정해진 궤도를 도는 우주선처럼 미리 다 결정돼 있다고 주장한다. 유전자, 어린 시절, 사회에 의해 우리는 이러이러한 사람이 될 것으로 결정돼 있으며 그 궤도 안에서 최선을 다하며 살아가야 한다고. 지금까지 해온 모든 것은 그저 우리가 특정 시기가 되면 하게 되는 일일 뿐, 특별할 게 전혀 없다고. 모든 게 이미 우리 뇌의 신경세포에 프로그래밍 돼 있다고. 결정론자들은 우리가 내리는 결정이 자유의지에 따른 선택이 아니라 이미 결정된 것을 그저 따라갈 뿐이라고 주장한다. 그들에게 과감하고 절대적인 자아 변형은 불가능하다.

우리의 운명을 낯선 이에게 넘겨주는 일이라면 어떨까? 그것이야말로 결정론자들의 허를 찌르는 일 아닐까?

우리는 시내 외곽에서 통나무로 지은 술집을 발견한다. 사람들이 겹겹이 서 있는 걸 보니 이 지역에서 꽤 사랑받는 집인 것 같다. 나는 사람들 틈을 헤집고 들어가 주위를 둘러보다가 저 멀리 구석에서 바텐더를 발견한다. 좀 더 비집고 들어가 주문을 하려고 기다리는데, 머리가 부스스하고 하얗게 센 어떤 남자와 팔이 스친다. 20대 후반쯤으로 보이는 그 남자는 비정상적으로 마른 몸에 눈썹, 코, 볼 피어싱을 하고 영어와 스페인어를 섞어 쓴다. 나는 러시아인이라는 말을 하지 않는다.

그는 다음 주에 산속의 모처로 영적 여행을 떠난다고 한다. 정기적으로 떠나는데 이 여행의 목적은 아야와스카 덩굴 줄기와 사이코트리아

비리디스라는 식물의 잎을 혼합하여 만드는 아야와스카라는 페루산 양조주를 마시기 위함이라고. 그걸 마시면 미친 듯이 설사를 하는 고약한 부작용이 있지만 그 이후에 환각에 의한 정신적 초월 상태가 며칠 지속된다. "우리는 우리 여정의 다음 부분을 당신한테 물어보기로 결정했어요." 나는 소음을 뚫고 큰 소리로 외친다. "우린 이제 어디로 가야 할까요?"

흰머리 남자는 금요일 밤에 술집에서 이런 질문을 받는 게 전혀 이상한 일이 아니라는 듯 당황한 기색이 없다. 그리고 신비로운 생각을 끌어내려는 듯 허공을 응시한다. 그가 이마에 고랑을 만들며 생각에 잠긴 동안 나는 가만히 기다린다. 얼마 후 그는 아무래도 생각할 시간이 더 필요할 것 같다고 한다.

다음 날, 우리는 운명의 가이드를 만나러 그가 일하는 곳으로 간다. 외딴 거리의 쇼핑몰에 숨겨놓은 듯한 동네 식당이다. 주차장의 플라스틱 의자에 앉아 기다리는데 그가 탄산음료와 토르티아 칩을 쟁반에 받쳐 들고 나타난다. 뒤에서 그의 사장이 쳐다보고 있다. "이해심이 많으신 편이에요." 그는 손짓으로 식당 주방 쪽을 가리키며 말한다. "영적 여행이 저의 종교라는 걸 아시거든요." 그가 사장을 향해 손을 흔들어 보이자 그가 이쪽을 쏘아보더니 우리 시야에서 슬며시 사라진다.

그날 밤 빈자리에 세워두었던 밴으로 돌아가 보니 창문이 깨져 있다. 책들은 그대로인데 돈과 옷가지가 사라지고 없다. 사흘 후 우리는 텅 빈 시골길을 따라 세상의 끝을 향해, 파타고니아를 통과해 남쪽으로 차를 몬다. 이 길 끝에 무엇이 기다리고 있을지 설렘 반 걱정 반이다.

•

5장

•

당신은 당신을 모른다

(　　　　　아르헨티나　　　　)
(　　　　　우수아이아　　　　)

행동이 언제나 행복을 불러오진 않지만,

행동 없이 행복은 결코 찾아오지 않는다.

– 벤저민 디즈레일리

"방랑자여!" 스페인 시인 안토니오 마차도는 이렇게 썼다. "다른 그 무엇도 아닌, 그대의 발걸음이 길이다." 마차도는 우리의 운명이 오직 행동에 의해서만 일어난다고 암시한다. "방랑자여, 길은 없다. 길은 걸어감으로써 만들어질 뿐이다."

우리는 정신에 너무도 지배받는 나머지 자아 변화가 그것에 대해 생각하는 것만으로도 일어날 수 있다고 자신을 속이기도 한다. 어느 순간 불현듯 일어날 거라고 말이다. 차를 몰고 가다가, 황혼 무렵 도심 공원을 산책하다가 갑자기 번쩍 생각이 떠오를 거라고. '그래, 이게 내 삶을 바쳐 할 일이야. 이게 나야. 이것이야말로 진정한 나야. 이것이 내가 택할 길이야.' 우리에겐 그저 시간과 공간이 조금 필요할 뿐이라고, 그러면 모든 감각기관이 열리고 내면의 목소리가 내 길을 알려줄 거라고 자신을 속인다. 열쇠는 나의 내면 어딘가에 놓여 있으니 어느 날 삶의 의미와 목적이 눈앞에 펑하고 나타날 거라고. 그러나 자아 변화는 그런 식으로 일어나지 않는다. 당신의 발걸음만이 길이다. 다른 방법은 없다.

남쪽으로 향하는 동안 우리는 말을 키우는 농가에 숙소를 얻었는데, 숙소 주인이 숙박료에 포함된 사항이라며 말을 타고 산길을 올라가보라고 끈질기게 권한다. 우리는 책 몇 권과 함께 물과 음식을 작은 배낭에 챙겨 넣고 말 위에 올라탄다. 말들은 제 몸에 올라탄 우리 무게 따위는 아랑곳하지 않는 듯 꿈쩍없다. 한동안 그렇게 움직이지 못하다가 주인이 박수를 치고 말의 엉덩이를 툭 건드리자 말들은 몸을 떨며 깨어나 햇빛이 들어오는 문을 통과해 질주한다.

말 한 마리가 다른 말의 뒤를 따르고, 우리는 그렇게 한 줄로 조용히 흙길을 올라간다. 그런데 산마루에서 예상치 못한 상황을 만난다. 숙소 주인은 우리에게 정확한 방향을 일러주지 않았는데 여기 교차로가 있다.

나무 팻말에는 길이 세 갈래로 그려져 있다. 그야말로 완전한 포크 형태의 길이다. 잰은 말에서 내려와 돌무더기로 반쯤 가려진 유리 케이스 속 팻말을 찬찬히 본다. 말들은 고개 숙여 풀을 뜯어먹는다.

중세 시대에 교차로, 즉 공공도로와 샛길의 교차 지점은 두려움의 대상이었다. 되도록 시간을 끌지 않고 빨리 지나가야 하는 곳. 아일랜드 민속 문화에서 교차로는 세상과 세상 사이 아무 데도 아닌 곳으로, 마녀들이 접선하고 영혼들이 지나가는 곳이었다. 잘못된 방향을 선택할까 두려워하는 마음이 우리를 교차로에 필요 이상으로 머물게 한다. 우리는 망설이니까. 선택지를 저울질하게 되니까. 하지만 어느 길이 더 나을지 너무 오래 생각하고 분석하는 것은 앞으로 나아가는 데 방해가 된다. 우리는 선택해야 하고, 행동해야 한다. 키르케고르는 생각하느라 삶을 낭비하지 말라고 경고했다. 대신 행동을 하라고.

키르케고르는 자신의 나이를 두고 '사색'의 시간이지만 '열정은 없는' 시간이라고 했다. "내 또래는 근본적으로 이해의 폭이 넓어지는 나이이고, 평균적으로 아마도 예전 세대보다 지식 또한 많을지 모르지만 열정은 없다. 모두가 아는 것은 많다. 우리는 모두 가야 할 길과 우리가 택할 수 있는 다양한 길들을 다 알지만 아무도 움직이려 하지 않는다." 이 철학자는 과도한 저울질이 우리를 미치게 하거나 우울하게 하거나 게으르게 할 수 있다고 보았다. 사색 습관을 아주 그럴듯하게 가꾸고 결국은 환상에 불과한 프로젝트에 대해 골똘히 생각하다가 – 상당한 숙고 끝에 – 어쩌면 아무것도 하지 않는 편이 최선일 거라고 결론 내리는 이들이 많다.

잰이 길을 살피는 동안 나는 미동도 않는 말에 올라앉은 채 결정도 못 하고 움직이지도 못한다. 우리가 아무 조치도 하지 않는다면 말들은 그늘에서 느긋하고 행복하게 몇 시간이고 머물 것이다.

마침내 한쪽 길을 선택한 우리는 조용히 그 길을 따라간다. 몇 분 후 말들도 발걸음이 편안해졌는지 한 발 한 발 터벅터벅 나아간다. 말 등에 앉아 있자니 말의 발걸음이 톡, 톡, 톡 리듬감 있는 박자로 느껴진다. 만약 내 뇌에 음악적 신경세포가 있었다면 노래를 만들어 불렀을지도 모르겠다. 천천히 언덕을 올라갈 때는 음이 점점 높아지는 노래, 내려갈 때는 짤막한 스타카토 노래를. 땅 위에 둥둥 떠 있자니 기분이 묘하다. 나뭇잎을 만지작거리며 가지에 벌레나 새가 있는지 찾아본다. 하지만 얼마 안 가서 둥둥 뜬 이 묘한 기분 또한 익숙한 평범함이 될 것을 안다.

말 위에 올라타보는 것은 내 삶을 돌아보는 방법 중 하나다. 말을 탄 사람이 계획을 세우고 새로운 생각을 해내면 말이 행동한다. 문제는 둘 중 하나라도 활동을 하지 않을 때다. 만약 당신이 생각하는 유형이라면, 대부분의 경우 말을 탄 사람이 주도적 역할을 한다. 그런 사람은 탐색을 즐기고, 목록을 만들고, 새로운 선택지를 생각해내고, 위험 요소와 보상이 무엇인지, 장단점이 무엇인지 논하기를 좋아한다. '나의 열정은 무엇인가? 나는 무엇을 잘하나?' 이런 생각들은 모든 것들을 신중히 고려하고 목록을 작성하며 한동안, 때론 평생 이어진다. 그렇게 세월이 흘러가는 사이 매년 같은 목록을 적고 있다는 걸 알아차리게 될지도 모른다. 그런데도 마치 무언가를 하고 있는 것처럼 그 목록에서 위안을 얻는다. 이런 경우는 마구간에서 지시를 기다리며 말이 가만히 서 있는 동안 말을 탄 사람 혼자 움직이는 꼴이다. '내가 확실하게 알게 되면 그땐 아무것도 나를 막지 못할 거야.'

행동하는 유형은 말이 주도적 역할을 한다. 그런 사람은 언제나 무언가를 하고 있다. 직장에서 일하고, 공부하고, 친구를 만나고, 그들의 생일을 챙기고, 모든 것을 일과대로 스케줄대로 한다. 어느 날 정말 좋아하는 동네로 이사가고 싶기도 하고, 커리어를 바꾸고 싶기도 하지만 어떻게 해야 할지는 모른다. 일하는 시간을 줄이고 창조적인 일을 해보고 싶지만 남는 시간이 없다. 말 탄 사람이 방향을 제시하지 않을 때 말은 자기가 아는 길로 바삐 가버린다. '그래, 저건 내년에 꼭 해보자.' 그러나 변화와 맞닥뜨렸을 때 말은 코를 앞으로 내밀고 계속 가던 길이 제일 좋은 길이라고 고집을 부릴 것이다.

실존주의 철학자들에게는 행동이 곧 그 사람이다. 말에 올라탄 사람이 거창한 계획과 끝내주는 아이디어를 갖고 있다고 해도 말이 밤이고 낮이고 마구간에 남아 밖으로 나가지 않는다면 모든 게 무용지물이다. 말에 탄 채 성취하는 것만이 그 사람을 만든다. 그런가 하면 말에 탄 사람이 아무 계획도 목적도 없어 터벅터벅 가기만 하는 경우에도 결국은 실망스러운 삶을 살게 될 수 있다. 미국의 시인 빌 코플랜드는 이렇게 말했다. "목표가 없는 것의 문제는 평생 필드를 이리저리 뛰어다니기만 하고 점수는 내지 못한다는 것이다."

말에 탄 사람과 말이 모두 무기력한 경우 무관심과 좌절감이 일어날 수 있다. 헝가리계 미국인 심리학자 미하이 칙센트미하이는 이를 '심리적 엔트로피psychic entropy'라고 부른다. 그것은 일요일 오후에 당신을 찾아오는 지루함이다. 두 발에 달린 납덩이같은 무게다. 머리를 돌덩이가 채우고 있는 느낌이다. 심리적 엔트로피는 우울증과 매우 비슷한 느낌을 준다. 온 집 안을 돌아다녀보지만 아무것에도 관심이 가지 않는다. 그러나 일단 강아지를 산책시키거나 수영을 하러 가거나 케이크를 굽기로 결정하면 당신을 감싸고 있던 구름들이 어쩔 수 없이 걷히고, 시간은 다시 순탄하게 흘러간다. 말이 움직이고 있다면 더 이상 마구간에 갇혀 바보처럼 불평하고 있지 않다는 의미다. 문은 열렸고, 그는 스스로를 해방시킨 것이다. 행동하기 시작하면 새로운 전망이 펼쳐진다. 앞으로 조금씩 나아가기만 해도 말은 운동을 시작하고 기민해져서 때가 왔을 때 질주할 수 있다. 미국의 화가이자 시각 예술가, 사진작가인 척 클로스Chuck Close는 말했다. "아마추어는 앉아서 영감이 찾아오길 기다리지만, 우리는 그냥 일어나서 일하러 나간다."

　　진정한 변화는 내면에서부터 일어나는 것이라고 주장하는 라이프코치들이 있다. 우리 자신의 아주 깊은 구석까지 파고 들어가지 않으면 진정한 자아를 찾을 수 없고, 이 내면의 자아를 찾아내지 못하면 진정한 삶을 살아갈 수 없다고들 한다. 진정한 자신의 발견을 돕는 세미나와 강좌들도 많다. 모든 선택지를 이성적으로 검토할 수 있는 설문지와 조용히 사색하는 시간을 마련해둔 강좌들이다. 질문은 대략 이런 식이다. 나는 어떤 유형의 사람인가? 나의 강점과 약점은 무엇인가? 그런 이성적 사색을 통해 삶의 윤곽이 보이기 시작한다는 것이 그들의 이론이다. 일단 우리의 진정한 자아를 발견하면 우리의 운명대로 살 수 있다고 말하는 사람들도 있다. 우리를 충만하고 행복하게 하는 직업을 찾거나 우리를 반영하고 보강해주는 동반자를 만나거나 하면서.

　　수 세기 동안 서양에서 철학적 사고를 뒷받침해온 이런 사고방식은 놀랍게도 종교 교리에서 기원했다. 우리가 운명을 타고났다는 생각, 즉 우리 삶의 로드맵이 더 높은 존재에 의해 안배돼 있다는 개념은 개신교의 핵심 사상이다. 라이프코치들은 대부분 종교적 부분은 쏙 빼고 '운명 예정설'만 남겨 완전히 다른 방식으로 이해시킨다.

"이런 사고방식이 위험한 이유는 우리가 '진실'을 목격한 순간 그것을 알게 된다고 믿으면서 그 진실에 따라 우리 삶을 제한하기 때문이다"라고 하버드대학교 철학 교수 마이클 푸엣은 저서 《더 패스The Path》(크리스틴 그로스 로 공저)에서 썼다. "우리는 어느 특정한 시기와 장소에서 제한된 몇 가지 정서적 기질로 우리를 영원히 정의하려고 한다." 더구나 이런 심각한 삶의 계획들은 종종 이성적인 생각에 근거하지 않는다. 오늘 내가 어떤 사람이냐를 기반으로 상상 속 미래 자아의 계획을 세운다는 것은 매우 추상적이며 그저 점을 치는 행위에 지나지 않는다. "당신, 세상 그리고 당신의 환경은 변화한다"라고 푸엣은 주장한다. 당신은 미래의 잠재력을 "앞으로 **변화해나갈 나**가 아닌, **지금 당장의 나에게 최선인 것**"에 제한하고 있다.

　나는 창의적인 사람이 아니야… 나는 비관적인 편이지, 잘못될 경우를 자꾸 생각하니까… 나는 혼자 있는 게 편한 사람이야… 나는 비판을 잘 못 받아들여… 나는 친구를 만드는 게 어려워… 나는 너무 경쟁적이고 팀원들이랑 단합을 잘 못해… 나는 내성적이고 부끄러움이 많아… 나는 바쁘게 지내는 게 좋고 휴식은 좋아하지 않아…

　우리가 자기 묘사를 신뢰한다는 점이 자기소개서를 쓰는 일의 문제다. 꼬리표를 붙이는 일은 그런 자질을 고정하고 강화한다. 오늘 생각하는 나는 대부분 그동안 살아온 습관과 패턴의 조합이다. "나는 아침형 인간이고 운동 중독이야"라고 말하는 이유는 이른 아침에 달리는 습관을 들였기 때문이다. "나는 외톨이에다 우울해"라고 말하는 이유는 습관적으로 사회적 교류를 피하고 부정적으로 생각하는 경향이 있기 때문이다. "나는 음악에 소질이 있는 것 같아"라고 말한다면 어릴 때부터 피아노를 쳐왔기 때문일 수 있다. 이런 것들은 '나'라기보다는 단순히 내 습관을 묘사한 것이다. 그리고 습관은 언제 어느 순간에나 변화에 열려 있다. "어떤 패턴은 좋지만 어떤 패턴은 안 좋다"라고 푸엣은 말한다.

배우 에마 스톤은 어릴 때 심각한 불안증을 앓았다. "처음 공황 발작을 겪은 건 친구네 집에 앉아 있을 때였는데, 갑자기 집이 불타버리는 것 같았어요"라고 그는 회고한다. "엄마한테 전화를 했고 엄마가 저를 집으로 데려오셨죠. 그 후로 3년 동안이나 그 증세가 지속됐어요. 점심시간에는 거의 학교 보건 선생님을 찾아갔고 두 손을 꽉 움켜쥐고 있었어요. 엄마한테 하루 일과를 정확하게 이야기해달라고 했고, 30초 뒤에 또 물어봤어요. 그냥 아무도 죽지 않고, 아무 변화도 일어나지 않으리라는 걸 확실히 알아야 했어요." 스톤의 부모가 선택한 심리치료는 아이로니컬하게도 연기 수업이었다. 무대 위에 올라가 대사를 기억해서 관중들에게 말하고 그들을 웃게 하는 것. 그리고 그 덕에 치료가 됐다. "연기를 통해 내게 목적의식이 생겼어요." 요즘도 갑자기 조여드는 느낌이 들거나 불안이 엄습하면 빵을 굽는다든가 하면서 움직인다. 만약 심리학자들이 그에게 '불안이 심하고 수줍은 아이'라는 꼬리표를 달았다면 스톤이 오늘날 아카데미상을 수상하고, 세계에서 손꼽히게 고액을 받는 여배우 반열에 들 수 있었을까? 아마 아닐 거다.

소위 내면의 자아에 입각해서 자신을 탐색하고 진정한 삶을 살아가는 일이 위험한 이유는, 아마도 당신이 발견한 '나'에게 바꾸고 싶은 것들이 분명 있을 터이기 때문이다. 어쩌면 당신은 좀 더 예술적이거나 능동적이거나 음악적이거나 적극적인 사람이 되고 싶을지도 모른다. 당신이라는 사람, 혹은 당신이 앞으로 될 어떤 사람의 스펙트럼은 무한하다. 그렇다면 그다음이 문제다. 당신의 그 잠들어 있는 면들을 어떻게 불러낼 것인가?

하버드대학교에서 푸엣의 중국철학 수업을 듣는 학생들은 결석을 거의 하지 않는다. 중국철학이 성공적인 취업에 필수 과목이어서가 아니라 푸엣의 수업이 학생들이 자신에 대해 내린 가정이나 그들이 의미 있다고 생각한 삶에 의문을 제기해주기 때문이다. 푸엣은 학생들이 변화와 성장을 내다볼 수 있도록 지도한다. 물론 교과과정에도 산속이나 숲속으로 들어가 자아 찾기 같은 건 들어 있지 않고, 이제는 모르는 사람이 없는 거리 두기나 무비판의 '마음 챙김'('나의 감정을 관찰하고 인정한 다음 놓아 보내기') 같은 것도 다루지 않는다. 오히려 학생들은 매일매일의 사소한 습관과 패턴, 이를테면 침대 정리나 테이블에 생화 올려두기, 식사 후에 바닥 쓸기 같은 것들을 통해 변화를 일으키는 법을 배운다. "변화하기 위해서는 평소의 모습에서 탈피해 자신의 다른 면들이 발전할 여지를 주어야 한다. 일상의 패턴이 변화를 불러올 수 있는 이유는 잠시 동안이라도 우리가 다른 사람이 되게 만들어주기 때문이다. 일상의 패턴이 만들어내는 잠깐 동안의 다른 현실은 평소 삶에 작은 변화들을 불러온다."

꽉 움켜쥐고 있던 미래 계획들을 버리고 앞으로 무엇이 닥칠지 모르는 불안하고도 신나는 느낌과 과감히 대면하라는 것이 바로 푸엣이 전하는 메시지다. "계획에 너무 매달려 있으면 다른 기회를 놓칠 위험이 있다." 예상 밖의 기회들, 예측 못했던 변화, 뜻밖의 만남. 이런 순간들이 삶의 궤도를 급격히 바꾼다. 생각만 해도 재미있지 않은가? 미래의 당신은 당신이 아직 만나보지 못한 사람이라는 것이.

지난 몇 주는 허공으로 빨려 들어가듯 사라졌다. 우리는 세상의 땅

끝 마을, 아르헨티나 땅의 최남단인 우수아이아에 도착했다. 해안선 너머로는 요동치는 바다가 있고 산봉우리들은 흰 눈으로 덮여 있다. 우리는 해안가의 오두막집을 찾았다. 한 줄로 늘어선 집들 중 세 번째 집이다. 초록색 문을 두드렸다.

몇 분쯤 지나 안에서 소리가 들리고 문이 열린다. 20대 중반인 듯한 남자가 우리를 보더니 집 안의 누군가에게 소리를 지르고, 우리에겐 잠깐만 기다리라 하곤 문을 닫는다. 나는 눈 덮인 땅 위에 서서 페인트칠을 하지 않은 목재 오두막집들을 관찰한다. 울타리도, 우편함도, 자동차도 없다. 주거 가능한 삶의 형태를 암시해주는 것이 아무것도 없다. 집주인들은 자전거를 타거나 걸어서 시내에 나가 생필품을 사는 모양이다. 걸으면 최소 35분은 걸릴 듯하다.

매 초마다 해풍이 일고 눈발 섞인 바람이 오두막집 외부를 때린다. 문이 다시 열리자 몸통이 굵고 머리가 삐뚜름한 개 한 마리가 후다닥 뛰어 나오고 아까 그 남자가 한 손엔 열쇠, 한 손엔 담배를 든 채 어스름 속으로 다시 나온다. 그는 담배를 한 모금 빨더니 반쯤 감은 눈으로 우리를 의심스럽게 쳐다본다. "이그나시오의 친구들인가요?" 그는 스페인어로 수백 킬로미터 떨어진 술집에서 만났던 운명의 안내자인 머리 하얀 남자를 언급한다. 그의 이름은 물어본 적도 없지만 나는 고개를 끄덕이며 말한다. "Si, somos amigos de Ignacio."

인간은 생각하는 사람인 호모 사피엔스가 아니라 도구의 인간, 호모 파베르라고 주장한 철학자들도 있다. 일하고 창조하고 혁신하고 짓는 것이 인간의 본질적 특징이라 보았기 때문이다. 우리가 만드는 것들이 우리 존재를 구체화한다. 우리가 우리를 둘러싼 세상을 창조할 때 우리 자신도 창조하게 되는 것이다. 따라서 의미 있는 삶은 의미 있는 일, 혹은 할 일을 포함한다.

하지만 우리는 여기, 기본적으로 일하지 않는 삶을 사는 사람들의 문화 속으로 들어와 있다. 전 세계 인구가 채우고 고치고 들어올리고 가르치고 이메일을 쓰고 골을 넣는 동안 삶은 그런 일의 사이사이로 흘러간다. 일하지 않는 자들은 하늘에서 시간 선물을 받은 셈이다.

우리는 가방을 바닥에 내려놓는다. 오두막집 문이 닫혀 있는데도 바다의 포효에 마음이 동요된다. 우리는 현관문을 잠그고 밴으로 돌아온다. 차가 부르르 깨어나자 옆집 창문의 커튼이 열리더니 오두막 문이 열리고 여자 하나와 남자 셋이 맨발로 손을 마구 흔들며 눈밭으로 쏟아지듯 뛰어나온다. 그리고 타라고 하지도 않았는데 밴의 뒷좌석 문을 열고 올라타선 철학책들을 깔고 앉았다가 책을 집어 들고 신기하다는 듯 펼쳐본다. 여자의 머리카락은 파란색이다. La chica fria(차가운 소녀)라고 불린다. 그의 손목은 실로 짠 팔찌로 장식돼 있고, 손가락에는 E 형태의 문신이 새겨져 있다. 그는 포이poi(마오리족의 춤과 노래에 등장하는 도구로 양 끝에 불을 붙일 수 있는 작은 공이 달린 줄 - 옮긴이)라는 걸 들고 있다. 두 개의 긴 줄 끝에 천으로 만든 심지가 달려 있어 밤에 줄을 돌리면 공처럼 둥근 불이 머리 주위에서 손전등 역할을 해준다. "Ella es una experta(쟤가 전문가예요)." 아직도 같은 담배를 빨고 있는 후안이 우리에게 말해준다.

우수아이아의 시골길을 덜덜 달리는 동안 아르헨티나인들은 자기들끼리 쾌활한 목소리로 떠든다. 어쩌면 삶의 목적을 일이 아닌 다른 곳에서 찾는 데 삶의 의미가 있을 수도 있겠다는 생각이 든다. 단순하게 돈 들이지 않고 살고, 그날그날 시간을 최대한 늘려서 쓰는 것. 값싼 시골 땅을 찾아서 아름다운 일출과 방랑할 수 있는 흙길과 별이 빛나는 밤하늘을 볼 시간 이상을 바라지 않는 것에 삶의 의미가 존재하는 건 아닐까? 왜 우리는 해먹 하나 걸어두고 그렇게 살지 못하는 걸까?

스페인 철학자 호세 오르테가 이 가세트는 인류를 두 부류로 나눈다. 그의 저서 《대중의 반란 The Revolt of the Masses》을 보면 첫 번째 부류는 "힘든 일과 의무를 계속 부과하며 스스로를 압박하는 부류"이고, 두 번째는 "자신에게 특별히 요구하는 것도 없고 아무런 노력도 억지로 하지 않는 부류"라고 정리돼 있다. 두 번째 부류에게 "삶이란 그저 자기 모습 그대로 모든 순간을 사는 것이고 (…) 파도를 타고 흘러가듯 부유하는 것"이다. 이 철학자는 엄격하고 어려운 길과 쉽고 즐거운 길 중 어떤 길을 걸었느냐에 따라 사람들을 분류한다. "이를 결정짓는 기준은 우리가 삶을 어떤 차량에 실었는가다. 우리에게 부담을 최대한으로 주는지, 아니면 최소한으로 주는지."

그날 밤 창가에 앉아 버트런드 러셀을 읽고 있는데, 해안가에 울려 퍼지는 테크노 음악의 깊고 낮은 타악기 소리에 규칙적인 바다 소리가 묻혀버린다. 오두막집 바닥마저 진동한다. 나는 해질녘에 울려대는 전자음의 범인인 정체불명의 무노동자들과 그의 친구들 – 자전거와 모터바이크가 계속 들어오고 있다 – 에 대해 생각해본다.

"무슨 일 하세요?" 누군가를 처음 만났을 때 흔히 하는 질문이다. "저는 정비공이에요." "저는 원예가예요." 우리는 종종 우리가 하는 일로 우리 자신을 규정한다. 당신의 직업은 무엇인가? 우리는 우리의 직업인가? 삶에서 우리의 정체성은 우리가 생활비를 버는 방식으로 결정되는 걸까? 숫자를 계산하고, 벽돌을 쌓고, 구덩이를 파거나 비행기를 모는 것으로? 그리고 만약 직업이 곧 우리가 아니라면 우리는 누구인가?

영국 태생의 새뮤얼 스마일스는 1800년대 중반 자기계발 전문가의 원조 격이다. 정부 개혁가였던 스마일스는 노동자 계급과 중산층을 결집해 산업 발전을 이루고자 자기계발 – 특히 '무일푼에서 거부'가 되는 서사 – 을 활용했다. 1859년에 출간된 그의 저서 《자조론 Self-Help》은 출신이 미천한 가난한 사람들이 고된 노동, 성실함, 투철한 직업 의식을 통해 성공한 사례들로 가득하다. 사회 계층 사다리를 올라갈 방법을 찾는 사람들에게 주는 그의 조언은 분명했다. 일찍 일어나서 부지런히 일하고, 일하고 또 일하는 것. 《자조론》은 25만 부 넘게 팔렸다.

1800년대부터 신문 칼럼, 책, 잡지와 소논문 등에 열심히 일해서 성공한 사람들의 이야기가 줄줄이 실리며 근면의 미덕이 강조되기 시작했다. 근면은 아동용 책에서도 홍보됐다. 역사학자 피터 스턴스는 저서 《소외에서 중독까지 From Alienation to Addiction》에 이 현상에 대해 "그들은 열심히 일하면 자기 운명을 직접 써나갈 수 있다는 것을 대중에게 납득시켰다. 그 영향에서 벗어나기란 쉬운 일이 아니었다"라고 적었다.

스마일스는 노동자들을 "숭고한 병사들"이라 칭했고, 그들의 노동이 국가의 복지와 발전에 기여하는 바는 역사 위인들의 기여도와 같다고 했다. "개개인의 나태함, 이기주의, 악덕이 쌓여 국가가 퇴락하듯 국가의 발전은 개개인의 근면성, 에너지, 강직함의 총합으로 이루어진다." 근면은 옳고 나태는 사악하며 이기적이다. 산업과 일이라는 새로운 숭배 대상의 탄생이었다.

일을 숭배하라며 밀어붙인 사람은 스마일스만이 아니었다. 스마일스의 책이 출간됐을 무렵 신문들도 산업 전선에 함께 뛰어들었다. "게으른 남자들과 여자들은 어느 사회에서나 골칫거리다." 매사추세츠주 지역 신문의 어느 기자는 이렇게 주장했다. "그들은 사회의 걸림돌이기만 한 것이 아니라 곧 범죄나 빈곤을 일으키는 원인이 된다. 집집마다 이런 말을 가훈으로 삼아야 한다. '무언가가 돼라. 무엇이든 해라. 자기의 짐은 스스로 책임진다.'"

산업혁명 초창기(공장에서 노동자들을 절실하게 필요로 했던 시기) 스마일스와 여타 출판업계 관계자들은 고대 그리스·로마의 철학자들과 뚜렷이 상반되는 견해를 보였다. 고대 철학자들은 어떻게든 기어코 '일'을 피하라고 조언했다. 그리스 철학자들에게는 일이 아닌 게으름이 미덕이었다. 삶의 목표는 자기 발전 활동을 위해 여가 시간을 갖는 것이었고, 공부·예술·정치활동 등이 거기에 속했다. 여가를 의미하는 그리스어 skholé는 영어 school(학교)의 어원이다. 여가 시간은 토론하고 공부하는 시간이었다.

영어권 세상에선 근면 성실한 일꾼만이 사회 계층의 사다리를 올라갈 수 있다고 부추겼지만 유럽인들은 그 주장에 미국인들만큼 설득당하지 않았다. "19세기 후반에도 오늘날에도 유럽인들보다는 미국인들이 근면함과 효율로 신분을 상승시킬 수 있다는 사실을 훨씬 더 과장한다"라고 스턴스는 말한다. 유럽인들 중에는 아직도 사회의 장벽을 개인의 노력만으로는 극복할 수 없다고 믿는 사람들이 많다.

공장, 실험실, 사무실, 스튜디오 등에서 더 오랜 시간을 보낸다고 그 어떤 사회적 힘 – 사회적 가치, 전쟁, 사회 기반 시설, 교육 등에 영향력을 행사할 만한 – 이 보장되는 것은 아니지만 그 결과로 대량생산된 물건들을 구매함으로써 가짜 사회적 힘, 혹은 위신을 얻을 수는 있다. 직장에서 더 오래 일한다는 것은 더 많은 소비를 의미하고, 고급 승용차나 도심 땅처럼 그렇게 구매한 것들은 누군가를 사회적으로 더 힘 있는 것처럼 보이게 해준다. 실상은 그렇지 않다고 해도 말이다. 그리고 현대인 대부분은 이를 꽤 괜찮은 거래라고 여긴다. 일을 '삶을 규정하는 것'이 아니라 '더 나은 삶을 성취하기 위한 도구'로 보는 것을 도구주의라고 한다. 일이 더 이상 의미 없을 수도 있고, 성장으로 인도해주지 못할 수도 있고, 어쩌면 유용하지도 않을 수도 있고, 심지어 그 일을 하는 당신조차 무엇을 하는 건지 제대로 모를 수도 있지만 그것은 당면한 문제가 아닌 것이다. 일은 돈을 의미하고, 필요한 것들을 획득하는 데 돈을 쓸 수 있으면 된 거다.

오늘날 많은 이에게 직업이란, 근무 시간을 구체적으로 어떻게 보내게 될지(나는 정확히 어떤 일을 하게 될까?) 신중하게 분석해서 선택하는 것이 아니라 연봉과 특전에 따라 선택하는 것이 됐다. 우리는 주위에서 이런 말을 흔히 듣는다. "그 일을 해볼까 했는데 지금보다 돈을 더 안 준다잖아." 일은 정말로 우리를 '행복하게 하고 만족시킬' 수 있는 걸까? 영국의 섬유디자이너이자 작가인 윌리엄 모리스는 그렇게 생각하는 것 같다. 일이 생계의 수단이 된다고 해서 반드시 좋은 것이거나 가치 있는 것은 아니라고, 모리스는 〈유용한 일 대 쓸모없는 노역〉이라는 강의에서 주장했다. "간단히 말해 모든 노동이 그 자체만으로 좋은 것이라는 생각은 현대 윤리관의 신조가 됐다. 다른 이들의 노동 덕에 먹고사는 사람들한테는 정말로 편리한 신념이다. 그러나 실질적인 노동을 하며 살아가는 사람들이라면 그 신조를 맹신하지 말고 그 문제를 좀 더 깊이 들여다보라고 이야기하고 싶다."

〰

자정이 훌쩍 넘은 시간, 사람들 한 무리가 담요를 두른 채 해안을 마주하고 서 있다. 우리는 방의 불을 끄고 그림자들을 눈으로 따라간다. 차 트렁크가 열리고 녹색을 띤 불빛 속에 후안의 집중한 얼굴이 보인다. 그는 상자를 꺼내 멀리 위치한 오두막으로 끌고 간다. 그의 주변으로 동이

터온다.

새벽이 되자 해안가의 허름한 오두막 네 채는 마치 버려진 집처럼 보인다. 하지만 그 안에 후안, 차가운 소녀 그리고 어쩌면 여섯 명 넘는 사람들이 살고 있음을 안다. 그들이 복도나 다락에 걸린 해먹에 누에고치처럼 폭 감긴 채 뱀파이어처럼 잠들어 있다는 것을. 그들은 대낮 혹은 그보다 더 늦게까지 아무도 만날 생각이 없을 것이므로 우리는 아침의 고요를 틈타 새로 쌓인 눈 위에서 스노보드를 타기로 한다. 산을 타고 내려오며 속도감에 신이 난 우리는 의기양양하게 솜털 같은 들판을 이리저리 휘젓는다.

그렇게 며칠이 흐른다. 아침 일찍 일어나 스노보드를 타고, 밤이면 울려퍼지는 테크노 비트를 들으며 자다 깨다 한다. 주말에는 우리와 오직 바다의 흥얼거림뿐이다. 나는 생각한다. 삶이란 죽음을 향해 째깍째깍 가는 시계인데, 왜 사람들은 일을 해야 하는 걸까? 이렇게 생각하는 사람들이 과연 있을까? "제가 말이죠, 이 눈부시게 아름다운 지구에서 살 수 있는 시간이 4000주 정도밖에 안 되거든요. 그래서 신이 주신 그 시간들을 지게차를 운전하고, 아픈 자들을 간병하고, 버스를 운전하고, 학생들을 가르치면서 쓰려고 해요. 휴일은 1년에 4~6주 정도로 제한하고 나머지 시간엔 일을 할 거예요."

이 동네 오두막집에서 살아가는 사람들을 이해할 수 있다. 주거지를 공유하고, 옷을 지어 입고, 물과 저장해둔 식재료로 다 같이 먹을 것을 해 먹고 노동은 하지 않겠다는 정신을. 하지만 지난 몇 주간 무노동의 정신을 관찰해보니, 그것이 영혼을 살찌우는 것처럼 보이지는 않는다. 그들은 술에 진탕 취해 있거나 오두막 지붕 위에서 고난도 스키점프를 하거나 주차된 차들 위에서 스노보드를 타며 시간을 보낸다. 그들은 화끈한 밤에

만족하지 못하고 늘 더 신나고 화끈한 것을 찾아 새로운 즐길 거리를 계획한다. 그리고 다음 날 오후에는 무기력한 상태가 돼 스노보드를 타려하지도 않고 때로는 완전히 처진 채 음식도 먹지 않는다. 그들에겐 매일 매 시간을 보낼 방법을 선택하는 일이 굉장히 버거워 보인다. 누군가가 "시내에 나가 영화나 한 편 볼까?" 하고 제안하면 이렇게 또 하루를 보낼 수 있다는 생각에 안도하며 모두 따라나선다.

"하는 일 자체가 흥미로워서 그 일을 하는 사람들은 별로 없다." 러셀은 말했다. "그러나 그런 일이라 할지라도 대단한 이점이 있다. 일단 무엇을 해야 할지 결정할 필요 없이 하루에 몇 시간씩 보낼 수 있다. 자유시간이 생겨 어떻게 보낼지 선택할 수 있을 때, 사람들 대부분은 그 시간을 만족스럽게 보낼 일을 찾지 못해 갈팡질팡한다. 설사 결정을 했다고 해도 더 즐거운 일이 있는 건 아닐까 싶어 당황하기도 한다. 여가 시간을 현명하게 보내는 능력은 문명의 마지막 산물이고, 현재로서는 이 단계에 도달한 사람이 매우 드물다."

러셀은 일이 우리에게 이로운 이유로 두 가지를 제시한다. 첫째, 우리는 어떤 기술을 연습할 수 있고 그 대가로 발전할 수 있다. 스포츠나 악기 연주에서 기량이 발전할 때 얻는 기쁨과 비슷한 이치다. 그 일이 인간의 눈을 수술하는 기술이든 눈보라 속에서 비행기를 순탄하게 착륙시키는 것이든 일을 하다 보면 자연히 기량이 발전한다. 우리 기량이 계속 발전한다면 크나큰 만족감을 느낄 수 있다. 둘째, 일의 건설적인 면이 우리에게 이롭게 작용한다. 달리 말해 일은 우리로 하여금 무언가를 창조하게 하고 그것이 완성되면 기념물이 된다. 소설가는 소설을 완성한다는 생각만으로도 큰 기쁨을 느낀다. 각고의 노력이 손에 만져지는 형태로 나타나기 때문이다. 건축가가 수많은 밤을 지새워 고통스럽게 설계한 집이 언덕 위에 선 모습을 보았을 때나, 학교 교장이 특별한 목적으로 건립한 음악당에서 아이들이 고사리 같은 손으로 현을 튕기는 모습을 지켜보는 것도 같은 기쁨이다. 러셀은 말한다. "위대한 건설적 사업의 성공을 지켜보는 데서 나오는 만족감은 삶이 제공할 수 있는 가장 거대한 만족감 중 하나다."

이 무노동자들에겐 매일매일이 그 전날과 거의 똑같다. 지어 올릴 것이 전혀 없는 이들은 그저 시간을 흘려보내며, 발전하지도 창조하지도 건설하지도 않으며 그야말로 정체 상태에 머무른다.

소스타인 베블런은 《왜 경제학은 진화의 과학이 아닐까?Why is Economics Not an Evolutionary Science?》에서 이렇게 말했다. "무언가를 하는 것은 인간의 특징이다. (…) 인간은 환경이 만든 길 위에 배치되는 것만으로 충족되는 단순한 욕망의 덩어리가 아니다. 그보다는 활동 속에서 깨달음과 표현을 추구하는 성향과 습관의 구조물이다." 맞는 말이다. 우리에게는 모두 주어진 시간에 할 일이 필요하다. 경제 활동이 더 필요 없는 엄청난 거부들도 계속 일하며 다양한 프로젝트에 참여한다. 시간을 쏟을 프로젝트가 없으면 심신이 편안한 부자들은 아주 작은 걱정거리들을 엄청난 문제로 키워 신경쇠약에 걸릴지도 모른다. "게으른 부자들은 대부분 힘들고 단조로운 일을 하지 않아도 되는 대신 형언하기 어려운 지루함을 견뎌야 한다"라고 러셀은 말했다. "사람은 일을 하며 시간을 보내고 야망의 배출구를 제공받는다. 일을 가진 사람은 그것이 아무리 따분한 것일지라도 일이 없는 사람보다 행복하다."

실업자들의 육체적·정신적 건강 상태에 대한 통계자료를 보면 우울증, 비만, 낮은 자존감 등에 시달린다는 사실을 알 수 있다. 이 역시 삶에서 일의 중요성을 깨닫게 해주는 대목이다. 러시아 소설가 표도르 도스

토옙스키는 이런 말을 남겼다. "의미 있는 일을 박탈당한 남자와 여자 들은 존재의 이유를 잃는다. 그들은 황폐해지다가 결국은 미쳐버릴 수밖에 없다." 매슬로 역시 일하지 않는 것은 우리 삶을 제대로 이용하지 않는 것이라고 여기리라. 그는 자기 충족감에 대한 욕구란 "최대한 독특해지고자 하는 욕구이며, 이는 곧 자신이 될 수 있는 모든 것이 되는 것이다"라고 말했다. 해먹에서 뒹굴다가 인생을 끝낼 게 아니라면 지금 일어나 무엇을 할지 찾아야 한다.

•

6장

•

우리는 언제나 춤춰야 하지 않을까?

(칠레   )
(아타카마사막   )

삶에서 가장 고귀하고 가장 아름다운 것은

들은 것도, 읽은 것도, 본 것도 아니다.

살아본 것이다.

– 쇠렌 키르케고르

고등학교 졸업반 때, 진로 담당 선생님이 임시 사무실에 앉아 종일 학생들과 일대일로 진로 상담을 해주셨다. "학생은 어떤 것에 열정이 있나요?" 그분은 이런 질문을 차례로 던졌다. "학생의 목표는 뭐죠?" "학생의 강점과 약점은 뭔가요?" "학생은 무엇이 성공이라고 생각하나요?"

고등학교 시절에 나는 독서와 운동을 좋아했고, 선생님이 이 단어들을 컴퓨터에 입력하자 해답이 나왔다. 나는 스포츠 저널리즘 분야의 직업이 맞는다는 것이었다. 나는 스포츠에 관한 글을 쓰는 일에 전혀 관심이 없었는데도 말이다. '커리어 데이'는 우리의 기술과 욕망을 구직과 연결해보고자 하는 시도였다.

오늘날엔 학생들 수백만 명이 각자 추구하는 것들을 공부하기 위해 대학에 진학한다. 그런가 하면 또 다른 수백만 명은 어둑한 차고에서 엄청난 부를 안겨줄 스타트업 창업을 꿈꾸는 사업가처럼 집이나 작업실에서 두문불출하며 재계에 진출하겠다는 꿈을 좇는다. 이 외로운 로봇 같은 사람들은 다른 기회들을 다 피해가며 열심히 일한다. 꿈을 좇는 데 그 무엇도 방해가 되면 안 되기 때문이다.

아시아학 교수 에드워드 슬링거랜드는 저서 《애쓰지 않기 위해 노력하기Trying Not to Try》에서 서양식 사고의 기본적 특징이 "극단적 개인주의"라고 썼다. 서양 세계에서 이상적인 사람은 철저하게 혼자인 사람이다. "인간은 모두 각자 자기 이익을 추구하는 개별적 행위자라는 것이 지난 200여 년간 인간 본성에 대한 서구의 지배적 견해였다." 이 견해는 사회 전반으로 확산돼 사람들이 다른 사람들과 관계를 맺는 방식에도 영향을 주어서 공익 혹은 타인에게 이로운 활동을 하기보다 자기 자신을 돌보는 데 관심을 쏟게 됐다. 슬링거랜드는 이렇게 적었다. "경제학자들과 정치학자들이 최근에야 깨달은 사실은" 서양의 극단적 개인주의가 "지난 1~2세기 동안 남성 엘리트 지주 계급 – 철학자 아네트 바이어가 냉혹하게 칭한 바에 따르면 '성직자, 여성 혐오자, 청교도 미혼남들의 집합체' – 에 의해 날조된 동화"라는 점이다.

슬링거랜드는 이 외로운 서양의 마음가짐을 철학적 창의성이 이례적으로 뛰어났던 고대 중국의 전국시대(기원전 5~3세기)의 사고와 대조했다. 좋은 삶을 추구하는 이론 가운데 가장 중심이 되는 것은 '무위'라 불리는 개념, 즉 '자연스러운 행위'다. 자연이야말로 최고의 경지이며, 인위적인 노력을 가하지 않고 조화로운 존재로 살아가는 것이 좋은 삶이라는 생각이다. 무위를 추구하는 사람은 타인을 의식하지 않고 인위적인 힘을 들이지 않고 살아간다. "무위의 삶을 살면 기분이 좋다. 자연스레 효율을 추구하게 되며, 무위의 삶을 살아가는 사람들은 사회적으로도 경쟁력이 있다." 고대 사색가들에 따르면, 자연스러움을 포용함으로써 우리는 일과 목표를 더 잘 이해할 수 있다.

무위는 심리학자 미하이 칙센트미하이에 의해 알려져 서양에서 선풍적인 인기를 끈 '흐름flow' 개념과 유사하다. 흐름과 마찬가지로 무위는 인간들에게 이상적인 상태다. 흐름을 탈 때 사람들은 창의력과 통찰력의 차원이 높아진다. 그러나 서양의 흐름이 혼자 연주하는 피아니스트나 고통받는 예술가, 근면 성실한 관리자처럼 개별 행위를 추구하는 것과 관련 있다면 동양의 무위는 사회적 영역에 속해 있다. "고립된 개인들이 철인 3종 경기나 테트리스 게임의 새로운 레벨을 깨는 것과 달리 무위는 자신보다 더 커다란 무엇, 다른 사람들과 공유할 수 있는 무엇을 위해 자신을 버리는 것과 관련된다"라고 슬링거랜드는 말한다. "무위의 핵심은 고립된 개인의 마음속에서 일어나는 경험이 아니라 사람들 사이의 사회적 연계 안에 있다." 무위의 이 '사회적'인 면이 바로 서양식 접근법이 간과하는 면이다.

서양에서 또 간과하는 점은 성공이 개별적인 것이 아니라는 점이다. 장차 위대한 선수가 될 운명인 테니스계의 유망주를 예로 들어보자. 서양에서 이 선수의 개인적 재능에 주목할 때 쉽게 잊는 것들이 있다. 그 선수의 아버지가 매일 테니스코트로 데려가고, 어머니가 레슨비와 장비값을 대고, 코치가 자신이 아는 모든 것을 전수했다는 사실. 그리고 테니스에 놀라운 재능을 발휘할 수 있게 유전자를 물려준 조상들까지. 홀로 존재하는 것은 아무것도 없다.

가장 통렬한 진실은 우리 삶은 나눌 때만 의미가 있다는 것이다. 위대한 소설가에게 독자가 필요하듯 테니스 선수에겐 네트 넘어 공을 넘겨줄 상대 선수가 필요하다. "우리의 목표를 성취하는 가장 좋은 방법은 신중하게 이성적으로 계획을 세우고 그 지점에 다다르기 위해 의식적으로 노력하는 것이라고 배웠다. 유감스럽게도 우리 삶의 매우 많은 영역에서 이는 크게 잘못된 조언이다. 행복, 매력, 자연스러움 등 이상적 상태의 대부분은 간접적으로 성취되는 것이며 의식적인 생각과 인위적인 노력은 이를 얻는 데 오히려 방해가 될 수 있다." 이것이 슬링거랜드가 도달한 결론이다.

만약 우리가 학교에서 꿈이란 집단으로 이루는 것, 공동체가 함께 노력해서 이루는 것이라고 배웠다면 어떤 점이 달라졌을까? 혼자서는 결코 이룰 수 없는 것을 생각이 비슷한 사람들을 찾아 함께 추구하는 방법을 배웠다면, 우리는 더 행복했을까? 그랬다면 우리는 좀 더 성공한 삶을 살 수 있었을까?

국경은 아르헨티나와 칠레 사이의 산맥 어딘가에 걸쳐 있고, 세관 경찰들이 우리 밴 주위를 돈다. 경찰견들이 우리 책에 코를 대고 킁킁거리고, 나는 통제가 안 될 만큼 미친 듯이 숨을 들이마시고 내쉰다. 세관 경찰들이 목소리를 낮춰 들릴 듯 말 듯한 소리로 자기들끼리 이야기를 나눈다. 직사각형 사무실로 불려 들어간 우리는 무력하게 선 채 제복 입은 남자들이 공무용 책자를 펼쳤다 덮었다 하고, 자동차 등록증, 비자, 여권번호 같은 세부 사항들을 낡은 공책에 기입해 넣는 걸 지켜본다. 그들은 우리 외투를 뒤지고 신발을 검사한다. 좀 젊은 경찰관은 손전등을 들고 차 밑까지 살핀다.

오랫동안 닦지 않은 창 너머로 세관원과 개 한 마리가 나오더니 우리 밴 뒷문을 열고 탄다. 나는 오후가 돼서야 햇빛을 받으러 나올 후안과 차가운 소녀를 생각한다. 가짜 모피를 두른 차가운 소녀가 야외 바비큐에 토스트를 해 먹고, 후안은 더 늦게 나타나 영양이 결핍된 엉덩이에 바지를 걸친 채 부엌을 어슬렁거리겠지.

고도가 높아지고 산소 농도가 떨어져 호흡이 힘들어진 것뿐인데 불안 초조해진 걸로 착각했구나, 하고 깨닫는다. 마치 물 밖으로 나온 물고기의 아가미가 헐떡이듯 내 폐가 숨을 들이마시려 애쓰는 동안 숨을 몰아쉰다. 육신이 계속 변화하는 환경에 적응하려 애쓴다는 사실을 잊은 채 즉각적으로 정신 문제라고 생각했던 거다. 정신과 육체에 대한 우리의 고정관념은 17세기 르네 데카르트로 거슬러 올라간다. 그는 정신과 육체가 분리된 독립체라는 이론을 정립했는데, 이를 심신이원론이라 한다.《제일철학에 관한 성찰Meditations on First Philosophy》에서 데카르트는 우리는 육체

없이 존재할 수는 있지만 생각 없이는 존재할 수 없다고 주장한다. 즉, 우리는 "생각하는 존재"이고 생각의 주체는 물리적 신체가 아니라 실체 없는 영혼의 활동이라는 것이다.

프랑스 철학자 모리스 메를로 퐁티는 《지각의 현상학Phenomenology of Perception》에서 이원론을 비난하고 나선다. 우리는 "살아 있는 몸"으로 우리를 둘러싼 세상을 인식한다는 것이다. 국경에 서서 초조하게 숨을 헐떡일 때 나 역시 내 정신과 육체로 그렇게 한다. 우리는 정신과 영혼만으로 이루어지지 않았고, 실체화된 존재이며, 우리가 귀 기울이려고만 한다면 정신과 육체 모두 할 말이 있다. 흥미롭게도 우리는 육체를 지적이라거나 총명하다고 말하지 않는다. "아, 통찰력 있는 육체를 가지셨네요. 정말 현명하고, 똑똑하고, 계몽된 몸이에요!" 그 대신 우리는 정신에 집중한다. 몸에 집중하는 건 운동을 하거나 스트레칭을 할 때뿐이다. 그렇게 함으로써 우리는 우리를 둘러싼 세계에 대한 자각과 의식에 실질적 제한을 둔다. "육체는 세상을 받아들이는 보편적인 매체다"라고 메를로 퐁티는 지적한다.

여권을 돌려주고 세관 경찰이 안으로 돌아가자 국경 게이트가 열리고 우리는 칠레로 들어선다. 이번에는 서쪽을 향해 계속 나아간다. 아르헨티나 국경 쪽은 산이 많았는데 곧 비옥한 포도밭이 펼쳐진 지역이 나타난다. 해안에 닿자마자 북쪽으로 향한다. 산티아고를 넘어 계속 더 북쪽으로. 그렇게 며칠이 흘러간다.

땅은 농경지였다가 건조하고 바싹 마른 땅으로 변하더니 이제 모래뿐이다. 우리는 탄광촌과 다국적 기업들이 구리와 금을 캐내느라 파헤친 구덩이들을 지난다. 어느 지점에선가 아스팔트 길이 사라졌는데, 크게 신경 쓰지 않고 계속 북쪽을 향해 나아간다. 교통량은 계속 줄어들어 한 시간에 트럭 한 대쯤 지나갈 정도이다가, 얼마 지나지 않아 우리와 모래와 지는 해만 남는다.

이 텅 빈 모래 캔버스를 가로질러 가며 나는 이 단조로운 색과 파랗고 하얀 하늘에 넋을 빼앗긴다. 무언가를 떠올리게 하는 것도, 정신을 산만하게 하는 것도 없다. 우리는 북쪽으로 이주하는 철새다. 지도 없이, 태양을 기준으로 삼아 그것이 드리우는 그림자를 보며 방향을 찾는다. 길을 정확히 모른다는 것에는 경이로운 자유가 있다. 물론 GPS를 따르면 훨씬 더 편하다. 목적지를 입력하고 목소리가 방향을 알려주기만 기다리면 되니까. 우리 삶에서 실세인 인물, 즉 부모, 배우자, 친구들도 우리에게 같은 역할을 하는 것 아닐까.

결국은 내 몸이 물을 원하고 나는 어렵게 침을 넘긴다. 무슨 말을 하기도 전에 벌써 물을 찾으려고 차 바닥을 마구 뒤진다. 바로 그때 잰이 말한다. "길은 대체 어디에 있는 거야?" 계기판 위를 유심히 살펴보니 왼쪽으로도 오른쪽으로도 평평한 흙뿐이고 중간쯤엔 모래만 보인다. 길과 길가가 구분되지 않는다. 그저 누런 흙먼지가 이어질 뿐이다. 잰은 밴의 속도를 줄여 세우더니 차문을 열고 내린다. 우리는 지도도, 나침반도, 컴퓨터나 전화기도 없이 사막 한가운데 서 있다. 이제는 물도 없다. 길이 없는 곳에 도착했다는 것은 무슨 의미일까?

앞으로 무슨 일이 벌어질지 전혀 알 수 없어 차 옆에 그저 앉아만 있다. 엔진 소리를 들어보려고 한다. 마지막 트럭은 40분 전쯤 지나갔다고 가늠해보지만 길이 없어지는 순간 시간 감각도 함께 사라진 것 같다. 우리는 과거에 우리를 안전하게 지켜주던 것들에 대해 생각한다. 전화기, 인터넷, 길. 마치 장난감 기차가 원을 그리며 돌듯 우리를 궤도에 머물게 해주던 이 모든 도구들. 지금 여기 우리는 그 모든 것들로부터 해방돼 세상 그 누구보다 자유롭다. 그리고 이제는 이 세상에서 정말 드물게, 자신이 어디에 있는지 전혀 모르는 두 사람이 됐다.

곧 우리 머리 위 둥근 하늘에 도심의 불빛보다 밝은 별들이 나타난다. 우리는 하늘을 올려다보며 우리가 사막에서 죽을 수도 있겠지만 어쨌든 우리를 완전히 잃어버리는 데는 성공했음을 깨닫는다. 그러려고 이렇게 떠나온 것이 아니었나? 잰이 차에서 음악을 틀자 리듬이 우리의 기분을 끌어올린다. 누가 먼저랄 것도 없이 우리는 얼굴에 별빛을 받으며 춤을 춘다. 만물의 계획 속에 너무나도 작디작은 존재인 우리, 우리에게 허락된 삶의 이 작은 보석이 극히 순식간이며 너무도 소중하다는 걸 우리는 존재의 이 작은 깜빡임 속에서 깨닫는다. 그러니 언제나 춤춰야 하지 않을까?

그러다 잰이 갑자기 멈춰서더니 높은 지대를 향해 걸어 올라간다. "혹시 저게 길인가?" 나는 어둠 속에서 그의 그림자를 따라간다. 앞쪽에 마치 신기루처럼, 언덕 너머 리본처럼 이어진 선이 보인다. 길을 찾은 것도 같고 아닌 것도 같다. 잰은 걸어서 길을 따라가보고 나는 차로 돌아가 시동을 건다. 이제는 길을 따라가고픈 마음이 절실해 길을 벗어날까 봐 겁이 난다. 100미터쯤 가서 나는 잰을 만나고 그가 조수석으로 뛰어오른다. 확실히 안심한 얼굴이다.

20분 뒤 우리는 호화로운 신축 호텔 앞에 차를 세운다. 마치 사막 바닥에서 철골이 솟아나기라도 한 것처럼 플라스틱과 페인트 냄새를 풍기는, 채굴업자들을 위한 호텔이다. 호텔 직원들의 능숙한 영어 실력 덕에 갑자기 더 안심이 된다. 나는 창문을 마주하고 침대에 앉아 냉장고에서 얼음처럼 차가운 음료를 꺼내 마신다. 그리고 영화관 크기의 창문 너머로 이제는 어둠에 덮인 사막을 내다본다. 여전히 밖에 존재하며, 영원히 나의 의식에 각인된 그 사막을.

다음 날 아침, 아침 하늘이 오후에게 자리를 내줄 때까지 호텔 프런트에서 오래도록 기다린 뒤에야 마침내 반짝거리는 두 눈에 갈색 안경을 쓴 한 여자가 모습을 드러낸다. 그의 책상은 책과 메모지, 오려낸 신문 조각, 인쇄된 A4용지로 가득하다. 40대 후반으로 보이는 여자는 머리를 틀어 올려 정수리 위에 얹었고, 코듀로이 바지 위로 베이지색 재킷을 입었다.

그는 여권을 달라고 하더니 책상 위에 쌓인 물건들을 한참 뒤져 장부를 찾아내고, 우리 이름을 적어 넣는다. 그러고는 전화가 울리자 다시 우리 존재를 잊어버린 것 같다.

"뭘 읽고 계신 거예요?" 여자가 전화를 끊자 잰이 묻는다.

"아." 그는 대답을 해야 한다는 사실에 겁이라도 먹은 것처럼 되묻는다. "지금요?"

"네, 지금요."

그는 펜을 만지작거리다가 바닥에 떨어뜨리더니 다시 사라졌다가는 갑자기 얼굴이 빨개져서 손에 펜을 쥔 채 나타난다.

"인터넷 뉴스요."

칼라는 세 아이의 엄마로 아이들이 학교에 간 사이 호텔 데스크에서 일한다. "애들이 학교에 간 시간은 소중해요"라고 그는 말한다. 그 시간에 칼라는 신문, 책, 인터넷 가릴 것 없이 읽어댄다. 열성 신자처럼 고개를 숙이고 완전히 몰입해서. 때로는 빨간 펜으로 신문 기사에 동그라미를 치기도 하고 기사 한 토막을 맹렬히 오려내기도 한다. 이렇게 스크랩한 것들이 벽에 기대 세워둔 코르크판을 채우고 있다. 그리고 그 옆에 놓인 가죽 가방은 너무 불룩해서 금방이라도 잔뜩 든 책들을 토해낼 것 같다.

사막으로 난 자동문이 주기적으로 열리며 모래가 초대받지 않은 손님처럼 들어온다. 걸레받이를 따라 쌓인 모래 때문에 하얀색 타일이 옅은 베이지색이 돼간다. 그러나 칼라는 읽고 있는 것들로부터 자신을 떼어놓을 수 없다는 듯 의자에서 거의 꼼짝도 하지 않는다.

칼라에겐 아이디어가 너무 많아서 그것들을 모두 늘어놓으려면 코르크판이 필요하다. 메모지에 아이디어를 적고 '해야 할 일들'을 나열한다. 넘쳐나는 아이디어들이 그의 뇌 신경세포들 속에 뒤죽박죽 뒤섞여 있을 것 같다. 마치 이런저런 사진들이 얽혀 있는 그의 코르크판처럼, 사방 모든 방향을 다 가리키는 표지판처럼. 그러다 아이들을 데리러 가야 할 시간이 되면 칼라는 마지못해 아이들을 데리고 집으로 간다. 어쩌면 그는 직장을 옮기거나 아이들을 다른 학교로 전학시키거나 새로운 기술을 배우고 싶은지도 모른다. 하지만 그 대신 그는 읽고, 동그라미치고, 꽂아두고, 읽어나간다. 그는 점토 없는 도예가이며 물감 없는 화가다.

신경과학자 자크 판크세프Jaak Panksepp는 수십 년간 뇌의 감정 체계를 연구하여 우리가 이해할 수 있는 명칭으로 정리하고자 했다. 그리하여 인간의 동력으로 보이는 일곱 개의 핵심 감정 체계를 밝혔다. 우리 두뇌의 고대 영역에 새겨진 이 본능들은 생존에 필수적이다. 그 일곱 가지는 탐색, 분노, 공포, 성욕, 돌봄, 슬픔, 유희이다. 그중에서도 판크세프가 가장 중요하다고 주장한 것은 탐색이다. "탐색은 이 체계의 시초다." 탐색은 포유류에게 동기를 불어넣는 엔진이다. 우리는 목표를 열심히 겨냥하고 있는 상태를 무엇보다 좋아한다. 바로 이 본능이 고대 인간들로 하여금 음식과 은신처를 탐색하러 분주히 뛰어다니게 했고, 무언가를 찾으려는 행위와 우리 환경에 대한 호기심을 발동시키고, 관계망을 창조하도록 몰아가고, 의미를 찾고 조사하게 만든다. 어찌 보면 모든 것들의 에너지원이라고 할 수 있다.

판크세프는 인간들이 검색할 때 가장 행복감을 느낀다고 말한다. 탐색은 다양한 형태의 보상을 가져다주므로. 현관 앞에 앉아 세상이 돌아가는 걸 행복하게 구경하기만 하는 사람은 지극히 드물다. 얼마 지나지 않아 우리도 무언가 새로운 것을 찾아 나선다. 탐색의 필요성은 때론 우리 자신조차 당황하게 만드는 행동들을 설명해준다. 우리는 종종 설명이 불가능할 정도로 맹렬하게 무언가를 계획하곤 한다. 새로운 사업 아이디어, 돈을 벌 계획, 디너파티, 해외여행, 부동산 구매. 우리는 뉴스에서, 사람들로부터, 관계 속에서 새로움을 탐색한다. 새로운 날씨, 새로운 재앙, 새로운 아이디어, 새로운 영감을 탐색한다. 더 새롭고 더 예상에서 벗어날수록 더 큰 자극을 얻는다.

판크세프는 우리가 탐색을 즐긴다고 말한다. 탐색 자체가 보상이라는 것이다. 이것이 탐색의 채워지지 않는 속성(마치 컨베이어벨트처럼 영원히 계속 돌아가는)을 설명한다. 배우자를 만나면, 가족을 꾸리면, 수영장 딸린 집을 장만하면 탐색이 끝날 거라고, 해먹을 걸고 행복하게 하늘을 바라볼 날이 올 거라고 스스로를 설득할 수도 있겠지만 불행히도 신경학자들은 그렇지 않다는 평결을 내린다. 우리는 완성된 탐색을 새로운 탐색으로 대체할 것이다.

인간의 고대 뇌는 탐색을 멈추지 않았다. 과거에는 물과 음식을 찾는 일에 달린 생존을 위해 온종일 일해야 했으니까. 언제나 굶주림이 눈앞에 있었기에 만족스러운 때란 없었다. 양을 채우기 위해 늘 들판의 당나귀처럼 계속해서 풀을 뜯어야 했다. 음식과 은신처에 대한 욕구가 대체로 해결된 현대사회에서 인간은 탐색으로 얻는 자극을 다른 곳에서 충족하려 한다.

인터넷은 이런 탐색 활동에 인공적인 배출구를 제공한다. 온라인에서 우리는 완전한 탐색 모드가 돼 새로운 아이디어, 이미지, 메시지, 접속 방법을 찾는다. 도파민 송신기라고도 불리는 우리의 탐색 신경 통로는 탐색하는 동안 우리에게 에너지를 주고, 우리가 탐색 모드에 있을 때 불타오른다.

판크세프는 탐색에 의한 보상이 극히 작은 단위로 쪼개져 제공되면 동물들은 광란에 빠진다고 말한다. 만족을 느낄 수 없게 되면 더 미친 듯한 속도로 탐색을 이어간다는 것이다. 새로운 문자나 이메일 메시지가 도착했다는 '딩동' 소리는 파블로프가 개에게 울려주던 종소리와 유사하다. 뉴스를 보려고 접속하거나 소셜미디어 계정을 열어볼 때 우리는 실험실의 쥐처럼 땀을 흘리며 원하는 만큼 얻기 위해 계속 레버를 누른다. 새로 고침, 새로 고침, 새로 고침. 탐색 본능은 우리를 부동산 사이트로, 온라인 쇼핑몰로, 영화나 토크쇼 채널로 이끌고, 그것이 무엇이든 간에 우리는 새로움에 대한 중독에 좌초된다. 간단히 말해서, 우리는 하루치의 도파민 분비를 원한다. 취한 상태를 원한다.

놀라운 사실도 아니지만 코카인이나 암페타민 같은 약물 역시 도파민 체계에 연료를 공급한다. 약물 중독자들은 시간이 지나며 약물로 얻을 수 있는 보상이 줄어들어도 약을 찾는 것을 멈추지 못하는 지경이 된다. 이와 비슷하게 뉴스 사이트가 지루해지고 인터넷 검색으로 별다른 것을 얻지 못하게 되면 그로 인한 보상이 줄어든다. 판크세프에 따르면 쥐나 우리 인간의 문제점은 '각각의 자극이 탐색 계획에 새로운 활기를 불러일으키는' 긍정 강화 형태의 순환 고리에 갇히기 쉽다는 것이다. 우리는 다른 선택지가 없기에 계속 링크를 클릭한다. 순환 고리에 갇힌 것이다. 그렇게 패턴 혹은 습관이 개발된 것이고, 우리 모두 잘 알듯이 습관이란 고치기 어렵다.

우리가 이렇게 산만한 시대에 살지만 않았어도 탐색 욕구는 좋은 쪽으로 활용될 수도 있었을 것이다. 충족되지 않는 호기심과 목적의식은 생존을 위해 음식과 물을 찾아다닐 필요가 없었던 과거 귀족들처럼 오페라를 쓰고, 언어를 배우고, 그림을 그리고 노래를 하는 원동력이 될 수 있다. 탐색은 산이라도 옮길 수 있는 동기를 부여하는 힘이다. 그러나 우리 사회가 이 탐색이라는 행위를 접수해서는 순환 고리에 집어넣고 몽땅 소모하게 만드는 활동들을 만들어놓았다는 점이 안타깝다.

⟨

사막 바람이 일기 시작하면 엘리베이터 통로를 타고 올라오는 바람 소리가 어찌나 크게 들리는지 3층 투숙객들이 불평할 정도다. "서로 말하기도 힘들다니까요. 바람 소리가 너무 커요." 자동문이 열리고 바람이 칼라의 종이들을 구석으로 날려버린다. 칼라는 이리 뛰고 저리 뛰며 종이를 붙들고 구겨진 종이 더미를 마치 아기처럼 감싸 안는다. 그러고는 다시 자세를 잡고 숨 돌릴 새도 없이 읽던 화면을 마저 읽는다.

나는 빳빳한 시트가 깔린 우리 방 침대에 앉아 멍하니 앞을 응시한다. 왜 그런지 모르겠지만 나는 아래층에 있는 칼라를 생각한다. 만약 그가 지금 마흔여섯이고, 호텔에서 일한 지 12년 됐다면 서른넷에 일을 시작했다는 이야기다. 나는 그 세월에 대해 생각해본다. 그는 그 시간을 무얼 하며 보낸 걸까?

만약 칼라에게 지난 몇 달간, 혹은 지난 며칠간 무엇을 읽고 보았는지 말해달라고 한다면 딱히 기억해내는 것이 없으리라 나는 확신한다. 컴퓨터 화면은 정보의 우물이다. 의식적인 생각들을 모두 집어삼키는 어둠의 구덩이다. 칼라는 도파민에 취하기 위해 인터넷의 레버를 계속 누른다. 그는 자신의 탐색에 의미가 있다고 스스로를 납득시켰으리라. 자신의 행위는 지식을 얻고, 삶의 방향을 알아내고, 영감을 얻기 위한 중요한 탐색이라고.

경제학자 토머스 셸링은 정신을 '소비하는 장기'라고 부른다. 우리는 소비하게끔 만들어졌다. 우리 조상들은 하루의 대부분을 먹거리를 채집하고 준비하는 데 썼지만 오늘날엔 슈퍼마켓 체인과 할인 마켓이 그 기본 욕구를 충족시켜준다. 그렇게 절약된 시간을 우리는 다른 데 소비하기 시작했다. 그리고 이 소비의 상당 부분이 개념적인 것이다. 오늘날 우리는 시간 가운데 큰 부분을 심리적 욕구를 충족하기 위한 개념 및 정보 소비에 쓴다. "사람들은 음식 소비(견과를 찾아다님)에서 아이디어 소비(블로그의 정보를 찾아다님)으로 옮겨갔다"라고 댄 에리얼리와 마이클 노튼은 〈개념적 소비Conceptual Consumption〉라는 논문에서 지적했다.

나는 칼라가 찾고 있는 것에 대해 생각해본다. 그리고 그도 그것이 무엇인지 모를 것이고, 심지어 신경조차 쓰지 않으리라는 결론에 도달한다. 그의 정신은 새로운 것, 경험하지 못했던 것을 찾는 데 골몰해 있고 무언가가 그의 관심을 자극하면 도파민이 솟구치며 다시 새로운 탐색을 시작한다.

"우리는 정보에 '접근'하기 위한 탐색으로 삶을 채우려는 욕구가 있다." 커뮤니케이션 이론가 닐 포스트먼은 1992년 선견지명이 가득한 저서 《테크노폴리Technopoly》에서 밝혔다. "그 목적과 한계치를 묻는 것은 우리의 몫이 아닐뿐더러 우리는 그런 질문에 익숙하지도 않다. 이는 전례가 없는 문제이기 때문이다. 세상은 지금껏 이런 정보의 홍수에 맞닥뜨린 적이 없었고, 그 결과에 대해 고민해볼 시간도 없었다."

　　서양 사회에서 소비되는 엄청난 양의 정보는 대중들에게 팔아넘긴 무수히 많은 테크놀로지에서 나온다. 인쇄된 글자부터 사진, 타자기, 대서양을 가로지르는 케이블, 영화, 무선 전신, 최근에 이르러서는 컴퓨터 기술과 인터넷까지. 전 세계적으로 인터넷을 사용하는 사람들은 매일 평균 일곱 시간 정도를 온라인에서 보낸다. 인터넷의 출현 이후 소비 가능한 정보의 양이 급속히 늘어, 2010년 출간된 로버트 맥체스니의《디지털 디스커넥트Digital Disconnect》에 따르면, 인터넷에서 이틀간 쏟아져나오는 정보의 양은 천지개벽 이후 2003년까지 만들어진 문화적 가공물의 정보량과 맞먹는다. 넘쳐나는 정보 때문에 우리가 무엇을 보고 읽고 들었는지 제대로 기억조차 하지 못한다.

　　로마의 스토아 철학자 세네카는 기억은 자아의 본질이라고 믿었다. 맨발로 산을 오르든 책상 앞 인체공학적 의자에 앉아 있든 우리 행위에 대한 기억은 고유한 자아의 발판이 된다. "개인은 삶을 표현함으로써 존재한다"라고《독일 이데올로기The German Ideology》에서 프리드리히 엥겔스와 칼 마르크스는 말한다.

　　모든 기억이 남는 것은 아니다. 대부분은 불과 몇 초간만 단기 기억으로 머물다가 영영 다시 소환되지 않는다. 깊은 생각과 이해를 위해 우리는 장기 기억에 의지하고, 그것을 통해 자아에 대한 생각을 개발한다. 우리는 물에 빠진 아이를 구한 순간이나 프랑스어와 영어를 구사할 수 있다는 사실, 혹은 집에서 프루스트를 읽음으로써 갖게 되는 문학적 정신에 의해 정의된다.

　　인지 과학자들은 장기 기억을 뇌의 실세로 규정한다. 장기 기억은 거의 무한한 용량을 가진 거대한 저장소다. 장기 기억의 확대가 지능의 확대를 불러온다고 《생각하지 않는 사람들The Shallows》에서 니콜라스 카는 말한다. 그에 따르면, 기억이라는 행위는 미래에 아이디어와 기술을 배우기 쉽도록 뇌를 조정한다. 카는 독일 심리학자 게오르그 뮐러Georg Muller와 알폰소 필체커Alfons Pilzecker가 진행한 연구를 언급하며, 기억이 뇌에 고정되는 데 혹은 응고되는 데는 한 시간 가량이 걸린다고 추정했다. "단기 기억은 즉각적으로 장기 기억이 되지 않으며, 기억의 응고 과정은 매우 섬세하다. 머리를 툭 치거나 아주 단순한 주의 환기 같은 방해로도 초기의 기억을 정신에서 쓸어낼 수 있다."

오스트레일리아 교육심리학자 존 스웰러John Sweller는 인지 과부하 전문가다. 그는 작동 중인 기억에 과부하가 걸리면 정보를 장기 기억으로 제대로 전환할 수 없다고 주장한다. 동양의 철학자들은 이런 상황을 가득 찬 컵에 비유한다. 그 위로 아무리 물을 더 부어봤자 컵 밖으로 넘쳐흐를 뿐이다. 인지 과부하를 방지하려면 한 번에 정보를 네 가지 이상 처리하지 않아야 한다. 스웰러는 최적의 숫자는 그보다도 적은 둘이라고 본다. 기억을 유지하는 데는 정보량이 적을수록 유리하다.

배움의 가장 큰 적은 인간의 주의를 산만하게 하는 것들인데, 현대 기술의 대부분이 카가 '방해 기계'라고 언급한 것들이다. 이 점이 현재 교육 이론가들이 당면한 가장 큰 문제다. 온라인으로 독서를 하면 하이퍼링크·배너·이미지들이 계속 떠오르고, 우리는 새로운 피드·포스트·메시지·알림을 끊임없이 접한다. 스웰러의 조언대로 정보의 유입을 두 가지 이하로 제한해 배움을 최적화한다면 지난 수십 년간 문명이 발명해온 기술의 춤판은 어찌해야 하는 걸까? 우리의 장기 기억과 자아에 대한 의식은 어떤 영향을 받게 될까?

주의력과 고도의 집중력 그리고 휴식과 명상을 즐길 시간을 갖는 것이 기억력의 열쇠라면 인간에게 생각 없이 안긴 인터넷, TV, 라디오, 그 밖에 다른 형태의 기술은 어디에 활용해야 할까? 포스트먼은 인간의 목적과 정보 사이의 고리는 끊어졌다고 주장한다. 우리는 기술 발전의 시대를 살고 있지만 인간은 더 이상 발전하지 않는다. "정보는 특정한 사람을 목표로 하지 않은 채 이론이나 의미, 목적과도 단절된 채 무차별적으로 생성돼 어마어마한 양이 엄청나게 빠른 속도로 퍼져 나간다. 더는 갈 데가 없고 적용할 만한 이론이나 일치하는 패턴조차 없으며, 충족할 만한 더 높은 목표마저 잃었을 때 정보는 위험해진다."

호기심 많고 성실한 칼라는 호텔 프런트에 앉아 마음껏 이용할 수 있는 다양한 테크놀로지를 활용했다. TV를 보고, 휴대폰으로 전화를 걸고 받고, 데스크톱 컴퓨터로 업무를 보고, 노트북 컴퓨터로 인터넷 서핑을 하고, 스마트폰으로 문자를 주고받고, 사진과 동영상을 업로드하고 다운로드하고, 자르고, 복사하고, 붙이고, 친구를 맺고 팔로우도 하고, 좋아요를 누르고, 저장하며 다양한 매체를 경험했다. 그러나 21세기 도구들로 이 많은 행위를 하는 동안 칼라는 어떤 사람이 됐을까? 철학자 윌리엄 제임스가 말했듯 만약 기억의 기술이 곧 생각의 기술이라면, 우리 기억력이 정보 과부하로 심각하게 손상돼 무엇 하나 제대로 기억할 수 없으면 무슨 일이 일어날까? 정보의 최전선에서 12년을 보낸 칼라는 어떤 사람이 됐을까?

7장

완벽한 작품은 없다

(페루   )

(쿠스코   )

어떤 좋은 작품도 완벽할 수 없다. 완벽을 요구하는 것은
예술의 목적을 오해했다는 신호다.

– 존 러스킨

우리는 차의 속도를 최대로 올려 나선형을 그리며 끝도 없이 위로 올라간다. 물을 한 모금 들이키자 두통이 마치 좁은 선실에 들어앉은 거구의 승객처럼 내 머릿속을 장악한다. 우리는 구불구불 천국을 향해 난 길을 따라 산소가 희박한 안데스산맥의 급격한 경사로를 종일 운전해 올라갔던 거다.

호텔에 도착하자 웬 여자가 타일 바닥에 엎드려 토하고 있다. 페루인 접수 직원은 전화 응대중이다. 내 얼굴은 퉁퉁 부어올라 둥글둥글한 토마토 같다. 며칠 있으면 괜찮아질 거라고 어떤 관광객이 말해준다. "그렇게 빨리 운전하면 안 돼요. 며칠에 걸쳐 천천히 올라와야지 하루 만에 올라오는 건 금물이에요. 대체 무슨 생각으로 그랬어요?" 밤이 되자 나는 침대에서 헐떡이고, 머릿속엔 터널과 혓바닥과 번쩍이는 이빨 그림의 플래시 카드가 계속 바뀌며 나타난다. 벽이 둥둥 울리며 흔들리고, 시야는 광각 카메라의 초점처럼 끝없이 넓어진다.

아침이 되자 토마토였던 머리가 무 정도로 바뀐 느낌이다. 우리는 일찍 호텔에서 나와 다시 흙길로 접어든다. 그리고 두통이 가라앉길 바라며 계속 차를 몬다. 쿠스코에 도착하자 갑자기 서양 사람들이 많아진다. 그들은 어마어마하게 큰 유모차를 몰고, 가방 여러 개를 이쪽저쪽으로 메고, 목에는 카메라를 걸고 쇼핑몰을 누빈다.

우리는 구시가지에서 계속 숙소를 찾다가 호텔 프리바도를 발견한다. 전화를 받던 멋진 스페인 여자가 우리를 보고 들어오라며 무심하게 손짓한다. 그는 골동품과 바로크 풍 안락의자와 나뭇가지 모양의 촛대에 둘러싸인 16세기 소파에 앉아 있다. 가게 제일 안쪽 구석에는 그가 세를 주는 아주 조그마한 간이 침실이 있다. 골동품인 2인용 침대와 비더마이어 양식의 협탁과 책상을 갖췄다. 창밖으로는 그가 사는 집이 보인다. 정원과 분수가 있는 식민지 풍의 아름다운 저택이다. 그는 아주 작은 열쇠를 우리 손에 쥐어주고 낮에 출입할 때만 가게 손님들에게 방해가 안 되게 해달라고 한다. 밤에는 작은 방이 덥고 답답할 수 있으니 가게 쪽으로 문을 열고 환기를 해도 된단다. "막 돌아다녀도 돼요." 그는 윙크를 하며 말한다. "하지만 아무것도 만지진 말아요! 다 귀한 물건들이고, 우리 남편은 아주 작은 변화도 다 눈치 채니까."

페르시아 고양이 한 마리가 슬그머니 다가오더니 마치 르네상스 시인처럼 빅토리아 풍의 긴 의자에 올라앉는다. 고양이는 우리가 짐을 풀고 사막에서 입던 옷을 옷장에 넣는 모습을 노란 눈동자로 지켜본다. 침대 옆 램프는 금과 대리석으로 만든 듯 보이고, 독특한 수레국화 무늬의 페르시안 카펫은 꽤나 눈에 띈다. 먼지 앉은 진공 상태의 괘종시계 두 개가 세월에 저항하며 부지런히 서로 경쟁한다.

나는 세뇨라에게 가게에 들일 물건을 어떻게 고르느냐고 물었다. 그는 잠시도 주저하지 않고 말한다. 모든 구매에는 반드시 의미가 있어야 한다고. 수놓은 안락의자는 졸업 후 30년간 못 만났던 친구를 만난 기념으로 구입했고, 에메랄드 반지는 자신의 그림을 처음 판 기념으로 스스로에게 준 선물이라고 했다. 그의 구매는 경험이나 삶의 목표와 묶여 있는 듯하다. 쇼핑을 하며 기분을 치유하고 삶에 더 의미 있는 것들을 들인다. "이렇게 하면 무엇을 성취한 것이다, 덤으로 물건에 의미도 생겨요."

"그렇게 소중한 물건들을 왜 다시 팔아요?" 잰이 묻는다.

"아, 남편이 아파요. 이제 곧 아파트로 이사도 해야 해서, 집도 팔고 전부 다 파는 거예요."

나는 이야기가 불편한 주제로 옮겨간 건 아닌가 걱정하지만 세뇨라는 평온해 보인다. 어스름한 오후, 그는 창가에서 허리를 꼿꼿이 세우고 그림을 그린다. 그는 옷깃에 털이 달린 긴 실크 가운을 입고 한 손가락 걸러 손가락마다 보석을 끼고 있다.

나는 그림 그리는 모습을 구경하려고 옆에 앉는다. 그는 사진을 보며 풍경을 그리는 중이다. 사실주의 풍 그림이고, 주제는 야외 만찬이다. 한낮의 태양 아래 아이들과 어른들이 커다란 식탁에 모여 앉아 있다. 세부 묘사가 거의 사진 수준이다. 세뇨라는 완전한 문장으로 영어를 구사하지만 스페인어 단어를 계속 섞어 쓴다. 그리고 영어다운 억양은 고려하지도 않는 듯 일단 뱉은 단어는 곧 묵직한 스페인어 억양으로 축 늘어진다.

갑자기 그는 연한 파란색 물감을 집어 들더니 캔버스 위에 뿌린다.

"왜 그러는 거예요?" 나는 말을 다 더듬는다. "거의 다 완성했잖아요."

"아, 이건 일종의 저항 같은 거예요. 누가 완벽한 그림을 원하겠어요? 인생이 완벽하지 않은데. 우리는 언젠가 다 죽잖아요. 심지어 죽음도 완벽하지 않죠. 우리의 삶은 죽음을 향해 가고 있어요. 불완전한 상태로 가는 거죠. 그림도 완전하지 않아요. 나는 마지막에 불완전함의 표시를 남기고 싶어요. 내 그림이 완벽하길 바라지 않는다는 걸 보여주고 싶어서요."

나 역시 그 말에 동의하지만 그렇다고 왜 멀쩡한 그림이 이런 철학적 봉변을 당해야 하는지는 모르겠다. 정말 아름다운 그림이었고 거의 완성된 참이었는데.

"혹시 완벽주의자예요?" 그가 잠시 멍해 있는 나를 짙은 눈동자로 쳐다보며 묻는다. 이야기 중에도 그가 허공에서 붓을 흔들면 그의 가운이 걱정된다. 가운의 레이스가 위험할 정도로 물감과 가까워 보여서다.

"음, 그럴 때도 있죠. 최선을 다하고 싶을 때나 뭔가가 잘 안 되고 있다고 느낄 때." 내가 대답한다.

"에이, 말도 안 되는 생각이에요." 그는 파란 물감을 팔레트에 좀 더 섞더니 분노한 사람처럼 문지른다. "완벽주의자는 모든 걸 다 잘하려다 미쳐버린다니까요."

그는 우리 앞 건물 지붕에 앉은 새들을 가리킨다. 새들은 티격태격 쪼아가며 날아올랐다가 내려앉았다 하는 중이다. "동물들은 완벽을 추구하지 않아요. 그냥 하던 걸 하고, 가질 수 있는 걸 갖죠. 우리도 동물이잖아요. 이 완벽주의라는 건…" 그의 목소리가 높아진다. "내가 딸한테 늘 말하는 거지만 언제나 모든 걸 다 잘하려는 것 자체가 터무니없어요. 그러면 감당이 안 되죠. 미쳐버릴 걸요."

"맞는 말인 것 같아요. 하지만 계속 다시 고치고 싶은 마음을 어떻게 멈추나요?"

"내가 처음 그림을 그리기 시작했을 때 그랬어요. 그때 40대였는데, 평생 그림을 그리고 싶었거든요. 마치 새로운 로맨스의 시작 같았어요. 하지만 20분 만에 내가 나한테 욕을 하고 있더라고요. '너 그림 진짜 못 그린다. 이게 대체 뭐야, 엉망이잖아. 대체 무슨 생각인 거야!' 그런 상태가 점점 심해져서 그만둘 뻔했어요. '다시는 이러지 말자. 끔찍하다.' 그러는 대신 마지막에 커다란 얼룩을 만들어버리기로 했어요. 물론 좋은 그림은 아니죠. 하지만 나는 완벽한 그림을 그리고 싶어서 그리는 게 아니에요. 그림을 그리고 싶어서 그리는 거죠. 그래서 나는 다른 화가들보다 훨씬 자유로워요. 완벽함이 목표가 아니니까요. 저는 목표가 없어요. 그냥 하고 싶어서 할 뿐."

어느 밤엔가 세뇨라가 상기된 얼굴로 누가 봐도 불편해 보이는 모습으로 집에 돌아왔다. 그리고 가게의 소파에 숄을 던져놓고 털썩 앉더니 디캔터를 들고 잔을 채운다.

우리는 가게 창가 자리에 앉아 램프 불빛 아래 책을 읽는 중이었다.

"내가 내 삶을 살고 있다는 걸 어떻게 알 수 있을까요?" 그가 묻는다. "다른 사람의 꿈을 빌려서 살고 있는 게 아니라는 걸 어떻게 알까요?"

"다른 사람 누구요?" 내가 묻는다.

"나 아닌 다른 사람이요. 내가 우리 아들이랑 이야기를 좀 하다 왔거든요." 그가 말한다. "아이가 이걸 하고 싶고 저걸 하고 싶고, 커서는 이런 사람이 되고 싶다고 하는데 매번 들어보면 자기 친구들이랑 똑같은 걸 바라거나 TV나 책에서 본 사람을 따라 하고 싶어 해요. 언제나 빌려오는 거죠. 자기 것은 없어요."

"그게 아드님 것인지 아닌지 어떻게 알아요?"

"뭐, 우연의 일치인 경우도 있겠지만 나는 내 아들을 알아요. 그 많은 것 중에 자기 것은 없어요."

내가 끝까지 추구하지 않았던 목표들을 종종 생각해본다. 애초에 왜 그런 것들을 목표로 삼았던 건지 의아하다. 이미 시작한 일에 목표를 갖는 일은 합당하다. 달리기를 좋아한다면 마라톤을 다음 목표로 삼을 수 있다. 하지만 어떤 목표들은 밑도 끝도 없다. 게시판에 압정으로 꽂아놓고 '내가 가고 싶은 위치는 여기야' '이게 내가 하고 싶은 것, 갖고 싶은 거야'라고 하는 것처럼. 이런 목표는 어디에서 오는 걸까? 이런 목표들은 무슨 소용이 있을까? 그것들은 새해가 밝을 때마다 이번에도 이룬 게 없다는 사실을 상기시키며 나를 조롱하기 위해 있는 걸까? 소설을 쓰려는 사람들은 그 목표를 목록에 올린다. 소설을 쓰려면 시간, 노력, 희생이 필요한데 모든 이가 그 모두를 갖추고 있지는 않으리라. 다만 정말로 이상한 것은, 어떤 사람들은 책을 쓰겠다는 목표를 세웠으면서도 글이란 걸 아예 쓰지 않는다는 점이다. 마치 테니스 챔피언이 되길 바라면서 테니스는 치지 않는 것과 같다.

목표가 타인에 의해 무의식중에 뇌에 주입될 수도 있을까? 내 머릿속에 자리 잡은 많은 목표와 꿈들이 실은 내 것이 아닐 수도 있는 걸까? 마치 트럭 짐칸에 앉은 흙먼지처럼 목표 역시 오다가다 어느 결에 우리 머리에 들어와 자리 잡을 수도 있을까?

심리학 교수 케네스 거겐Kenneth Gergen은 그럴 수 있다고 주장한다. 포스트모던 사회에서 우리는 각자의 머릿속에 떠오르는 생각과 직접 경험하는 광경, 소리에만 노출되는 것이 아니고 소셜미디어, 인터넷, 디지털 영상 등 다면적이고 과다한 목소리와 생각들에도 노출돼 있다. "최근 부상하는 테크놀로지는 친근하면서도 또 낯선 인류의 목소리로 우리에게 끝없이 말을 건다. 이런 관계는 우리를 다양한 방향으로 끌어당기고, '진정한 자아'라는 이름으로 다양한 역할을 하도록 부추기지만, 정작 이 '진정한 자아'에 인식할 만한 고유한 특징은 사라지고 없다. 현대 기술의 세례를 흠뻑 받은 자아는 결국 누구의 자아도 아니다." 이것이 거겐의 주장이다.

사회에서 다양한 기술력의 세례를 받은 개개인은 다양한 종류의 잠재력을 품게 된다는 것이 거겐의 견해다. "모든 자아는 잠재해 있다가 적합한 조건이 갖춰지면 살아서 현실로 나타난다." 그렇다면 자아를 형성해주는 '타인들'은 어느 정도의 역할을 수행할까? 신문기자들, 유명인사들, 어젯밤 영화에 등장했던 도끼 살인마는 자아에 영향을 줄 수 있을까? 사회심리학자이자 케네스 거겐의 아내인 메리 거겐Mary Gergen은 대학생들에게 '사람들 기억하기'라는 제목의 설문을 작성하도록 했다. 설문 가운데는 일상생활 중에 머릿속에 떠오른 인물 셋의 이름을 묻는 질문이 있었다. 즉, 상상 속에서 교류한 실존 인물 혹은 가공 인물 세 사람을 묻는 것이었다. 이 개념을 메리 거겐은 "사회적 유령"이라고 이름 붙였다. "발달 심리학자와 임상심리학자 대다수는 사회생활이 불만족스럽거나 정신적 혹은 정서적 장애를 가진 사람, 혹은 미성숙한 사람들만이 실존하지 않는 사회적 인물과의 교류를 경험하리라 추정했다"라고 메리 거겐은 《심리학적 페미니스트의 재건Feminist Reconstructions in Psychology》에서 밝혔다. 정상적인 사람들은 내면의 목소리를 통해 상상 속 인적 관계나 교류를 지속하지 않는다는 주장 혹은 믿음이었다.

조사 결과는 그와 반대로 나왔다. 대학생 76명 가운데 한 명을 제외한 모든 응답자가 한 사람 이상의 인물과 상상 속 교류를 해보았다고 답했다. "대다수의 응답자가 세 건의 관계에 대해 썼고 어떤 응답자들은 그보다 많은 경험을 했다고 적었다." 그렇다면 대학생들의 내면에 살고 있는 이 사회적 유령들은 누구일까? 조사 결과에 따르면 과거의 친구, 가족 구성원, 예전 선생님들이기도 했고 29퍼센트는 유명인, 가공의 인물, 종교 인물처럼 학생들이 한 번도 만나본 적 없는 사람들이었다. "응답자와 직접 관계가 없는 유명한 사회적 유령 중 80퍼센트는 연예인이었다." 록스타나 유명인과의 지속적인 상상 속 교류는 개인의 신념이나 가치에 변화를 주었다. 책, 영화, TV에서 접한 유명인이나 인터넷에서 접한 인물들이 자아에 깊은 영향을 줄 수 있다는 사실이 설문을 통해 밝혀졌다. 영화나 TV 스타로부터 자극을 받고, 소설가들에게서 영감을 받고, 방송에서 유명인들이 낱낱이 드러내는 모습들을 보며 우리는 존재의 익숙한 패턴에서 떨어져 나온다. 철학자 호세 오르테가 이 가세트는 이렇게 말했다. "당신이 무엇에 관심을 갖는지 말해준다면 나는 당신이 누구인지 말해줄 수 있다."

우리는 구시가지에서 스페인어 회화를 배울 만한 곳을 찾아보지만 소득이 없다. 가이드북도 없고 이 마을 생활에 대한 아무런 정보도 없으니 어떤 일은 도저히 할 수가 없다. 우리가 지나가는 길에 없으면 없는 것이다.

대신 공원에서 우리가 "공원 아이들"이라 부르는 아이들을 구경하며 시간을 보낸다. 카리스마 넘치는 이 동네의 남자아이들은 관광객 소녀들에게 구애한다. 관광객들이 공원 상점에서 출로(알파카 울로 만든 페루 전통 모자 – 옮긴이)나 잠포나(남미 안데스 지방의 백파이프 – 옮긴이)를 찾아다니거나 배낭이나 담요의 페루 직물을 비교하고 있으면 이 아이들은 마치 물통 속의 물고기를 쏘아 맞추듯 한 사람씩 겨냥해서 접근한다. 우리는 그 아이들이 헌팅을 하고 가끔은 성공하기도 하는 구애 과정을 지켜보며 그 대화를 듣는다.

행복을 따라가라. 확실히 울림이 있는 말이다. 하지만 많은 이가 이런 자기계발서에나 나올 법한 번지르르한 모토에 비판적이다. 삶에서 진정한 목적을 찾는 사람들은 더 정확하고 과학적인 무언가, 알고리즘에 의한 복잡한 특징에다 신비로운 의미까지 함축된 무언가를 찾는다. 그러나 아리스토텔레스는 자신의 진정한 길을 찾을 때 기쁨을 황금률로 삼았다. 당신에게 기쁨을 주는 것은 무엇인가? 별 자극 없이도, 별다른 노력을 하지 않고도 하게 되는 일은 무엇인가? 시간만 있으면 언제든 할 것이기 때문에 굳이 당신의 '할 일 목록'에 올리지 않아도 되는 그 일은 무엇인가?

아리스토텔레스가 보기에, 행복은 딸랑딸랑 울리는 종처럼 각자의 길을 알아보게 해주는 신호였다. 행복할 때 우리는 무엇을 하고 있었나?

우리에게 기쁨을 주는 것은 무엇인가? 우리는 그것을 알아보고, 느끼고, 감지하고, 주목해야 한다. 우리가 삶에서 경험하는 즐거움과 행복감은 중요한 것을 암시한다. 아리스토텔레스의 현명한 조언을 받아들여, 나는 가장 행복하다고 느낀 순간들을 메모하기 시작했다. 종이와 펜을 준비해두고 잠깐씩 멈춰 생각해보는 거다. '나는 지금 무엇을 하고 있나?' 니체는 우리의 여정에서 우리를 고양시키고 영감을 불어넣는 순간을 호기심을 갖고 의식해야 한다고 말한다. "당신이 진정 사랑하는 것은 무엇인가? 무엇이 당신을 위로 끌어올려주는가." 그는 우리가 스스로 '기본적인 법칙'으로 여기며, 사랑하고 명예롭게 생각하는 것이 무엇인지 알아야 한다고 강조한다. 니체는 사랑하는 것들을 테이블 위에 쭉 늘어놓고 물건을 비교하듯 비교해보라고 조언한다. "다른 것들을 완성하고 확장하고 초월하고 설명하는 것은 무엇인가? 그것들이 어떤 식으로 사다리를 만들어 당신이 언제든 밟고 올라 진정한 자아를 찾을 수 있도록 해주는가?" 니체는《교육자로서의 쇼펜하우어Schopenhauer as Educator》에서 이렇게 질문한다. "진정한 자아는 내면 깊이 숨어 있지 않다. 그것은 우리를 넘어서는 무한한 높이에, 아니면 적어도 나답게 살기 위해 받아들이는 것 위에 자리하고 있다." 당신이 행복한 순간을 따라가라. 그것이 당신이 삶을 바쳐 찾으려는 길로 인도하는 조약돌이 될 테니.

이유는 모르겠지만, 인간의 유물로 둘러싸인 골동품 가게에서 세뇨라와 이야기를 나누다 보면 따뜻한 영감을 받고 신기한 익숙함을 느낀다. 우리는 왜 그런 순간들을 공유하게 된 걸까? 왜 어떤 사람들은 우리 기억속 어두운 구석으로 사라지고, 어떤 사람들은 그 속에서 우뚝 서는 걸까?

　우리가 장차 되고 싶은 모습을 반영하는 사람들이 있다. 우리는 그들을 이상적 자아, 혹은 간단히 말해 영감의 원천으로 여긴다. 우리가 영화의 어떤 등장인물과 자신을 동일시할 때 그 영화의 장면을 더 생생하게 기억하는 이유도 이 때문이다. 기억의 창고 속에 어린 시절 당신이 숭배하는 자질이나 특징을 지닌 특정 인물 – 다른 사람들보다 당신의 기억에 뚜렷하게 남은 사람 – 이 있는가?

　세뇨라의 책상 앞에는 초현실주의 화가 레메디오스 바로의 몽환적인 그림이 걸려 있다. 아름다운 그 그림은 세뇨라를 연상시킨다. 그래서 그가 이 그림을 소중하게 여기는 모양이다. 바로는 스페인을 떠나 라틴아메리카와 멕시코를 여행했다. 바로에게 그림이란, 세뇨라와 마찬가지로 그저 색채와 구성으로만 이루어진 것이 아니었다. 그림은 자기를 인식하고 내면의 생각과 감정을 탐구하는 방법이었다. 바로와 같은 초현실주의 화가들에게 정체성은 꿈, 생각, 상상 등 내면에서 시작되고 끝난다. 우리는 의식과 잠재의식으로 이루어져 있다. 물론 우리가 하는 것과 만드는 것이 곧 우리라고 주장하는 실존주의자들은 이런 생각에 동의하지 않을 것이다. 그들은 우리의 꿈·소망·의도는 우리 자신이 아니고, 그것들이 우리가 되는 것도 아니며, 오직 우리의 지금 모습이 우리라고 주장한다. 우리가 이 두 가지 관념을 섞어본다면, 바로의 신선한 발상은 곧 마부 – 불을 점화하는 것은 결국 안에서 가득 차오르는 영감이므로 – 이고 실존주의자들의 견해는 고삐를 통해 그 생각을 받아들이고 실질적으로 움직이는 말이다. 마부와 말은 서로를 필요로 한다. 어느 날 아침에 일어나 '무언가를 끝내주게 잘해내기 위해서' 우리에겐 꿈과 영감이 필요하다. 그리고 바로가 주장한 대로, 때로는 이 세상에 드러내 보일 수 없는 초자연적인 생각과 꿈과 아이디어 역시 중요하다.

　"그애는 뭔가 창의적인 걸 하고 싶어 해요." 며칠 뒤, 세뇨라는 다시 아들 이야기를 꺼낸다. 그는 며칠째 보이지 않는 남편을 위해 음료를 만들고, 치맛단을 손수 꿰맨다. "영화감독이나 시인, 뮤지션, 배우가 되고 싶대요. 창의적인 일들이잖아요." 그리고 덧붙인다. "그런 것만 하고 싶대요. 다른 건 싫고. 말도 안 되는 소리라고 해줬어요. 삶 자체가 창의적인 거잖아요. 예쁜 가정을 꾸리는 것도 창의적이고, 실내 장식이나, 사랑이나 우정도 창의적이죠. 우리는 창의적인 삶을 살 수 있어요. 그건 직업에 국한되는 문제가 아니죠. 이런 말도 해줬어요. 너는 사람들에게 영감을 주는 재주가 있다고. 협상이나 온갖 것에 다 재능이 있으니 사업을 하라고요. 하지만 그애는 친구들이 하는 것만 하고 싶어 해요."

　매슬로도 한때는 창의성이 '창의적인 분야'에서 연구하거나 일하는 것에만 국한된다고 생각했다. 《존재의 심리학Toward a Psychology of Being》에서 매슬로는 "부지불식간에 나는 창의력은 특정한 직업만 누리는 특권이라고 여겼던 것 같다. (…) 이론가, 예술가, 과학자, 발명가, 작가는 창의적일 수 있지만 다른 사람들은 아니라고." 그러나 수십 년간 창의력에 대해 연구한 결과 매슬로는 창의력이란 특정 직업군만 누릴 수 있는 것이 아니라 이 세상에 태어난 모든 인간들에게 보편적인 것이라는 결론에 도달했다. "일류 수프가 이류 그림보다 더 창의적이다. 일반적으로 요리나 자식 양육, 가정을 꾸리는 일이 창의적일 수 있고, 시가 반드시 창의적이지 않을 수도 있음을 깨달았다."

사람을 창의적으로 만드는 것은 무엇인가? 매슬로는 사회에 짓밟힌 사람들을 돕는 어떤 여성에 대해 이렇게 묘사했다. "그의 '창조물'은 그가 개인의 힘으로 도울 수 있는 것보다 더 많은 사람을 도울 수 있는 조직이다." 또 "아무것도 집필하지 않고 아무런 이론이나 연구 결과도 발표하지 않지만 매일같이 다른 사람들이 자아를 발견하도록 돕는" 심리학자에 대한 이야기도 있다. "환자 하나하나가 특별한 존재이므로 매번 완전히 새로운 문제를 완전히 새로운 방식으로 해결해나가야 한다." 그 외에 사업을 일구는 것도 창의적 활동임을 알려주는 사람도 있다. "어린 운동선수에게 완벽한 태클은 소네트만큼이나 심미적 산물이며, 소네트와 같은 창의적 정신으로 접근할 수 있다." 매슬로는 '창의적'이라는 단어가 예술 작품이나 글에만 국한된 것이 아니라 여러 활동, 과정, 심지어 태도에도 적용될 수 있다고 보았다. 사람들은 살림, 육아, 교육과 코칭, 화단 꾸미기나 가족 만찬을 차리는 일에서도 창의적일 수 있다. 심지어 삶에 대한 접근법이나 태도까지 '창의적'일 수 있다. 즉흥적이고 표현력이 좋고 자연스럽고 자유로운 사람들은 삶에 창의적으로 접근한다. "자신을 쉽게 저지하거나 비난하지 않고", 타인의 조롱에 대한 두려움도 덜하며, 접근 방식이 아이와 유사하다. 아이 같은 창의적 자아는 태어나면서부터 우리 모두에게 내재하지만 "소속 사회의 문화에 적응해가는 과정에서 대부분 잃어버리거나 묻히거나 억제된다"는 게 매슬로의 생각이다.

매슬로가 보기에 창의적인 사람들은 개별적인 것들, 심지어 상반된 것들을 하나로 모으는 '통합자'이다. 화가는 "서로 충돌하는 색채와 형태, 모든 유형의 불협화음들을 하나로 통일감 있게 모은다." 부모나 교사 역시 제멋대로 구는 아이들을 통합하여 그들에게서 최선을 이끌어내고, 파이프에서 물이 새 지하실에 물이 차는 집을 살핀 배관공도 창의적인 해결

책을 제시할 수 있다. 요약하자면, 창의적인 삶이란 광범위한 것으로 모든 사람의 수많은 사랑과 열정을 통합할 수 있다. 우리가 전통적으로 창의적이라 여기던 몇 가지로만 국한할 필요가 없다. 창의적인 사람이 되기 위해 다른 것들을 다 버릴 필요도 없다. 내가 무엇을 가장 잘하는지, 평소에 자연스럽게 늘 하는 것은 무엇인지, 무엇이 자꾸만 떠오르는지, 무엇이 행복을 주는지 일단 잘 지켜보아야 한다. 그런 뒤에 내가 가진 모든 창의적 힘을 끌어 모아 그것을 추구하면 된다.

평범함의 얼굴을 한 날들이 펼쳐진다. 우리는 가게 문을 열기 전에 나갔다가 닫을 시간에 들어와 세뇨라가 바닥을 쓰는 것을 돕는다. 고양이의 끊임없는 감시 아래 우리는 생쥐처럼 조용히 지낸다. 골동품 의자들이 이룬 열에 앉아 있자면 삶은 거의 완벽해 보인다.

우리의 작은 구석방과 사치품들로 가득 찬 골동품 가게를 오가며, 우리는 돈 많은 고객들이 세뇨라의 가게를 들락거리며 천을 만져보고 비즈 공예와 나무 몰딩에 무심하게 손을 뻗는 모습을 지켜본다.

세뇨라는 사색에 잠긴 채 미로 같은 통로를 돌아다니는 고객들을 방해하지 않고 그들이 침묵 속에서 여기저기 둘러보도록 배려한다. 그동안 그는 작은 메모장에 상상속 풍경을 스케치하거나 책상의 노란 램프 아래 책을 읽는다.

인류학자 그랜트 매크래켄Grant McCracken은 "당신이 원하는 물건은 당신이 누구인지가 아니라 당신이 되고 싶은 사람이 누구인지 보여준다"라고 말했다. 이 가게 안의 물건들은 고객들이 "지금은 멀리에나 존재하는 이상적 환경을 소유하는 상상"을 하는 동안 현실과 이상적 미래 사이를 잇는 다리 역할을 한다. 그런 의미에서 우리는 물건을 통해 바깥세상을 투영해 보고 정체성을 실험한다. 도시의 거리가 왜 물건들로 가득한지 설명해주는 부분이다. 쇼핑객들은 옛날에 생존을 위해 음식을 찾아다니던 때와 똑같은 즐거움으로 럭셔리 패션부터 보석, 시계 등 다양한 물건들을 전시하는 작은 상점들을 들락거린다.

문화 이론가 장 보드리야르는 오랜 세월을 물건 연구에 바쳤다. 《사물의 체계The System of Objects》에서 그는 우리가 왜 주변에 물건을 쌓아놓고 사는지 조사했다. 음식을 차게 보관하기 위한 냉장고나 글씨를 쓸 때 필요한 유용한 물건들도 있지만 골동품 반신상이라든가 프랑스산 오뷔송 태피스트리처럼 꼭 필요하지 않은 물건들도 많다. 물건이 우리 삶에 전혀 필요가 없다면 그것들은 왜 존재하는 걸까?

우리는 갖가지 방식으로 물건에 가치를 부여한다고 보드리야르는 말한다. 결혼반지는 우리에게 상징적 가치가 있다. 투자용 부동산은 시장에서 돈으로 교환할 수 있어 경제적 가치가 있다. 상품화된 세상에서 우리는 신호 가치sign value를 위해 물건을 구입하기도 한다. 우리의 정체성을 타인과 우리 자신에게 상기시키고 다른 사람과 차별화하는 것이 목적이다. 물건을 통해 우리가 정말 되고 싶은 사람이 되고자 하는 것이다.

독일의 철학 운동인 프랑크푸르트학파는 이 현상을 멋진 용어로 표현한다. 물화物化, 독일어로는 Verdinglichung, 즉 '물건으로 만드는 것' 또는 '대상화'이다. 우리는 물건에 지배를 받으며 점점 더 '물질화'된다. 이는 사람들이 차를 여러 대 소유하는 이유를 설명해준다. 한 대는 주중의 회사원을 위한 것이고, 다른 한 대는 여가를 즐기는 모험가를 위한 것이다. 보드리야르는 물건 구입에 체계가 있다는 점을 지적한다. 예를 들어

계몽된 자아는 대나무 리넨 수건과 요가 용품, 유기농 헤어 제품, 뒷마당에 둘 유르트(몽골 유목민들의 텐트 – 옮긴이) 등을 사들이며 일련의 소비를 끝없이 이어간다. 우리 안의 모험가는 또 다른 체계의 물건들을 구입한다. 자전거, 캠핑 용품, 관련 의류, 사륜구동 자동차, 낚시 도구, 등산 용품, 카약. 목록은 끝이 없다. "소유라는 프로젝트의 완성은 언제나 연속성 혹은 물건의 완벽한 시리즈를 의미한다"고 보드리야르는 말한다. "이것은 왜 어떤 물건의 소유가 언제나 너무나 만족스러우면서도 동시에 너무나 실망스러운지 설명한다. 하나의 물건 뒤에는 언제나 시리즈 전체가 기다리고 있고, 그 사실이 불안의 원천이 된다."

보드리야르는 우리가 고가의 예술작품과 언뜻 보기에 가치 없어 보이는 물건을 똑같이 광신적으로 소유할 수 있다고 주장한다. "이 광신주의는 부유한 예술품 전문가가 페르시아 세밀화를 수집하든 성냥갑을 수집하든 똑같이 나타난다. 수집가들은 자기들이 이 물건 혹은 저 물건에 '미쳐 있다'고 말하고, 예외 없이 누구나 그 컬렉션을 은밀하게 숨겨두려 한다. (…) 어느 모로 보나 죄책감을 드러내는 부분이다."

세뇨라의 상점을 찾는 고객들은 그곳에서 발견한 물건들을 보며 행복해한다. 황금색 르네상스 에나멜 반지를 조명 아래에 들어 볼 때는 마치 망원경으로 천랑성을 들여다보는 것 같은 모습이다. "아름답다, 아름다워." 우리 방 창턱에 앉아 책을 읽으며 그런 모습을 지켜보고 이야기를 들으며 나는 물건에 대한 사랑에 좀 더 공감하게 된다. 이 여자들은 황홀함을 경험하는 중이다. 탐미주의가 금요일 밤 경기를 기대하는 축구팬의 감정과 똑같은 흥분을 선사한다는 걸 알겠다. 즐거움, 행복, 삶에 대한 열정. 희귀한 금속장식 보석함이 당신을 천국으로 보냈다가 데려올 수 있다면, 그게 당신의 진정한 기쁨인 것이다.

기쁨이 의미 있는 건 그것이 느닷없이 찾아와서다. 숨이 막힐 듯하며 아이처럼 비명을 지르기도 한다. 그런 감정은 계획할 수도 유도할 수도 없다. 강제로 공부나 일을 하도록, 음식을 먹도록 만들 수는 있지만 무언가에 기뻐하도록 만들 순 없다. 기쁨은 우발적이고 예측불가하며 그것을 경험하는 개인에게만 유일무이한 것이다. 삶에서 소중한 이 '기쁨'을 인지해야 한다. 때때로 그것이 우리가 자신에 대해 알아야 할 것과 우리의 목적을 이야기해주기 때문이다.

어느 날 세뇨라의 딸이 스페인에서 돌아온다. 그는 혀 짧은 'th' 발음에다 식구들과 비슷한 억양이다. 하지만 엄마와 달리 덜 개방적이고 의심은 더 많다. 뉴욕과 베를린에서 사는 동안 시골 마을 특유의 신뢰를 잃은 듯하다. 우리는 며칠 만에 가게에서 짐을 빼고, 골동품이 아니라 썩어가는 나무들을 보관 중인 집 뒤쪽의 먼지 쌓인 숙소로 들어간다. 언짢아진 우리는 그다음 날 작별 인사 없이 그 집을 떠난다. 세뇨라에게 사랑을 전하는 메모만 남긴 채.

•

8장

•

우리의 길은 직선이 아니다

(에콰도르   )

(바뇨스   )

자각의 문이 깨끗이 닦인다면 모든 것이 인간 앞에 그 모습 그대로,

무한하게 드러나리라.

− 윌리엄 블레이크

우리는 에콰도르 바뇨스로 접어들고 있다. 활화산 기슭에 위치해 온천으로 유명한 곳이다. 에콰도르 환태평양 지진대의 활화산 여덟 개 가운데 하나인 퉁구라우아산은 어쩌다 한번씩 폭발하며 화산재를 몇 킬로미터씩 떨어진 공기 중으로 뿜어낸다. 그러면 주변 풍경은 퇴락과 회복, 갱신과 변화를 거듭하며 점차 바뀌어간다. 우리들의 변화와 무척 닮은 모습이다.

시내에서 우리는 이곳에 익숙한 베테랑 여행자 무리를 따라 철제 울타리 뒤, 개 사육장과 비슷한 구조의 숙소로 들어간다. 우리는 공동 욕실 근처 방을 배정받고, 바닥보다 훨씬 높은 벙커 침대에 배낭을 던져둔다. 녹슨 못은 작은 창문을 고정하는 보안 장치다. 그 창문 아래로는 머리가 벗겨지기 시작한 60대 후반의 숙소 주인이 보안 요원처럼 순찰을 돌며 물을 양동이에 채워 숙소 뒤쪽으로 나른다.

그날 밤 뭔가에 물렸다. 어쩌나 일렬로 줄지어 물었는지 좁쌀만 한 빨간 점들이 곧게 뻗어 나간 모양이 신비로운 별자리처럼 펼쳐져 그 아래 자를 대고 그어 이을 수도 있을 것 같다. 물린 부분이 빨갛게 붓더니 미친 듯이 가렵다. 하지만 베테랑 여행자들은 그 정도 불편함에는 면역이 됐는지 날이 밝기 전에 일어나고 화장실 밖에서 시끄럽게 씻고, 표주박 하나로 돌아가며 마테차를 마신다. 잠에서 깨 불편해진 잰은 스페인어로 그들에게 다음 행선지가 어디냐고 묻는다. 그들은 행선지가 있다는 발상 자체가 우습다는 듯 웃어댄다. 우리처럼 그들 역시 마을이 고요히 잠든 사이 방향과 시간 감각을 모두 잃은 모양이다.

예전에 내가 다니던 회사에서는 회전문이 시간 기록부 역할을 했다. 오전 8시 정각 그리고 오전 9시에 커피라도 한잔 마시려고 나가면 센서가 장벽을 열어주고 그 시간을 기록했다. 시계가 정확하게 시간표를 지키도록 만들었고, 이는 심장박동처럼 꾸준했다. 지극히 사소하고 반복적인 순간들은 시간이 흐르며 숨 쉬는 것처럼 쉬워졌다. 이것이 바로 습관 형성의 핵심이다. 오랜 시간 지속적인 반복. 윌리엄 제임스는 이렇게 말했다. "우리 삶은 모두 아직까지 확실한 형태를 갖추고 있는 것처럼 보이지만, 실상은 (현실적·정서적·지적) 습관의 덩어리일 뿐이다. 이 습관들은 우리의 기쁨과 슬픔을 위해 체계적으로 조직돼 우리의 운명이 무엇이든 그것을 향해 꿋꿋이 나아가도록 한다."

1700년대 후반 방적 공장에서 출퇴근 시간 기록 시스템이 처음 도입됐을 때부터 시계는 일하는 사람들의 리듬을 통제해왔다. 시계는 규율과 정확함의 상징이다. 사무실 노동자들은 회사의 시간에 고용된 사람들이다. 시간이 돈이고, 시간 낭비는 곧 돈 낭비다. 우리 주위에는 시간을 현명하게 쓰는 법을 가르치는 책들이 넘쳐난다. 적은 시간에 더 많은 일을 하는 기술, 효율적인 시간 활용 습관을 만드는 법, 미루는 습관 고치는 법, 출근길에 식사하거나 이륙 시간 기다리며 업무 보기 등 멀티태스킹 하는 법.

1755년 존 클레이튼John Clayton 목사는 〈가난한 자들에게 보내는 우정 어린 조언Friendly Advice to the Poor〉이라는 글에서 산업시대 시간 절약의 중요성에 대해 언급했다. "나태한 자가 일하지 않고 두 손을 품 안에 넣고 있다면, 느긋하게 어슬렁거리며 시간을 보내고 있다면, 게으름으로 국가에 피해를 끼친다면, 나태함으로 영혼을 탁하게 만든다면" 그가 기대할 수 있는 건 오직 가난밖에 없다고. 클레이튼은 노동자들이 하루 중 가장 좋은 시간을 자신을 둘러싼 세상을 관찰하는 데 허비한다고 나무랐다. 차 마시는 탁자는 "시간과 돈을 집어삼키는 수치스러운 것"이고, 장례 절차인 경야나 휴일이나 명절도 마찬가지라고 했다. 클레이튼은 "아침에 침대에서 나태하게 시간을 보내는 것"도 엄격하게 비난했다. 아침에 일찍 일어나야 각 가정에 정확한 규칙을, "그들의 경제"에 훌륭한 질서를 부여한다는 사실도 강조했다.

몇 세기에 걸쳐 미천한 노동자들에게 아침 일찍 일어나 열심히 일하라고 설교하는 일은 무척 흔해졌다. "원숙한 자본주의 사회에서 시간은 남김없이 소비되고, 팔리고, 사용돼야 한다. 노동 인력이 '시간을 흘려보내는 것'은 모욕적인 일"이라고 〈시간, 근무 기강, 산업 자본주의Time, Work-Discipline, and Industrial Capitalism〉라는 논문에서 E.P. 톰프슨E.P. Thompson은 주장했다. 성숙한 산업 사회란 "시간 절약 그리고 '일'과 '삶' 사이의 확실한 경계로 알아볼 수 있다." 톰프슨은 1300~1650년에 시간 이해에 중요한 변화가 일어났다고 보았다. 14세기부터 유럽의 여러 도시와 장이 서는 마을에는 매 시간 종을 울리는 공공 혹은 교회 시계가 설치됐다. 19세기 초에는 시계 제조공들이 '진실'에 가까운 시계, 혹은 완벽에 가깝게 정확한 시계를 만들고자 시도해 1년 이상 1초도 빨라지지 않는 시계를 만드는 데 성공했다. 시간 기록 장치를 수용하고 심지어 숭배하는 현상은 산업 시대의 필수 요소가 됐다. 똑같은 업무를 동시에 수행하는, 규율에 잘 따르는 노동자들이 필요한 때였기 때문이다.

바늘이 두 개 달린 기계화된 장치, 즉 시계는 우리의 시간 기록원이자 정보원이 됐다. 시계는 우리가 새벽 6시에 일어나 헬스클럽에서 하루를 시작하게 만들 수도 있고, 아이들이 아침 9시에 학교 교문 안으로 들어가 지각을 면할 수 있도록 보장하며, 우리의 생산성과 효율성을 측정할 수 있도록 우리가 일한 결과를 분 단위로 수량화할 수도 있다.

기계화된 시계가 등장하기 전, 시간은 하루하루의 생활로 측량됐다. 어부나 뱃사람들은 조류에 맞춰 삶을 살아갔고 밤을 새며 일하는 때도 종종 있었다. "항구 도시의 사회적 시간은 바다의 리듬에 맞춰졌다"라고 톰프슨은 적었다. "어부나 뱃사람들에게 이는 자연스럽고 이해하기도 쉬웠다. 인간에게 무언가를 강요하는 것은 자연이었다." 일하는 시간은 계절의 변화나 당장 해야 할 일들에 따라 늘어나기도 하고 줄어들기도 했다. 마다가스카르 같은 곳에서는 시간이 밥을 짓는 시간(30분 정도) 혹은 메뚜기를 튀기는 시간(잠시)으로 측량됐을 수도 있다고 톰슨은 적었다. 미얀마에서는 승려들이 손의 정맥이 보일 만큼 밝아졌을 때 일어나도록 했다.

거대한 기계로 돌아가는 산업 시대 이전에 일은 불규칙했고, 할 일이 다양했으며 일과 빈둥거림이 뒤섞여 있었다. 오늘날의 대학생·예술가·작가처럼 일하는 과정에 완전히 매여 있다가 또 한동안 가볍게 일하는 식이었다. 톰프슨은 이런 패턴이 일하는 삶을 제대로 통제할 줄 아는 사람들의 특징이며, 이것이 인간의 '자연스러운' 일의 리듬이라고 했다. 우리의 자연스러운 일의 리듬 속에서 꼭 해야 하는 일이 눈에 보이면 일을 했다. "시간으로 재단된 노동보다 그 편이 더 인간적으로 이해하기 쉬웠다"라고 톰프슨은 말한다. 그러나 시계가 정한 노동에 익숙한 사람들에게 이런 식의 노동은 낭비로, 또 시급함이 결여된 것으로 보인다.

아이로니컬하게도 50여 년간 직장에서 열심히 일하고 퇴직하는 직원에게 각인된 금시계를 선물하는 것은 흔한 일이 됐다. 1초도 놓치지 않는 믿을 만한 메트로놈이 달린 작은 기계 장치가 고단한 일꾼의 손에 또 채워지는 것이다. 금시계는 정신없이 내달리던 아침들과, 시계의 똑딱거림에 맞춰 질주하던 암흑기 같은 지난 50여 년의 상징이다. 시계는 시간을 재고, 기록하고, 확인하고, 빨리, 더 빨리, 열심히, 더 열심히 살라고 우리 등을 떠밀고 또 떠민다. 똑딱, 똑딱, 똑딱, 얼른, 얼른, 얼른… 끝나기 직전까지.

이 온천 마을의 무언가가 우리를 잡아두는 바람에 실내 체육관 위에 방을 얻는다. 나는 매일 해 뜰 무렵 스페인어 수업에 가기로 한다. 아직 잠에 겨운 거리, 반 고흐가 탐닉했을 아마존의 초록빛으로 밝아오는 거리를 걷는다. 주름이 쪼글쪼글한 선생님이 식민지 풍 주택 현관에서 나를 기다린다. 그는 입구를 막고 있다가 내가 "부에노스 디아스"라고 말해야만 계단을 올라가 서재로 향한다. 선생님은 호두나무 책상과 김이 모락모락 올라오는 커피를 앞에 두고 앉아 묻는다. "공책은 가져왔어요? 잘했네요. 컴퓨터는 안 돼요. 기억력에 좋지 않아요."

맞는 말씀이다. 무언가를 기억하고 싶다면 손으로 직접 써야 한다. 우리가 글씨를 쓸 때는 펜촉이 종이 위를 물리적으로 움직이도록 손의 소근육들이 동원된다. 손으로 글씨를 쓰면 이 작은 동작들이 뇌의 지각운동을 담당하는 부분인 브로카 영역에 운동 기억을 남기고 기억력에 도움을 준다. 지각운동 체계는 글자를 읽고 인식하는 데도 도움을 준다. 노르웨이 스타방에르대학교의 안네 망엔Anne Mangen 교수는 프랑스 국립과학연구원의 신경생리학자 장 뤼크 빌레이Jean-Luc Velay와 손잡고 키보드 타이핑과 손 글씨 쓰기를 비교해보았다. 성인을 두 그룹으로 나누어 약 20개의 글자로 이루어진 처음 보는 알파벳을 공부하게 했다. 첫 번째 그룹은 손으로 글자를 쓰게 하며 글자를 가르치고 두 번째 그룹은 키보드를 사용하게 했다. 그리고 실험 9주 차에 두 그룹이 글자를 기억하는 정도, 정확한 글자와 아닌 글자들을 구분하는 속도를 시험해보았다. 그 결과, 손으로 글씨를 써가며 글자를 배운 그룹은 모든 시험에서 최고 점수를 받았고 뇌를 기능자기공명영상fMRI으로 스캔한 결과 브로카 영역이 활성화됐음을 알 수 있었다. 이에 비해 키보드를 사용한 그룹은 브로카 영역에 움직임이 거의 혹은 전혀 보이지 않았다. 망엔은 우리 뇌의 지각운동 영역이 우리가 배우고 기억하는 데 도움을 주며 이 뇌의 기능은 손으로 글씨를 쓸 때 가장 활성화된다는 결론에 도달했다.

아래층 실내 체육관에서 요가 강사를 구하기에 잰이 사장에게 내가 가르칠 수 있다고 말해준다. 하지만 망설여진다. 예전에 요가 강습 트레이닝을 받은 적이 있지만 끝내지 못했다. 몇 년간 여러 가지 요가를 시도해보았으나 내가 정확히 어떤 요가를 하는지도 잘 모르겠다. 하지만 요가 교실 오픈에 들뜬 체육관 사장 커플을 실망시킬 수 없어 매주 화요일과 목요일, 4시 30분부터 5시 30분까지 지역 주민에겐 무료로, 관광객에겐 10페소씩 받고 아헹가 요가를 가르치기로 한다. 내가 시범을 보이면 잰이 통역을 하기로. 우리는 광고 전단을 만들고 포스터를 동네 기둥에 붙인다. 그랬더니 지역 주민과 관광객 수십 명이 체육관 문 앞에 나타난다.

나는 밴에 싣고 다니던 책으로 요가 동작을 가르친다. "숨을 들이마시고"라고 말하며 오른쪽에 펼쳐둔 책을 향해 고개를 숙인다. 설명이 엄청 긴 다음 동작에 대해 읽다가 어디까지 읽었는지 놓치고 만다. 그 와중에 네덜란드 관광객이 질식한 척하며 옆으로 쓰러지고 수강생들이 모두 웃음을 터뜨린다. 수업이 끝날 무렵에 잰은 부엌에서 물을 좀 더 끓이고, 우리 모두 책상다리를 하고 둘러 앉아 약간 멍한 상태로 서로를 돌아보며 허브차를 마신다. 나는 예의 바르게 고개를 끄덕이며 "Sí(네)"를 남발하는데 대부분의 경우 내가 받은 질문에 대한 엉뚱한 대답이다.

완벽한 스케줄인 것 같다. 아침에 스페인어 수업을 받고, 주 2회 체육관에서 요가를 가르치는 것. 그리고 체육관은 우리의 적극적인 홍보로 호황을 맞는다. 요가 스튜디오를 관광객이 많은 시내로 옮기고 우리도 이곳 바뇨스에 좀 머물러도 좋겠다 싶다. 건물 주인과 함께 쓰는 부엌에서 라디오를 들으며 설거지를 하는 동안 이게 앞으로의 우리 삶이 될 수도 있겠다는 생각이 든다. 온천수가 샘솟는 이곳이 우리의 장소가 될 수도 있겠다고. 우리가 자신을 발견하고 번영할 곳이 될 수도 있겠다고.

그 주 주말, 우리는 버스를 타고 쿠엥카로 짧은 여행을 떠난다. 그리고 도심 어느 건물 9층에 숙소를 잡는다. 오래된 호텔은 야외에 의자와 주방 시설을 갖췄다. 쌀쌀하다. 나는 서둘러 찻물을 끓이고 아래쪽에서 들려오는 요란한 차량 소리를 들으며 차를 홀짝거린다. 쿠엥카는 해수면으로부터 2560미터 높이에 있어 물이 빨리 끓지만 그건 낮은 온도에서 '끓기' 때문이다. 준비를 철저히 한 여행자들은 더 기다려야 함을 알았을 거다. 물은 3분이나 10분, 아니면 더 오래 끓여야 한다는 것을.

그날 밤 잰이 침대와 화장실 사이를 계속 오가는 걸 지켜보아도 크게 걱정하지 않는다. 아침이 됐을 땐 호텔 밖으로 나가 관광하고 싶은 마음뿐이다. 나는 잰에게 어서 일어나라고, 모퉁이 상점에서 레몬에이드를 사라고 독촉한다. 호텔 방을 나서는 잰의 걸음걸이는 무겁고 말도 없다. 나는 모든 걸 흡수하고픈 마음이다. 성벽으로 둘러싸인 중세 도시의 상점 주인들이 문을 여느라 셔터가 철컥철컥 올라가는 소리, 배달 다니는 오토바이와 트럭 소리까지. 오래된 책방을 발견하지만 한낮이나 돼야 문을 연다. 우리는 혼잡한 이차선 도로 쪽으로 접어든다. 서류를 팔 아래에 끼고 서류가방을 든 재킷 차림의 비즈니스인들, 채소와 미지근한 음료가 가득 담긴 비닐봉투를 든 여자들. 그러다 갑자기 몸이 안 좋아진다. 나는 저

만치 앞서가는 잰의 그림자를 따라, 혼자 걷는 나에게만 집중하려 한다. 돌연 거리의 소음이 하나도 들리지 않는다. 고요하다. 오토바이가 미끄러지듯 지나간다. 차가 떠오른다. 발걸음이 조용히 떨어진다.

나는 나선형 계단을 올라가는 잰의 등에 업혀 있다. 4층, 5층. 잰의 다리가 휘어진다. 그는 나를 플라스틱 의자에 앉히고 멍한 상태로 앞을 본다. 내 눈엔 엘비스의 거대한 머리가 보인다. 두툼한 구레나룻, 앞섶이 열린 하얀 셔츠 안으로 검은색 가슴 털과 춤추는 금목걸이가 보인다. 방 안은 하늘색 커튼이 둘로 나누고 있고 엘비스가 창가의 책상과 커튼 사이를 오간다. 잰이 고개를 끄덕인다. 누군가가 줄을 잡고 있는 것이 보이고 나는 잰의 얼굴을 자세히 가만히 들여다본다. 그가 입을 열고 내가 수액 주사를 맞아야 한다고 말한다. '주사'라는 말에 나는 겁에 질린다. 꼼짝없이 누워서 엘비스가 놓는 주사를 맞아야 한다는 사실이 무섭다. 나는 절박하게 애원하며 차라리 죽는 게 낫겠다고 말한다.

호텔로 돌아온 뒤론 꼼짝도 못 하고 침대에 누워만 있다. 프랑스인 커플이 우리 문 앞에 물병을 가져다놓는다. 그렇게 며칠이 흐른다. 우리는 계속 침대와 화장실 사이를 오간다. 밤이 되면 내 위장 안에서 바다뱀이 요동치고, 장기가 전율하고, 입에선 오물 냄새가 진동한다. 나는 머나먼 우리의 작은 유토피아, 바뇨스를 생각한다.

"좀 더 행복하게 살걸 그랬어." 죽음을 앞둔 사람들의 흔한 후회다. 간호사이자 작가 브로니 웨어는 삶을 몇 주밖에 남기지 않은 말기 환자들과 대화를 나누며 그들의 다양한 후회에 대해 들었다. "마지막 순간까지 행복은 선택하는 것이라는 사실을 깨닫지 못하는 사람이 많아요." 삶의 많은 중요한 순간들이 걱정, 스트레스, 산만함으로 낭비된다.

융 학파 정신분석가 제임스 홀리스는 개인 병원에서 일하며 우리 삶에서 행복한 순간들을 위협하는 두 가지를 밝혀냈다. 그는《나는 이제 나와 이별하기로 했다Living an Examined Life》에서 "우리는 매일 아침 일어나 침대 발치에서 괴물 두 마리를 발견한다"고 썼다. 첫 번째 괴물은 두려움이다. 머릿속의 끈질긴 목소리로 나타나서는 세상은 내가 감당하기에는 너무 크다고 스트레스를 준다. 그 목소리는 "너는 준비가 안 됐어. 오늘도 어떻게든 빠져나갈 방법을 찾아봐"라고 우긴다. 두 번째 괴물은 무기력이다. 그것은 당신에게 느긋해지라고, 서두를 필요 없다고, 삶은 어디로 도망가지 않는다고 반복해서 말한다. "이봐, 긴장 풀어. 오늘 힘들었잖아. TV나 틀고, 인터넷 서핑이나 하고, 초콜릿이나 좀 먹어. 내일 또 하루가 시작될 테니까." 홀리스는 이 "삐딱한 쌍둥이가 매일 우리의 영혼을 갉아먹는다"고 믿는다. "그렇게 시간이 흐르다 어느 시점에 가서는 우리가 정당한 권리를 주장할 수 있는 날보다 그런 식으로 보내버린 날이 더 많아지게 된다. 다른 어떤 가치 있는 일보다 무분별한 순응이나 회피를 통해 두려움을 다스리는 데 더 많은 에너지를 쓰게 된다. 두려움을 다스리는 데 에너지를 쓰는 건 자연스러운 일이지만 매일 여기에 지나치게 쏟아붓는 노력은 간과할 수 없을 정도다."

무기력 역시 갖가지 유혹적 형태를 취한다. 우리는 업무를 피하고, 어려워 보이는 일과 멀어지고, 소셜미디어나 화면을 들여다보는 일로 주의를 분산하며 우리의 날들을 무디게 만든다. "이 방면으로 큰 도움을 주는 거대한 인터넷 문화가 우리 뒤에 있다. 24시간 접속 가능한 오락 기능이 있으니 (…) 우리는 잠든 채 삶을 보내며 우리 안에 울려퍼지는 영혼의 호출에도 깨어나지 못한다." 홀리스는 우리 모두 이 쌍둥이의 위협을 인식하고 맞서야 한다고 말한다. "우리 내면의 영웅이 해야 할 일은 두려움과 무기력이라는 암흑의 세력을 타도하는 것이다. 언제가 됐든 머지않아 우리는 우리가 두려워하는 것에 당당히 맞서고, 이제 앞장서라는 소환에 응답하며, 우리 안에 도사리고 있는 거대한 무기력이라는 힘을 극복해야 한다."

호텔을 떠나기로 결정하고도 바뇨스로 돌아가지 않는다. 우리는 마치 죽을 자리를 찾아 눈에 띄지 않는 곳을 찾아가는 개들처럼 산비탈의 오두막 숙소를 찾아 남쪽으로 향한다. 대부분의 객실이 비었지만 오두막 한 곳에는 손님이 있다. 그 집에선 늦게 일어나고 늦게 잠자리에 드는 이탈리아인 셋이 아침부터 밤까지 현관 앞 계단에 앉아 술을 마신다. "우리는 매년 여기에 와요." 스페인어인지 이탈리아어인지 모를 말로 그들이 말한다. 잰은 이제 64킬로그램밖에 나가지 않는다. 180센티미터가 넘는 키에 이제 뼈만 남아 걸음도 겨우 걷는다. 지역 주민들은 전염될까 걱정하며 우리와 접촉하지 않으려고 길거리에서도 옆으로 비켜난다. 들개들이 죽음의 냄새를 맡고 산비탈의 오두막에서부터 시내까지 우리를 따라 나갔다가 따라 들어온다.

시내를 좀 벗어나니 '위장 치료' 간판이 보인다. 교외 가정집에서 커튼을 쳐놓고 장세척을 해주는 곳이다. 나는 그곳에 들어가는 대신 가게에서 물이나 사서 그냥 돌아온다. 잰은 해먹에 누워 햇볕을 쪼이고 있다. 책을 읽을 상태가 아니어서 두 눈은 하늘만 보고 있다.

나는 침대에서 창밖으로 보이는 들판을 유심히 본다. 도시 설계자들이 콘크리트로 발라놓은 보도와 도로가 아니라 사람들이 발길 닿는 대로 그냥 지나다니는 길이다. 어떤 이들은 발걸음에 의해 자연스럽게 난 이런 구불구불한 길을 '바람의 길'이라 부른다. 자세히 들여다보니 길은 곧게 뻗어 있지 않고 사방으로 구불구불하다. 삶도 바깥으로 뻗어나가는 일련의 원들이라는 생각을 해본다. 우리는 앞으로 나아가다 뒤로 물러나기도 하며 순회하는 여정을 이어나간다. 우리의 길은 직선이 아니다.

우리는 삶이 직선이어야 한다고 오해한다. 하고 싶은 일이 무엇인지 일찍 선택해야 하고, 선택한 길을 끈질기게 따라가야 한다고 생각하는 거다. 하지만 자연은 직선이 아니고, 성공한 삶도 종종 직선이 아니다. 구불구불한 진로에 관한 연구에서 하버드대학교의 '지성, 두뇌, 교육' 프로그램의 책임자 토드 로즈 교수와 컴퓨터 신경과학자 오기 오가스는 건축가부터 엔지니어, 동물 조련사에 이르기까지 자기 분야에서 성공하고 성취감을 느끼는 사람들을 모아보았다. 막상 인터뷰를 시작해보니 그들 중 대부분이 자신의 경력을 밝힐 때 멋쩍어하며 과거에 이 직업 저 직업을 전전했노라고 난감해했다. 연구원들은 이 연구를 다크호스 프로젝트라 불렀다. 이 연구에 참여한 사람들이 자신을 '다크호스'라고 오해했기 때문이다. 한 가지 직업을 잘 선택해 그것을 고수한 사람들에 비해 자신들은 구불구불한 진로를 추구한 별난 사람이라고 생각한 것이다. 연구원들에 따르면 "다크호스들은 절대로 이런 말을 하지 않는다. '아, 나는 아무래도 뒤처질 것 같아. 이 사람들은 나보다 일찍 시작했고 나보다 어린 나이에 더 많은 것을 이뤘어.'" 대신 그들은 이렇게 말한다. "지금 이 순간 나는 이런 사람이야. 여기서 나는 동기를 부여받아. 나는 이곳에서 내가 하고 싶은 일을 찾았고, 이곳에 배우고 싶은 일이 있고, 이곳에 기회가 많아. 이중에 **지금 당장** 나와 가장 잘 맞는 일은 무엇일까? 어쩌면 1년 뒤에 더 나은 일을 찾으면 또 바꿀지도 몰라." 다크호스들은 모두 단기 계획을 세웠고 장기 계획은 피했다. 데이비드 엡스타인은 저서 《늦깎이 천재들의 비밀Range》에서 나이키 공동 창업자 필 나이트의 경력을 자세히 설명했다. 나이트는 목표를 설정하는 것에 집착하지 않고, 실패를 하려면 빨리 하고 진단을 내린 뒤 그것으로부터 배운 교훈을 다음 모험에 활용했다. 초창기에 나이트는 프로 운동선수가 꿈이었지만 실력이 부족했다. 그래서 스포츠와 관련된 일이라도 하려고 운동화를 팔기 시작했다. "고등학교 2학년 때부터 자기가 뭘 할지가 명확한 사람들을 보면 안됐다는 생각이 든다"라고 그는 말한다.

우리는 기운을 차리자마자 바뇨스로 돌아가 지역 의사의 번호를 알아낸다. 러시아에서 건너온 사람이라고 했다. 그는 피를 뽑아 여러 가지 검사를 하곤 우리를 급히 길가 오두막으로 보낸다. 그리고 소식을 전한다. 진단은 장티푸스. 그는 우리에게 주황색 알약이 잔뜩 든 상자를 건네주곤 주스는 마시지 말라고 한다. "음식을 천천히… 아주 천천히 먹기 시작하세요."

우리는 실내 체육관의 숙소를 떠나 들판에 개를 키우는 가족이 사는 집의 작은 방을 빌린다. 아직도 책을 읽을 상태는 아니어서 침대에 누워 천정만 보고 있다.

어느 날 지역 학교의 음악대가 다가올 축제를 위해 연습을 시작한다. 한 부대의 아이들이 우리 방 밖의 들판을 행진하며 트럼펫과 호른을 부는데 귀청이 떨어져나갈 듯해 참기 어렵다. 나는 피에르 아도가 "위에서 내려다보기"라고 부른 철학적 실습을 시도해보기로 한다.

아도는 평생에 걸쳐 고대 그리스어와 라틴어로 된 철학 텍스트들을 연구했고, 특히 철학을 실천하는 법, 고대 철학을 삶의 한 방식으로 대하는 법에 집중했다. 《삶의 방식으로서의 철학Philosophy as a Way of Life》에서 그는 위에서 내려다보기 훈련을 상세히 다룬다. 이는 새로운 관점을 갖기 위해 자기 삶을 줌아웃해서 축소하는 법을 가르치는 시각화 기술이다. 바뇨스의 작은 방 안, 싱글 베드에 누워 나는 천정 위로 올라가 저 높은 곳에서 들판 위의 이 건물을 내려다본다. 침대에 반듯이 누운 나와 방의 다른 한쪽에 누운 잰, 천정을 응시하는 두 사람이 보인다. 줌아웃으로 더 멀리 벗어나면 한쪽은 아마존 숲과 맞닿아 있고 다른 한쪽엔 사막과 면한 에콰도르 안 우리 모습이 보이고, 거기서 더 줌아웃하면 우리는 회전하는 행성에서 빛나는 하나의 빛으로 보일 것이다. 나는 생각한다. 먹은 음식이 역류하려는 이 상황에서도, 내가 그 작은 하나의 빛이라는 사실은 얼마나 사랑스러운가.

우리가 요양 중인 호스텔의 매니저는 혈통이 좋은 개를 키운다. 그래서 주말이면 도그 쇼에 데리고 나가 리본도 타고, 신문에 사진도 실린다. 목요일 밤까지 매니저는 주말을 준비한다. 목욕은 마당에 설치한 전용 욕조에서 시키는데, 샴푸를 하고, 문질러 씻기고, 털을 깎고 다듬고, 헤어드라이어로 털을 말린다.

매니저가 주말에 개를 데리고 도그 쇼에 출전하는 것은 호스텔 운영이라는 현실에서 벗어나는 일이다. 고장 난 보일러나 물이 새는 지붕, 체크인 직전에 취소하는 손님들을 잊는 시간이다. 그가 도그 쇼에 나가면 개를 사랑하는 다른 참가자들에게도 관심을 쏟으리라. 그들로부터 추앙을 받거나 애정을 얻고 싶어서가 아니라 같은 취미를 공유하는 사람들과 함께 있는 시간을 즐기는 것이다.

취미 생활이 좋은 이유는 하고 싶은 것을 정할 때 어떤 것이 멋진지, 유행에 맞는지, 존경받는 것인지를 고려할 필요가 없기 때문이다. 상품성이나 또래의 존경, 인정 여부에 제한을 받을 일이 없다. 취미는 부모의 기대나 어린 시절의 꿈과 연관 지을 필요도 없다. 사실 취미는 아무것에도 묶여 있지 않다. 바로 그 점이 취미를 매력적으로 만든다.

그리스 철학자 안티스테네스는 난파선에서 둥둥 떠서 나올 수 있도록 가라앉지 않는 무언가로 나를 채워야 한다고 말했다. 어두운 시기에 당신이 의지할 것은 취미일 수 있다. 프랑스어로 하면 passe-temps, 말을 그대로 풀면 '시간 보내기'이다. 우리는 자신에게 보물을 하나씩 찾아줘야 한다. 몽테뉴는 취미란 무엇으로도 변질시킬 수 없는 것이라고 했다. "우리는 우리 자신만을 위한 방을 하나 따로 마련해야 한다. 가게 뒤에 다른 모든 것으로부터 자유로운 공간을 만들고 그곳에 우리의 진정한 자유, 원칙, 고독 그리고 정신병원을 세워야 한다. 그 안에서의 평범한 대화는 우리 자신과 나누는 것이어야 한다. 지극히 사적이라 바깥세상의 그 어떤 상업적인 일이나 소통도 들어설 수 없는 곳이어야 한다. 그곳에서 우리는 아내도 없고, 자식도 없고, 소유물도 없고, 추종자도 없고, 하인도 없는 사람처럼 이야기하고 웃어야 한다. 우리가 가진 모든 것들을 잃어버릴 상황이 벌어져도, 그것들 없이 사는 것이 새로운 경험이 되지 않도록 해야 한다." 달리 말하면, 우리는 스스로의 친구가 돼야 하며 그렇게 될 수 있는 최고의 방법은 시간 보내기이다. 에피쿠로스가 말했듯, "우리를 풍요롭게 하는 것은 우리가 가진 것이 아니다. 우리가 즐기는 것이다."

•

9장

•

행복이라는 유일한 선

(파나마   )
(보카스델토로   )

영혼의 시간은 사람의 기분에 따라 기어가기도 하고 날아가기도 하고
심지어 뒷걸음질하기도 한다.

− 게리 이벌

몸을 씻고, 약을 뿌리고, 배낭과 옷가지를 한낮의 태양에 소독하지만 그 무엇도 그것들을 죽이지 못할 것 같다. 이 벌레들이 우리에게 달라붙은 지 벌써 몇 달째다. 우리는 패배했고 지쳐버렸다. 집에 가고 싶지만 여행 센터에서 싸게 나온 파나마행 비행기 표 안내가 붙은 걸 보고는 또 예약을 해버린다. 차는 동료 여행 고수들에게 넘기기로 한다. 차값으로 다른 것을 뭐든 받기로 하지만 사실 별 관심 없다. 이곳을 떠나고 싶을 뿐.

파나마로 가는 비행기 안에서 나는 팔을 직선으로 북북 긁는다. 초대받지 않은 손님처럼, 눈에 보이지 않는 작은 포식자들이 내 팔에 붙어 있다. 우리는 자신을 바꾸는 가장 쉬운 방법이 짐을 싸서 떠나는 것이라고 생각하곤 한다. 마치 현재의 나를 피하고 싶은 사람 취급하듯이. 몽테뉴가 말했듯 다른 곳으로 떠나는 일의 문제는 결국 지금의 나도 데려가야 한다는 것이다. 그저 비행기에 올라타 이륙하는 것이 지구 반대편에 '새로운 나'를 착륙시킬 수 있다는 의미는 아니다. 오히려 새로운 장소에 발을 디디면 땅 밑의 잡초처럼 오래된 습관과 행동들이 대부분 다시 나타난다. 우리의 나쁜 습관들은 빈대 같은 보이지 않는 포식자들과 같아 간단히 떨쳐내기 어렵다.

비행기에서 주스를 한 잔 마시고도 다행히 구역질이 나지 않는다. 구름 저 너머 바뇨스의 요가 커플이 허공 속으로 사라지는 모습을 그려본다.

우리는 부두에 서 있지만 아무도 우리를 태우려 하지 않는다. 이미 너무 어둡고 바람이 거세서 모든 배들이 오늘 일을 접었다. 선주들은 저녁을 먹거나 TV를 보고 있다. 그렇다고 그대로 있을 수도 없다. 마을에 있는 유일한 호텔은 사창가 같다. 미로 같은 복도에 외과 병동 같은 방들이 있고, 그 앞에 깔린 카펫에서는 죽은 생선 냄새가 진동한다. 쾌속정을 태워주면 정상 운임의 세 배를 내겠다고 하자 선주는 갑자기 기운이 용솟음치는 듯 말이 많아진다. 그리고 몇 분 안에 우리 배낭이 선미에 실리고 선주가 손전등을 들고 배에 풀쩍 뛰어오른다.

우리는 물결에 몸을 맡긴다. 사위가 캄캄하다. 선주는 최대 속도로 출발한다. 너무 빠르다. 그의 손전등이 밝히는 건 기껏해야 1미터 앞이다. 나는 암흑 속을 들여다본다. 돛단배나 연락선, 거대한 장애물 같은 것에 곧 부딪칠 것만 같다. 그러나 선주는 칠흑 같은 어둠 속을 최고 속도로 질주하는 데 자신 있는 듯하다. 바람이 제법 불지만 우리는 물위를 스치듯 날아간다. 나는 두 손으로 배의 가장자리를 붙들고 건너편 불빛이나 해안선의 윤곽을 찾아보려 하지만 아무것도 보이지 않는다. 이 섬이 얼마나 멀리 떨어져 있는 건지 도무지 알 수 없다. 하지만 얼마 지나지 않아 모터가 속도를 줄이고 미처 내가 정박된 배들을 보기도 전에 선주가 엔진을 끈다. 우리는 부두로 기어올라 첫 번째 눈에 들어온 호텔로 들어선다. 물위에 뚝딱 나무판자로 지은 건물, 그곳에서 우리는 잠을 잔다. 목재 서까래와 우리 몸을 뉘인 건물 밑으로 바다가 밀려든다. 조금 불편하지만 빈대도 없고, 살인 사건이 일어날 것 같은 사창가도 아니다. 우리는 마치 리츠칼튼에 투숙한 것처럼 이상하게 행복하다.

다음 날 아침, 나무판자 사이로 들어오는 햇빛에 눈을 뜬다. 우리의 무언가가 눈에 띄게 단단해진 느낌이다. 맨발로 다녀 뒤꿈치에 굳은살이 박인 잰은 이제 똑바로 잘 걷는다. 길이나 도로를 따라가거나 인파에 휩쓸리지도 않는다. 뜨거운 자갈과 깨진 유리 위를 맨발로 직진할 뿐이다.

그는 문자 그대로 자기만의 길을 만들어가려고 결심한 사람 같다. 그 행위가 무언가를 상징하길 바라면서. 우리는 장장 여섯 시간 동안 호스텔 문간에 앉아 주인이 돌아오길 기다린다. 책을 읽고, 철학적인 이야기를 나누며 만족스럽게 행복한 시간을 보낸다. 나는 이 시간을 도시의 날들과 비교해본다. 그때는 상대가 5분만 늦어도 돌아버릴 것 같았는데 지금 이곳에선 몇 시간이 그냥 흘러간다. 우리는 시간과 춤을 춘다.

호스텔 주인이 끝내 나타나지 않아 우리는 배를 타고 다른 섬으로 건너가 우리 또래인 레게머리 아이안을 만난다. 그는 우리를 '이모'의 숙소로 데려간다. 그는 종일 그곳에서 지낸다고 한다. 그가 '다른 집'이라 부르는 미국에서 이곳에 와 있는 동안은. 엄격한 채식주의자에다 맨발에 서퍼인 아이안은 우리를 30대 후반의 어느 부부에게 소개한다. 미국인 리엄과 스페인인 라야는 몇 달 안에 태어날 첫 아이를 기다리는 중이다. 둘은 어깨 위로 자신들이 키우는 원숭이들을 자랑스럽게 올린다. 한 마리는 갈색이고 한 마리는 검은색이다. 원숭이들은 접시에 놓인 음식을 먹고 오두막집 서까래에 매달려 논다.

우리는 아이안을 따라 그의 바닷가 땅으로 간다. 나무를 타고 올라 거꾸로 매달리는 그를 지켜보며 우리는 어슬렁어슬렁 따라간다. 그는 금발의 숲속 도깨비처럼 나무에서 나무로 뛰어다니며 나무의 식물 학명을 알려주고 열매 중 먹어도 되는 것과 먹으면 배탈이 나는 것을 알려준다. 집중하는 관객이 있어 확실히 즐거운 모양이다. 나는 브리즈번에 있는 내 상사를 떠올린다. 그는 아마도 지금쯤 미팅을 하거나 차로 이동 중이거나 다른 데 가 있고 싶어 하는 투자 자문과 오늘만 벌써 일곱 잔째인 커피를 마시고 있겠지. 나는 냉방이 완비된 사무실에 앉아 재소자들을 적소에 배치하고 달리게 하는 켈리를 떠올린다. 그리고 이 이미지들을 저 멀리 달리고 있는 아이안 옆에 가져다놓는다. 바다의 소금기 때문에 그의 머리카락이 얼굴에 달라붙는다.

아이안은 아침 일찍 일어나 서핑을 하고 부둣가로 나가 이모님 댁에 묵을 관광객을 물색한다. 느리고 단순한 삶이다. 돌아보면 내 삶은 발밑에서 흘러가는 해류에 휩쓸려 한시도 쉬지 못하고 이쪽에서 저쪽으로 정신없이 이동하기만 했다. 왜 나는 해먹에 누워 해안가에 부딪히는 파도를 구경하지 못했을까? 인간들이 모두 아이안처럼 살던 때가 있었다. 나무를 기어오르고 바다에서 헤엄치고 덜 익은 산딸기의 톡 쏘는 맛을 느끼며 살던 때가. 그러나 그때는 기술이 발전해 끝없이 경이로운 것들을 보여주는 상자가 등장하기 전의 나날이었다. 모든 가능성이 우리의 옵션이 되기 전의 날들이었다. 우리가 손에 잡히지 않는 것들을 찾기 전의 이야기다.

아이안은 소형 보트를 타고 해안에서 멀리 떨어진 바다로 나가 하루에 두 번 서핑을 한다. 세상의 일꾼들이 일터에서 커피를 서빙하고, 지게차를 운전하고, 고객에게 이메일을 쓰고, 세미나를 주최하는 동안 그는 돌고래들이 해수면 위를 자유롭게 헤엄치는 모습을 지켜본다.

일은 자아실현을 위한 수단이다. 일은 우리가 어디에 도착해서 무엇을 해야 하는지 보여주는 시계이자 나침반이고 일정표다. 일은 타인이 우리의 지능, 창의력, 부와 정치 성향을 가늠하는 데 사용하는 사회적 분류 체계다. 누군가 일이 없다고 하면 주위에서 불안해한다. 우리는 그를 산업사회의 레이더 안에 배치하지 못한다. 일이란 것은 철학자들에게도 똑같이 불안을 조성한다. 일이라는 주제는 노예제도, 계급 불평등, 대량생산 경제를 둘러싼 수많은 암묵적인 문제들을 끄집어내기 때문이다. 우리는 왜 일하는가? 의미 있는 일과 무의미한 노역의 차이는 무엇인가?

철학자 한나 아렌트는 현대사회가 '노동 사회'가 될 정도로 노동을 찬미했다고 보았다. 더 고결하거나 더 의미 있는 활동들을 적극적으로 추구하는 사람이 없는 것도 노동을 그런 활동이라고 보기 때문이다. 우리는 스스로 노동을 하거나 타인의 노동의 열매인 여가를 소비하며 살아간다. 이것이 지구라는 공장의 삶이다.

지구 공장은 한쪽은 일, 다른 한쪽은 소비를 축으로 돌아가므로 아이안처럼 일하지도 소비하지도 않는 사람은 흔히 말하는 낙오자다. 아이안은 지구 공장에 기여하지 않는다. 기계에 기름칠을 하지 않기에 쓸모없는 사람으로 평가받는다.

많은 인류학자들이 일은 그 자체만으로 성취감을 준다고 말한다. 그들은 우리가 언제나 일한다는 사실을 지적한다. 봉건시대에 우리는 생존을 위해 땅을 일궜다. 기술을 가진 장인들은 집에서 사용하거나 시장에 내다 팔 온갖 상품을 만들었다. 어머니 지구는 삶을 접시에 담아 우리에게 나눠주지 않는다. 우리는 얻고 싶은 걸 얻기 위해 일해야 한다.

그러나 1800년대 들어 어머니 지구가 지구 공장이 되면서 '일'이라는 것에 변화가 생겼다. '나를 위해 일하던' 사람들이 '다른 사람을 위해 일하기' 시작했다. 사람들이 공유지에서 생존을 위한 먹거리를 재배할 수 없게 되고, 공장의 대량생산이 하룻밤 새 가내수공업을 휩쓸어버리자 대중은 다른 사람(공장주와 지주 계급)을 위해 일해야 했다. 대부분의 사람들은 지구 공장의 농노 신분으로 태어난다.《소외에서 중독까지》에서 역사학 교수 피터 스턴스는 이렇게 말한다. "공장 산업이 시작되면서 사람들 대부분은 노예제도를 제외하고 인류 역사상 처음으로 직접적인 감독 없이는 일할 수 없게 됐다."

　현대의 일터 가운데 일꾼들이 전체를 파악하고 있다고 느끼며 일하는 곳은 거의 없다. 마케터들은 마케팅을 하고, 회계사들은 회계 업무를 하며 영업직은 영업을 뛴다. 기능공들이 단독으로 창조하던 것과 달리 일꾼들은 기계화된 전체의 일부분으로 참여한다. 영업사원들이 그들이 판매하는 상품의 작동법을 속속들이 알지 못하는 것처럼 회계 담당자들은 마케팅 부서에 가서 일할 수 없다.

　폭넓은 기술을 가진 일꾼을 만들어내려면 너무 많은 훈련이 필요하고 따라서 그들의 가치가 과도하게 높아진다. 현대사회에서는 현대의 상품들과 마찬가지로 쓰다버릴 수 있는 값싼 일꾼을 필요로 한다. 그에 따른 타격은 우리가 받는다. 소위 현대 경제학의 아버지라 불리는 정치경제학자 애덤 스미스는 이런 현상이 노동자를 "정신적 불구" 상태로 이끌 것이며 탈숙련화 과정은 노동자를 무지하고 굼뜨게 만들리라고 보았다. 편중된 특정 업무만을 반복하는 일에는 활기가 돌 수 없기 때문이다. 애덤 스미스는 《국부론The Weath of Nations》에서 이렇게 말했다. "평생에 걸쳐 몇 가지 단순한 조작만 하며 산 사람은 그 영향력도 늘 일정하기 때문에 이해력을 필요로 할 일도 없을 것이고 역경을 헤쳐나갈 창의력을 발휘할 일도 일어나지 않을 것이다. 따라서 이런 노력을 하는 습관을 잃게 될 것이고 인간으로서 가능한 범위 내에서 최대한 멍청해지고 무지해질 것이다. 그의 정신적 무기력함은 이성적인 대화에 참여하거나 즐길 수 있는 능력을 잃게 만들 뿐만 아니라 관대하고 숭고하고 다정한 정서를 품는 것도, 개인적 삶의 평범한 의무들에 대한 정당한 판단력을 지니는 것도 어렵게 만든다."

　1800년대 후반 미술공예운동을 주도한 윌리엄 모리스는 이렇게 말했다. "탈출이나 변화에 대한 희망 없이 사람에게 매일 똑같은 일만 강요한다면 삶은 감옥처럼 고통스러워진다."

미술공예운동은 노동자의 삶을 향상시키는 과정을 가치 있게 여겼다. 공예품에는 개인의 도장이 찍혀 있었고, 수십 년의 훈련으로 얻은 창의력과 전문 지식이 담겨 있었다. 모든 수공예품에는 존 러스킨이 노동자의 "손과 눈"이라 부른 것이 담겨 있었다. 장인들은 이익의 극대화가 아니라 풍부한 경험 때문에 일했다.

1960년 이래 인류학자, 역사학자, 사회학자들은 초기 수렵채집사회가 그 뒤의 농경사회나 현대 산업사회보다 여가 시간을 더 즐길 수 있는 사회였다는 데 모두 동의했다. 초기 수렵채집사회의 하루 평균 노동 시간은 3~5시간 정도로, 오늘날 많은 나라의 법정 근무 시간인 하루 여덟 시간에 비해 현격히 짧다.

흥미롭게도, 지구 공장의 운영 체계인 노동 분배는 인류 실험실의 최신 실험이다. 경제학자 프리드리히 A. 하이에크의 논문 〈사회 내 지식의 활용The Use of Knowledge in Society〉에 따르면 이런 체계는 그 당시에 단지 편리하다는 이유만으로 시행됐다. 인간은 우리 문명을 기반으로 노동의 분배 방식을 발전시켰다. 그것을 가능하게 만든 방법을 우연히 발견했기 때문이다. 그러지 않았다면 흰개미 나라처럼 우리의 상상력을 완전히 벗어난 아예 다른 유형의 문명을 발전시켰을 것이다.

이와 비교해 고대의 노동은 삶과 밀접하게 연결돼 있었다. 노동과 비노동 시간을 구분 짓는 뚜렷한 차이도 존재하지 않았다. 사람들은 일하는 장소에서 먹고, 잠자고, 아이들을 키웠다. 사람들은 종종 단체로 일하기도 했는데 이때 노동과 교제가 동시에 이루어졌다. 특히 장인들에게 일이란 그들의 정체성이 감싸고 있는 것이었고, 기술은 세대를 넘어 전수됐다. 즉, 노동은 위대한 자부심의 원천이었다. "프랑스 소작농들은 저녁식사 후 모임veillees을 열었다. 등불 아래 여러 사람이 모여 함께 일하고, 대화를 나누고, 때로는 노래를 부르기도 하며 종종 함께 식사를 했다. 이런 행사는 (현대적 기준에서 볼 때) 시골의 전통적인 일을 여러 가지 경험과 섞어 순전한 노동을 가족이나 사교적 즐거움과 결합했다"라고 스턴스는 말한다.

창의적인 일은 시간과 에너지가 많이 소모되기 때문에 사람들은 필요한 것만 생산했다. 그러나 지구 공장은 당황스러울 정도로 풍요를 숭상한다. 슬러시 기계, 계란 흰자 분리기, 전기 보석 세척기, 티라노사우루스 모양 침실용 램프, 특대 사이즈 컵 홀더 등 없는 게 없는 세상이다. 우리는 샤워실 선반, 냉장고 자석, 스노글로브의 사치를 즐긴다. 모리스는 이런 지구 공장의 상태를 어떤 부잣집과 비교했다. "만약 그 부잣집 남자가 자기 집 거실 여기저기서 재를 갈퀴로 긁어대고, 식당 모서리마다 화장실을 짓고, 습관적으로 먼지와 쓰레기를 만들어 한때 아름다웠던 정원에 산더미처럼 쌓아놓고, 침대시트를 전혀 세탁하지 않고 식탁보를 갈지 않는다면 그리고 식구 다섯 명을 한 침대에 끼어 자게 한다면 그는 분명 자신이 미치광이의 손 안에서 놀아나고 있다고 생각할 것이다. 이런 어리석은 행위는 바로 우리 현대사회가 날마다 필요하다는 충동 아래 행하는 광기와 다를 바 없다."

어쩌면 우리 모두가 몸 바치고 있는 이 정교한 노동 체계는 꼭 필요하지 않은 것인지도 모른다. 과거를 돌아보면 인류는 지금과는 꽤나 다른 노동 조건으로도 생존하고 번영해왔다. 물론 그때 우리는 슬러시 기계와 스노글로브를 소유하는 사치는 누리지 못했지만 말이다.

라야는 스페인에서 건너온 요가 강사다. 스페인 사람들 특유의 혀 짧은 소리 때문에 그의 말을 이해하기가 쉽진 않다. 나는 그를 따라 강 하구를 에워싼 흙길을 걷는다.

"여기서 명상을 하세요." 그가 명령하듯 말한다.

"네? 지금요?" 내가 묻는다.

"네, 바로 지금."

그는 침묵에 빠져들고 나는 그의 긴 다리가 같은 속도로 움직이는 모습을 지켜본다. 라야는 조용히 있는 것 외엔 아무것도 하지 않는 듯 보인다.

"우리 지금 명상할 장소로 가는 건가요? 예를 들면 이 나무 아래라든가?" 내가 묻는다.

"아뇨, 나는 바닥에 앉는 거 안 좋아해요. 그러기엔 너무 바빠요. 바닥에 주저앉아 허공을 바라보기엔 인생이 너무 짧아요. 제가 '상태의 이동'이라고 말하면 그냥 걸어가면서 명상을 시작하면 돼요."

"상태를 이동할 땐 뭘 하죠?"

그가 내 앞에 서서 말하는데도, 바람 때문에 목소리가 잘 들리지 않는다. "아무 생각도 하지 말고, 그냥 주위를 둘러보고, 소리를 듣고, 이런 저런 것들을 만져보면 돼요. 바람을 보고, 태양을 들어요. 빛의 반짝거림을 만져봐요. 그냥 모든 걸 받아들이세요. 문을 열고 들어섰다고 느낄 때, 그때는 돌아가도 괜찮아요. 온종일 있을 필요는 없죠. 우린 수도승이 아니니까."

나는 약간 혼란스럽지만 조용히 고개를 끄덕인다.

"기억 사진이에요, 찰칵." 그가 말한다. "마음의 사진이죠. 나중에, 어느 날, 생각날 거예요. 모든 빛깔과 소리가 여전히 거기 있을 거예요. 당신 마음속에." 그가 나를 보고 미소 짓는다. "자 그럼, 기억 사진 찍을 준비 됐나요?"

나는 미간을 모으며 고개를 끄덕인다.

우리는 제단이 마련된 그의 오두막집으로 돌아간다. 제단은 집 가장 안쪽 구석방에 있다. 작고 높은 탁자 위에 그가 수집해둔 물건들이 놓여 있다. 깃털 하나, 조가비 하나, 그와 리엄의 사진, 강어귀에서 꺾은 꽃과 스카프. 그는 초에 불을 붙이고 나에게 그 앞에 앉으라고 한다. 초가 녹으며 바닐라와 라벤더 향이 우리를 감쌌다. 그의 원숭이들이 위에서 우리를 놀리는 동안 지붕에 떨어지는 무거운 빗방울 소리를 듣는다.

라야는 기존의 삶에서 벗어나 자신을 찾기 위해 파나마로 왔다. 대부분 혼자서 하는 명상과 요가, 물가에서 홀로 즐기는 긴 산책, 요리, 이른 취침으로 이루어진 나날을 보낸다. 자신에게 몰두하는 그의 이곳 삶은 완전함에 가깝고, 라야는 가능한 한 아무런 방해도 받지 않기를 바란다. 그 무엇도 그와 그의 내면 사이에 끼어들어선 안 되는 것.

키니코스학파 역시 라야처럼 안락함을 버리고 자유를 추구했다. 시노페 출신의 그리스 철학자 디오게네스는 대낮에 램프를 켜고는 지나가는 이들에게 말했다. "나는 사람을 찾고 있어요." 그가 찾는 사람은 인간의 특징인 어리석음, 허영, 가식, 자기기만에서 벗어난 사람이었다. 당연하게도 쉽게 찾을 수 없었다.

키니코스학파 철학자들은 삶을 자신을 위한 수련의 장으로 여겼다. 수련의 대부분은 사회적 관습과 풍습-부, 권력, 명예, 평판-을 있는 그대로, 그러니까 다소 우스꽝스러운 것으로 보는 것이었다. 키니코스학파는 이런 사회적 가치가 우리로 하여금 부자연스러운 욕망과 사악한 기질을 갖게 만든다고 믿었다. 인간은 자연과 조화를 이루고 살아야 하며 삶은 단순할수록 좋았다. 디오게네스는 재산과 안락함에 대한 욕망을 버렸다. 그는 사원의 통 속에서 잠을 잤고, 농부의 아들이 맨손으로 물을 떠서 마시는 모습을 보고 그나마 하나 있던 나무 사발마저 부숴버렸다. 위신 따위에 초연해지면 집의 크기나 위치, 월급 액수 등에 연연하지 않게 된다. 사실 삶에서 우리에게 고통을 주는 요소 가운데 대부분은 성공, 외모, 옷차림 등 사회적 기준에서 비롯되는 것들이다.

라야 커플은 그들의 감정을 억제하는 데 애를 많이 쓰는 것처럼 보인다. 좌절, 악감정, 소문을 피하기 위해 필사적으로 노력한다. 좋은 소식을 듣고 우쭐하기보단 그저 기뻐하는 법. 슈퍼마켓 선반이 텅 비어 있거나 아이안이 예고도 없이 여자를 데리고 나타나도 침착한 표정을 유지하는 법. 질주하려는 말의 고삐를 끊임없이 당기듯 감정을 다스린다.

그러나 두뇌와 감정을 연구한 과학자 중에는 다른 생각을 가진 이들도 있다. 그들은 감정을 의사결정과 긴밀히 묶여 있는, 우리 지능의 필수적 요소로 간주한다. 신경과학자 안토니오 다마지오는 현명한 판단을 내리기 위해선 지능과 감정을 모두 활용해야 한다고 주장한다. "우리는 감정이란 자신을 타락의 길로 이끄는 비이성적인 충동으로 여기도록 조련돼왔다. 우리가 누군가를 '감정적'이라고 묘사하면 그것은 대개 판단 능력이 부족한 사람이라는 비난이다. 대중문화에서 가장 이성적이고 지적인 인물은 그들의 감정을 잘 통제하는 사람, 혹은 아예 감정을 느끼지 않는 듯 보이는 사람이다." 뇌 과학자들은 감정이 우리의 의사결정에 필수적인 요소라고 믿는다. 삶에서 좋은 결정을 내리기 위해 우리는 감정에 다가가고 그것을 활용해야 한다. 우리의 감정을 무시하는 것은 위험한 일이다. "감정은 심오할 정도로 영리하다"라고 조나 레러는《뇌는 어떻게 결정하는가How We Decide》에서 밝혔다. "감정이란 길들여야 하는 단순한 동물적 본능이 아니다."

라야와 리엄에겐 어딘가 불편한 면이 있다. 세속의 천박한 것들로부터 해방되고자 하는 그들의 노력 - 부나 명예 혹은 따분하고 하찮은 모든 것의 유혹을 받지 않으려는 의지 - 에도 불구하고 그들에겐 이기적인 면이 보인다. 그들의 행동은 무심함과는 거리가 멀고, 모든 게 자기 위주다. 그들의 음식, 그들의 요가, 그들의 명상. 그들만이 세상의 중심이고, 그들의 궤도 밖에 있을 때 나의 존재를 - 잰, 아이안, 혹은 그와 비슷한 어떤 사람이든 - 인식하거나 하는지 모르겠다.

오로지 자기에게만 집착하는 일의 문제는 한 사람의 자아란 언제나 어떤 면에서나 불충분하다는 점이다. 오늘 아침의 명상 수련은 이런저런 생각과 걱정들로 산만해질 수 있다. "내가 방금 먹은 샌드위치에는 글루텐이 들었을까?"라고 라야는 묻는다. 그런 뒤에는 자기혐오의 순간이 찾아온다. 불룩 나온 배, 축 처진 머리, 아무리 물구나무를 서도 모래와 바다가 얼굴에 그어놓는 주름들. 혹은 자신들의 흠잡을 데 없는 라이프스타일과 식습관에 사람들이 별 관심 없다는 점을 염려한다.

일도 인간관계도 없으니 주어진 시간에 딱히 할 일이 없어 그들은 빈둥댄다. 라야와 리엄의 시야에는 빛나는 지점이 없다. 그들의 세상이은 요가 매트와 채소 시장으로 축소됐으므로 변화의 기회도 없다. 가끔씩 해안가로 찾아드는 관광객들이 있긴 하지만 늘 나른한 상태인 그들은 누가 섬에 들어오고 나가는지 제대로 알아차리지도 못한다. 특히 오후 서너 시쯤 되면 감각이 둔해지는 권태감에 젖어든다.

그들의 세상은 문이 전부 닫힌 오두막집으로 좁혀진다. 타인의 마음을 궁금해하지도 않는다. 자기들에게 관심을 가져야 마땅한 쪽은 타인들이니까. 그러나 질문과 호기심이 없다는 건 등장인물 하나 없이 위대한 소설을 쓰려는 것과 같다. 다른 사람들을 알고자 하는 노력이 없다면 활용할 수 있는 등장인물도 없는 것이다. 오직 나만이 중심이 되는 열정에 갇혀 있다는 것은 아무것도 꽃피우지 않는 오염된 정원을 매일 거니는 것과 같다. "자기중심적 열정의 가장 큰 문제점은 삶의 다양함을 누리지 못한다는 것이다"라고 버트런드 러셀은 이야기했다. 그에 따르면 "자기 자신만을 사랑하는 사람은 결국 그가 몰두하는 대상의 변함없음, 그 참을 수 없는 지루함을 견뎌야 한다."

러셀은 우리가 자기중심적 열정을 피하고 자신만을 곱씹는 행위를 예방할 수 있는 관심사를 가져야 한다고 보았다. "감옥 안에서 행복해하는 것은 일반적인 사람의 본성이 아니다. 사람을 자기 자신 안에 가두어두는 열정은 최악의 감옥을 만든다. 그런 열정 중 가장 흔한 것이 두려움, 질투, 죄책감, 자기 연민 그리고 자기 예찬이다. 이 모든 감정 속에서 욕망은 나 자신에게 집중된다. 바깥세상에 대한 진정한 관심은 전혀 없고 내 자아를 충족시키지 못하면 어쩌나, 내가 다치면 어쩌나 하는 걱정만이 존재한다."

자기 집착이야말로 사람이 미치는 가장 확실한 방법이라고들 한다. 내 욕구만을 생각하며 세상으로부터 나를 더 단절시킬수록 더 비참해진다는 사실을 입증하는 증거들이 널려 있다. 아동심리학자들은 아이들의 발달 수준을 드러내는 신호들을 찾곤 하는데, 공유, 타인 인정하기, 타인의 더 긴급한 문제를 신경 쓰기 위해 내 것을 포기하는 행위 등이 제대로 성장하는 인간의 신호다. 평생 이기적으로 산다는 것은 발달을 기대할 수 없는 상태에 머무르는 것이다.

라야와 리엄은 도덕적 규범 대신 무엇을 먹고 마시고 생각해야 하는 지를 규정하는 의학적·심리학적 규범의 지배를 받는다. 건강에 대한 염려가 그칠 새 없기에 통조림 한 병이나 국수 한 봉지의 성분을 분석하며 몇 시간씩 보내기도 한다. 마치 접근 중인 태풍의 구름 속을 들여다보듯 말이다.

이런 현상은 역사학자 크리스토퍼 래시Christopher Lasch가 "치료 상태 therapeutic state"라고 말한 것의 결과로, 그 주체는 사회복지사, 심리학자, 영양사, 결혼 상담가, 성 치료사, 아동 발달 전문가 등 선의로 뭉친 전문가 군단이다. 이런 생활 양식을 추구하는 이들은 규칙보다는 기술과 표준화의 통제를 받는다. 부모와 어떻게 대화해야 하는지, 가정에서 분쟁을 어떻게 진압하는지, 임신 중에 어떤 음식을 금해야 하는지, 자식을 어떻게 키워야 하는지, 어떻게 해야 좋은 엄마가 되는지, 어떻게 더 깔끔하고 정돈되고 차분하고 똑똑해지는지 등등 거의 모든 방면에 단계별 지시를 내린다. 그들의 책꽂이는 좋은 의도의 각종 조언이 담긴 책들로 넘쳐난다. 과학적 분석에 따른 곡물·밀·글루텐·지방·탄수화물·염분에 대한 조언부터 한시도 가만히 있지 못하는 아이들, 수익을 내지 못하는 은행 계좌, 상대의 말을 귀담아듣지 않는 배우자, 번창하지 않는 사업 등에 대한 조언에 이르기까지.

새로운 과학과 의사과학에 따른 일상생활의 합리화는 모든 것을 해야 할 것과 하면 안 되는 것으로 엄격하게 구분한다. "이 빵은 맛있어 보이지만, 그 안에 들어간 설탕을 생각해봐!" 하지만 래시에 따르면 이런 태도는 불미스러운 효과를 불러온다. 일과 놀이의 즐거움을 전부 빼앗아가는 것이다. 이런 삶에는–특히 먹거리가 관련된 경우–질병과 죽음에 대한 두려움이 팽배하다. 더 넓은 사회적 영역에서는 성공하지 못하거나 사랑받지 못하는 것, 혹은 사회적 기준에 부합하지 못하는 것에 대한 두려움을 유발하기도 한다.

래시는 삶의 합리화가 "창의적이고 정서적인 지평을 급격하게 위축시킨다"고 주장한다. 예를 들면, 인간 본성에 대해 이해하기 위해 톨스토이의 《안나 카레니나Anna Karenina》를 펼쳐드는 사람을 찾기 어렵고, 절실한 기분전환을 위해 화랑에 가는 사람도 별로 없다. 문학과 예술 작품들은 《인지 행동 치료를 위한 초심자 가이드》를 꽂느라 밀려난다. 현대의 삶이 "지나치게 정돈돼 있고, 지나치게 자의식 강하고 지나치게 예측 가능하다는 것은 놀라운 이야기가 아니다"라고 래시는 덧붙인다.

또한 래시는 전문가가 가정의 삶에 침투하는 것은 우리의 진정성과 자기 존중을 저해하는 것이라고도 주장한다. 그렇게 되면 각자 자기 삶에 책임을 지지 않는다. 우리의 자연스러운 본능과 무언가를 하는 자기만의 방식을 이해하고 활용하지도 않는다. 그뿐만 아니라 점점 더 전문적인 서비스에만 의지하고, '전문적인' 정보나 조언의 단순한 소비자가 된다. 더구나 베이글이나 아몬드 우유나 페이스트리 때문에 과도한 스트레스를 받아야 한다면 사리사욕의 단계를 어떻게 초월하겠는가? 우리가 먹고 마시고 생각하는 것들 전부 엄격한 의사과학의 시험대를 통과시켜야 한다면 과연 남을 위해, 혹은 자연과 이 지구를 위해 봉사할 여력이 남을까?

라야는 창문 하나 없는 자신이라는 감옥에서 탈출하는 프로젝트를 시작해야 한다. 창문 없는 자아의 밖을 내다보면 경이로운 곳을 볼 수 있을 것이다. '위대한 불가지론자'로 알려진 미국 작가 로버트 잉거솔은 이렇게 말했다. "이성, 관찰, 경험이라는 과학의 성 삼위일체는 행복이 유일한 선이라고 가르쳐주었다. 행복해야 할 시간은 지금이고, 행복해지는 방법은 다른 이들을 행복하게 하는 것이라고."

●

10장

●

무엇을 미루고 있는가

(　　　　　　니카라과　　　　　)

(　　　　　오메테페섬　　　　　)

곁길을 살펴보기 위해 더 많이 멈출수록

삶이 당신을 그냥 지나쳐버리는 일이 줄어들 것이다.

– 로버트 브롤트

　　　　　　　　　　　　　　　호텔은 열 명 정도만 수용할 수 있다
는 소문이 돌기 시작하는데, 버스에 탑승한 사람들의 수는 그 두 배가 넘
는다. 버스가 멈추자 일대 혼란이 벌어진다. 여행객들이 달리기 시작한
다. 처음에는 유쾌한 분위기였지만 사람들은 곧 다급하게 흙길을 내달린
다. 울타리를 기어올라 넘어가는 사람, 덤불을 통과해 지름길로 가는 사
람들, 그 아수라장 속에서 나는 무거운 짐을 지고 기어가다시피 겨우 간
다. 붉은 흙먼지가 두 발과 배낭과 폐까지 덮어버리고, 나는 두개골에 박
힌 구슬 같은 눈으로 니카라과의 흙먼지 날리는 텅 빈 벌판을 보려고 애
쓴다.

　'호텔'이란 곳은 대로에서 800미터 내려간 지점에 있다. 아직도 공
사 중인 그 건물은 기반과 벽만 덩그러니 서 있다. 호텔은 지붕도 없이 건
물 뼈대만 갖췄고 빈 객실들은 텅 빈 벌판을 향해 열려 있다. 건물 앞에는
호수가 있는데 시도 때도 없이 그곳에서 바람이 일어 건축 부지와 우리
눈 속에 붉은 흙먼지를 토해놓는다. 식당은 없지만 병에 든 생수와 선크
림, 짭짤한 크래커를 살 수 있는 매점 비슷한 것은 있다.

　　우여곡절 끝에 모두가 밤에 잠을 잘 만한 자리를 확보한 것 같다. 마
치 벌집에 벌떼가 모여들듯 사람들은 모두 지붕 없는 방을 찾아들어간
다. 계란형 얼굴에 레게 머리를 한 프랑스 여자가 기타를 치며 노래를 부
른다. 마야족 원주민의 드레스를 입은 그는 파리에서 훈련을 받아 목소리
가 세련됐다. 그의 노래가 내 살갗을 파고들어 온몸으로 침투한다. 세상
에는 우리를 전율케 하는 음악들이 있다. 라흐마니노프 피아노협주곡 제
3번이나 바버의 현을 위한 아다지오 같은 곡들 말이다. 음악은 어떻게 이
런 작용을 할까? 흥미롭게도 심박동·폐활량·체온 등 인체의 작용을 조
사하기 위해 연구원들이 학생들을 PET(양전자 방사 단층 촬영)과 MRI(자

기 공명 영상)으로 검사하자, 음악을 들으며 느낀 전율이 뇌로 향하는 혈류를 변화시킨다는 사실을 알 수 있었다. 그때 영향을 받은 영역은 보상·의욕·감정·각성과 관련된 지점으로, 음식·성·약물 등의 자극으로 활성화되는 바로 그곳이었다. 우리가 음악을 들으면서 경험하는 '절정'을 설명해주는 발견이다.

밤이 깊어가며 기온이 뚝 떨어진다. 나는 시트를 잡아 끌어당긴다. 바람이 불기 시작하고 흙먼지가 지붕 없는 호텔로 날아든다. 시트 가장자리를 붙잡아보지만 이불은 곧 배 위의 돛처럼 하늘을 향해 펼쳐지고 바람에 맹렬하게 펄럭인다. 내 두 팔이 역기처럼 시트를 내리 누른다. 그렇게 우리는 계속 허공으로 부풀어오르는 돛 아래에서 밤을 보낸다.

잠에서 깼을 땐 눈꺼풀이 딱 붙어 안 떨어지고 나는 사포 같은 하얀 침대에서 꼼짝도 할 수 없다. 잰의 두 눈은 충혈돼 벌겋다. 우리는 눈을 물로 닦아보지만 아파서 깜빡이기도 힘들다. 근처 가게에 가서 "어떻게 된 걸까요?" 하고 물으니, 가게 주인이 스페인어로 "흙먼지 때문에 눈이 감염된 거예요"라고 말하며 연고를 건네준다.

아침 식사를 하러 갔다가 우리는 뉴욕에서 온 사진작가를 기다리는 줄에 선다. 그는 유목민, 무언가를 찾아 떠나온 사람들, 정해진 장소에서 살지 않는 사람들, 정착하고 한 곳에 깃발을 꽂는 데 만족하지 않는 사람들을 카메라에 담는다. 그는 우리 두 팔을 몸통에 붙이더니 웃으면 안 된다고 한다. 우리는 언젠가 뉴욕 어느 갤러리에 걸릴 우리 모습을 그려본다. 두 눈이 벌겋게 충혈된, 영양실조에 걸린 배낭족 둘이 다 죽어가는 행색으로 니카라과에 서 있는 모습을. 우리가 호수에 조약돌을 던지자 잔물결이 동심원을 그리며 호숫가로 퍼져 나간다.

다음 날 우리는 제 캠프로 떠나는 미국인 단체를 따라 미니버스에 오른다. 길도 따로 없는 잊힌 땅, 벌판 위 흙으로 덮인 작은 구역이다. 우리는 그 단체가 미팅을 하고 계획을 논의하는 벽돌로 지은 복합 건물 맞은편에서 작은 오두막을 발견한다. 유리가 없는 창문 밖에서 소 한 마리가 휴식 중인 사람들을 들여다본다. 책과 물병이 놓인 가정집의 정물화 같은 모습이다.

미국인들은 최근에 이곳에 도착한 선교사들이다. 대부분은 2년간 체류할 예정이라고 한다. 그들은 개방적이고 호기심이 많으며, 다른 이들의 말을 귀담아듣고, 사람을 불안하게 만드는 이런 환경에서 이상할 정도로 마음을 편안하게 해준다. 우리는 공터 한가운데 놓인 목재 테이블에서 점심과 저녁을 같이 먹는다. 그들은 술도 입에 대지 않고 욕도 하지 않는다. 슈퍼마켓에 함께 갔을 땐 마치 모든 것이 총천연색인 것처럼 먹거리, 식재료, 포장 등 모든 것에 깊이 마음을 빼앗긴 모습이다. 선교사들은 마치 막대 사탕을 발견한 어린 아이들처럼 기뻐하며 코코넛 워터와 유카(탄수화물이 풍부한 작물로 열대지방에서 주로 구황식물로 이용됐다 – 옮긴이)를 쇼핑 카트에 담고, 슈퍼마켓 나들이는 몇 시간으로 길어진다.

복합 단지로 돌아오는 길에 선교사들은 차창 밖으로 펼쳐지는 영화를 보며 대화를 나눈다. 일몰, 스페인어로 비누를 뜻하는 단어, 장대와 철사가 지붕 위로 삐죽삐죽 튀어나온 아직 공사 중인 2층 건물 – 저건 어떤 건물이 될까? – 그리고 앵무새 깃털의 패턴과 그게 코스타리카의 앵무새와 어떻게 다른지에 대해. 이런 걸 삶에 대한 열의라고 해야 할까, 기쁨이라 해야 할까?

버트런드 러셀은 이를 열의라 칭하고 행복의 특별한 신호라 주장했다. 그에 따르면 딸기는 좋은 것도 나쁜 것도 아니다. 그러나 딸기를 좋아하는 사람에게 딸기는 그것을 싫어하는 사람이 누릴 수 없는 기쁨을 준다. "그만큼 그는 자신의 삶을 더 즐길 수 있게 되고, 두 부류의 사람들이 다 살아가야 하는 세상에서 적응도 더 잘할 수 있다." 마찬가지로 축구를 좋아하는 사람은 스포츠에서 즐거움을 얻지 못하는 사람보다 그 정도의 열의를 더 갖고 살 수 있다. 독서를 사랑하는 여자는 그렇지 않은 여자보다 삶의 묘미를 느끼며 산다. 삶에 흥미를 더 가질수록 우리는 더 행복할 수 있다. 더 많은 것에 흥미를 느끼는 사람일수록 행복해질 기회를 더 많이 얻게 되고 운명에 덜 휘둘리게 된다. 왜냐하면 무언가를 하나 잃게 되더라도 다른 것에 의지하면 되기 때문이다. 러셀은 말한다. "모든 것에 흥미를 갖기에는 삶이 너무 짧다. 그렇더라도 하루를 채울 정도의 흥미는 갖고 사는 게 좋다."

해질녘이 되자 캠프가 조용해진다. 선교사들도 종일 너무 많은 자극에 지친 것 같다. 일찍 잠자리에 들고 일찍 일어나는 것은 사람을 건강하고 부유하고 현명하게 만든다. 진정으로 현명해진다. 초창기 고대인들은 삶이 균형의 문제라고 가르쳤다. 따라서 음식이든 좋은 와인이든 한 가지에서 얻는 즐거움이 다른 즐거움을 희생하게 만들어선 안 된다고 했다. 음식에 대한 사랑이 강렬하다고 해서 하루의 대부분을 먹으면서 보내는 것은 현명하지 않다. 테니스에 빠져 일을 빼먹는 것도 마찬가지다. 한 가지에 대한 지나친 사랑은 종종 도피의 형태로 나타난다. 절제가 반드시 필요하다. 삶에서 되도록 많은 것에 흥미를 가지라는 것이 러셀이 전하는 메시지다.

선교사들은 불편함마저 즐기는 것처럼 보인다. 적어도 불평하지 않는 것이거나. 이곳에 편안함이라곤 없다. 안락한 앉을 자리, 쿠션이나 소파, 세탁기나 건조기, TV나 컴퓨터 같은 것은 찾을 수 없다. 하지만 그들은 차와 함께 먹기 위해 깡통에서 생강 비스킷을 꺼내 조용히, 천천히 비스킷을 씹으며 입 안에서 터지는 맛을 음미한다. 모든 것이 불편할 때 작은 즐거움은 큰 기쁨이 된다. 많은 이가 집에서 원하는 안락함에 대해 생각해보자. 바닥 난방, 진동 마사지 기능이 장착된 분사형 샤워헤드, 정형외과에서 연구해 만든 숨 쉬는 신발, 압력 완화 기능을 갖춘 특별한 폼 매트리스, 밤에 다리를 위쪽으로 올릴 수 있는 리클라이너. 이토록 편안한 것들을 이제 우리는 편안하다고 느끼지도 못한 채 살아간다.

무라카미 하루키는 매일 네 시간 글을 쓰고 10킬로미터씩 달린다. 하루키는 매일 그 고통스러운 훈련이 성공의 일부라고 생각하는 것 같다. "자기 자신을 한계치까지 반복적으로 밀어붙이는 것, 그것이 달리기의 본질이다"라고 그는 인터뷰에서 말했다. "달리는 것은 고통스럽다. 하지만 그 고통이 나를 그냥 떠나진 않는다. 나는 그 고통을 소중하게 여긴다. (…) 어쨌거나 그것은 내가 찾는 힘겨움이다. 그것은 내가 일부러 내게 지우는 피할 수 없는 고통이다."

지금껏 만나온 사람들과는 꽤나 다른 이 선교사들에게는 무척 흥미로운 면이 있다. 그중 숱 많은 양털 같은 금발 때문에 양이라는 별명을 가진 20대 남자 선교사는 미국 남부의 공동체에서 자라났다. 양은 평생 영화나 TV 드라마도 본 적 없다. 대신 그는 기타를 전문가 수준으로 치고, 작은 공책에 시를 쓰고, 식물학에도 조예가 깊다. 양은 수많은 욕망에 끌려다니지 않는 모습이다. 우리와 달리 그는 무언가를 찾아 여행을 떠난 사람이 아니다. 그가 오늘 밟는 곳이 그의 길이다. 이것이 그의 유일한 사명이다.

인터넷이 우리의 세계를 확장하면서 우리의 꿈과 기대치도 그에 따라 부풀어 올랐다. 한때는 평생 하나의 직업을 고수하고 평생 살 마음으로 집을 구입하는 것이 지극히 평범한 일이었다면, 이제는 끊임없이 직장과 터전을 바꾸는 것이 새로운 표준이 됐다. 인터넷이 아주 먼 곳의 이미지를 끊임없이 보여주는 덕에, 오늘날에는 2억 8100만여 명이 모국이 아닌 곳에서 산다. 30년 사이 84퍼센트 증가한 수치다.

인터넷의 예쁜 사진들이 우리 시야를 확장했다는 건 의심할 여지가 없다. 우리의 꿈과 기대치는 마요르카섬으로의 휴양과 일주일간의 뉴욕 여행에 닿아 있다. 옥스퍼드대학교에서 영문학 학위를 따면 어떨까? 검색어를 입력한다. "가정을 이루고 가꾸기에 가장 좋은 지역은 어디?" 아, 네덜란드. "그럼 1년간 안식년을 갖고 암스테르담에 가는 건 어떨까?"

각자의 지평을 확장하는 것은 전혀 나쁠 게 없지만, 혹시 당신에게 선택지가 너무 많은 것은 아닌가? 행동경제학자들이 말하는 '선택 과잉'은 우리가 너무 많은 선택지로 압도당할 때 느끼는 불행감이다. 너무 많은 선택지는 '완벽한' 결정을 내릴 가능성을 선사하는 게 아니라 오히려 역효과를 낸다. 아예 선택을 못하게 되는 것이다. 많은 정보와 상충하는 아이디어들에 무력감을 느끼면, 계속 더 많은 정보와 더 많은 선택지를 쌓아두기만 하고 한동안 결정을 미루게 된다.

《선택의 역설The Paradox of Choice》에서 심리학자 베리 슈워츠Barry Schwartz는 이렇게 말한다. "이제 선택은 우리를 해방하는 것이 아니라 취약하게 만든다. 우리에게 주어진 선택지에 집요하게 매달리다 보면 좋지 않은 결정을 내리거나 불안·스트레스·불만이 생기고, 심지어 우울증에 걸릴 수도 있다." 인터넷의 마법은 모든 것을 가능해 보이게 만든다는 데 있다. 덴마크에서 보내는 안식년, 만리장성에서 뛰는 마라톤, 초기 중세 문학 수업. 우리에겐 가능성이 넘쳐나지만 그 모든 것이 반드시 현실성 있는 것은 아니다. 정말로 온 가족이 짐을 싸서 당장 캐나다로 떠날 경제적 능력이 있는가? 이 여러 가지 아이디어 중에 정말로 가능한 것은 무엇인가?

튀르키예 성인들을 대상으로 한 만성 지연 연구에 따르면 사람들이 무언가를 미루는 이유는 대부분 우유부단하기 때문이다. 너무 많은 선택지에 압도돼 결정을 못 하고, 결국 우유부단한 이 사람들은 아무것도 하지 않는 쪽을 선택한다. 선택은 다른 잠재력을 제한하고 당장 행동하길 요구하는데, "우유부단하고 질질 끄는 사람들"은 두려움과 게으름에 시달린다. 튀르키예의 이 연구는 우리가 '아, 언젠가는 저 일을 해야지'라거나 '지금은 적기가 아니야'라며 무언가를 연기할 뿐 행동하지 못하는 이유가 회피라기보다는 우유부단함의 결과임을 입증했다.

선교사들은 아침 일찍 나갔다가 땅거미가 질 무렵 돌아온다. 그날 만난 사람들의 이야기와 먹거리를 가득 안고 돌아오는 그들의 얼굴이 빛난다. 그들은 벽돌 복합 단지를 식물과 자투리 목재를 못으로 박아 만든 간이 액자에 끼운 판화 작품으로 꾸민다. 그 모습을 지켜보며 2년 뒤에 내가 어디서 무엇을 할지 알려주는 시간의 틀이 있다면 참 좋겠다는 생각을 해본다. 미래를 안다면 이 지역 주민들과 만나거나 들판의 소 이름을 기억하는 데 시간을 투자할 것이다. 신뢰할 수 없는 애인처럼 다음에 무엇이 눈길을 사로잡으려나 훑어보기보다는 눈앞에 있는 것에 집중할 것이다.

스페인 철학자 호세 오르테가 이 가세트는 '내 삶'이란 내 환경이라는 한도 안에서 내 시간과 에너지로 하는 일로 이루어진다고 말했다. 살아가는 방식에는 다양한 가능성이 있고, 나는 하나의 활동을 선택할 자유가 있다. 물론 모든 가능성이 열려 있는 것은 아니다. 이를테면 개인 우주선에 올라타 궤도로 진입할 선택지를 가진 사람은 많지 않다. 상황에 제약을 받지 않는 소수의 억만장자가 아니라면 말이다. 그래도 우리는 삶의 특정한 위치에서 주어진 에너지를 할당하는 방식에 있어 어느 정도의 자유는 누리고 산다. "운명은 확실한 가능성의 레퍼토리를 끝없이 제공하고, 그것은 우리에게 다 다른 운명을 선물한다. 우리는 숙명을 인정하고 그 안에서 하나의 운명을 선택한다"라고 오르테가 이 가세트는 말한다.

우리는 책임감에 짓눌리는 사람들을 흔히 본다. 어떤 이들은 생각하는 것으로 엄청난 부담감을 처리하려 한다. '일을 그만두어야 할까, 근무 시간을 늘려달라고 해도 될까? 다시 공부를 시작할까 말까, 해외로 이주해야 할까, 집으로 돌아가야 할까?' 어떤 이들은 주어진 시간을 미래의 선택지들을 살피는 데 쓴다. 그들은 끝없는 가능성들을 저울질하느라 바쁘고, 끝없이 변화하는 미래는 얼마 지나지 않아 그보다 더 많은 가능성들을 내놓는다. 그들의 고민은 끝이 없다.

오르테가 이 가세트는 생각을 그리 중요하게 보지 않는다. "인간의 운명은 주로 행동이다. 우리는 생각하기 위해 사는 것이 아니다. 오히려 그 반대. 우리는 생존에 성공하기 위해 생각한다." 만약 우리라는 존재가 무엇을 해야 한다는 생각으로 만들어진 것이 아니라 우리의 행동 그 자체라면, 어느 시점에는 생각을 멈추고 행동해야 한다.

《에센셜리즘Essentialism》에서 그렉 맥커운은 젊고 활기 넘치는 IT 경영인과 일한 경험을 썼다. 그는 너무 똑똑하고 열정적이어서 업무 기회들이 계속 쏟아지다시피 했다. 젊고 성공이 간절했던 이 IT 전문가는 다가오는 모든 기회들을 신이 나서 잡았다. "내가 그를 만났을 때 그는 과잉 활동 상태였다"라고 맥커운은 말한다. "그는 매일, 때로는 매 시간마다 새로 집착할 만한 일을 찾는 것 같았다. 그러느라 무의미한 다수에서 본질적인 소수를 식별해내는 능력을 잃어버렸다. 그에겐 모든 것이 중요했다. 그 결과 그는 점점 더 무리하게 됐다. 그는 백만 곳의 방향으로 1밀리미터씩만 발전하고 있었다."

맥커운이 그린 그 젊은이의 이미지는 어린아이들이 그린 태양처럼 원 하나에서 불꽃놀이 같은 수많은 선들이 사방으로 뻗어나가는 모양이었다. 에너지가 사방으로 흩어지는 그 이미지가 IT 전문가의 주의를 끌었다. "이것이 내 인생의 이야기군요." 그는 한숨을 쉬었다.

이런 부류의 희생자는 우리 주위에서도 흔히 볼 수 있다. 우리는 열정적으로 결의를 다지며 새로운 프로젝트를 시작하지만 곧 다른 아이디어에 주의를 빼앗긴다. 우리는 새로운 활동과 예전 활동에 '양다리'를 걸치려 시도하기도 한다. 그리고 당나귀 등에 모래주머니를 계속 쌓아올리듯 결국 너무 많은 일의 무게에 짓눌리게 된다. 그 많은 일들은 서로 모순되기도 한다.

아기가 태어났을 때 맥커운은 업무 메일에 회신하고 고객과 만나기위해 아내와 얼굴이 환히 빛나던 갓난아기 곁을 떠났다. "아내와 태어난지 몇 시간도 안 된 아이가 병원에 누워 있는 동안 부끄럽게도 나는 미팅에 나갔다." 그토록 중요한 날 업무와 가족에 대한 의무 사이에서 양다리를 걸치겠노라 결정한 것에 훗날 그는 끔찍해했다. 업무는 '필수'가 아니었음을 왜 보지 못했던 걸까? 업무 메일은 잠시 접어둬도 된다는 것을 왜 몰랐을까? 고객도 그에게 별다른 인상을 받지 못했다. "그날 미팅에서도 건진 게 전혀 없었다. 하지만 수확이 있었다고 한들 (…) 나는 모두를 만족시키려다가 가장 중요한 것을 희생시켰다." 이 일로 맥커운은 생각하게 됐다. "왜 우리에겐 우리가 선택해서 쓰는 능력보다 훨씬 더 많은 능력이 잠재돼 있는 걸까? 어떻게 어떤 선택을 해야 내재된 잠재력을 더 많이 활용할 수 있을까?"

맥커운이 IT 기업가에게 두 번째 이미지를 그려주자 그가 고개를 끄덕이기 시작했다. 그 이미지에는 원이 하나 있고 그 위로 긴 화살표 하나가 하늘 방향으로 쭉 뻗어 있었다. 맥커운은 그 이미지를 가리키며 물었다. "만약 당신이 모든 것을 쏟을 수 있는 한 가지를 찾아낸다면 어떤 일이 일어날까요?"

우리는 '단 하나'를 결정해서 그것만 추구하는 일이 간단하지 않다는 걸 잘 안다. 우리가 만약 17세기 덴마크의 귀족으로 태어났다면 그런 삶이 가능했을지 모른다. 시간을 그림 그리는 데만, 반사망원경의 부품들을 연구하는 데만 쏟아부었을 수도 있다. 현대의 삶은 근대 유럽 부자들의 삶과는 전혀 다르다. 오늘날 우리는 출퇴근하고, 일하고, 장을 보고, 약속 장소로 차를 몰고, 서류를 작성하고, 납부 고지서를 제때 챙기고, 청소하고, 몸을 단장한다. 그러고 나면 다음 날 그 모든 걸 다시 하기 위해 휴식을 취해야 한다. 이 시대 기업들은 이런 기본적인 생존을 위한 업무 위에 수없이 많은 가상의 업무, 즉 '또 다른 업무로 가득한 두 번째 삶'을 얹어준다. 소셜미디어, 모바일 채팅, 수많은 동영상, 게임, 그 외에 또 무엇이 등장할지 누가 알겠는가?

맥커운은 무엇이 우리의 시간과 에너지를 소모하는지 주의 깊게 관찰하고 우리의 의도된 목적에 들어맞는 활동을 뽑아내라고 제안한다. 아이를 학교에 데려다주는 일은 내가 '해야 할 일' 목록에 단단히 자리 잡은 일이 분명하다. 하지만 하루에 다섯 번씩 뉴스를 체크하는 게 정말 필요한 일일까? "제대로 의식하지도 못한 상태에서 우리는 무의미한 습관의 포로가 될 수 있다. 아침에 침대에서 일어나자마자 이메일을 확인한다든가 매일 직장에서 귀가하는 길에 도넛을 사온다든가, 점심시간을 인터넷 서핑으로 보내는 것. 그 시간에 우리는 생각하고, 돌아보고, 충전하고, 친구나 동료들과 소통할 수 있는데 말이다."

맥커운은 또 이렇게 말한다. "우리가 모든 것을 하고, 모든 것을 가지려고 든다면 결국은 가장자리로 밀려난 것들은 놓치거나 버릴 수밖에 없다. 우리의 시간과 에너지를 집중할 것을 신중하고도 결단력 있게 결정하지 않으면 다른 사람들이 우리 대신 결정하게 될 것이고 머지않아 우리는 스스로에게 의미 있고 중요한 것들을 놓치게 된다. 스스로 나를 위해 신중하게 선택하지 않는 건 다른 사람들이 내 삶을 통제하게 놔두는 꼴이다."

만약 우리가 더 많은 시간과 에너지를 생산할 수 있다면 이런 고민은 필요 없다. 그러나 열역학 제1법칙과 마찬가지로 우리는 에너지를 생성하거나 파괴할 수 없고, 다만 한 곳에서 다른 곳으로 이동하는 것만 가능하다. 이 에너지의 이동, 즉 내 제한된 자원을 어디에 쏟을지 결정하는 일이 내 운명을 결정한다. 지체해서는 안 된다. 벤저민 프랭클린이 명쾌하게 표현했듯이 "당신이 꾸물거려도 시간은 꾸물대지 않는다."

선택이 제한적일 때 일어나는 현상을 분석하는 일은 흥미롭다. 나는 이곳 선교사들에 대해 생각한다. 그들은 흙먼지 날리는 이 땅덩이에 만족하고, 슈퍼마켓 상품들이 만든 다채로운 빛깔의 세상에 넋을 잃고, 빈약한 서고의 책들을 반복해 읽으며 그 속으로 빠져든다. 그들은 새로운 목적지로 향하는 차를 타고 창밖으로 쌩 지나가는 뿌연 풍경을 보듯 삶을 바라보지 않는다. 대신 이 흙바닥에 의자를 꺼내놓고 앉아 멈추고, 듣고, 그들이 잘 모르던 것 중 꽤 많은 것들이 사실은 그들 바로 앞에 있었음을 발견한다. 호수 위로 휘파람 소리를 내며 불어오는 음악 같은 바람, 야자

수 주변에 줄지어 생긴 그늘 같은 것들.

TV 속 리얼리티 프로그램은 진짜 삶과 아주 비슷한 흥미로운 삶을 창조한다. 이런 프로그램의 참가자들은 종종 제한적인 환경에서 실험에 참여한다. 축소된 심리학 실험처럼 말이다. 어느 프로그램에서 패션 디자이너들에게 패션쇼 의상 여러 벌을 일주일 안에 디자인해 제작하도록 했다. 외부의 도움도, 영감을 줄 만한 책도 구할 수 없고 거의 빈손인 이들은 늘 제정신이 아니었다. 어느 때는 디자이너들을 지역 시장에 데려가 의상 제작을 위한 재료를 구하게 했고, 또 다른 과제에서는 재료를 아파트 비품과 본인들이 입고 있던 옷으로 제한했다. 흥미롭게도 그 프로그램 진행자의 좌우명처럼 어떤 도전 과제를 받아들든 디자이너들은 어떻게든 '가능하게 만들었다'. 과제가 끝나면 오래된 바지, 난초나 커튼으로 만든 이국적인 드레스와 정장을 입은 모델들이 무대 위를 행진했다. 이 프로그램은 덜어내기의 장점을 잘 보여주는 사례다. 심리학자들이 환자들에게 더 이상 회피하지 말고 지금 당장 눈앞에 있는 기회를 보라고 말하는 것도 같은 이유다. 당신이 회피하는 것은 무엇인가? 당신의 삶을 더 나은 것으로 만들기 위해 지금 당장 할 수 있는 것은 무엇인가? 마라톤이나 해외여행도 정말 멋진 일이고, 그런 꿈을 꾸는 것도 정말 좋겠지만 지금 당장 손을 뻗으면 잡을 수 있는 그것, 당신의 삶을 더 낫게 만들 수 있는 그것을 계속 미루고 있지는 않은가? 이런 접근은 우리가 삶을 똑바로 직면하고 이렇게 말하도록 만든다. 만약 이거라면, 만약 내게 주어진 게 이것뿐이라면, 이것을 어떻게 가능하게 만들까?

●

11장

●

풍요의 진정한 의미

(오스트레일리아   )
(브리즈번   )

조건과 상황은 문제가 아니다.
행복은 백성이나 제왕에게 다 똑같다.

— 알렉산더 포프

건물은 지은 지 얼마 되지 않아 방금 포장을 뜯은 듯한 냄새가 난다. 18층에서 내려다보면 광각렌즈로 보는 것처럼 길게 뻗은 푸에르토 마데로(버려진 운하를 개조해 만든 부에노스아이레스의 신흥 지구 – 옮긴이)가 한눈에 들어온다. 아르헨티나 지역 주민들이 스페인어에 영어를 섞어서 대화를 나누고 커피 한 잔을 미국 돈 5달러에 파는 곳이다. 이 집엔 부엌이 있지만 사용은 할 수 없다고 한다. 딱 보기에도 요리 도구가 부족하다. 냄비도 프라이팬도 칼도 없다. 아르헨티나 부자들처럼 밤마다 레스토랑에 들락거리고 그사이 식사는 건너뛰어야 할지도 모른다.

어느 날 갑자기 잰의 오랜 친구가 우리 방문 앞에 나타난다. 두 눈은 희번덕거리고 의식은 혼미해 보이는 게 딱 열정만을 좇는 술꾼의 모습이다. 그는 냉장고에서 맥주를 꺼내들고 발코니에 나가 "좋은 인생을 위하여!"라고 외치며 건배를 제의한다. 스피노자는 그 말에 동의하지 않을 것 같다. 오히려 이 주정뱅이를 욕정의 노예라 부르며 큰 소리로 외칠 거다. "그는 자유롭지 않다." 스피노자는 자유로운 삶을 살기 위해 내면으로부터 지배를 받아야지 수레 뒤에 매달린 쓰레기처럼 여기저기 질질 끌려다녀서는 안 된다고 주장했다.

나는 어느새 이곳에서 프라이팬을 사서 계란 요리를 하고 있다. 계란을 좋아한 적도 없거니와 아침식사로는 더더욱 별로였다. 그렇지만 이상하게 그 어느 때보다 단호하게 좀 더 건강하게 먹고, 운동도 더 많이 하고, 아래층에서 시끄럽게 구는 주정뱅이 친구를 멀리 해야겠다는 마음이 든다.

우리는 오스트레일리아 집으로 돌아온 다음에야 내 임신 사실을 확인한다. 실은 이미 5개월이 됐다며, 의사는 내가 전혀 임신한 사람처럼 보이지 않는다고 말한다. "첫 아이잖아요. 이 시간을 즐기세요. 다음은 지금과 다를 테니까."

우리 아기가 태어난 병원은 감옥 같았던 브리즈번의 전 직장까지 걸어갈 정도로 가깝다. 우리는 일체의 육아용품을 거부한 채 아기를 그냥 두 팔에만 고이 안아 집으로 데려온다. 새 집은 시내 도로 위로 우뚝 솟은 업무용 아파트 49층이다. 축구장처럼 카펫이 깔려 있고, 아기 침대 하나와 커다란 송아지 인형 하나 외에는 가구도 없다. 화강암 재질의 주방은 길이가 5미터이고, 신생아를 키우는 가정보다는 나이트클럽에나 어울릴 법한 화장실을 두 개 갖추고 있다.

나는 이곳에서 딸을 단단히 싸서 49층을 내려가, 로비에서 커피를 주문하려는 회사원들 뒤에 줄을 선다. 옷차림도 그렇고 너무 추레한 모습이라 예전 직장 동료들과 마주치지 않기를 바란다.

비둘기들의 귀소처럼 우리는 아이를 낳기 위해 집으로 돌아왔다. 그리고 회사원들이 건물 주변을 뛰는 모습, 그들이 지하에서 구입한 치킨과 치즈 포카치아를 먹는 모습을 49층에서 구경한다. 금요일 밤엔 그들이 거리에서 고함치는 소리가 들린다. 주택가가 아닌 이곳에서 나는 가족들과의 삶에 빠져든다.

기업 세계에서 삶의 의미는 돈이다. 더 확실히 말하자면 동년배보다 더 많은 돈을 버는 것이다. 이런 삶은 소유에 맞춰져 있다. 돈, 승진, 부동산, 자가용, 성공을 상징하는 다른 것들. 이를테면 이탈리아산 수제 구두나 금테 두른 시계 같은. 이와는 대조적으로 18세기 부자들은 소유 그 이상을 바라보았다. 그들은 문학, 음악, 예술, 질 좋은 대화, 심지어 다도 등을 깊이 즐겼다. 현대의 경영인들은 '성공'이라는 잔을 들이키는 데 집착한 나머지 그 잔이 종종 고배로 변하기도 한다. 문제는 그들이 마침내 성공한 다음, 즉 그들이 꿈꾸었던 것보다 더 많은 돈을 벌어들인 다음이다. 그들에게는 벌어들인 돈을 제대로 쓸 지식과 기술이 없다. 스튜디오에 자리 잡고 그림을 그리거나, 음악을 작곡하거나 가구를 만들거나 시를 쓰거나 일본식 정원을 만들거나 비단 잉어를 키우거나 독일어 실력을 연마하지 못한다. 그들이 이런 것들을 하지 못하는 이유는 돈을 벌고 성공하려면 어디서 어떻게 무엇을 해야 하는지를 배우는 데 성인기의 대부분을 바쳤기 때문이다. 결국 그들이 할 수 있고 그들에게 남겨진 것은 늘 하던 것, 즉 돈을 더 많이 벌고 더 많이 쓰는 것뿐이다. 심지어 돈은 그들에게 이제 화장지처럼 쓸모없게 됐는데도.

서양에서는 풍요로움을 돈과 연결한다. 풍요로운 가정은 부유한 집이다. 풍요로운 사람은 돈과 부동산과 물질이 많은 사람이다. 그러나 '풍요affluence'라는 단어는 '~로 흘러들다'라는 의미의 라틴어 'affluere'에서 왔다. '풍요로운affluent'은 옛날에 개울이나 강이 더 넓은 물로 흘러들어감을 뜻하는 단어였다.

인도의 자기계발서 작가 시브 케라Shiv Khera는《당신은 이길 수 있다 You Can Win》에 1923년 세계에서 가장 큰 부자로 알려졌던 사람들의 목록을 발표한다. 그들의 재산을 합한 액수는 당시 미국 정부의 재산보다 더 많았다. "이 사람들은 부를 축적하는 법을 확실하게 알았다." 케라는 이어서 그들의 운명을 차례로 나열했다. "당시 최대의 철강 기업 회장이었던 찰스 슈와브Charles Schwab는 차입 자본으로 살아가다 파산한 상태로 죽음을 맞이했다"로 그는 목록의 첫 줄을 시작한다. 세계 최대의 가스 회사 회장은 신경쇠약에 시달리다 정신병원에서 생을 마감했다. 교도소에서 죽거나 무일푼으로 죽은 사람도 있고, 나머지 세 사람은 스스로 목숨을 끊었다. 케라는 이어서 이렇게 말한다. "그들은 돈 버는 법은 아주 잘 알았다. 그들이 잊고 산 것은 삶을 살아가는 법이었다!"

이 부자들은 돈의 '흐름'이 자신들에게 흘러드는 걸 가속화할 수는 있었지만 그 대가로 그들 삶의 다른 영역, 즉 가정적·신체적·심리적·영적·사회적인 면의 '흐름'을 유지하지 못했다. "그들은 일에 너무 몰두한 나머지 가족, 건강, 사회적 의무는 소홀히 했다"고 케라는 지적한다. 그렇게 세월이 흐르면서 삶의 다른 면들(우리가 더 커다란 물줄기로 흘러드는 지류라 비유하는 면)은 물이 말라버려 결국은 강 전체를 파괴하고 말았다.

나는 바에서 예전 회사 동료와 술을 한잔한다. 빅터는 무릎이 나온 편안한 빛바랜 회색 운동복을 입었고, 티셔츠는 복부의 둥그런 주름 속으로 접혀 들어가 있다. 그의 아내는 시내에서 화장품 가게를 하고, 그는 집에서 주식 거래를 한다. 그가 오르락내리락하는 주가를 좇는 동안 그의 통장 잔고에서 돈이 조류처럼 밀려 들어왔다 쓸려 나갔다 한다. 그는 공매도 하는 법을 배워볼까 하지만 주가가 떨어져 기업이 돈을 잃는 것이 자신에겐 호재가 된다는 개념 자체를 받아들이기 힘들다고 말한다. 삶의 철학에 위배되기 때문이라고. 그리고 오늘은 돈을 벌었지만 금방 다시 잃는다고 한다. 나는 그가 내일도 같은 운명과 맞닥뜨리지 않을까 하는 생각을 지울 수 없다.

국내 주식시장이 폐장하면 그는 세상의 반대편 주식을 거래하거나 주식 거래에 관한 책을 읽고 온라인 강좌를 들으며 시간을 보낸다. 주식 포럼에 이름을 올린 친구들이 그에게 정보를 주기도 하고 주가수익률에 대해 가르쳐주기도 한다. 빅터는 오직 실용적 용도가 있는 것에만 관심이 있다. 그의 생각은 목표에 부합하는 것, 즉 돈을 버는 것 이상으로는 옮겨가지 않는다. 무책임한 일로 생각되는 것이나 일과 관련 없는 것에 전혀 관심이 없다 보니 그는 답답한 우려와 걱정에서 헤어날 틈이 없고, 돈을 벌어야 한다는 의무감에서 한시도 자유롭지 못하다.

빅터의 모습은 내가 코펜하겐에서 만났던 패션 디자이너를 떠올리게 한다. 그 패션 디자이너는 하루를 '유용한' 일과 '무용한' 일을 하는 시간으로 나눈다. 낮에는 결혼식 드레스와 여성 야회복을 디자인해 세계를 여행하며 수집한 옷감으로 의상을 제작한다. 그가 무용한 일이라 이름 붙인 두 번째 일을 하는 시간엔 모든 것의 경계를 허물고 자유롭게 놀이와 실험을 하며 드레스, 신발, 꽃, 의자, 사발과 그릇 등을 만든다. 모든 걸 종이로 만들기 때문에 쓸모도 없고 별 의미도 없다.

종이의 가벼움과 연약함은 그 패션 디자이너에게 새로움을 탐구할 매개체가 돼주기도 하지만, 더 중요한 것은 그것이 그에게 놀이라는 점이다. 심각한 비즈니스 목표를 떠나 순수한 창작 작업을 할 수 있다는 것이 중요하다. 종이로 만든 미니어처 드레스를 입을 사람은 없을 테니까. 하지만 그 무용한 일이 결국은 큰 목표에 도움이 되기도 한다. 종이로 만들어낸 작품이 가끔 그의 의상 제작에 반영되기 때문이다. 이런 경험은 삶의 무용한 순간들이 가장 큰 결실을 가져다주기도 한다는 깨달음을 준다.

180센티미터 넘는 키에 머리는 커다란 조각상만 한 빅터가 바 앞에서 엄청난 존재감을 풍기며 앉아 있지만, 바 매니저는 대충 아무 옷이나 입고 온 이 남자를 무시하기로 마음먹은 것 같다. 운동복 – 자택 책상 앞에 장시간 앉아 일하기 편한 옷 – 바지 속 그의 몸은 관심을 갈구하며 용틀임하는 듯하다. "이봐, 나 좀 봐, 이 바보야! 나도 네 삶의 일부라고." 그의 얼굴은 불만으로 찌푸려져 있다. 자신도 남들만큼, 아니면 그 이상을 누리고 살 자격이 있음에도 지금껏 잘 안 풀리고 있다는 생각 때문이다. 빅터는 자신에게 승리가 필요하다고 생각하는 모양이다. 부잣집에서 태어난 사람들, 혹은 유명하고 인맥 좋은 집안의 자식들만 번영할 수 있다는 것이 그의 마음 깊은 곳의 믿음이다. 그래서 자기 같은 사람이 운 좋은 그들의 높이까지 올라가려면 영리한 전략이 필요하다고 느낀다.

파블로 피카소의 이야기를 한번 해볼까 한다. 그는 살아 있는 동안 엄청난 부와 명예를 누린 몇 안 되는 거장 중 하나다. 1927년부터 1936년까지 피카소의 연인이었던 마리 테레즈 발테르Marie-Therese Walter를 그린 피카소의 그림은 2010년 경매에서 1억 650만 달러에 팔렸다. 지칠 줄 몰랐던 피카소는 흰색과 파란색이 지배적인 〈누드, 초록 잎과 상반신Nude, Green Leaves and Bust〉이라는 작품을 하루 만에 완성하기도 했다. 피카소의 혈육들은 세계에서 가장 널리 알려진 예술가의 후광을 입었으니 부와 인맥, 기회 면에서 다른 이들보다 유리한 조건을 누렸으리라 생각하기 쉽다.

《나의 할아버지 피카소Picasso: My Grandfather》라는 회고록에서 마리나 피카소Marina Picasso는 위대한 예술가의 후손으로 태어나 자란 이야기를 적었다. "나는 시간을 조금씩 거슬러 올라가며, 나를 파괴한 삶을 다시 살아내며, 고통 속에서 이 글을 쓴다. 침묵, 말을 더듬던 시기 그리고 어린 시절과 청소년기에 나를 산 채로 잡아먹던 내 안에 깊숙이 묻어둔 고통을 마침내 토해냈던 일까지. 불행했던 세월을 바로잡기까지 나는 14년을 고통 속에서 보내야 했다. 그 모든 것들이 피카소라는 이름 때문이었다."

피카소의 행운이나 천재성 – 그것을 뭐라 칭하든 간에 – 은 그에게 가장 가까운 사람들에게 흘러들지 못했던 것으로 보인다. 그 손녀에 따르면 피카소의 아들 파울로는 "배신당하고 실망하고 자신을 비하하며 파괴된 채" 일찍 죽었다. 피카소의 손자 파블리토는 표백제를 마셔 제 고통에 종지부를 찍었다. 개인 수집가의 집에 불멸의 작품으로 소장돼 있는 피카소의 정부 마리 테레즈는 차고에서 목을 매 죽었고, 〈고양이와 앉아 있는 자클린Jacqueline Sitting with Her Cat〉의 주인공인 피카소의 두 번째 부인 자클린 로크Jacqueline Roque는 머리에 총을 쏴 자살했다. "그의 천재성이 목을 졸라올 때 우리 가족 중 그 누구도 탈출하지 못했다"라고 피카소의 손녀는 고백했다.

부유한 집안에서 태어났다고 해서 반드시 행운까지 거머쥐었다고는 할 수 없다. 심리학 교수 수니야 러사Suniya Luthar는 부유한 아이들을 대상으로 진행한 연구에서 중상층 가정에서 태어나는 것이 불리한 조건일 수 있음을 알게 됐다. 〈부유한 아이들Children of the Affluent〉에서 러사 래턴드레스Luthar Latendresse와 숀 래턴드레스Shawn J. Latendresse 박사는 소위 특권층, 혹은 부유한 집안의 아이들이 평범한 가정의 아이들보다 우울, 불안, 약물 남용과 비행이나 범죄 비율이 높다는 사실을 밝혀냈다. 그 요인 중 하나로 성공에 대한 과도한 압박과 부모로부터의 고립을 꼽았다. "집안의 부가 자동적으로 부모의 지혜나 정서적 안정을 부여하지는 않는다"라고 그들은 지적했다. 러사와 숀 래턴드레스에 따르면 부유한 가정의 아이들은 어떤 면에서든 비범해야 한다거나 적어도 삶에서 부나 명예나 직업적 성공 같은 무언가를 '성취'해야 한다고 느낀다. 그들 입에서 이런 말이 나오길 기대하기는 어렵다. "내가 좋은 사람이고, 좋은 엄마나 좋은 친구면 행복해." 성공, 명예, 뛰어난 점수, 장학금, 포상 등은 마음대로 얻을 수 있는 것이 아니다. 이런 불확실성이 두려움을 잉태한다. 심리학자들은 그들이 지속적인 긴장 상태로 살아간다고 강조한다. '성취하지 못하면 나는 무엇이 될 수 있나?'

소위 '특권층' 아이들에겐 중요한 동기부여 요소가 결여돼 있는데, 그것은 바로 돈이다. 만약 이미 돈이 아주 많다면(혹은 어느 날 곧 그렇게 될 거라면), 열심히 노력하는 것이 의미가 있을까? 만약 부모가 살벌하게 뛰어난 사람들이라면 그 가파른 계단의 꼭대기까지 기어올라가 부모와 비슷한 위치에 서는 것이 불가능할 정도로 힘들거나 헛된 일로 느껴질 수 있다. 특히 부모가 자기 일에 몰두하느라 자식을 도와줄 생각을 하지 못하는 경우라면 더더욱 그렇다.

《승자의 뇌Winner Effect》에서 이언 로버트슨은 '신'을 부모로 두는 것은 끔찍한 저주일 수 있다고 주장한다. 현대사회에서 또 다른 저주는 '유전적 운명론', 혹은 우리의 존재와 행위 대부분 – 개인의 특징, 성격, 행동, 심리, 행복, 자제력, 지능 – 이 유전자의 지배를 받는다는 생물학적 운명 예정설을 믿는 것이다. "이런 생각은 삶이라는 드라마의 배우인 당신을 무력하게 만든다"라고 로버트슨은 말한다. 유전적 운명론이라는 이야기에서 만약 당신이 천재, 기업계 거물, 세계적인 리더로 태어났다면 유전자에 의해 당신은 그만큼 뛰어난 사람이 될 것이다. 이런 서사에서 우리의 지성은 기여, 헌신, 역경 극복, 전략 수립, 피땀 어린 노력의 문제가 아니라 누군가가 가졌거나 못 가진 '것'일 뿐이다. 특권층 자녀들이 자주 들는 소리겠지만 만약 그것을 이미 갖고 있다면 굳이 추구할 필요도 없다.

마리나 피카소는 피카소 집안을 "거짓 희망의 소용돌이에 갇힌 피카소의 사산아들"이라고 묘사했다. 위대한 자의 후손으로 태어난 사람이라면 누구든 비슷한 말을 하리라. 부유하고 유명하고 성공한 부모의 그늘 아래 자라난 아이들 중 대다수가 실패를 너무나도 두려워한 나머지 사다리의 첫 번째 발판에 발끝을 올리는 것조차 힘겨워한다.

어떤 면에서, 누군가의 가정환경 덕분에 위대함을 기대한다면 그것은 번영과는 대조되는 개념일 것이다. 번영하기 위해서는 우선 본인이 이상적인 자아가 되기 위해 고군분투해야 하기 때문이다. '번영하다'는 동사이지 명사가 아니다. 누군가가 '번영'이 될 수는 없고, 그가 삶에서 무엇을 하느냐에 따라 번영할 뿐이다. 그러나 빅터가 금수저를 입에 물고 태어난 사람들에게 마음 깊숙이 품은 증오는 그를 훼손하고 그가 갈 수 있는 길을 보는 데 방해가 된다. 여러모로 그는 삶에서 피카소의 후손들보다 훨씬 더 많은 기회를 가졌다. 그는 거인의 그늘 아래 서 있지 않으니까. 그러나 그는 자신이 만든 망상의 그늘 아래 서 있다. 나는 이런 질문을 던진다. "네가 내일 아침에 백만 달러를 번다면 무슨 일이 일어날까? 무척 열광하겠지, 그렇지?" 빅터가 고개를 끄덕이고 나는 말을 이어나간다. "그리고 돈을 더 투자할 거야. 그러면 이번엔 500만 달러를 만들 수 있을 테니까. 만약 500만 달러를 벌면 그 돈은 다시 1500만 달러가 될 수 있을 테고. 네가 8000만 달러를 벌면 그땐 어떻게 될까? 네가 이렇게 말할 지점이 오긴 할까? '내가 만약에 X를 벌면 나는 행복해질 거야. 그럼 주식 거래를 그만해야지'라고 말이야."

그가 내 말을 듣는 것 같진 않다. 그는 바 카운터에 비스듬히 기대어 술을 시키려고 웨이터를 찾는 중이다. "목말라." 그가 말한다.

왜 우리는 "됐어, 그 정도면 충분해"라고 말하지 못하는 걸까. 딱 좋다. 나는 이것까지만 갖고 이제 그만할래. 이제는 내 시간을 타일을 디자인하거나 뒤뜰에 생울타리 미로를 만들거나 알파카를 키우면서 보낼래. 우리를 이렇게 살지 못하게 막는 것은 무엇일까? 욕심일까? 망상에 빠져 살기 때문일까? 우리의 수확을 인정하면 당장 꿈꾸길 멈추고 현실에 안주하게 될까? 그것은 작은 죽음과도 같을까? 우리는 잠재력을 잃어버리는 걸까?

　　빅터는 화장실에 다녀오겠다며 나간다. 재난이 닥치거나 병들거나 파산할 경우에 그가 의지하고 한숨 돌릴 수 있는 부차적인 관심사가 필요할 것 같다. 너무 한 가지 생각에만 집중하면 상황이 나빠졌을 때 삶이 견딜 수 없어지니 말이다. 그리고 상황은 언제든 나빠질 수 있다. 키르케고르는 절대로 반짝거리는 금속 쪼가리에 속지 않았다. 만약 당신이 삶에서 한 가지만 소망할 수 있다면, 그것은 무엇일까? 키르케고르에게 그것은 부도 권력도 심지어 명예도 아니었다. 그런 것들은 시간이 지나면 퇴색하고 결국 실망을 안겨준다. "즐거움은 실망을 안기기도 하지만 가능성은 절대로 그렇지 않다"라고 그는 주장한다. "만약 한 가지 소망을 말해보라고 한다면, 잠재력에 대한 열정을 갖는 것이다."

　　그러나 키르케고르가 묘사한 잠재력이 주식시장 거래자가 원하는 엄청난 수익과 같은 잠재력일까? 매도한다는 것은 여정을 끝내는 것이고, 매도하지 않는 것은 앞으로의 잠재적 수익이라는 환상을 유지하는 것이다. 아마도 키르케고르가 언급한 잠재력이란 자아실현, 즉 우리가 발휘할 수 있는 최대치를 위해 내재된 힘이리라. '빅터는 어떤 사람이 될 수 있을까?' 나는 여러 가지 가능성을 떠올리며 생각해본다. 아내의 화장품 가게를 성공적인 브랜드로 만들 수도 있고, 주식 거래에 대한 책을 쓰거나 가르칠 수도 있고, 주식 거래 교육 웹사이트를 만들 수도 있을 거다. 가능성은 많다.

그러나 만약 그가 밤사이 수백만 달러를 벌게 된다면 무슨 일이 일어날까? 돈이 '당신의' 삶을 어떻게 탈바꿈할 수 있을지 한번 생각해보자는 이야기다. 당신 손에 500만 달러에 당첨될 복권이 들려 있다고 상상해보자. 당신의 꿈을 실현시킬 수 있는 힘을 부여하는 복권이다. 당신은 원하는 것은 무엇이든 사고, 하고 싶은 것은 무엇이든 할 수 있다. 당신은 그 후로 영원히 행복할 것이다. 정말 그럴까?

지난 여러 해 동안 많은 심리학자들이 행복의 비결을 알아내려 시도해왔다. 행복의 비결이 드러난다면 그보다 더 귀중한 지식이 또 있을까? 우리는 끊임없이 떠오르는 질문들에 대한 답을 (마침내) 얻을 수 있을 것이다. 돈이 우리에게 행복을 가져다줄 수 있을까? 완벽한 건강이 행복에 필수적일까? 자식을 둔 사람들은 자식이 없는 사람들보다 행복할까? 복권 당첨이 영원한 행복의 비결일 수 있을까?

1978년 심리학자 필립 브릭먼Philip Brickman과 동료 두 사람이《성격과 사회심리학 저널Journal of Personality and Social Psychology》에 논문을 게재했다. 그 논문에서는 세 집단의 행복지수를 비교했다. 복권 당첨자 22명, 몸이 마비된 사고 희생자 29명, 대조군 22명. 심리학자들은 복권 당첨자들이 사고로 몸이 마비된 사람들보다 월등히 행복한지 알아보고 싶었다. 어쩌면 의문 자체가 이상한 것일 수도 있었다. 누가 달리 생각할 수 있겠는가?

심리학자들은 데이터를 수집하고 결과를 엮어냈다. 여러 해가 지난 지금도 이 논란의 논문이 회자된다. 논문은 브릭먼에게 놀라운 성취였으나, 그가 논문 발표 후 4년 만에 자살하면서 훼손되고 말았다. 이 연구로 발견된 사실이 무엇이기에 그토록 논란이 일었던 걸까? 잭팟 없는 행복은 헛되다는 것? 아니다. 브릭먼과 동료들은 복권 당첨자들이 이 연구의 대조군보다 실질적으로 행복하지 않다는 사실을 밝혀냈다. 그보다 더 놀라운 발견은 마비 환자들이 복권 당첨자들보다 덜 행복하기는 하지만 그 차이가 아주 근소하다는 것이었다.

이 연구 결과는 심리학자들이 적응이라 부르는 것의 실질적 사례다. 적응이란 인간이 삶의 좋은 사건과 나쁜 사건에 적응하는 편리한 재주다. 적응 단계 이론에 따르면, 복권 당첨과 같은 행운을 만나면 갑자기 순간적인 행복감이 치솟으면서 이어지는 날들의 일상이 비교적 지루하게 느껴진다. "백만 달러짜리 복권에 당첨되면 새로운 즐거움을 손에 넣을 수 있지만 동시에 예전의 즐거움들이 시들해질 수 있다"고 브릭먼과 그의 동료들이 〈복권 당첨자들과 사고 희생자들: 행복은 상대적인 것인가?Lottery Winners and Accident Victims: Is Happiness Relative?〉에서 밝혔다. 그뿐만 아니라 인간은 삶의 사건들에 길들여진다. 달리 말하면, 우리는 그것이 무엇이든 간에 익숙해진다. "복권 당첨자는 그들의 새로운 부로 가능해진 추가적인 즐거움에 익숙해진다"라고 브릭먼은 논문에 밝혔다. 시간이 흐르며 황홀감은 사라진다.

비슷한 과정이 사고 희생자들에게도 나타난다. 처음에는 이 상황을 이해할 수 없지만, 사고 이후에 희생자들은 "사고로 인한 지극히 부정적인 닻"에서 일상의 즐거움 덕에 조금씩 기분이 끌어올려지는 것을 느낀다. 시간이 흐르며 적응 과정에서 사고가 일상의 행복에 미치던 부정적 영향도 점차 줄어든다.

이 연구의 결과로 인간이 저마다 고유한 행복의 문턱을 지니고 태어난다는 것을 알 수 있다. 브릭먼은 이것을 '세트 포인트'라 칭했다. 좋은 일이든 나쁜 일이든 삶이 우리에게 무엇을 던져주든 우리는 일반적으로

이 개인적인 행복의 세트 포인트로 돌아가게 돼 있고, 그것은 우리의 성격적 특징에 의해 결정된다. 지속적인 행복을 얻는 문제에서는 성격이 복권을 능가한다는 이야기다. 심리학자들은 '행복한 기질'을 타고난 운 좋은 소수에게 삶은 무슨 일이 일어난다고 해도 아주 좋은 것이라는 결론을 내렸다. 그리고 나머지 우리들은, 어쩌겠나, 행복을 위해 노력해야 한다. 헌신이 필요한 일이다. 행복이란 운동광이 단단한 복근을 만들듯 만들어 나가야 하는 것이다.

최근의 어느 연구에서는 이 초기 연구에 대해 비판적인 견해가 나오기도 했다. 의미 있는 결과를 도출하기에는 복권 당첨자 집단의 표본이 너무 작다는 지적이었다. 그 뒤로 행운의 복권 당첨자 표본 크기를 상당히 늘린 연구에서는 복권 당첨이 사람들을 (놀랍게도) 행복하게 만드는 경향이 있다는 결론이 나왔다. 적어도 돈 걱정이나 삶의 만족감과 관련된 면에서는 말이다. 수십 년 뒤까지 순탄한 항해를 하지는 않을지도 모르지만 적어도 돈 걱정을 할 필요는 없을 것이고, 그 점에 있어서는 끊임없이 돈 문제에 시달려야 하는 사람들보다는 비교적 나은 삶을 살 수 있을 것이다.

그에 대한 적절한 사례 하나. 공사판에서 열네 시간 일하고 허름한 모텔에 홀로 돌아와 있던 시드니의 한 노동자가 그 주의 복권 당첨 번호를 확인하기 위해 핸드폰 앱에 들어갔다. "근데 거기 뜬 거예요. 숫자들이 떡하니 있었어요. 맥주도 몇 잔 마신 상태였는데, 혼자 핸드폰을 들고 생각했어요. 이게 무슨 일이지?" 딱 한 명만 당첨되는 오스트레일리아의 가장 큰 복권 추첨에서 30대 노동자가 3000만 달러 상금에 당첨된 거였다. 그는 새벽 3시 반에 어머니에게 전화를 걸었고, 술에서 깬 다음 집으로 차를 몰았다.

그 사건 이후 몇 년 뒤, 그는 공사 현장의 열네 시간짜리 노동을 그만두고 '소일거리'로 엔터테인먼트 사업을 시작했다. 그런 그에게 커다란 질문이 던져졌다. 복권 당첨으로 당신은 더 행복해졌나요? 그는 과거에 알던 사람들이 불쑥 찾아오는 이상한 일을 겪는다고 말했다. 그리고 다음과 같이 답했다. "행복하다고 느끼지 않아서 (그것을 바꿔보고자) 복권에 당첨되길 바란다면, 그것은 아주 잘못된 생각이다. 복권이 당신을 더 행복하게 만들진 않는다. 그저 좀 더 살기 쉽게 해줄 뿐이다."

여기서 우리가 알아야 할 교훈은 행복이란 우리 내면을 돌아보는 과정에서 발견되는 것이지 돈이나 삶의 중대한 사건이 가져다주는 것이 아니라는 점이다. 나는 특혜가 행복도 성공도 보장하지 않음을 빅터가 이해하길 바랐다.

12장

우회로에 들어서기 좋은 나이

(　　　　　프랑스　　　　　)
(　　　　　파리　　　　　)

역설적이긴 하나 오직 성장, 개혁, 변화를 통해서만

진정한 안정을 찾을 수 있다.

– 앤 모로 린드버그

어느 날 일어나 문득 이렇게 말할 수도 있을까? "아, 몰라. 내가 너무 지겨워. 새로운 나를 원해." 스피노자가 그랬다. 그는 자기 삶에서 무언가가 결여돼 있다고 느꼈다. 그래서 '무언가 새로운 다른 목적'을 찾기 위해 집안에서 해오던 무역업과 그 안정성과 존경받는 사회적 위치를 버리고 '새로운 삶을 시작'했다. 철학을 공부하는 삶이었다. 스피노자는 행복 혹은 그가 '최고의 선'이라 부른 것, 소크라테스 · 플라톤 · 아리스토텔레스 · 스토아학파 · 회의학파 · 키니코스학파에 이르기까지 고대의 많은 철학자들이 탐구했던 그것을 찾아나섰다.

스피노자는 예전 삶의 방식이 자신의 진정한 본성, 그의 이상적 자아와 안 맞는다는 느낌을 받았던 것 같다. 그는 안정감이나 만족감을 느끼지 못했고 갇혀 있다는 느낌을 지우지 못했다. 그는 '철학을 논할 자유'를 갈망했다. 그는《에티카Ethica》에서 자신이 중요하다고 생각하는 삶을 살고, 자신이 주체가 되고, 삶의 방식과 시간의 쓰임을 스스로 결정할 자유에 대해 썼다. 이 자유는 순간적인 열정이 아닌 자기만의 고유한 욕구에 대한 깊은 이성적 이해를 기반으로 해야 했다. 자유로운 사람은 그들이 분투해야 할 이상이 무엇인지 알고, 그 이상적 자아를 노력의 목표로 삼는다. 그들은 자신이 누구인지 알고 스스로 어떤 사람이 되길 소망하는지 안다. '자유로운 사람'의 삶을 사는 것은 '우리가 바랄 수 있는 최고'를 얻는 것, 즉 번영하고 행복 그 자체를 찾는 것이다.

나는 내가 택한 우회로를 견지하기로 한다. 그러나 일단 작정했으면 빨리 단행해야 한다는 사실도 깨닫는다. 신청을 하고 돈을 지불하고 빠져

나올 수 없게 한다. 일단 돈을 내버리면 되돌릴 수 없다는 걸 알기 때문이다.

우리는 아일랜드를 거쳐 파리에 도착했고 그곳에서 둘째가 태어났다. 나는 잰과 두 아이를 파리 16구의 아파트에 남겨두고 시내를 가로지르는 열차에 오른다. 사람 크기 마네킹의 면직 몸통을 따뜻하게 감싸 안고 파리의 전철을 타는 거다. 아이들 둘이 나를 손가락질한다. 내 모습이 얼마나 바보 같아 보이는지 내가 의식하지 못한다고 생각하는 모양이다. 에리히 프롬은 현대사회에서 자아와 정체성은 우리가 가진 것, 혹은 소유한 것에서 발견된다고 보았다. 우리는 경력, 소유물, 건강, 재능 등 '가진 것' 목록을 통해 우리의 자아를 만들고 정체성을 관리한다. 때때로 차의 브랜드를 바꾸고, 새로운 스포츠를 시작하고, 직장을 옮겨 이미지를 손보기도 한다. 월급 인상이나 새로운 인간관계로 우리의 이미지와 자아감이 개선되는 경우도 있다. 누구든, 혹은 무엇이든 우리 재산이 될 수 있는 이 세상에서 결국 세상과 개인의 관계도 우리가 소유할 수 있는 것들 중 하나일 뿐이라고 프롬은 주장한다.

문제는 우리가 '가진 것'은 우리를 실망시킬 수밖에 없다는 데 있다. 물건은 망가지고, 경력은 처지고, 몸은 병들고, 시험에선 떨어지고, 돈은 잃는다. 이런 상황이 발생하면 우리는 자신에게 염증을 느낀다. 정체성과 자아감이 고통받는다. 프롬은 존재의 '소유'가 시대를 지배하고 있다는 점이 지난 몇 세기 동안 서양 언어에서 명사 사용의 증가와 동사 사용의 감소로 확연히 드러난다고 보았다. 당신은 누구인가? 내 직업, 내 스포츠, 내 교육, 내 가족, 내 소유물, 내 여가, 월급, 외모, 관계망, 이미지, 명성, 건강, 재능 그리고 자아. 만약 우리가 '소유'에서 어떤 '존재'로 묘사 방식을 바꾸고, 명사를 동사로 대체한다면 목록은 다음과 같아질 것이다. 일하기, 운동하기, 배우기, 키우기, 수집하기, 놀기, 벌기, 단장하기, 연결하기,

소통하기, 존재하기, 살아가기, 번영하기 그리고 그곳에 있기. 흥미롭게도 두 번째 목록은 첫 번째 목록과 내용 면에선 비슷할지 몰라도 느낌이 무척 다르다. 그것은 과정이고, 발전이고, 진전이다. 끝이라기보다는 어느 곳을 향하는 여정이고, 도착이라는 개념이 있을 수 없는 곳이다. 바로 그 점이 흥분되는 지점이다. '존재하는' 방식으로 살아가면 우리 삶은 무언가를 하고, 살고, 사랑하고, 만들고, 창조하고, 운동하는 것이 된다. '존재하는' 방식이 부담스럽지 않은 이유는 이것이 성공이나 실패를 위한 것이 아니기 때문이다.

우리가 '행동'하는 존재로 삶과 관계를 맺으면 우리의 목표와 포부에도 새로운 관점이 들어선다. 이곳에서 나는 기술을 배우고 디자인을 하기 위해 새로운 학교에 다니고 있다. 무언가가 '되기' 위해서도 아니고 무언가를 '갖기' 위해서도 아니다. 무엇이 '되기' 위해서가 아니라 내 손 쓰는 일을 하고 싶어서 패션 디자인을 공부하기로 결정했다. 무에서 무언가를 직접 만들어내고 싶다. 컴퓨터를 사용하지 않는 일이었으면 좋겠는데, 패션은 컴퓨터에 의해 새롭게 해석되지 않는 몇 안 되는 분야이다. 작가이자 교육자인 엘렌 디사나야케는 '만드는' 행위에 대한 글을 많이 쓴다. 대부분 그를 비롯해서 많은 사람이 품고 있는, 무언가를 만들고 싶다는 설명하기 어려운 욕구를 탐구하는 글이다. 이 '만들기'의 욕구는 건축, 건설, 바느질, 요리, 그림 그리기, 글쓰기, 실내 장식, 옛것에서 새로운 것 만들어내기, 정원 가꾸기 등으로 드러난다. 사람 손으로 무언가를, 어떤 것이라도 창조하고 싶은 욕구다.

'만들기' 욕구는 우리가 선천적으로 타고나는 것으로, 20만 년 전부터 우리 조상들로부터 전해 내려온 것이라고 디사나야케는 믿는다. 심지어 신생아들도 놀랍도록 좋은 솜씨로 그들이 속한 환경에서 붙잡고, 만지고, 물건을 옮긴다. 인간은 도구를 사용하고 만드는 성향을 타고났다. 우리 DNA에 새겨진 성향이라는 이야기다. "일반적으로 예술에는 아무 기능도 없다고 간주하는 현대, 포스트모던 사회를 살아가는 인류학자들은 삶이 더 단순했던 예전 사회에서는 예술이 일상과 불가분의 관계였으며, 집단의 기준을 구현하고 가장 심오한 가치들을 표현했다는 점을 지적하기 위해 엄청나게 애쓰고 있다."

만들기의 욕구는 인간의 말하기 욕구만큼이나 행동학적인 면에서 일반적인 것이라고 디사나야케는 강조한다. 인간의 예술 충동 – 어떤 종류든 평범한 경험을 특별하게 만들고 싶은 욕구 – 을 그는 언어 충동과 동등한 것으로 간주한다. 만들기는 우리의 일상적이고 단조로운 현실을 형상화해서 무언가 특별한 것으로 탈바꿈하는 방식이라는 것이다. 만들기는 언제나 우리의 생존을 굳건히 했다. "산업 시대, 탈공업화 시대, 현대사회, 포스트모던 사회가 우리에게 다양한 기회와 안락함과 즐거움을 선사했다는 것은 인정하지만, 그사이 우리가 몰수당한 정신적·영적 혜택들에 나는 사로잡혀 있다"라고 디사나야케는 썼다.

디사나야케는 만들기에 내재된 즐거움이 있다고 한다. "우리는 이것을 joie de faire(만들기의 즐거움)이라고 불러도 좋겠다. joie de vivre(세상살이의 즐거움)처럼 말이다. 아름다움·독특함·유용함 등에 대한 기대와 별개로 물리적 재료를 빚고, 형태를 만들고, 만지고, 우리의 의지·존재주·감정·판단력을 활용해 그저 예전에 없던 무언가를 존재하게 한다는 것의 순수한 기쁨이 중요하고 심지어 절박하다는 것을 보여주는 표현이다."

'만들기'가 평가절하되고, 무엇이든 만드는 사람이 점점 더 줄어드는 사회에서 디사나야케는 만들기의 정신적 효과에 대해 충고한다. "인간 진화의 역사를 잘 아는 사람이라면 인간이 진화된 능력을 더 이상 발전시키지 않거나 진화된 욕구들이 충족되지 않을 때 인간이라는 종이 과연 번영할 수 있을지 의문을 품어야 한다. 만들기는 단지 즐겁기만 한 것이 아니라 의미도 있다. 사실 이 행위에 의미가 있는 이유는 다른 의미 있는 것들, 즉 음식, 친구, 휴식, 섹스, 아기와 아이들처럼 만들기도 즐겁기 때문이다. 그리고 유용한 일이 즐거운 것은 그것들이 개인으로서 그리고 하나의 종으로서 우리 생존에 필수적이기 때문이다. 만들기 그리고 중요한 것들을 특별하게 만드는 행위를 평가절하하는 사회는 그 구성원들이 태어나면서부터 갖고 있던 중요한 부분을 몰수하는 것이나 마찬가지다."

만들기는 중요하다. 〈만들기의 즐거움과 의미The Pleasure and Meaning of Making〉에서 디사나야케는 이렇게 썼다. "그 어떤 종류든 평범한 경험을 특별한 것으로 만드는 것, 그것이 바로 인간의 예술 충동 혹은 '행위'를 가장 포괄적으로 설명해준다."

패션 디자인 학교에서의 첫날, 우리의 과제는 자기 자신을 찾는 일이다. "먼저 자기가 누구인지 찾지 못하면 여러분은 디자이너로서 그 누구도 될 수 없어요." 덴마크인 선생님이 군대식 영어로 소리친다. 우리 반 학생들은 열정적으로 잡지를 자르고 뜯어내고 이미지를 오려낸다. "여러분의 셀프 콜라주는 디자인이라는 여정에서 여러분과 동행할 거예요." 그리고 그는 잠시 말을 멈추었다가 이어 말한다. "삶이라는 여정에도 따라다니게 될 겁니다."

왜 많은 이미지 가운데서 이것을 선택했는지 생각하려 들지 말고 단순하게 본능이나 직감을 따라 자동적으로 일하라는 이야기도 한다. 우리는 한 사람당 하나씩 받은 판지에 원하는 방식대로 이미지를 만들어간다. 하루하루 지나면서 반짝이는 얇은 종이 뭉치들이 책상과 바닥을 어지럽힌다. 생각이란 것은 이미 사라진 지 오래다. 모두들 자기를 찾는 과정에 몰두한 나머지 아무도 치우거나 정리할 엄두를 내지 못한다. 오려낸 이미지들이 쌓여가고, 그중에 어떤 것은 판지에 풀로 붙이고 어떤 것은 옆으로 제쳐두고, 어떤 것들은 하나로 조합한다. 작업 사흘째로 접어들자 속도는 좀 느려지고 생각은 좀 많아지며, 확실히 무언가가 나타나고 있다. 우리가 선택한 색깔, 분위기, 스타일에선 묘한 익숙함이 느껴진다. 어느 날 아침 작업실로 들어가 벽에 기대 세워둔 나의 콜라주를 바라보니 마치 저 건너편에서 나를 쳐다보는 친척이나 친자매의 유령과 맞닥뜨린 기분이다. 내 최종 콜라주에는 익숙한 면도 있지만, 미처 몰랐던 면도 보인다. 판지에 나 자신을 모아 붙이는 작업으로 예전엔 몰랐던 무언가가 나타난다.

마지막 날 선생님이 이렇게 외친다. "도구를 전부 내려놓으세요. 그리고 이제 보세요. 자기 자신을 보세요." 나는 나의 콜라주를 응시하고, 다른 학생들도 자기 작품에 마음을 빼앗긴 듯 바라본다. 우리는 작품을 전부 벽에 걸어놓고 하나하나 차례로 살핀다. 각자의 사진이나 서명처럼 개인적인 것은 하나도 없고, 우리 모두 함께 공유한 잡지에서 오려낸 이미지들뿐인데도 각각의 작품에는 독특한 무언가가 있다. 모든 콜라주가 전부 지극히 고유한 작품이다. 둥둥 떠 있는 꽃, 집들로 둘러싸인 나무들, 가방 속에 담긴 나비 떼, 과일바구니와 사람의 얼굴들이 보인다. 한 가지 색깔만 사용했거나 한 가지 주제로 엮은 콜라주도 눈에 띄고, 어느 것에는 만화경처럼 대조되는 요소들이 모여 있다. 일주일 내내 잡지를 오려내고 판지에 이미지를 붙여 만든 결과물에 대한 선생님의 피드백을 기대하는 우리에게 선생님은 무덤덤하면서도 확신에 찬 말투로 말한다. "지난 일주일간 여러분은 자신이 누구인지 찾았어요. 이것이 여러분의 이미지예요. 가까이에 두고, 계속 지켜나가세요." 그러고는 가방을 챙겨 파리의 교통 정체를 피하기 위해 5분 먼저 교실을 나간다.

우리는 침묵 속에 앉아 콜라주를 바라본다. 내 모습처럼 아주 익숙하고도 낯선 그것을.

수업이 시작되길 기다리며 한 학생이 반짝이는 검정 벤츠에서 내리는 모습을 지켜본다. 모피 코트에 베이지색 모피 모자를 맞춰 쓴 그 러시아인 여학생은 단 한 번도 같은 옷을 입고 수업에 온 적이 없다. 그에겐 수업에 데려다주고 수업 후 전화 한 통에 즉시 데리러 오는 운전사와 아이들을 키워줄 보모 군단이 있다. 미국 학생들은 그의 부유함을 의식하지 못한 채 우리 모두 똑같은 운명을 타고난 것처럼 쉴 새 없이 수다를 떨고, 동유럽 출신의 여학생만 나와 나란히 서서 시가를 피운다.

우리를 발견하고 얼굴이 환히 밝아진 그 러시아 여자가 우리 앞으로 성큼성큼 다가온다. 이 칙칙한 파리의 아침에 비해 너무나도 화려한 복장을 한 그가 흐릿한 빛 아래 선 우리에게 그림자를 드리운다. 패션에는 힘이 있다. 이 생각을 비웃는 사람들도 있겠지만, 모피를 걸치고 가죽 부츠를 신은 전형적인 러시아식 화려함 앞에서 나는 갑자기 키가 5센티미터쯤 줄어든 느낌이다. 오늘 당신은 무엇을 입고 있는가? 한번 살펴보라. 그리고 당신을 둘러싼 환경을 한번 보라. 당신은 무대 세트 위의 배우이고, 사람들은 당신이 입은 의상, 무대 장치, 소품, 몸짓과 말 등을 마치 연극을 보는 듯 해석한다. 관객은 당신의 연기를 보고 당신이라는 사람에 대한 서사를 완성한다.

1956년 《자아연출의 사회학The Presentation of Self in Everyday Life》이라는 사회학 저서에서 어빙 고프먼은 마치 배우들이 무대에서 연기하듯 우리가 일상에서 타인들에게 주는 인상을 통제한다는 개념을 제시했다. 그런 행위에는 다양한 요소가 동원된다. 당신은 지금 고급 정장을 입고 있는가, 아니면 운동복 바지에 티셔츠를 입고 있는가? 당신은 지금 미니멀한 인테리어에 삼베 매트와 초록 식물 화분 하나뿐인 방 안에 서 있는가, 아니면 먼지 날리는 테라스의 낡은 소파에 발치의 고양이와 함께 앉아 있는가? 어떤 환경이든 주위 사람들은 당신이 말 한마디를 입 밖에 내기도 전에 이미 당신에 대한 평가를 시작한다.

인상 관리의 기술에 대한 이론에서 고프먼은 우리가 남들 앞에서 연기를 펼치는 무대가 있고, 역할을 준비하거나 남들에게 보이는 배역을 잠시 벗어두는 백스테이지가 있다고 설명한다. 무대를 준비하면서 우리는 외모·배경·태도 등을 수정하거나 바꾸고, 물건을 치우거나, 화장을 하거나, 머리를 빗거나, 마음을 차분히 가라앉힌 뒤 준비가 되면 우리를 평가하는 관객이 앉아 있는 무대에 등장한다. 배우로서 우리는 배역에 일관성을 유지하려고 노력한다. 그런 이유로 정장을 홱 벗어버리고 슈퍼히어로 복장을 입는 일은 일어나지 않는다. 역할을 유지하고 관객을 혼란에 빠뜨리지 않기 위해 우리의 사회적 지위는 어느 정도 일관성을 갖춘다. 직장, 놀이, 스포츠, 가족 또는 사회적 기능과 관련된 어느 활동이든 마찬가지다.

2000년에 연구자인 앨리슨 가이Alison Guy와 모라 배님Maura Banim은 여성들에게 자신이 입은 옷을 선택한 이유를 묻는 인터뷰를 진행했다. 이 연구에서 여성들은 의복 일지를 쓰고 '옷은 내게 어떤 의미일까?' 등의 질문들에 답했다. 옷장 문이 활짝 열리며 그들의 현재 스타일이 드러났다. 그 결과 여성들은 옷을 지금 당장의 자신과 미래의 이상적 자신 사이 간극을 잇는 다리로 활용한다는 사실을 알 수 있었다. 거대 패션 브랜드의 CEO처럼 입고 다니던 그 러시아 여성은 이 코스를 마치고 모스크바로 돌아가서 곧장 CEO가 되겠다는 소망을 품고 있다. 시가를 피우는 동안 그는 대수롭지 않게 러시아와 프랑스의 세금 차이에 대해 솔직한 이야기를 하기도 하고, 숙제를 꺼내 보기도 하고, 전화를 받기도 한다. 화려한 복장 속에서 그는 곧 교실로 들어가 옷감을 잘라 드레스 상의를 만들어야 하는 학생이 아니라 이미 파리의 패션 거물이 돼 있다.

───

어느 날 다른 학생이 내가 왜 이 패션 디자인 코스를 밟는지 이해가 안 된다고 말한다. "나이가 너무 많잖아요." 그러고는 돌아서서 드레스에 핀을 꽂는다. 나는 좀 의기소침해진다. 새로운 일을 시작하기에 나는 나이가 너무 많은 걸까?

그렇다면 새로운 시작에 적정한 나이는 몇일까? 20대 초반? 그의 기준에 30대 중반인 나는 나이가 너무 많았다. 30대라면 졸업하자마자 직업을 골라 진작 나의 길에 들어서 있어야 했던 거다. 이런 기준이 학교 성적이 저조한 학생들에겐 얼마나 힘겨운 도전 과제일까 싶다.

나는 한 번도 삶을 1차선 고속도로로 생각해본 적이 없다. 데이비드 엡스타인이 일찍 전문 분야를 정하는 일과 일반적 교육을 받는 일의 차이를 쓴 글을 보면, 내 생각이 나에게는 잘 맞았던 것 같다. 삶을 다양한 커리어 줄기가 뻗어나가는 8차선 고속도로로 보아야 한다고, 특히 초년 시절에는 시야를 좁히지 말라고 그는 조언한다. 물론 세계 체스 챔피언이

나 골프 챔피언이 되고 싶다면 재능을 한곳으로 집중하는 것이 유리할 수도 있다. 《늦깎이 천재들의 비밀》에서 엡스타인은 "경쟁이 더 치열해지고 복잡해지는 세상을 살아가려면 우리는 예전보다 더 전문성을 갖추어야 한다는 (그리고 더 일찍 시작해야 한다는) 소리를 종종 듣는다"라고 이야기했다. 그러나 과학에서 문학에 이르기까지 무수히 많은 분야에서, 폭넓은 관심사를 가진 제너럴리스트들이 한 분야의 전문가를 능가하는 현상을 볼 수 있다. "국가 차원에서 인정받은 과학자들은 다른 과학자들보다 음악가, 조각가, 화가, 판화가, 목수, 정비공, 전자기기 발명가, 유리 직공, 시인이나 픽션 혹은 논픽션 작가가 될 확률이 높다. 그리고 노벨상 수상자들은 그보다도 더 확률이 높아진다. 가장 성공적인 전문가는 더 넓은 세상을 살아간다."

엡스타인은 다양한 악기를 시도해본 아이들이 두 살에 부모가 바이올린을 골라주고 매일매일 연습시킨 아이보다 더 나은 음악가가 된다고 설명한다. 일찍 악기 하나를 고른 아이가 여덟 살에 스타 연주자가 될 수는 있겠지만, 서른다섯이 됐을 때 오케스트라의 수석 바이올리니스트 자리를 맡을 수 있을까? 엡스타인은 특출한 음악가는 체계가 없는 음악적 환경에서 나오는 경우가 종종 있다는 점을 지적한다. 그런 환경에서는 다양한 시도를 해본 다음 그보다 훨씬 뒤에 아이가 전문 분야를 직접 결정한다. '나는 다른 어떤 것보다 첼로가 좋아.' 그러면 한 가지에 특화된 연습에 가속이 붙는다. 그날부터 한 가지에 완전히 빠져든 음악가는 자신의 심장과 영혼을 연습에 갈아 넣고, 악기에 대한 열정은 그 사람을 위대한 경지로 나아가게 한다. 위대한 음악가를 만드는 것은 두 살 때부터 부모의 강압에 못 이겨 끽끽거리던 지루한 시간들이 아니다.

마치 이질적인 부분들이 모여 의미를 갖추는 태피스트리처럼 우리는 삶을 이야기와 색 배합에 대한 계획, 대략의 목적이 있는 것으로 보는 경향이 있다. 그 태피스트리를 한참 짜나가던 중간 지점에 나타난 직공이라면 실 색깔을 바꾼다거나 시골 풍경을 도시 경관으로 바꾸는 극적인 변화를 무척 꺼릴 것이다. 이런 연속성과 일관성에 대한 욕구는 한편으로 삶을 불확실하게 심지어 혼란스럽게 보이도록 만든다. 만약 삶이 처음-가운데-끝으로 이루어진 궤도라면, 누군가의 삶이라는 태피스트리에 새로운 색이 필요해질 때 무슨 일이 일어날까?

리사 콩던은 《눈부신 자유A Glorious Freedom》라는 책에 나이가 들어가는 경험을 반영했다. 콩던은 마흔에 일러스트레이션에 뛰어들어 마흔둘에 글을 쓰기 시작했고 마흔넷에 첫 책을 출간했다. 그리고 마흔다섯에 결혼했다. 본인을 '늦깎이' 인간이라 표현한 콩던은 비슷한 운명을 타고난 다른 사람들을 찾아나섰다. 그의 책에는 눈물을 훌쩍이며 중년을 맞이하지는 않겠노라는 여성들의 이야기가 끝없이 펼쳐진다. 출판계에서 30년 경력을 쌓은 저명한 작가이자 잡지 에디터인 스테파니 영 같은 여성들이다. 어느 날 그가 오랜 학교 친구와 센트럴파크를 거닐고 있는데 친구가 물었다. "절대로 실패할 가능성이 없다면 뭘 하며 살고 싶어?" 그는 잠시도 주저하지 않고 바로 대답했다. "직장을 그만두고 의대에 가고 싶어." 그리고 그는 쉰셋에 뉴욕의 삶을 접고 도미니카로 향했다. 미국 대학에서는 그가 의학 공부를 하기엔 '너무 늙었다'며 받아주지 않았지만 카리브해의 로스대학교에서는 그를 받아주었다. "마치 절벽에서 뛰어내린 것 같았어요. 하지만 그 낙하의 기분은 정말 끝내줬죠." 예순의 나이에 영은 의사로서 첫발을 뗐다.

콩던의 책에 실린 인터뷰를 읽으며 가장 신선했던 것은 "그럼 뭐 어때"라고 외치는 이 여성들의 넘치는 자신만만함이었다. 작가 캐럴라인 폴Caroline Paul은 마흔아홉에 서핑을 시작했다. "서핑은 나의 시간, 에너지, 자아를 활용할 만한 최선의 선택은 아닐지도 몰라요. 하지만 뭐 어때요." 서핑을 안 할 때는 서핑 동영상을 보거나 체육관에 가서 점프 연습을 했다. 마흔셋에 회고록 《와일드Wild》를 출간한 셰릴 스트레이드는 이렇게 썼다. "나이 드는 것에 대한 두려움은 자신의 힘이 젊음에 뿌리를 두고 있다는 잘못된 개념에서 비롯된다. 즉, 미모 같은 것 말이다. 그런 생각은 거짓이라고 조언하고 싶다. 우리의 힘은 한 번도 미모에서 비롯된 적이 없다. 그 힘은 우리가 삶을 살아가는 방식에서 나온다."

콩던의 책에 등장하는 여성들은 셰릴의 말이 사실임을 증명해주었다. 여든둘에 철인 3종 경기를 완주한 마돈나 버더Madonna Buder 수녀나, 일흔둘에 콜라주 예술가가 된 여성, 쉰에 번창하던 치과를 팔아버리고 전업 작가가 된 조이 가레마니Zoe Ghahremani, 일흔여섯에 처음 붓을 집어 든 모지스 할머니. 이 여성들은 인생의 경로를 바꿀 때 나이를 걸림돌로 생각하지 않았다. 그 어떤 분야도 금단의 구역이라 생각하지 않았다. 한 여성이 인터뷰에서 말한 것처럼 "무엇이든 할 수 있다"라는 가능성에는 중독성이 있다. 파올라 잔투르코Paola Gianturco의 경우가 그렇다. 쉰다섯에 광고업계 고위직을 내려놓고 1년간 안식년을 갖기로 한 그는 픽업트럭에 몸을 싣고 카메라로 "해가 지는 풍경을 찍었다." 그리고 그 순간이 어느 때보다 행복함을 깨닫고 영영 예전 자리로 돌아가지 않았다.

자연스럽게 점차 다가오는 중년의 저점에 관한 연구는 셀 수 없이 많고, 이는 침팬지·오랑우탄 등 유인원에게서도 발견되는 현상이다. 이는 중간 지점에서 바닥을 찍고 완만하게 다시 올라가는 U자 형태의 패턴을 그린다. 나이 드는 것이 점점 쉬워진다는 이야기가 아니다. 사실 건강에 대한 걱정이나 경제적 고민 등 많은 사람이 나이가 들수록 더 힘든 일을 겪는다. 하지만 무슨 이유에서인지 사람은 노화를 점점 더 포용하게 되고 안타까운 마음은 점차 줄어든다. 인상주의 화가 일로나 로이스 스미스킨Ilona Royce Smithkin은 아흔다섯에 이런 말을 했다. 자기 자신의 성취를 인정하기 시작한 것은 80대에 들어선 이후부터라고. "행복해지는 방법은 여러 가지다. 한 가지 방법이 먹히지 않는다면 다른 것을 시도하면 된다. (…) 삶에는 문이 여러 개 있고 잠재력도 무한하다. 당신은 그것을 열기만 하면 된다."

나는 스쿠터를 타고 파리 거리를 누빈다. 전업 학생이 된 내 가방은 원단, 패턴 제작 재료들과 초크로 터질 듯하다. 나는 에리히 프롬의 '존재' 개념에 착수하기 위해 패션 공부를 하는 중이다. 무언가를 하기 위한 행위 그 이상도 이하도 아니다. 프롬은 목적 지향적 문화의 심화를 경고했다. 한때는 순수한 사랑이나 기쁨으로 추구하던 활동들이 어떤 중요한 목표나 목적이나 경제적 이익을 추구하기 위한 행위로 전락한다는 것이다. 일례로 이제 우리가 책을 읽는 이유는 자기 웹사이트의 검색 순위를 높이기 위해서나 연봉 인상을 위한 적극성을 연마하기 위해서, 기업가나 유명인의 비법을 배워 언젠가 그들 같은 존재가 되기 위해서다. 내가 패션을 추구하기로 결정한 이유는 절대로 입을 일 없는 옥양목 드레스를 만들고, 판지 폴더에 간직할 바비 인형 크기의 드로잉을 수백 개씩 그리는 일의 무용함 때문이다.

얼마 지나지 않아 우리는 테드와 재키를 만나고 그들의 삶에 휩쓸려 들어간다. 테드와 재키는 파리에 사는 작가로, 테드는 유명 매체에 복잡한 현안에 대한 긴 기사들을 쓰고 그의 아내 재키는 첫 소설을 쓰면서 동시에 블로그를 열심히 운영 중이다.

두 사람은 교차로를 마주하고 선 정통 오스만식 건물 2층에 살고 있다. 도로 바로 앞이지만 놀라울 정도로 조용한 그 집에서 우리는 보모와 막 공원에서 돌아온 그들의 네 살배기 아들을 만난다. 아파트 벽에는 책들이 줄지어 꽂혀 있고, 남는 방의 옛날식 학교 책상에서 두 사람은 창 아래 거리를 내다보며 나란히 앉아 글을 쓴다.

그들은 저녁을 황급히 준비하는 중이다. 어찌나 바삐 상을 차리는지 접시를 거의 우리 무릎에 던지다시피 한다. 주방에선 목소리를 낮춘 말소리, 식기세척기를 탁 닫는 소리가 들려온다. "두 시간 전에 내가 도와달라고 했을 때 도와줬으면 좋잖아!" 재키가 말한다.

감자 요리는 너무 오래 구워 딱딱하고, 버터용 나이프도 보이지 않고 스푼도 없다. 수프 그릇은 식탁 한가운데 아무렇게나 놓여 있다. 테드는 우리 두 사람에게 친절하게 와인을 따라주며 긴장감을 가라앉히려 한다. 그는 재키가 오후에 블로그 글을 쓰느라 만찬을 준비할 시간이 부족했다고 농담하듯 말하지만 재키의 반응을 보니 뼈가 있는 말인 것 같다.

재키는 온라인 잡지 기고 일을 최근에 그만두었다고 한다. "정말 형편없는 일이었어요." 테드가 얼굴을 찌푸리며 말한다. "파리에서 엄마가 아이들과 할 수 있는 일들에 대한 글을 썼는데, 아니, 파리에 사는 사람 중에 남이 자기에게 뭘 해야 할지 가르쳐주길 바라는 사람이 어딨어요? 그만두길 백번 잘했지." 그가 말하며 잠깐씩 재키 쪽을 보면, 재키는 비참한 얼굴로 고개만 끄덕인다.

"솔직히 오늘 정말 힘든 하루를 보냈어요. 편집자가 새벽 6시에 전화해서 아직 완성 못한 원고를 달라는 거예요." 테드는 잠깐 창밖을 내다보며 말한다.

테드는 일 때문에 이스탄불에서 앤트워프까지 유럽 전역을 돌아다녔다. 오래 집을 떠나는 일이 잦지는 않지만 언제든 떠날 일이 생길 수 있고, 그것은 곧 재키가 아들을 학교에서 데려와야 하며 아들을 위해 늘 대기해야 한다는 뜻이다.

그로부터 며칠 뒤 재키와 함께 센 강변을 걸었다. 재키가 말한다. "며칠 전 테드한테 그의 성공 때문에 씁쓸하진 않다고 말했어요."

"아, 그래요?"

"그게, 내가 희생했다는 건 알아요. 그이처럼 일에 시간을 쏟아부을 수 있었다면 나도 성공할 수 있었겠죠. 지금쯤이면 소설도 완성했을 거고. 하지만 우리에겐 각자 의무가 있는 거니까. 돌보아야 할 아이가 있고. 누군가는 장을 봐야 굶지 않겠죠."

"네." 나는 얼굴을 찌푸리며 말한다.

그 주 주말에 우리는 파리 외곽의 석조 저택에 방을 빌려 여행을 떠난다. 숲으로 산책을 갔다가 테드와 잰이 뒤에서 걸어오는 동안 나는 재키와 함께 유모차를 밀며 앞서 나간다.

"이 숲엔 300년 넘은 나무들도 있어요." 재키는 말한다. 우리는 위를 올려다보지만 한낮의 햇살을 받은 나뭇가지의 꼭대기는 잘 보이지 않는다. 이 거대한 종자들의 나뭇가지들이 만든 지붕 아래는 서늘하고 축축하다. 나는 아이들의 다리 위로 담요를 끌어당기고 몸을 떨며 빛을 찾아 위를 올려다보지만, 나무 지붕은 몇 킬로미터나 떨어져 있는 것치곤 너무도 두텁고 커 보인다. 화창한 날인데도 이 그늘 아래에선 냉기가 살갗을 파고든다. 나는 선글라스를 벗고 땅에 생긴 웅덩이들을 들여다보며 파리에 마지막으로 비가 온 게 언제였는지 기억해보려 한다. 흠뻑 젖은 나뭇잎들이 우리 발 아래서 철벅이고, 지난번에 가보았던 정원과는 달리 이곳에는 장미도 꽃을 피운 관목도 없고, 오직 젖은 잎과 물웅덩이뿐이다.

"저렇게 가지가 거대한 나무 밑에서는 아무것도 자랄 수 없을 거예요. 나무들이 빛을 다 흡수해버리잖아요." 내가 말한다.

"맞아요. 작은 것들은 햇빛을 받을 수 없으니 피어나질 못하죠. 저 나무들도 힘겨워 보여요. 언제나 빛을 받으려고 경쟁해도 충분히 받을 수가 없어서 다른 큰 나무들만큼 자라지 못하나봐요."

나는 수령이 긴 자작나무 아래 갇힌, 가지가 예쁜 자작나무를 가리키며 말한다. "만약 여기 있는 이 나무가 저 연못 근처로 100미터만 자리를 옮길 수 있다면…" 나는 쏟아지는 한낮의 태양으로 환히 빛나는 빈터를 가리키며 말한다. "지금보다 두 배는 자랐을 거예요. 하지만 이 자리에선 평생 더 큰 나무들과 경쟁해야 하죠. 큰 나무들은 작은 나무가 자라나게 놔두질 않네요."

우리 역시 빽빽한 숲에서 빛을 받으려고 경쟁하는 나무들과 비슷하다는 생각이 든다. 때로 우리 주위를 둘러싼 사람들, 우리가 받아야 할 빛을 빼앗는 누군가 혹은 무언가 때문에 자라지 못할 수도 있다. 인간관계는 좋게든 나쁘게든 우리에게 영향을 준다. 우리는 홀로 서 있지 않기 때문이다.

13장

탄생과 죽음

(　　　　프랑스　　　　)
(　　　　파리　　　　)

우리의 허리를 꺾고 쓰러지게 만드는 시간이란 것의 끔찍한 부담을

느끼지 않기 위해, 우리는 줄곧 취해 있어야 한다.

하지만 무엇에 취해 있을 것인가?

와인, 시, 미덕. 원하는 것을 찾으면 된다. 취해 있으라.

– 샤를 보들레르

우리는 파리에서 남쪽으로 세 시간을 달려 성으로 향한다. 바지에 감청색 블레이저를 걸친 성 주인이 진입로를 달려 나와 우리를 반긴다. 헨리는 파리에 사는 캐나다인으로, 몇 년째 보수 중인 자기 성에서 주말과 휴일을 보내길 좋아한다. 허물어지려는 벽 앞의 현대 예술품처럼 20년 된 그의 분홍색 컨버터블 롤스로이스가 임시 차고에 세워져 있다. 헨리는 자기 성에서 열리는 일주일씩 파티를 열고, 고가의 와인을 사들이고, 이 파티에서 저 파티로, 혹은 이런저런 행사에 참석하기 위해 여행을 다니는 걸로 유명하다. 성 내부에는 오스트레일리아인 건축업자가 빠듯한 예산으로 천정의 페인트를 벗겨내며 상근 중이다. 그사이 우리 친구들 – 오스트레일리아인 부부와 세 살배기 아들 – 은 보수한 동에서 지내는데 페인트를 창틀 위로 발라 창을 열 수 없는 방이다.

그리스 철학자 아리스티포스는 쇼핑이나 여행 같은 호사를 사랑했다. 아리스티포스가 보았다면 프랑스의 성과 고급 스포츠 재킷을 사들이는 헨리를 칭찬했을 거다. 헨리가 친구들과 식사할 때 1000달러짜리 레드 와인을 따는 것도 사회적 선행으로 보며 박수를 보냈으리라.

올림픽 때문에 그리스를 찾았던 아리스티포스는 철학자들의 지도자 소크라테스를 간절히 만나고 싶어 열심히 수소문했다. 그러나 소크라테스를 찾아 아테네로 떠날 때만 해도 자신이 그의 제자가 될 운명인 줄 몰랐다.

즐거움을 사랑하는 쾌락주의자 아리스티포스는 결국 이런 삶의 철학 때문에 스승 소크라테스와 충돌했다. 소크라테스는 지혜와 배움을 궁극의 선으로 보았기 때문이다. 아리스티포스에겐 즐거움이 궁극의 목표였고, 이 목표는 모든 상황을 자신에게 이익이 되도록 만들려는 사람에게 당연할 뿐만 아니라 현명한 것이었다. 아리스티포스는 소크라테스 제자들 가운데서 처음으로 철학을 가르친 대가로 돈을 받은 사람이었다. 고급 재킷과 값비싼 와인을 사려면 돈이 필요하지 않은가! 훗날 아리스티포스는 쾌락주의의 키레네학파를 창시했고, 학파의 이름은 그의 출생지 키레네에서 딴 것이었다.

성의 주인 역시 쾌락주의자이고, 탐미주의자이며, 즐거움을 사랑하는 사람이다. "삶의 예술은 찰나의 즐거움을 붙잡는 데 있다"라고 아리스티포스는 썼다. "가장 강렬한 즐거움은 지적인 것도 아니고 언제나 도덕적이지도 않다."

우리는 주방에서 전문 커피숍에서나 사용하는 고급 커피 머신으로 커피를 내린다. 새로 페인트칠을 한 그의 주방은 바스러지고 있는 돌 때문에 기이한 모던함을 풍긴다. 하지만 돌바닥은 원래 성에 깔려 있던 그대로이고, 천장의 몰딩에는 물 자국이 보이며, 그 주변 페인트 색이 짙어져 있다.

헨리는 케일과 박하를 섞어 만든 걸쭉한 건강 음료를 우리에게 건네고, 우리는 아이들이 일찌감치 나가버린 눅눅한 옆방에 어색하게 서서 음료를 마신다. 마룻장 사이가 벌어지며 생긴 구멍과 우물, 지하감옥이 나는 좀 걱정된다. 건물이 네 동이나 되는 성의 거대한 규모 때문에 아직도 성벽 전체가 수리 중이다. 건물 외벽은 간신히 지탱 중이며 열쇠 구멍들은 위를 향해 노출돼 있다.

헨리는 썩어가는 피부처럼 페인트가 벗겨지고 있는 성의 골조를 구경시켜주기 위해 우리를 데리고 투어에 나선다. "이 성을 소유했던 가문은 성을 허물어버릴 예정이었어요. 수리를 제대로 하려면 그리스 신화의 테세우스 배(고대 그리스의 전설적인 배로, 오랜 세월에 걸쳐 배의 부품들이 모두 바뀌어도 이 배가 테세우스의 배인가 하는 철학적 문제를 제기할 때 인용된다 — 옮긴이) 같은 전면적인 수리가 필요하니까요." 나무판자 하나까지 모두 교체한 테세우스의 배처럼 성의 창문틀, 문, 내력벽이 모두 한 부분씩 차례차례 교체됐다. 지붕 하나에만 거금 20만 유로가 들었다. 주방을 현대식으로 고치고 화사하게 페인트칠을 했음에도 불구하고 마치 죽음의 향수를 뿌린 듯 고성은 몸에 밴 과거를 떨쳐내지 않는다.

캐나다인 헨리는 이 성이 자신이 자라온 환경과 소프트웨어 사업 커리어와 어우러지도록 재창조되길 바란다. 그러나 성은 이끼 낀 땅에 스며든 독자적인 생각이 있는 것 같다. 아무리 개조하고 새로 칠하고 부속물을 교체해도 근본을 버리지 않을 듯싶다. 우리 역시 새 옷으로 갈아입고 차를 신형으로 바꾼다 해도 우리의 대부분은 오랜 세월, 오랜 시간 그대로 남는다. 그리고 우리가 태어난 순간, 그 시작점부터의 우리가 있다. 유전자의 배열, 타고난 성격, 외모, 목소리, 미소, 두려움과 열정. 이 성도 마찬가지다. 우물, 지하감옥 같은 숨겨진 이면, 석조 성벽, 북서향의 입지에다 이웃 저택들을 거느린 이 성도 바꿀 수 있는 부분은 한정돼 있다. 이미 새 주방과 커피머신을 자랑하고 새로 올린 슬레이트 지붕도 6월 중순 한낮의 햇살 아래 반짝이고 있지만 이 성은 새로운 성일까, 그저 부분 부분을 교체한 같은 성일까?

우리는 소풍 돗자리를 깔고 햇살 아래 샴페인을 마신다. 빈백 의자와 프랑스식 소파가 우리 주위를 둘러싸고 있고, 촉촉한 땅에는 페르시안 카펫이 깔려 있다. 풀밭에 앉은 사람들과 숲의 그네 위로 성 건물이 그림자를 드리운다. 이제 성은 새로운 역사와 새로운 얼굴을 목격하는 중이다. 우리 역시 소유한 것들을 발전시키고, 광 내고, 부분적으로 교체하고, 유지하고, 잘 관리할 힘을 지녔다. 그러는 동안에도 이 고성처럼 우리의 역사, 사는 곳과 태어난 시기, 이웃과 친구들 속에 우리는 뿌리 박혀 있다.

이 사실은 지워질 수 없고, 그래서도 안 된다.

해가 넘어가는 동안 우리는 풀밭에서 음료를 마시고 과일과 치즈를 집어먹는다. 3층 창문에서 음악이 흘러나오고, 헨리가 창가에서 허공에 주먹을 휘두르고 박자에 맞춰 어깨를 돌리며 춤을 춘다. 나는 종일 뛰어다니다가 지친 딸들을 새로 페인트칠한 침대에 눕히고 환기를 위해 창을 열어둔다. 아래쪽에서는 잰과 다른 사람들이 이야기하고, 소리 지르는 소리, 술병 부딪히는 소리, 노랫소리, 점점 커지는 빠른 박자의 음악 소리가 들려온다. 나는 반쯤 무너져내리는 중인 이 성의 끝없이 긴 복도 3층에 아이들만 두고 가는 게 걱정돼 같이 잠자리에 든다. 잠 속으로 빠져드는 중에도 아래층에서 쿵쿵 울리는 발소리, 벽장이 열리고 닫히는 소리, 비명 소리, 풀밭에서 술병들이 쨍그랑 부딪히는 소리가 들려온다. 그리고 잠에서 깼을 땐 몇 시인지는 몰라도 불길한 고요뿐이다. 왜인지 심장이 빠르게 쿵쾅거린다.

키르케고르의 《인생 길의 여러 단계Stages on Life's Way》 중 〈와인 속에 진실이 있다In Vino Veritas〉 편에서 한 무리의 술꾼들이 순간을 즐기는 즉흥적인 잔치를 열었다. 계획됐던 것도 아니고 지속적으로 유지할 것도 아니었던 그 잔치는 삶의 덧없음을 대변하는 자리였다. 그 밤의 마지막에 모든 것이 파괴됐기 때문이다. 잔치를 열었던 콘스탄틴은 잔치가 끝났음을 알리기 위해 상징적으로 유리잔을 벽에다 집어던졌다. 누가 봐도 헨리는 기막히게 좋은 시간을 보내고 있는 것 같다. 그러나 쾌락주의자가 더 윤리적인 존재로 이행하지 않는 한 삶은 절망으로 이어진다는 사실을 키르케고르는 그 글에서 시사한다.

어떤 사람들은 마지막 순간까지 파티만 하는 일에 만족할 수 없고, 나 역시 진심으로 동의한다. 하지만 모두 나와 같은 마음은 아닐 것이다.

신탁 자금, 꾸준히 지급되는 연금, 높은 수익을 올리는 잘생긴 남성으로 태어난 행운을 거머쥔 헨리처럼 탐미주의자가 될 수단을 갖춘 사람은 그런 삶을 살 만한 복을 타고났다고 할 수도 있겠다. 하지만 그런 경우라도 탐미주의적 삶에는 노력이 필요하다. 새로운 즐거움을 찾아야 하고, 새로운 성취에 대한 전략도 세워야 하고, 즐거움을 줄 다음 목표물을 쉬지 않고 찾아야 한다. 그것이 귀하고 화려한 골동품이든 새로운 여행지든 새로운 친구든 간에. 쾌락주의자가 추구하는 것들에는 점점 더 많은 시간과 막대한 돈이 들기 때문에 자금이 끊이지 않고 계속 흘러들어올 수단도 찾아야 한다. 그 끝없는 추격에 지쳐 과도한 즐거움을 누리는 삶에 멀미를 느끼는 사람도 있으리라. 쇼펜하우어는 "좋은 물건들을 소유하거나 그에 대한 특정한 기대를 품으면 요구치가 높아져 더 많은 것을 소유하고 더 큰 기대감을 품으려 하게 된다"고 말했다.

점점 더 큰 즐거움으로 행복을 얻으려다 보면 행복의 수준을 그저 유지만 하는 데도 점점 더 큰 즐거움이 필요해진다. 성과 롤스로이스가 주는 황홀감이 가라앉고 1000달러짜리 와인이 당연한 게 되면 더 큰 즐거움을 찾아내야 한다. 억만장자들이 쾌락주의의 마지막 수단으로 우주여행을 선택하는 것이 바로 이런 이유 때문이다. 지구에서 누릴 수 있는 것들을 다 누린 뒤, 그다음으로는 뭘 할까? 화성 이야기는 들어들 보았으리라.

"약물에 적용되는 이치는 어느 정도까지는 다른 모든 형태의 흥분에 똑같이 적용된다"라고 버트런드 러셀은 《행복의 정복The Conquest of Happiness》에 밝혔다. "흥분되는 일이 너무 많은 삶은 피곤한 삶이다. 그런 삶은 즐거움의 본질로 간주되는 황홀감을 느끼기 위해 지속적으로 더 강한 자극이 필요하다. 과도한 흥분감에 익숙해진 사람은 병적으로 후추를 갈망하는 사람과 비슷하다. 그런 사람은 다른 사람들은 숨이 막힐 정도로 후추를 많이 뿌려도 그 맛조차 느끼지 못한다. 과도한 흥분을 피하려면 어쩔 수 없이 어느 정도의 지루함은 감수해야 한다. 과도한 흥분은 건강에도 좋지 않을 뿐 아니라 모든 유형의 즐거움에 대한 미각을 둔화한다. 그래서 깊은 곳에서부터 우러나오는 만족감 대신 얕은 자극을, 지혜 대신 교묘함을, 아름다움 대신 자극적인 놀라움을 추구하게 한다. (…) 지루함을 견디는 고유한 힘은 행복한 삶의 필수 요소다."

17세기 사색가 스피노자 역시 황홀감에 취한 삶에 비판적이었다. 그 주된 이유는 그런 삶은 순수한 선, 즉 지식에 집중하는 일을 방해하기 때문이었다. 스피노자는 쾌락주의가 우리의 자존감, 육체적·정신적 힘을 약화한다고 보았다. 달리 말하면 먹고 마시고 노는 삶에 중독되기 쉽고, 과음과 경망한 행동은 우리를 소란스럽고 엉망인 상태로 만들 수 있다는 것이다. 무엇이든 적당한 게 좋다는 말도 있지 않은가.

《유한계급론The Theory of the Leisure Class》에서 부유층의 행동을 연구한 소스타인 베블런은 원하는 것을 무엇이든 살 수 있는 부자들도 사회적 지위를 위한 끝없는 힘겨루기 때문에 불행하다는 결론에 도달했다. 부자들은 일을 하지 않아도 된다는 것을 확실하게 과시하기 위해 비생산적인 욕구를 갖게 된다. 이를테면 골프를 친다거나 쓸데없이 호화로운 파티를 여는 것이다. 이렇게 공허한 것을 추구하면 기술이나 이해력이 깊어지기 어렵고 따라서 어쩔 수 없이 진정한 행복에서 멀어질 수밖에 없다. 헨리 데이비드 소로가 말했듯, "모든 경험의 가치는 측정 가능하다. 물론 그 측정 기준은 벌어들인 돈이 아닌 우리가 그 경험에서 이룬 발전의 정도다."

요즘의 심미적 삶은 옛날보다 한 발 더 나아가 쾌락으로 인한 불안까지 동반한다. 소셜미디어에서 다른 사람들이 나보다 더 즐거운 삶을 사는 듯 보이면 우리는 불안해진다. 안데스산맥에서 스키를 탄 뒤 활짝 웃는 사진을 기껏 올렸는데, 다른 사람들이 코스타리카에 여행 가서 방울뱀과 함께 느긋하게 노는 모습을 보면 김이 확 샌다.

성은 죽음과 같은 적막에 빠져든다. 나는 침대에서 빠져나와 창가로 다가간다. 바깥의 불빛이 풀밭 위의 술병, 접시, 돗자리 위로 음울하고 창백한 빛을 드리우지만 사람의 흔적은 없다.

나는 창틀에 걸터앉아 다들 어디로 갔을지 생각해본다. 이 성의 방 개수를 고려하면 가능성은 마흔 가지가 넘는다. 잠든 아이들을 쳐다보고 있자니 무슨 이유에선지 일본어로 '선禪'을 뜻하는 '쇼지'라는 용어가 떠오른다. 번역하면 대략 '탄생 – 죽음'으로, 탄생과 죽음 사이엔 작은 줄표 말고는 구분이 없다. 우리는 삶의 건너편과 얼마나 가까이 붙어 살고 있는가.

파티를 즐기던 사람들이 전부 죽었다면 어떻게 될지 생각해본다. 강에 빠져 죽었거나, 나무에 걸린 그네를 타다 줄에 목이 졸렸거나, 발을 헛디뎌 거대한 성의 지하실로 굴러 떨어졌거나. 작게 들려오던 파티의 노랫소리도 촛불이 꺼지듯 사라졌다. 이제 아무 소리도 들리지 않는다.

그때 잰이 문을 살짝 연다. "그 남자가 날 죽일 뻔했어. 갑자기 나를 붙잡더니 풀밭에 던지는 거야."

얼마 후 나는 잰이 다른 오스트레일리아인 이야기를 하고 있다는 걸 알게 된다. 우리 방으로부터 방 스무 개쯤 떨어진, 성의 다른 동에 그의 아이가 잠들어 있다.

"왜? 그래서 뭐라고 했어?"

"아무 말도 안 했어. 우린 이야기하던 중도 아니었어." 젠이 얼른 대답한다. "그냥 갑자기 일어나더니 나한테 덤비는 거야. 그렇게 둘이 뒤엉켜서 숲 쪽으로 굴러 내려갔어."

"그동안 다른 사람들은 뭘 했는데?"

"아무것도. 사람들은 우리가 장난 치거나 운동을 하는 줄 알았는지 그냥 술만 마셔댔어. 하지만 그 남자가 무릎으로 내 목을 짓눌렀다고. 숨을 쉴 수도 비명을 지를 수도 없고, 다른 사람들한테 도와달라고 말도 못했어. 다들 너무 멀리 있었거든. 그 남자를 밀어낼 힘을 간신히 끌어 모으지 못했다면 살아 돌아오지 못했을지도 몰라. 그러다 그 사람 손가락뼈가 완전히 탈구됐어."

"뭐?" 나는 믿을 수 없다는 듯 말했다.

"그 남자가 아프다고 소리를 질러댔고, 그래서 내가 다시 각도를 맞춰서 꽂아넣었어. 내일 아침에 그 남자 여자친구가 날 보면 화를 낼 거야."

"그래, 그러겠지."

나는 파리의 큰 개인 병원에 와 있다. 임신 주수가 각기 다른 여자들이 줄지어 앉아 있고, 나는 그 뒷줄에서 기다린다. 우리는 이곳에서 '쇼지' 중 '탄생'을 인내심을 가지고 기다리는 중이다. 마찬가지로 아기도 세상에 나올 차례를 기다리고 있다.

처음으로 3개월 된 아기가 내 뱃속에서 자라는 과정을 지켜보는 거다. 며칠 연속 뒤숭숭한 꿈을 꾸며 자다 깨다 하는 밤을 보냈더니 피곤하다. 대기실에서 편안하게 잡지를 읽는 다른 여자들은 느긋해 보인다. 그에 반해 나는 탄생 - 죽음이라는 방정식의 앞부분이 되고자 시도 중인 아이를 본다는 사실에 안절부절못한다.

불교 선사인 프랭크 오스타세스키Frank Ostaseski는 30여 년 동안 죽음의 문턱 앞에 선 이들 수천 명과 함께 해왔다. "후회만 가득한 상태로 죽음을 맞이하는 사람들도 있고, 완전히 만개한 상태로 경이로움에 차서 그 문턱을 넘어가는 사람도 있다." 그렇게 가까이에서 죽음을 생각하며 오스타세스키는 죽음을 대하는 원칙을 세웠고, 놀랍게도 죽음을 대하는 원칙이 진실한 삶을 살아가는 지침과 놀라울 정도로 밀접하다는 사실을 깨달았다.

오스타세스키가 강조하는 죽음을 대하는 원칙 중 하나는 '기다리지 말 것'이다. "가만히 귀 기울여 들어보면 우리 귀에 '기다리지 마'라는 메시지가 들려옵니다"라고 그는 강조한다. 살날이 몇 주 혹은 몇 시간, 심지어 몇 초밖에 남지 않은 죽어가는 사람들 곁에서 오스타세스키는 우리 모두 조금만 서둘러 하고 싶은 일에 뛰어들어야 한다는 깨달음을 얻었다. "기다리지 마세요." 우리에겐 시간이 충분하지 않기 때문이다. 그는 '인내'라는 말을 깊이 사색한 선불교 선사 스즈키 순류의 말을 인용한다. "이 말은 우리가 어떤 상황이 더 나아지길 기다리고, 무언가 더 좋은 일이 생기길 기다리고 있음을 암시한다." 삶의 유한성을 인식한 순간 우리는 조바심을 발동해야 한다. 우리가 삶을 어떻게 살아가고 있는지, 가장 중요한 것들을 우선적으로 하고 있는지 유심히 살펴야 한다. 너무 상투적인 말일지도 모르겠으나 만약 살 날이 몇 주밖에 남지 않았다면 당신은 어떤 것을 바꾸려 할까? 오스타세스키는 일상에서 이런 생각을 더 많이 해보라고 제안한다. 사람은 급해져야 움직인다. 바꾸어 말하면, 우리는 늘 하고 싶었던 것을 시작할 수 있도록 약간의 조바심을 가져야 한다. 물론 무엇이든 일단 시작한대도 시간이 걸린다. 우리의 재능을 보살피고 길러내기 위해선 인내심이 반드시 필요하다. 하지만 적어도 그 여정을 시작은 해야 하지 않는가. 시작의 적기는 바로 지금이다.

이런 주장은 세네카의 생각과 일치한다. "우리에게 주어진 시간은 결코 짧지 않다. 단지 우리가 그 시간의 대부분을 낭비할 뿐이다. 삶은 충분히 길고, 그 시간을 온전히 투자한다면 아주 위대한 것들을 성취할 정도로 충분한 시간이 우리에게 주어졌다. 그러나 그 시간을 호화로운 생활과 경솔한 행동으로 낭비하고 좋은 목적에 쏟지 않으면, 결국 시간이 흘러간다는 것을 채 인식하기도 전에 다 흘러가버렸음을 알아차리게 된다. 그런 것이다. 우리가 받은 삶은 짧지 않지만 그것을 짧게 만드는 것은 우리 자신이고, 우리에게 시간이 부족하지 않지만 그것을 낭비하는 것도 우리다."

약속된 시간에 나는 휑뎅그렁한 방으로 안내를 받고, 뒤로 젖혀지는 의자에 앉는다. 맞은편 벽면에 영화관처럼 커다란 스크린이 걸려 있고, 하얀색 기계와 코드들이 옆에 배치돼 있다. 기계들과 같은 흰색 가운을 입은 의사가 내 배 위에 젤을 문지르고 초음파 기계와 연결하며 조용히 준비를 한다.

우리는 그렇게 그 순간의 영화를 기다린다. 곧 아기의 삶이 영화 스크린에 나타날 것이다. 숨겨져 있던 아기의 동굴은 영화를 간절히 기다리는 관객의 무대다. 아들일까 딸일까? 아기의 크기나 손과 팔과 다리는 정상일까? 심장박동 속도도 괜찮을까?

아기는 모든 방향에서 관찰되고 측정되고 평가되겠지. 의사는 아기를 양옆으로 움직여보고, 더 좋은 각도를 확보하려 내 배를 살짝 압박하며 잠든 태아를 깨워 이런저런 요구를 할 것이다.

오스타세스키가 죽어가는 사람들 옆을 지키며 깨달은 두 번째 원칙은 "모든 것을 받아들이고 아무것도 밀어내지 말라"는 것이다. 우리에게 생기는 일을 꼭 좋아해야 할 필요는 없다. "받아들이고 거부하는 것은 우리의 일이 아니다."

오스타세스키는 우리가 확실한 것, 익숙한 것을 좋아한다는 점을 지적한다. "우리는 각자 선호하는 바가 충족되길 원한다"고. "사실 우리는 대부분 우리가 원하는 것을 얻고 원하지 않는 것은 피하는 게 행복을 보장하는 방법이라고 배웠다. 그러나 살아가다 보면 어쩔 수 없이 예기치 않은 일이 생긴다. 원치 않는 이사, 실직, 가족의 투병, 반려동물의 죽음 등은 우리가 온 힘을 다해 밀어내고 싶은 일들이다. 불안정한 상황에 직면했을 때 우리의 첫 반응은 대개 거부다. 우리는 삶의 이 어려운 부분을 마치 불청객 대하듯 쫓아버리려고 한다. 이런 상황을 환영하는 일이란 불가능하거나 현명하지 않은 듯하므로."

그렇다면 오스타세스키는 삶이 당신을 마음대로 짓밟고 지나가게 내버려둬도 된다는 말을 하고 싶은 걸까? 제일 친한 친구가 남편을 빼앗아가고, 직장 상사가 당신이 하지도 않은 일로 당신을 비난해도 그냥 그러려니 하고 모든 걸 감수해야 할까? 결코 아니라고 오스타세스키는 말한다. 우리 주위에서 일어나는 일들을 열린 마음으로 받아들이는 자세는 우리에게 선택지를 쥐여준다. "우리가 마주치는 일이 무엇이든 그것을 발견하고 살펴보고 기술적으로 대응하는 법을 배울 자유가 우리에게 있다. 삶의 어떤 부분이든 거부하는 것으로는 자유를 얻을 수 없다. 받아들이는 자세는 유쾌하지 않은 상황에 대처하는 능력을 동반한다. 그 연습을 통해 우리의 웰빙이 외적 현실에서 일어나는 일에 전적으로 달린 것이 아니라 우리 내면에서 발생하는 것임을 서서히 알아가게 된다."

오스타세스키는 그것을 '두려움 없는 포용'이라고 부른다. 죽어가는 환자들과 함께 지내는 동안 그는 이것을 경험했다. 암울한 진단을 받거나 생명 연장을 위해 할 수 있는 게 아무것도 없음을 알고도 삶의 마지막 날들에 피어날 수 있었던 이들은 도망치지 않고 모든 걸 있는 그대로 받아들인 사람들이었다.

내 배 위에 뿌린 젤이 차갑다. 눈앞의 스크린에 펼쳐진 방은 내가 누운 이 공간보다 더 넓어 보인다. 나는 두 눈으로 그 공간의 둘레를 재고, 선과 가로 줄과 까만 얼룩 같은 것들을 찾아보고 살펴보며 의사가 본 것을 설명해주길 기다린다.

의사의 손길이 느려지더니 갑자기 하던 일을 멈추고 방의 다른 쪽 끝으로 가서 환자 기록을 펼쳐 든다.

나는 화면을 들여다보지만 하얀 바탕에 마치 연필로 그려놓은 털실 뭉치처럼 회색 선들이 엉켜 있을 뿐이다. "몇 주 차인가요…?" 잰이 화면을 보다 말끝을 흐리며 묻는다.

침묵. 잰이 다시 묻는다. "너무 작은 거죠, 그렇죠?"

의사가 뒤쪽 벽을 향해 고개를 끄덕인다. 그리고 눈을 가늘게 뜨고 다시 화면을 보더니 6주쯤 돼 보인다고 말한다.

나는 아직도 이해를 못 하고 있다. 그러다가 6주는 12주보다 훨씬 짧은 기간이라는 걸 깨닫는다. 그게 무슨 뜻이지? 나는 방정식의 두 번째 부분, 하이픈의 다른 한쪽에 있는 그것을 감지한다. 입에서 모래가 씹히는 것 같다. 아직도 의사는 말이 없다. 왜 그는 내게 아무 말도 하지 않는가, 나를 포기한 건가. 서류를 작성하고도 말이 없다. 내 배 위에 바른 젤이 마르는 느낌이다. 작은 동굴, 그 조그마한 무덤은 여전히 그렇게 노출돼 있다.

나는 흥분한 상태로 초음파 사진과 서류 뭉치와 연필을 품에 안듯 받아들고, 축복받은 여자들이 앉아 있는 복도를 가로지른다. 별실에서 우리는 제거 절차에 대해 이야기를 나누고, 나는 영영 그칠 수 없을 것 같은 울음을 터뜨린다.

오스타세스키가 말한 죽음의 세 번째 원칙은 "경험에 온전히 투신하라"는 것이다. 고통스럽고 나약해지는 힘든 시간들이 가장 귀하다는 게 그의 생각이다. 우리는 누구나 멋지고 능력 있고 강한 모습으로 보이고 싶고, 옷도 잘 입고 부유하고 유명한 사람처럼 보이고 싶지만 이런 절망, 분노, 무지함의 시간이야말로 정말로 의미 있는 순간이다. "우리의 모순되는 자질들을 인정하고 내면과 바깥세상의 부조화를 받아들여야 한다"라고 그는 강조한다.

'무엇이 당신을 행복하게 하는가?'라는 질문을 받았을 때, 사람들은 대부분 경제적 안정, 건강, 진심이 담긴 밥상, 가족이나 친구들과 보내는 시간 등을 나열할 것이다. "나는 빈 방에 혼자 앉아 있을 때 가장 행복해요"라고 말하는 사람은 거의 없다.

많은 이에게 행복은 상황과 연결돼 있다. "사람들이 친절하게 대해줄 때 행복해요. 돈을 많이 벌면, 경쟁에서 이기면, 휴가를 떠나면, 혹은 좋은 물건을 사면 행복해요." 행복이 즐거운 일이 생기는 상황과 맞닿아 있는 것이다. 즉, 즐거운 일이 없을 때는 행복의 반대 감정인 지루함, 실망감, 무기력함, 좌절을 경험하게 된다.

이런 사고방식이 행복에 대한 사람들의 흔한 오해라고 프랑스의 불교 승려 마티외 리카르는 말한다. 우리의 행복이 외부의 일에 좌우된다면 그것은 행복이 아니라 즐거움이라는 것이다. 우리는 초콜릿을 먹거나 해가 바다 너머 지는 모습을 보며 즐거움을 경험하고, 집을 사서 수리하고 직장에서 승진을 하며 즐거움을 느낀다. 그러나 즐거움은 자주 사용할수록 소모되는 성질이 있다. "즐거움은 거의 대부분 어떤 활동과 연결돼 있고 자연히 자꾸 반복하다 보면 지루함으로 이어진다. 즐거움이 반복되면 재미가 없어지고 심지어 염증을 느끼는 상황이 오기도 한다."

진정한 행복은 활동과 연결돼 있지 않다. 그보다는 오히려 존재의 상태에 가깝다. "일반적인 즐거움이 즐거움을 주는 대상과의 접촉으로 발생하고 그 관계가 망가질 때 끝나는 것이라면 (…) 지속적인 웰빙은 우리가 내면(의 본성)과 조화를 이루는 한 사라지지 않는다." 리카르는 행복은 꼭 배워야 하는 기술이지만 많은 사람이 경력을 '만들고' 가정을 이루어 성공하는 데만 열중하느라 행복 길잡이의 가장 기본적인 단계조차 익히지 못한다. 그래서 이타심, 인내심, 겸손을 발달시키는 것을 소홀히 하게 된다. "이런 자질은 결국 자연스럽게 익히게 될 거라고 스스로를 설득하거나, 그런 것들은 그리 중요한 것이 아니고 그런 것 없이도 지금껏 잘 살아왔다고 합리화한다." 그러나 다른 기술처럼, 행복은 주위에서 어떤 일이 일어나든 번영할 수 있는 정신과 자질을 열심히 연마해야만 누릴 수 있다.

14장

삶을 완성하는 여백

(스페인   )
(바르셀로나   )

당신을 행복하게 만드는 것에 시간을 더 많이 쓸수록
당신은 더 행복해질 것이다.
생각을 바꾸지 말고 행동을 바꿔야 한다.

－폴 돌란

16구의 우리 아파트 가구들이 포장돼 트럭에 실렸다. 나머지 세간은 우리 차에 싣고 아이들도 태웠다. 둘째는 얼굴이 하얗게 질려 울고 있다. 파리를 벗어나 남쪽으로 향하던 차가 밀리며 기어가기 시작하는데, 뒤에서 구역질하는 소리가 들리더니 둘째가 토한다. 누르스름한 토사물이 뒷좌석 유리와 앞좌석과 바닥에 쏟아진다. 그러나 이미 고속도로에 들어선지라 딱히 할 수 있는 일이 없다.

해질녘이 다 돼 숙소인 성에 도착한 우리는 계단을 올라 두 번째 동으로 향한다. 묘지처럼 고요하고 어두컴컴한 가운데 짐을 푼다. 테이블 램프의 흐릿한 불빛에 의지해 아이를 침대에 눕힌다. 내가 잠옷을 찾으려고 돌아서는데 몸을 뒤채던 아이가 한 바퀴 더 구르다가 쿵 하고 바닥에 떨어진다. 아래층에서 사람들의 동요가 느껴진다. 엄청 무거운 게 떨어지는 소리에 주인들이 무슨 일인가 하는 것 같다. 우리는 질겁해서 돌바닥에 누운 아이를 살피고 아이는 죽은 사람도 깨울 정도로 목청을 높여 운다.

아침의 첫 햇살에 창밖으로 해바라기 꽃의 바다가 눈앞에 펼쳐진다. 마치 살이 다 썩어버린 해골처럼 노란 뼈대만 남은 꽃들이다. 조식은 널찍한 식당에서 제공된다. 리넨 식탁보 위에 치즈, 크루아상, 빵, 햄과 코코아가 우아하게, 하지만 넘어질 듯 불안정하게 펼쳐져 있다. 식탁에는 우리 식구뿐이다. 검은색으로 변해가는 해바라기들을 보며 생각도 정리하고 식사도 하는데, 주인이 얼굴을 내밀고 밤새 잘 잤느냐고 묻는다. 뭔가 쿵 떨어지는 소리와 아기 울음소리를 들은 모양이다. "별일 없었나요?"

우리는 성의 대문을 통과한다. 더 오래 머물고 싶었지만 마치 중력처럼 우리를 자꾸 앞으로 나아가게 하는 힘을 거스를 수 없다. 그 힘은 우리를 가만히 놔두지 않고, 계속 모험을 이어가라고 부추긴다. 바르셀로나의 구시가지로 들어갔을 땐 기온이 섭씨 40도에 육박한다. 우리는 거리의 수백 년 된 돌바닥에 고인 물웅덩이를 뛰어넘어 다닌다. 우리가 묵는 집 뒤쪽 발코니와 마주보는 발코니에는 화분, 뒤엉킨 전선 뭉치, TV, 에어컨 실외기 등이 잔뜩 쌓여 있다. 우리 집 발코니와 맞닿아 있다시피 한 그 집 발코니의 주인은 뜻밖의 시간대에 맨발로 나타나는데, 러닝셔츠와 반바지 차림에 벗겨지기 시작한 머리에는 모직 비니를 쓰고 불룩 나온 배는 땅으로 흘러내리듯 처져 있다. 그의 집을 가득 채운 물건들이 그에게 공간을 거의 남겨주지 않은지라 그는 낡은 냉장고와 빨래 건조대 사이에 간신히 놓인 상자 위에 앉아 담배를 한 모금 빤다.

점심시간에 그는 강렬한 한낮의 태양 아래 신문을 읽는다. 얼마간의 어색한 침묵이 흐른 뒤 우리는 각자의 발코니에 앉아 대화를 시작한다. 그는 교대로 트럭 모는 일을 한다고 한다. 몇 주간 바르셀로나에서 마드리드까지, 또 몇 주간은 아드리아해의 바리로 트럭을 몬다. 길 위에 있는 동안은 탐색한다. 고속도로를 달리며 운전석 창가에서 고개는 까딱까딱, 두 눈으로는 낡은 모니터, 세탁기, 트럭의 작은 부품들, 골동품 오르간 등을 찾는 그의 모습이 그려진다. 그렇게 모은 잡동사니들을 집으로 끌고 와 책꽂이와 낡은 레코드플레이어 사이에 끼워 넣는 거다. 언젠가 시간 여유가 생기면 그것들을 수리하고 다른 용도로 고쳐 새로운 삶을 불어넣고 싶다는 것. 죽어가는 사람들을 살리는 당직 의사처럼 말이다. 그러나 트럭 모는 일이 고된지라 교대 후 쉬는 동안에는 무릎에 신문이나 올려두고, 친구들과 맥주를 즐긴다. 그러다 보면 다시 길에 올라야 할 시간이 된다.

이웃 남자가 고물 냉장고와 캐비닛 틈에 떡 벌어진 체구를 간신히 끼워 넣는 모습을 보며 생각한다. '저기를 싹 치워버리면 참 좋을 텐데.' 나는 당장이라도 건너편 발코니로 훌쩍 넘어가 청소를 해주고, 물건들을 수습해 포장하고 싹 정리해 3층에서 1층까지 내려다놓고 싶은 심정이다.

우리는 탐색을 권하는 사회에 산다. 아이디어, 영감, 뉴스, 상품, 경험 등 모든 것이 탐색의 대상이다. 우리는 삶이라는 여정을 달리며 새로운 것들을 탐색하고 받아들인다. 하지만 아이디어를 비롯한 이 모든 것들이 계속 쌓이다 보면 결국 정신의 통로가 막히고 시야가 방해를 받아 혼란과 혼돈에 빠진다. 옴짝달싹할 수 없을 정도가 되면 그저 그곳을 빠져나와 문 닫고 떠나고 싶은 마음만 남는다.

카메라나 외장 하드 드라이브 같은 추억을 보관하는 도구가 출현하기 이전 17세기 유럽에서는 개인 박물관이 기억 저장고 역할을 했다. 반짝이는 조약돌, 산호, 광물 표본, 박제 동물 같은 여정에서 획득한 물건들은 안전한 보관을 위해 목재 진열함에 진열됐다. 이미 머릿속에서 잊힌 것들도 다시 들여다보며 기억을 소환할 수 있으니까. 그러나 진열함과 마찬가지로 우리의 정신도 공간적 한계가 있어, 어떤 것들은 수용하고 어떤 것들은 폐기한다. 생생하고 강렬한 기억들은 영원히 우리와 함께 하지만 은은한 기억들은 빠르게 시들어버린다. TV 시트콤과 유명인의 얼굴에 자리를 내주기 위해 들꽃부터 버려지는 것이다.

"언제가 제일 좋으세요? 길에서 달리는 날과 집에서 쉬는 날 중에?" 내가 묻는다. 그는 고개를 꺾고 미간에 고랑을 만들며 잠깐 고민하더니 의외라는 듯 말한다. "생각해보니, 길에 있을 때 제일 행복한 것 같네요."

우리는 빈 아파트를 발견하고, 딸들을 도심에서 20분 떨어진 유치원에 등록한다. 아파트는 람블라 거리와 벽돌 담장 사이에 위치해 있다.

지금은 일이 없는 시간이다. 일이 없을 때 사람들은 뭘 하나? 나는 인터넷에 접속해 검색을 하는 내 모습을 발견한다. 인터넷 검색은 정신적 쾌락주의의 한 형태다. 특별히 지켜야 할 일정표가 없어서인지 내가 갖지 못한 것들을 향해 마음이 떠돌아다닌다. 내 집이라든가 삶의 목적 같은 것들에 대해 생각해보게 되는 거다. 아이들이 유치원에 간 시간에는 아이들 걱정을 한다. 무슨 일이 일어난 건 아니겠지? 물론 질병이나 노화를 걱정하기도 하고 우리가 제대로 잘 먹고 잘 살고 있는지도 걱정하지만 대부분은 아이들 걱정이다. 아무리 노력해도 무서운 생각들을 몰아내지 못하겠다. 이런 생각들은 불현듯 찾아오고 그러면 나는 몇 시간씩 혹은 온종일 다른 생각을 해보려 노력하지만 벗어나려 애쓸수록 걱정은 더 크게 몸집을 부풀린다.

"인간은 이 세상 그 어떤 것보다도 생각을 두려워한다. 파멸, 심지어 죽음보다 더." 버트런드 러셀은 말했다. "생각은 인간이 타고난 특혜나 배경, 상식, 익숙한 습관 등을 가리지 않고 가차 없이 침투한다." 자기 생각의 희생양이 되는 것보다 더 끔찍한 일은 없다. 무질서하고 원칙도 없는 내면의 생각으로부터 달아날 방법은 없다. 생각은 당신이 얼마나 멀리 달아나든 어디로 숨든 당신을 찾아내므로. 아무리 안전하고, 안정적이고, 성공했다고 느끼고, 승리감에 도취해 있어도 그 짜증나는 생각들은 어떤 즐거운 순간을 불문하고 느닷없이 들이닥친다. "생각은 지옥의 구덩이도 두려워하지 않는다"라고 러셀은 경고한다.

두려움이나 불안은 신경계의 각성에 의해 발생한다. 인간이 사냥이나 채집으로 살아가던 때에는 전속력으로 우리를 향해 달려오는 물소의 갑작스러운 출현이나 독거미의 다리 등 예상 밖의 것에 대한 두려움이 중요했다. 생존을 위해 인간은 심장이 요동치는 가운데 달아나는 법을 배웠다. 두려움 반응은 우리 조상들을 곤경에서 여러 번 구했다. 그러나 요즘처럼 모든 게 고도로 통제되는 사회에서 이런 반응은 종종 엉뚱한 방향으로 향한다. 우리는 씻어두지 않은 물컵이나 지나가는 생각, 심지어 이유를 알 수 없는 어깨의 긴장감 같은 것에 마치 예전의 인간들이 전염병이나 진격하는 군대에나 품었을 만한 두려움을 느끼기도 한다. "신경계의 피로에서 벗어나기란 무척이나 어려운 일이다"라고 러셀은 말한다.

이제 막 걸어 다니기 시작한 아이는 음식을 무조건 입에 집어넣곤 씹는 걸 잊는다. 닭고기 한 조각을 통째로 입에 넣고는 얼굴이 빨개져서 토할 것처럼 컥컥거린다. 바르셀로나에서 저녁을 먹으러 나간 밤에는 우리 둘 중 하나가 아이의 등을 급히 치느라 의자들을 넘어뜨리기도 했고, 손가락을 아이 목구멍 안으로 넣어 치킨 조각을 빼낸 적도 있다. 점심시간이 되면 마음이 조마조마하다. 벌써 점심을 먹었을까? 오늘 점심으론 뭐가 나올까? 제발 닭고기는 아니길. 혹시 치킨이 들어간 파스타였을까? 아니면 그냥 파스타? 이런 걱정스러운 생각들로 오전이 다 지나간다.

우리 마음의 자연스러운 상태는 질서가 아닌 혼돈이다. 외부 자극이 우리 주의를 끌지 않을 때 생각은 마구 떠돌아다닌다. 그리고 이 생각이란 것은 마음이 한가할 때는 특히 우울한 쪽으로 향한다. 걱정은 자연스러운 현상이다. 우리의 마음이 부정적인 생각들로 향하는 건 "나침반의 바늘이 N극을 가리키는" 것만큼이나 확실한 일이라고 미하이 칙센트미하이는《몰입의 재발견The Envolving Self》에 썼다.

인류에게 부정적인 생각은 생존의 열쇠가 돼왔다. 만약 인간이 동굴에 느긋하게 누워 삶은 그저 좋기만 한 거라고 긍정적으로 생각했다면 포식자에게 잡아먹히거나 굶어 죽었을 것이다. 인간은 생존을 위해 어떤 일이 일어날지 생각하게 됐다. 좋지 않은 일이 필연적으로 일어나기 때문이다. 우리 삶에는 좋은 일보다 나쁜 일이 더 많이 일어난다. 이유는 간단하다. "우리가 좋은 일이라고 정의하는 일 자체가 드물고 잘 일어나지 않기 때문"이라는 것이 칙센트미하이의 설명이다. 원하던 직업을 찾는 일, 꿈꾸던 집을 장만하는 일, 평생의 사랑을 만나는 일. 이런 일들은 잘해봐야 평생 한 번 일어날까 말까 하다. 반면에 예의 없는 이웃이 우리 집 진입로에 차를 세우고, 10대들이 속을 썩이고, 병이 날까 두려워지는 건 살아가면서 생기는 일반적인 일이다. "부정적인 감정이 지속되는 동안 의식은 그 감정에 점령당해, 우리가 생각과 행동을 통제하는 것이 어려워진다"고 칙센트미하이는 말한다. 일도 없고, 낮에는 돌보아야 할 아이들도 없는 이곳 바르셀로나에서 삶의 목적이 없는 나는 대부분의 시간 불안하다. "우울, 분노, 공포, 질투는 심리적 불확실성이 다양하게 나타나는 징후일 뿐"이라고 칙센트미하이는 덧붙인다.

걱정스러운 생각들은 떨쳐내기 쉽지 않다. 대부분의 사람들은 생각을 통제하는 능력이 부족하다고 버트런드 러셀은 한탄했다. "걱정하는 일에 대해 할 수 있는 일이 아무것도 없을 때에도 그 생각을 멈추기란 어렵다. 지혜로운 사람은 확실한 목적이 있을 때만 자신의 고민거리를 생각한다. 그렇지 않을 때는 다른 것들을 생각하거나, 밤에는 아무 생각도 하지 않는다." 러셀은 평화로운 마음을 구축함으로써 우리 삶에 행복과 효율을 키울 수 있다고 믿었다. "힘들고 걱정스러운 일에 결정이 필요할 때는, 모을 수 있는 모든 정보가 취합되는 대로 열심히 생각한 다음 결정을 내리고, 결정을 내린 다음에는 새로운 정보가 추가되지 않는 이상 생각을 바꾸지 않는다. 망설이는 것만큼 진 빠지고 소용없는 짓도 없다."

미국 철학자 윌리엄 제임스도 러셀의 이런 생각에 동의한다. "만약 무언가를 오래 걱정하는 것으로 과거나 미래의 일이 바뀔 수 있다고 믿는다면, 당신은 다른 현실 체계가 존재하는 행성에 사는 것이다." 아주 간단한 이치임에도 우리는 이 조언을 귀담아듣지 않는다. 이성적인 두뇌의 어떤 부분이 이 세상 대부분의 문제들은 '생각으로 해결'될 수 있다고 믿는 것 아닐까 싶다. 바로 그 점 때문에 문제들은 완화되지 않고 오히려 악화되곤 한다. 나는 이웃 트럭 기사의 말을 떠올려본다. 열두 시간씩 운전하며 길에서 보내는 시간이 집에서 쉴 때보다 행복하다는 이유가 여기 있는 듯하다. 길 위를 달릴 때 삶은 계획돼 있다. 뚜렷한 목적지와 시간표가 갖추어진 상황에서 그의 마음은 편히 쉴 수 있다. 그가 집에 있을 때도 그와 비슷한 마음의 위안거리가 있다면 얼마나 좋을까. 파스칼은 그런 생각이 헛된 것이라고 말했다. "인류의 모든 문제는 인간이 방 안에 혼자 조용히 앉아 있지 못해서 생긴다."

바르셀로나는 지금 이른 봄이고, 공원의 정원사는 열심히 가지치기 중이다. 죽은 가지와 꽃들을 쳐내고 튼실한 골격만 남기고 있다. 나무의 가지를 치며 그는 나무를 더 풍부한 빛과 공기에 노출시킨다. 수분과 영양분은 죽은 부분에서 아직 자랄 기회가 있는 쪽으로 방향을 바꿀 것이다. 정원사는 나무의 골격을 이루는 데 꼭 필요하지 않은 가지들을 골라내 마디 부분에서 비스듬히 잘라낸다.

우리도 비슷한 것을 '꿈 가지치기'라는 이름으로 조심스럽게 시도해보면 좋을 것 같다. 시간을 잡아먹고, 기운을 빼고, 성장을 위한 기회를 억제하는 특정한 활동이나 습관을 쳐내는 거다. 집으로 돌아간 뒤 나는 종이 위에 일단 모든 목표들을 전부 다 적어본 다음 그중 일부를 지워나가기 시작한다. 몇몇 목표와 활동에 진한 선을 쭉 그어버리며 그 목록이 내게 좀 더 소중한 최종 목록이 되길 바란다.

하지만 아직 시도조차 해보지 않은 것들은 찍 그어 지워버리기가 쉽지 않다. 전혀 성취한 게 없고, 그 목표를 위해 시작한 것도 하나 없건만 언제나 내 곁을 지키는 충직한 친구처럼 목록에 있던 몇 가지는 빨간 펜을 쥔 손을 망설이게 한다. 그런 목표들은 애초에 어쩌다 생겼던 걸까? 왜 그 목표들을 없애버리려는 생각만으로도 내 정체성이 공격당하는 것처럼 불안해지는 걸까? 목표를 위한 실천을 시작조차 하지 않았으면서 왜 이런 기분이 드는 걸까? 내가 품었던 목표가 내 옷차림이나 삶의 선호도에 영향을 주었을지는 몰라도 그 목표를 이루기 위해 한 일은 아무것도 없다. 내가 그렇게 애지중지하던 목표들을 제거하며 한 주를 보내는 건 흥미로운 경험이었다. 그 목표들이 사라진 삶을 사는 것 역시나. 물론 크게 달라지는 건 없겠지만, 이런 목표나 꿈이 내 발목을 잡았을 가능성도 있을까? 아니면 이런 목표들이 내가 추구해야 할 것이었을까? 내게 자아실현의 방향을 제시해줬던 것일까?

나선형 계단을 따라 올라가면 3층에 아트스쿨이 있다. 아트스쿨이라기보단 체육관처럼 생겼다. 학생들은 각자의 위치에서 작업 중이다. 탁자에 놓인 항아리를 그리거나 사진을 보고 얼굴을 조각하는 동안 선생님은 세심하게 그들의 작업을 살피며 돌아다닌다. 카탈로니아어를 주로 쓰는 선생님의 말을 나는 하나도 알아듣지 못한다. 선생님은 작업실을 돌아다니다가 가끔씩 내 어깨를 두드리며 내겐 스페인어로 말을 건다. 여백에 더 집중하라는 말씀인 것 같다.

그림을 그리는 사람이라면 여백에 익숙할 것이다. 여백은 내가 그림을 그리지 않고 비워두는 부분, 혹은 정물을 둘러싼 공간이다. 소묘에서 여백을 제대로 보기 시작하면 정물은 자신을 열고 내막을 드러낸다. 그러면 갑자기 무엇이든 좀 더 수월하게 그릴 수 있게 된다. 수직으로 곧게 뻗은 듯 보이던 선이 사실은 살짝 사선으로 뻗어 있음을 깨닫게 되기도 하는데, 이런 것은 여백 덕분에 확실하게 드러난다.

삶의 여백을 자신에게 결여돼 있거나 부족한 부분으로 오해하기도 한다. 평생의 사랑, 진정한 정체성을 드러내는 경력, 경제적 안정, 건강, 충실한 친구, 자식, 여가 같은 것들이 빠졌다고 생각하는 것이다. 그 결여된 부분 때문에 진정한 행복을 찾지 못하는 거라고 탓하기도 한다. 하지만 다른 관점에서 한번 생각해보면 어떨까. 만약 여백이 그림에서 전체를 완성하는 부분이라면, 삶에서도 이 여백이 삶과 우리 자신을 특별하게 만들어주지 않을까. 만약 여백을 나를 이루는 한 조각으로 볼 수 있게 된다면, 당신의 시각은 어떻게 달라질까?

1989년 규모 6.9의 로마 프리타 대지진이 캘리포니아의 중심 해안을 강타하기 하루 전, 스탠퍼드대학교 심리학과 교수였던 수잔 놀런 혹스마는 학생 200명에게 설문지를 나누어주었다. 아동과 청소년 우울증의 예측 변수를 연구하던 놀런 혹스마는 스탠퍼드 학생들이 생각을 어느 정도 하는지 알아보고자 했다. 그들은 생각을 많이 할까? 혹시 생각이 과도한 경향이 있을까? 샌프란시스코 시내를 세게 강타한 지진은 딱 15초만 지속됐지만 다리, 건물, 고속도로를 파괴해버렸고 베이 에어리어 전역에 불길이 치솟았다. 계속되는 혼란 속에서 놀런 혹스마는 지진 딱 하루 전에 나누어줬던 설문지 137개를 찾아냈고, 서둘러 그 후속으로 별도의 우울증 설문을 진행했다. 우울증에 관한 본인의 연구에 근거해 놀런 혹스마는 일부 학생들은 지진 이후 며칠이나 몇 주간 다른 이들보다 잘 지낼 거라 직감했다. 한동안은 모두가 망연자실할 테지만, 다른 학생들이 다시 일어서기까지 고생하는 동안 일부는 바로 털고 일어나 다음 행보를 이어 가리라는 예측이었다.

사랑하는 사람을 암 같은 불치병으로 잃은 사람들을 5년간 연구한 '사별 대처 프로젝트'에서도 놀런 혹스마는 비슷한 연구 결과를 얻었다. 놀런 혹스마와 사별 전문 상담가인 주디스 라슨Judith Larson은 거의 500명을 인터뷰했다. 50년 넘게 함께 산 배우자를 잃은 고령의 남녀, 부모나 형제를 잃은 젊은 층, 죽어가는 자식을 돌보고 있는 엄마들이 설문 대상에 포함됐다. 설문 대상자들 거의 대부분이 사별 즈음과 그 뒤로 1년 반 정도 우울증 유사 증세를 경험했고, 어떤 이들에겐 이런 증세가 감당하기 힘들 정도로 심했다. 하지만 모두가 그런 것은 아니었다. 그중 일부는 털고 일어나 삶을 살아갔다.

무엇이 우울증을 일으키는 걸까? 왜 어떤 사람들은 부정적인 사건, 상실, 실망, 질병을 다른 사람보다 잘 극복해내는 걸까? 놀런 혹스마는 평생에 걸친 연구를 통해 사람들을 우울하게 만드는 아주 보편적인 특성 한 가지를 집어냈다. 그것은 바로 너무 많이 생각하는 것이었다. 그리고 여성이 대체로 남성보다 생각이 많은 편이라는 걸 알게 됐다. 《생각이 너무 많은 여자Women Who Think Too Much》에서 놀런 혹스마는 이렇게 말한다. "여성은 외모, 가족, 직업, 건강 등 어떤 것이든 무엇이든 두고두고 깊이 생각할 수 있다. 때로는 이런 습성을 여성의 일부분이라 느끼기도 한다. 여성의 신경 쓰고 돌보는 자질의 반영이라는 것. 아예 틀린 말은 아니겠지만 과도한 생각은 여자에게 독이다. 과도한 생각은 문제 해결 능력과 의욕을 저해한다. 친구나 가족과 멀어지게 만들기도 하고 정서적 건강을 해치기도 한다. 여자는 심각하게 우울해지거나 불안에 시달릴 확률이 남자의 두 배가 넘는데, 과도하게 생각하는 성향이 그 원인 중 하나로 지목된다."

놀런 혹스마는 과도한 생각에 빠지는 것을 부정적인 생각을 반복하는 습관으로 정의했다. "검토하고, 의문을 품고, 마치 밀가루 반죽을 주물러대듯 쳐대는 것이다." 예를 들어 직장 상사가 나에게 비판적인 언급을 했다면 그다음 날은 온종일 그 생각에만 빠져 있기 쉽다. 나한테 어떻게 그런 말을 할 수가 있어? 난 열심히 일만 하는데! "우리가 과도한 생각에 빠져 있을 때는 이런 의문들이 더 많은 의문을 낳는다." 놀런 혹스마는 이런 현상에 '이스트 효과'라는 용어를 쓴다. "오래 주물러댄 이스트 빵 반죽이 두 배로 부풀어 오르듯 우리의 부정적인 생각들은 확대되고 자라나 마음속 공간을 전부 차지해버린다."

놀런 혹스마는 과도한 생각을 깊은 생각이나 건설적인 생각과 구별한다. 후자는 해결책을 찾거나 어려운 상황을 긍정적으로 처리하기 위한 노력이다. 살아가면서 갈등을 피하기 어렵고, 결정을 해야 하는 순간이 찾아오기 마련인데 이런 때는 어느 정도의 생각이 필요하다. 아무것도 생각하지 않는 것은 비이성적이고 무책임하다. 과도한 생각과 건설적인 생각이 구별되는 이유는 과도한 생각에는 비관적인 시각이 깔려 있어 문제를 보는 시각과 대처 방향에 부정적인 영향을 주기 때문이다.

과도한 생각을 멈추는 처방은 무엇일까? 본인 스스로 과도한 생각에 빠졌다는 걸 인식하는 순간 마음속에 '멈춤' 표시를 들어 올려서라도 질주 중인 생각 열차를 멈춰 세울 필요가 있다고 놀런 혹스마는 말한다.

효과만 있다면 마음속으로 "멈춰!"라고 소리를 질러도 좋다. 그리고 친구와 수다를 떨든, 집 안 청소를 시작하든 얼른 다른 일로 신경을 분산시켜야 한다. 그렇게 해도 별 효과가 없다면 가장 좋은 해결책은 운동, 특히 야외 운동이다. 달리기나 걷기, 정원 가꾸기도 괜찮다. 자주 과도한 생각에 빠지는 사람들은 그런다고 문제의 뿌리가 뽑히는 게 아님을 기억해야 한다. 놀런 혹스마는 이렇게 정리한다. "생각을 통해 중요하고도 새로운 통찰력을 기르고 있다는 느낌은 생각 속에서 헤어나오는 걸 더 어렵게 만든다. 그러나 과도한 생각은 당신의 친구가 아니다. 생각만으로는 결코 깊은 통찰력이 생기지 않는다. 오히려 나만의 생각과 감정을 통제하는 힘을 빼앗을 뿐이다. 과도한 생각은 내가 이로운 방향으로 생각하고 행동하지 못하도록 거짓말하고 유혹한다."

미술 수업이 도움이 된다. 수업 중에는 마음이 고요하다. 나를 둘러싼 세계를 종이 위에 옮기는 데 몰두하면 만족감이 찾아온다. 밤에는 아무거나 그린다. 스페인 타일이 깔린 커다란 주방, 책에 실린 얼굴들, 화분. 까다롭게 굴 필요는 없다. 다른 것보다 특별히 더 그리기 쉬운 사물 같은 건 없으니까. 나는 배회하는 마음에 질서를 잡는다. 호라티우스가《서간시Epsitles》에서 밝혔듯, "걱정을 몰아내는 것은 드넓게 펼쳐진 바다 전망의 장소가 아니라 이성과 지혜다." 달리기, 그림 그리기, 바느질, 수리, 제빵, 집 청소 같은 활동이 이런 면에서 좋다. 에너지를 뚜렷한 목표와 피드백이 있는 구체적인 업무로 몰아줌으로써 부정적인 것들을 곱씹으려는 선천적인 성향을 피할 수 있다.

〈예술 작업에 따른 코르티솔 수치 감소와 참가자들의 반응Reduction of Cortisol Levels and Participants' Responses Following Art Making〉이라는 논문에서 기리자 카이말Girija Kaimal, 켄드라 레이Kendra Ray, 후안 무니즈Juan Muniz는 18~59세의 건강한 성인 39명을 대상으로 예술 활동 45분 전후의 코르티솔 수치를 측정했다. 실험 참가자들은 점토, 콜라주, 매직펜 등을 사용해 아무 이미지나 만들어보라는 요구를 받았고, 그로부터 45분 후 채취한 두 번째 침 샘플이 대학 실험실로 냉동 이송됐다. 분석 결과 참가자 75퍼센트의 코르티솔(인체가 스트레스를 받을 때 부신에서 분비되는 스트레스 호르몬) 수치가 예술 활동 이후 감소했다. 이때 예술 활동의 종류나 예술 방면의 예전 경험 유무는 상관이 없는 것으로 나타났다. "이 연구는 예술 활동이 건강한 성인의 스트레스 측정물인 코르티솔 수치 감소에 미치는 영향에 대한 가설을 세울 기초 증거를 제공한다." 그 외에도 창의력 강화, 섬세한 운동기능 발달, 손과 눈의 동작을 일치시키는 능력 개선 등 예술 활동의 효과는 많이 입증됐다. 최근 연구에서 알 수 있듯, 예술 활동에는 인체의 스트레스 수치를 직접 떨어뜨리는 효과도 있다.

처음에 예술이란 마치 내가 6개월간 낚시를 하러 가기로 결심한 것만큼이나 하찮은 일로 느껴졌다. 하지만 나 자신에게 물었다. 어떤 것이 목적성 있는 행위이고 어떤 것이 아닌가? 목적이 있는 행위는 반드시 돈을 벌거나, '경력'을 쌓거나, '생계'에 보탬이 돼야 하나? 나를 행복하게 하거나 단순히 스트레스를 줄여주는 것은 '목적'이 될 수 없나? 왜 예술 활동을 하며 죄책감에 시달려야 하나?

많은 사상가들은 예술 활동 같은 취미를 가볍게 여기지 않았다. 윈스턴 처칠은 〈취미로 그림 그리기Painting as a Pastime〉라는 수필에 "진정한 행복과 안정감을 느끼려면 적어도 취미 두세 가지는 있어야 한다"고 썼다.

제2차 세계대전 당시 영국의 수상이었던 처칠은 상당한 스트레스 속에서 일했고, "걱정과 정신적 긴장을 해결하기 위한 다양한 치료법을 제안받았다." 과로의 전형적 해독제로 여행, 칩거, 혼자만의 시간, 머리 식히기 등을 언급했는데 이 모든 해결책의 공통 요소는 '변화'이다. "변화가 모든 것의 열쇠"라고 처칠은 말했다. 문제는 제멋대로인 인간의 마음에 대고 생각이나 걱정을 그만두라고 말할 수 없다는 것이다. 휴식을 취하고 머리를 식힌답시고 리조트 수영장에서 분홍색 돌고래 튜브를 타고 둥둥 떠다니면서도 우리는 여전히 괴로운 생각에 시달린다. "우리의 마음은 무언가를 움켜쥐면 도무지 놓아주질 않는다. 이런 상태의 마음과 언쟁하는 것 자체가 의미 없는 일이다. 지친 정신의 근육에게 '내가 너를 편히 쉬게 해줄게', '너를 위해 오래 산책할게', '누워서 아무것도 생각하지 않을 거야'라고 말하는 것도 아무 소용없다. 마음은 언제나처럼 바쁘다." 오직 새로운 분야의 관심사가 나타나고 새로운 뇌세포가 활동을 시작해야만 마음이 안심하고 원기를 회복한다고 처칠은 주장했다. 우리는 취미에 정신을 빼앗긴다. 처칠은 걱정을 가라앉히고 정신적 안정을 얻기 위해 그림을 그렸다. 그의 정치 경력에서 특히 스트레스가 극심했던 시기에 그를 구원한 것은 취미였다. 어느 일요일에 시골에서 어린이용 그림 도구로 몇 번 시험 삼아 그림을 그려본 것이 처칠에게 삶의 새로운 활력을 불어넣었다. "물감, 이젤, 캔버스를 구입한 다음 할 일은 시작하는 것이었다."

취미가 나쁜 습관을 만들지 못하도록 신경을 딴 데로 돌려준다는 것도 중요하다. 2001년 오하이오의 볼링그린주립대학교에서 학생 139명을 대상으로 정서적 섭식 등급을 이용해 식습관을 보고하도록 했다. 흥미롭게도 대다수의 학생이 지루할 때 먹는다는 결과가 나왔다. 학생들은 다른 어떤 감정보다도 지루함 때문에 음식에 탐닉했다. 이 연구 결과는 지루한 업무를 하는 사람들이 더 많이 먹고, 흥미로운 활동을 할 때 덜 먹는다는 1977년의 연구 결과와 비슷했다. 우리는 왜 지루할 때 먹을까? 과학자들에 따르면 지루함이라는 감정은 두뇌의 도파민(즐거운 감정을 생성하는 신경전달물질) 수치 감소와 함께 발생한다. 따라서 도파민 생성을 촉진하기 위해 우리는 도파민 수치를 증가시킬 만한 무언가를 찾는다. 이런 현상은 특히 달고 기름진 음식물을 먹을 때 일어난다. 사실 정크 푸드를 먹으면 약물이나 알코올을 섭취할 때와 비슷한 정도로 도파민 생성이 촉진된다. 이런 연구 결과에 근거하자면, 엄격한 식단을 지키거나 번거롭게 온종일 열량을 계산하는 것 – 둘 다 무척 지루한 활동이지 않은가 – 보다는 매일 성취감을 주는 활동을 하면서 우리의 '정신적 삶'을 개선하는 데 집중하는 편이 나을 것이다. 다시 강조하지만, 취미가 구원이 될 수 있다.

하지만 요즘은 여가 활동으로 예술 방면의 기량을 발전시키는 사람을 찾아보기 힘들다. "와, 저 사람은 여가에 대한 윤리가 아주 뛰어나"라고 말하는 사람을 본 적 있는가? 반면에 좋은 일꾼에 대한 칭찬은 항상 들을 수 있다. 그러나 고대 로마나 르네상스 시대에는 많은 시민이 여가 시간을 예술 활동하듯 일구어나갔다. 여기서 말하는 여가란, 우리가 일반적으로 떠올리는 여가와는 좀 다르다. 여가는 단순히 일을 하지 않음으로써 생기는 시간이 아니다. 여가는 휴식, 활동 부족, 소극성이 아니라 오히려 그 반대 개념이다. 의도적으로 목적 없는 시간을 잘 보내는 것은 시간과 연습이 필요한 기술이다. 로버트 스키델스키와 에드워드 스키델스키는 《얼마나 있어야 충분한가How Much is Enough?》에서 이렇게 말했다. "일하지 않아도 된다면 사람들은 무엇을 할까? 술을 마시거나 마약을 할까? 종일 TV 앞에 누워서 지낼까? 이런 질문에는 인간은 천성적으로 게으르기 때문에 생산성을 유지하고, 궤도를 벗어나지 않고, 엉망으로 풀어지지 않으

261

려면 일이 필수적이라는 관념이 깔려 있다." 그러나 인간이 돈이나 보상에 의해서만 동기를 부여받는다는 견해는 현대사회에 국한된 것이다. 르네상스 시대의 시민들은 순수하게 그 활동 자체를 좋아한다는 이유만으로 정치, 문학, 예술, 과학 방면에 매우 적극적이었다. 행복해서 어떤 활동을 할 때는 근본적인 동기를 부여받게 된다는 것이 심리학자들의 생각이다. "대리석을 쪼아내는 데 몰두한 조각가, 어려운 개념을 가르치는 데 열중한 선생님, 악보를 놓고 씨름하는 음악가, 공간과 시간의 신비를 탐구하는 과학자. 이런 사람들에게는 당장 하는 일을 잘하는 것 이외에 다른 목적은 없다." 스키델스키는 말한다. "노력에 상당하는 대가를 받을 수도 있겠지만 그 대가가 그들에게 동기를 부여하는 것은 아니다. 우리의 표현에 따르면 그 시간은 그들이 수고스러운 일을 하는 시간이 아니라 여가 시간인 것이다."

현대인의 습관은 여가를 제대로 즐길 수 없게 만들었다고 스키델스키는 주장한다. 우리는 늘 일하거나, 일할 준비를 하거나, 일하기 위해 출퇴근을 하거나, 다음 일을 하기 위해 충전 중이라는 것이다. 그 외의 시간에는 화면 앞에서 멍하게 지낸다. 그뿐만 아니라 우리가 여가 활동이라 여기는 것 가운데는 그저 수고로운 일의 다른 형태인 것들이 많다. 체중 감량을 위한 달리기, '인맥'을 쌓기 위한 모임 주최하기, 지도자가 되기 위한 요가 배우기. 이런 활동들은 마음속의 특정한 목표를 위해 기계적으로 하는 것들이다. 반면에 여가란 순전한 몰두의 즐거움 외에 다른 목표는 전혀 없는 활동이다. 도자기 그릇에 꽃을 그려 넣거나 피아노를 치거나 문학 작품을 읽는 것 등이 좋은 예다. 좋은 여가의 원칙을 구축하는 것은 우리 모두가 진정 노력해야 할 일이다.

•

15장

•

내 인생을 바치고 싶은 일

(　　　오스트레일리아　　　)
(　　　바이런 베이　　　)

기쁨이 슬픔보다 더 드물고, 더 어렵고, 더 아름다운 것임을 알아야 한다.

이렇게 중요한 사실을 발견한 뒤에는

기쁨을 도덕적 의무로 여기고 품어야 한다.

– 앙드레 지드

셋째를 임신 중인 나는 집에 돌아가고픈 마음이 간절하다. 하지만 도시는 싫고 시골이면 어디든 좋을 것 같다. 임신 중의 이런 감정은 정말 당황스럽지만, 잰은 결국 내 뜻을 따르기로 하고 우리는 시드니를 지나 바르셀로나에서 바이런 베이까지 곧장 날아간다. 기막히게 아름다운 풍경을 자랑하는 바이런 베이는 은퇴자들과 새로운 삶을 찾아 새로운 곳에 살고자 하는 사람들이 몰려드는 곳이다. 바이런은 사람들이 떠나기보다 찾아들어가는 곳이다. 관광객뿐만 아니라 도시에서 찾을 수 없는 무언가를 찾아 영영 살러 오는 사람들, 혹은 그런 이유로 어린 시절 살던 집으로 돌아오는 사람들이다. 바이런으로 오는 사람들은 그들을 완성하거나 바꾸어줄 유토피아를 찾는다.

관광객의 메카 바이런 근처, 도심 외곽의 고풍스러운 중산층 거주 지역인 어윙스데일에 집을 구한다. 이곳은 여름이면 파리 시내보다 심각한 교통 체증에 시달리며 차량 행렬이 5킬로미터씩 이어지는 차도로 분리돼 있다. 그 근방은 어둡고 무거운 기운이 도사리고 있어 고향 같은 느낌을 갖기 쉽지 않다. 새로 발견한 이 유토피아에 살다 보니 쇼펜하우어의 《비관주의 연구Studies in Pessimism》에서 읽은 글귀가 떠오른다. "만약 세상이 젖과 꿀이 흐르는 사치품과 안락함의 천국이라면, 평범한 남자가 아무 고난도 없이 사랑하는 여자의 마음을 단숨에 얻을 수 있는 곳이라면, 남자들은 지루함 때문에 죽어버리거나 스스로 목을 맬 것이다." 바이런 베이는 쾌락주의자들의 천국임에 틀림없다. 해변에 느긋하게 눕거나 요가, 유기농 식품, 농산물 직거래 장터를 즐기고 기지개를 켜고 심호흡할 수 있는 곳. 무엇보다도 이곳은 기지개를 켜고 심호흡 하는 것을 소셜미디어에 자랑할 수 있는 곳, 그래서 당신이 얼마나 잘 지내는지 다른 사람들에게 보여줄 수 있는 곳이다.

이곳의 어딘가 평온치 않은 이 느낌은 무언가를 찾기 위해 바이런으로 온 사람들 – 새로운 존재 방식을 찾아 온 이들 – 의 흔들리는 기운 때문인지도 모르겠다. 타인의 눈에 다르게 보이고 싶은 사람들이나 새롭게 태어나고 싶은 사람들 말이다. 그들은 정말 그런 사람들인가? 아마도 그들 나름의 방식으로 실현 중이기는 할 것이다. 그 가운데는 이 지역의 풍부한 토양에서 제대로 번영하는 사람들도 있을 테고. 하지만 그런 사람들은 어디에서든 번영할 만한 사람들이 아닐까 싶다. 억만장자의 자손들, 집안에 돈이 많은 기업가들, 상속자들. 나머지는 바리스타로 일하거나 피자집에서 일하거나 제복을 입고 일하면서 왜 돈을 못 벌었는지 이해하지 못하는 사람들이다. 유토피아로 도피한들 기본적인 경제체제로부터는 도피할 수 없다. 사회계급은 유토피아에도 굳건하게 자리 잡고 있다.

사람들이 바이런으로 오는 이유는 '라이프스타일'을 찾기 위해서다. 그들은 마치 말이나 나무를 언급하듯 이 단어를 쓴다. "우리는 라이프스타일 때문에 이곳에 살아요." 라이프스타일 혹은 삶의 스타일이라는 용어를 처음으로 만든 사람은 오스트리아의 정신분석학자 알프레드 아들러다. 아들러가 말한 라이프스타일이란 어쩌다가 생기거나 그것을 찾아 이사를 오거나 갑자기 시작하는 것이라기보다는 오랜 시간에 걸쳐 개발해 내 삶의 일부로 만들어나가는 것이다. 살아가는 스타일이란 어릴 때 자기만의 목표를 세우고 성장하면서 점차 확립해가는 것이지 작정해서 손에 넣는 것이 아니다. 그보다는 오랜 세월을 통과하는 동안 가정환경이 변화하고 여러 사건을 겪으며 진화하면서 만들어지는 것이다. 라이프스타일이란 각자의 성격과 태도에 따라 고유한 특징을 지니는 것이라고 아들러는 말했다. 그래서 남은 삶을 살아가며 당신이 무의식적으로 채택하고 고수하게 되는 행위의 패턴을 만드는 것이라고.

그러나 1960년대에 광고업계에서 라이프스타일이라는 용어를 가져다 의미를 바꾸어버렸다. "라이프스타일을 구매하세요!" "호화로운 라이프스타일을 가지세요!" 이런 새로운 개념이 붙자 라이프스타일은 마치 손목시계나 자가용, 배, 휴양지의 리조트, 50대 이상을 위한 라이프스타일 커뮤니티처럼 소비를 위한 상품과 서비스로 둔갑했다. 이제 라이프스타일은 나만의 고유한 경험, 생각, 행위에 의해 형성되는 나라는 사람 그 자체가 아니라 바이런 베이로 모여든 사람들이 선택한 '보헤미안 라이프스타일'처럼 우리가 골라잡는 무언가가 됐다. 세상의 변질된 라이프스타일 버전을 따라가는 사람들은 번쩍거리는 잡지, 부동산 가이드, 영화와 패션에서 라이프스타일의 영감을 찾으려고 한다. 이는 일반 대중을 위해 대량 생산돼 미리 포장까지 마친 라이프스타일 아이디어들이고, 바로 이것 때문에 사람들은 원하는 라이프스타일을 누리려 바이런을 선택한다. 그들은 매듭으로 짠 해먹 위에 누워 흔들거리며 비건 음식을 먹는 이미지에 자신의 미래 모습을 올려놓는다. 그들은 온라인에서 그것과 똑같은 라이프스타일을 보았고, 그것을 원하게 된 것이다.

어윙스데일, 높은 생울타리로 둘러싸인 정원에서 이제 세 아이가 뛰어노는 것을 지켜보며 우리는 《뉴 필로소퍼》라는 잡지의 계획을 세워나간다. 지금은 종이에 인쇄하는 잡지를 창간할 때가 아니다. 사람들은 우리의 계획을 비웃는다. "오스트레일리아에서 철학 잡지를 만든다고?" "스포츠 잡지면 또 몰라, 철학? 대체 무슨 생각이야?" 하지만 이런 얕은 생각들을 일일이 상대할 가치는 없다.

《뉴 필로소퍼》라는 잡지를 할 거냐 말 거냐 고민하기 시작하면 몇 달이나 몇 년을 그냥 흘려보내기 십상이다. 우리가 들여야 하는 비용·시간·에너지와 위험 요소를 따질 것이고, 실제로 어느 정도는 그러기도 했다. 하지만 일을 과도하게 복잡하게 만들 필요는 없다. 미국 전 국무장관 콜린 파월은 정보를 40~70퍼센트 가졌을 때 자신 있게 선택할 수 있고 말했다. 그의 말을 그대로 빌리면, "확보할 수 있는 정보를 최대한 확보하라. 그리고 정보를 탑재한 본능, 본인의 직관에 주의를 기울이라. 내 분석적인 사고가 지시하는 것이 반드시 내가 원하는 것은 아니다."

살면서 어떤 결정을 내릴 때, 조사도 하고 정보도 모으고 장단점의 목록을 만들어야 하는 건 맞다. 그러나 우리가 얻을 수 있는 정보의 40퍼센트면 선택을 내리기엔 충분하다. 정보의 70퍼센트를 확보했을 땐 기회와 의욕을 잃기 전에 빨리 결정을 내리는 게 좋을 것이다. 삶에서 내려야 하는 어떤 결정이든 결국은 이 질문에 달렸다는 것을 나는 항상 기억한다. "결과와 상관없이 내 삶을 바쳐 하고 싶은 일인가?"

무성한 열대 숲에 사는 리처드가 우리에게 팬케이크를 먹으러 오라고 했다. 마침 도자기를 굽는 날이고, 그의 도자기들은 안쪽 테이블에 전시돼 있다. 푸른 바다 빛깔의 아름다운 컵과 그릇들을 가만히 바라보며 비교해보다가 주방으로 가져가면 그가 카드 단말기로 계산을 해준다.

리처드의 겸손함에서는 자신감이 느껴지고 어찌나 차분한지 오만하게 보일 정도다. 그는 아무것도 먼저 떠들어대지 않는다. 하지만 우리는 그가 환경단체 창립을 도왔고, 잡지를 창간했고, 오팔 매매를 했고, 정치 경력도 있다는 사실을 알게 됐다. 도자기 수레 뒤에 서 있는, 체구가 아주 작은 그는 승려처럼 보이기도 한다. 그는 도자기로 만든 냄비로 커피를 끓이고, 손님들을 자신이 수십 년 동안 재건해온 숲으로 안내하며 지낸다. 나무 한 그루에 달린 열매 개수가 내가 평생 먹어온 과일보다 많은 것 같다. 수십 개씩 달린 자두는 이 동네 사람들을 다 먹이고도 남을 것 같다. 그의 발코니는 집을 에워싼 숲을 향해 활짝 열려 있지만 난간이 없고, 그의 소박한 목조 주택은 허세 하나 없이 위풍당당한 모습이다.

리처드는 자기 자신을 초월한 사람이라는 느낌이다. 어느 날 오후, 나는 언덕에 위치한 방갈로라는 작은 마을에서 그가 차에 타기 전에 운전석에서 한 줄로 기어가는 개미들을 바깥으로 인도해내려고 애쓰는 모습을 보았다. 주말 장터에서는 땡볕 아래 직접 만든 도자기들을 팔면서 근사한 영국식 말투로 몇 시간씩 담소를 나눈다. 그는 시골 장터에 있을 때도 예전 국회에 있던 때처럼 편안한 모습이다. 그런 모습에서 그가 자신의 과수원처럼 번영하고 있음을 알 수 있다. 자가용, 집, 옷 같은 것은 의미가 없어지고 도자기 컵의 빛깔이나 비오는 일요일 아침에 구워주는 팬케이크 같은 것들이 소중해지는 거다. 마치 이 나라의 가장 좋은 자리에 앉아 캐비어를 먹는 것처럼.

누군가의 자아실현 여부는 어떻게 알 수 있을까? 우리가 활용하도록 배워온 일반적인 측정 기준들을 – 집, 차, 직함, 옷, 특정 분야에서의 성공 – 적용하지 않으면 분명하게 알 수 있다. 지금 절벽에 손가락으로 겨우 매달려 있다고 생각해보자. 발밑엔 텅 빈 공간이 입을 벌리고 있다. 바로 그 순간 당신 삶에서 가장 중요한 것이 무엇인지 생각해보는 거다. 어쩌면 그때 얻는 답은 한창 번영하는 사람에게서 발견되는 것과 같은 것들일지도 모른다. 친절함, 적극적인 참여 의지, 자연의 아름다움을 알아보는 안목, 자연스러움, 삶에 대한 사랑, 그 무엇보다도 기쁨에 대한 의식. 정녕 이런 잡기 어려운 감정들이 자아실현의 특징이다.

우리는 번영이란 사업적 성공을 의미한다고 생각하도록 배웠다. 즉, 부자나 유명인사나 인플루언서가 번영을 이룬 사람들이란 것이다. 그러나 이런 사람들의 대부분은 그저 경쟁적인 부류로, 경주에서 이기겠다는 결심으로 길 위를 내달릴 뿐이다. 학교에서 이런 유형을 많이 보았을 것이다. 그들은 앞서 나가기 위해선 누구든 넘어뜨릴 수 있다.

리처드는 기다란 벤치에 손님들을 앉혀놓고 엄청난 관심거리라도 되는 양 거미에 대해 이야기한다. 그는 자신이 열정을 쏟는 대상에 대해선 아이 같다. 가짜 모피 코트를 입은 그는 정작 자기 자신 – 본인의 부족함, 늙어가는 얼굴과 삐걱이는 다리 – 에는 별 관심이 없어 보인다. 그는 본인의 관심을 외부의 대상에 집중하는 법을 익혔다. 자연, 열대의 숲, 도자기, 정치 같은. 그는 자신을 둘러싼 것들에 매료된다. 만약 당신이 우연히 그의 맞은편에 앉는다면, 당신도 그 대상에 포함되리라. 그리고 그 대상이 되는 것은 정말 끝내주는 경험이다. 새로 사귄 지인들은 영락없이 묻는다. "리처드는 어디 있어요? 오늘도 모임에 오나요?"

이것이 번영의 비결일까? 나를 넘어 바깥세상으로 눈길을 돌리는 것이? 요가 수행자들과 명상 전문가들은 호흡과 현재 순간에 집중하는 것으로 이런 시도를 하고, 그와 효과가 비슷한 접근법은 우리의 관심을 끄는 물건·생각·주제에 집중하고 우리와 공간을 공유하는 사람들의 말을 경청함으로써 나라는 제국을 벗어나는 것이다.

외부 환경에 완전히 몰입하는 것은 일종의 자기 부정이기는 하나 도덕주의자 행세를 하라는 의미는 아니다. 리처드는 바깥세상과의 관계에서, 자기가 키우는 나무의 익어가는 자두를 대할 때 수도승 같은 태도를 취하지만 그렇다고 이런 태도가 작정하고 외부 대상을 '의식'하겠다는 결연한 의지에서 나오는 것은 아니다. 그저 세상에 대한 호기심과 세상에 매료돼가는 과정의 후 효과에 가깝다. 그리고 그와 같은 결과를 불러온다. 모난 부분 없이 삶의 흐름에 자연스럽게 몰입하는 것.

우리는 바이런 베이 근처 방갈로에 책방을 차린다. 가게를 하려던 건 아닌데 그 공간의 용도가 소매점이라 뭘 판매해야만 임대가 가능했다. 팔고 싶은 게 있는 건 아니어서 처음에는 '목적 갖지 않기'를 목적으로 하는 공간을 열어볼까 생각했다. 이를테면 드로잉, 수채화, 조각, 심오한 주제를 탐구하는 고급 독서처럼 순수한 기쁨 외에 다른 목적이 없는 활동과 모여드는 사람을 위한 공간 말이다. 우리는 이 공간을 이윤 추구가 아니라 성과 없는 활동에 쓰기로 결정한다. 목적 없는 행위들로 복닥복닥한 작은 방들과 완성되면 파괴할 의도로 조각을 만드는 수도승들처럼 중요하지 않은 것들을 창조하느라 바쁜 사람들. 이 공간에서 시간은 조용히 흐르고, 그 어떤 전자기기의 알림도 사람들을 몽상에서 깨우지 않으리라.

그러다 이 공간을, 사람들이 앉아 책을 읽는 공간, 평소에는 집중하기 어려운 책들을 읽는 공간으로 쓰면 어떨까 생각한다. 소비 공간이 아닌, 위대한 인물들의 책이 꽂힌 벽 사이에 앉아 '고급 독서'를 하며 시간을 보내는 곳. 한때 고급 독서는 수도원, 세속으로부터 격리된 공간, 궁궐, 어두운 조명의 도서관 같은 곳에서 소수의 사람들만 향유하던 시간과 공간과 고요와 고도의 집중력을 요하는 명상적 기술이었다. 이를 위한 정신 훈련에는 시간이 든다. 어린 시절 문자를 해독하기 시작하고 글자 사이의 여백에 적응할 때부터 훈련은 시작된다. 그사이 우리 뇌의 회로망은 읽기에 적응하고 읽는 속도를 올리며 글자를 단어로, 단어를 장면, 대화, 의미 그리고 궁극적으로는 개념으로 발전시킨다.

인간의 뇌는 고급 독서에 적합하지 않다. 우리가 타고난 상태는 동물과 같은 산만함에 훨씬 가깝다. 우리는 언제나 환경, 위협, 가까운 물건들에 이끌린다. 동물들처럼 천성적으로 새로운 것, 예상 밖의 것에 반응하고 한 가지 대상이나 장면에서 다음 것으로 무의식중에 신속히 이동한다. 조용히 앉아 시선을 한곳에 모으고 있는 것은 우리가 쉽게 할 수 있는 일이 아니다. 고급 독서는 두뇌 회로망을 복합적으로 바꾼다. 시각 영역은 글자의 패턴을 인식하고 해석하는 업무를 하면서 여러 신경세포를 발달시킨다. 그렇게 두뇌가 변화를 겪는 동안 지적 능력이 확장된다.《책 읽는 뇌Proust and the Squid》에서 매리언 울프는 이렇게 썼다. "우리가 무엇을 생각하고, 어떻게 생각하는지 결정하는 것은 우리가 읽은 것으로부터 얻은 통찰력과 연계된 능력이다. 작가 조지프 엡스타인은 말했다. '문학적인 사람의 전기는 그가 언제 무엇을 읽었는지를 꼭 다루어야 한다. 어떤 의미에서 우리는 곧 우리가 읽은 것이기 때문이다.'"

우리는 가게 안을 비우고 고급 독서 공간을 여는 생각을 해본다. 아무것도 사지 않아도 되고, 아무것도 하지 않아도 되고 그저 와서 읽는 공간. 윌리엄 제임스는 주의 집중이란 "어떤 것에 효과적으로 임하기 위해 다른 것을 잘라내겠다는 암시"라고 말하며 "프랑스어로는 distraction(부주의, 방심)이라고 하는 혼란스럽고 멍하고 흐트러진 뇌의 상태와 완전히 반대되는 상태"라고 설명했다. 그러나 전자기기를 통한 소통 방식이 고급 독서의 기술을 서서히 대체하고 있다. 산만함에 익숙한 우리는 조용하고 사색적인 고급 독서 대신 이메일, 인터넷 검색, 동영상에 시간을 쓴다.

이런 읽기 훈련이 줄어들수록 우리 뇌의 회로는 변화한다.

전자기기의 산만함이 지배하는 시대에 고급 독서는 다시 소수의 전유물로 돌아가고, 대다수는 톨스토이나 포크너 같은 위대한 문인들과 정신적 교류를 전혀 하지 않을 수도 있다는 우려가 든다. 만약 정말 우리가 읽는 것이 곧 우리라면, 더 이상 책을 읽지 않게 될 땐 어떤 일이 벌어질까?

우리는 책방을 열고 책을 잔뜩 들여놓고 팔기로 결정한다. 베스트셀러나 화려하고 커다란 책 말고 비소설과 고전으로만 채우기로 한다. 바꾸어 말하면 아무도 읽지 않는 책만 특화해서 팔겠다는 거다. 심오한 주제의 어려운 책들. 이 동네의 히피 서퍼들에게는 잘 안 맞는 책방이다.

그렇게 우리는 '시인'이라는 책방을 요란한 행사 없이 조용히 열고, 문학계의 거물들, 위대한 철학자들, 시몬 드 보부아르나 헤르만 헤세 같은 위대한 소설가의 몇 권 안 되는 책들을 진열한다. 거의 모두가 이미 읽었다고 불평하는 책들이다. 그래도 팔리지 말란 법은 없지 않은가? 왜 늘 모든 것이 '새것, 새것, 새것'이어야 하나. 그건 고급 독서의 취지에도 맞지 않는다. 고전을 한 번만 읽고 말라는 법은 없지 않은가?

구경하려고 들어온 사람들이 우리 책방의 빈약한 서고에는 학교나 대학에서 읽기 싫었던 책만 꽂혀 있다고 불평하고, 영업 시간이 이상하다고 불평한다. 장터가 열리는 붐비는 시간에는 자주 문을 닫고 동네가 텅 비는 주중에 일찍 문을 열기 때문이다. 그렇게 몇 달, 몇 년이 흐르는 동안 우리는 책방을 유지하고, 일일 판매고는 50달러에서 230달러 사이를 기록한다. 일주일에 며칠 정도는 판매 매니저로부터 "오늘의 매출은 0"이라는 의기양양한 메모를 받기도 한다. 심지어 장사가 제일 잘되는 시간에 이런저런 이유로 아예 문을 닫기도 해서 주변 가게들은 우리 영업 방식에 혀를 내두른다. 우리는 반자본주의자, 엄밀히 말해 소비 절제주의자이고, 인간의 기술력보다는 손글씨를 선호하는 입장을 보여주기 위해 가게에 종이와 펜도 마련해놓았다. 비록 슈타이너(인지학과 신체·정신·영혼의 조화로운 교육을 강조해 손과 발을 이용하여 정신과의 협력적인 발전을 도모하는 발도로프 교육을 창시했다 - 옮긴이) 신봉자들의 상상력을 잡아끌기엔 너무 하찮은 것들이라 할지라도. 우리는 심미적인 것들에도 돈과 시간을 많이 투자한다. 프랑스 골동품, 조각상, 두상, 구슬 달린 짙은 색 벨벳 커튼, 태초부터 그곳에 있었던 것처럼 보이는 표지판들. 모든 것들이 아름답긴 하지만 살 만한 건 없다. 미학이 상업보다 우월한 공간이다.

가게 안쪽에서 우리는 책을 읽고 잡지 주제를 의논하고, 두 번째 잡지《우먼카인드》를 위한 아이디어도 생각한다. 그리고 가게 안을 돌아다니며 아름다운 건 보고 감탄하다 불쑥 나가버리는 사람들의 소리를 듣는다. 책 판매고는 점점 줄어 거의 바닥을 치고, 책들 위로 먼지만 쌓이며, 표지는 방갈로의 강렬한 햇빛에 바래간다. 책방 직원은 - 누구든 그때그때 판매대를 지키는 사람 - 점점 더 어두운 구석 자리에서 낙담에 빠진다. 르네상스 시대로 돌아간 듯한 먼지 날리는 책방 밖에선 바이런 베이 주민들이 현대의 삶을 살아간다. 회사 느낌을 주는 것들은 뭐든 피하고 싶은 우리는 하나뿐인 창으로 들어오는 자연광을 만끽하려 전구를 소켓에서 뽑아버리고, 잡지 상자를 엎어놓고 출간 회의를 한다.

~

나는 시드니 공항에서 택시를 타고《뉴 필로소퍼》판매를 원하는 슈퍼마켓 체인 간부와 미팅을 하러 간다. 차는 꽉 막히고 택시기사는 커피를 들이키며 맹렬한 기세로 떠든다. 신호등 앞에 멈춰 섰을 때는 계기판

위의 책을 펼쳐들고 몇 줄 읽다가 다시 아무렇게나 던져놓고 액셀을 밟는다. 책은 돈 버는 법, 부자가 되는 법에 대한 책이다. 영어를 아주 잘하는 것 같진 않은데 책 속에 숨은 금덩이를 찾아 어떻게든 읽어나가는 것 같다. 그러다 고개를 돌려 나에게 이야기를 시작한다. 그는 이미 건물을 세 채나 샀고, 아들은 그보다 더 많이 샀으며 펜리스라는 동네에 있는 집을 개조해서 세를 놓을 것이고, 건물을 하나 더 사서 아파트로 개조할 것이라고. 그는 그렇게 '부자 되기' 지침서를 계기판에 올려놓은 채 도로를 누비고, 그런 그가 내 눈엔 불안해 보이기만 한다.

불안은 무언가가 잘못된다는 신호다. 나만 봐도 알 수 있다. 이런저런 아이디어들을 생각하고 예산을 계획하다 보니 숨이 가빠진다. 잘못된 길을 전속력으로 달려나간 거다. 누군가가 멈추라고, 심호흡을 하고 주변 경관을 둘러보라고 말해주면 좋을 순간. 불안은 번영의 신호가 아니다. 그보다는 어떤 행위가 별로 힘들지 않고, 정신과 마음이 차분히 가라앉고, 억지로 밀어붙이며 나아가지 않아도 될 때, 그때 가고 있는 길이 내게 맞는 길이다. 이번 시드니 방문은 마치 못을 집어삼키는 것만큼이나 불편하고 힘들고, 게다가 기사는 잠시도 가만히 못 있고 몸을 마구 뒤튼다. 그가 운전을 하고 더 많은 거리를 달리고 더 많은 돈을 벌어 그 돈으로 건물을 더 사들이고 그러다 보면 언젠가 그가 열망하던 모든 걸 이룰 수도 있을 것이고, 그러면 택시기사 노릇도 그만두고 자기가 꿈꿨던 것보다 더 큰 부자가 될지도 모른다. 하지만 그게 정말 가치 있는 일일까? 젊은 시절에 한 손엔 책을 움켜쥐고 한 손으론 운전대를 잡고 감옥살이 하듯 살았던 것이? 절대로 다시 젊어질 수도 없고, 신체는 어쩌면 지금이 가장 건강할 텐데. 달리는 도로와 책 사이에서 그는 여정의 단 한순간에도 관심을 느끼지 못한다. 내가 하는 말도 그저 배경 소음에 지나지 않을 거다. 본부

275

앞으로 진입했을 때 건물을 보더니 그가 조용해진다. 나는 내려서 문을 닫고 그는 뒤 한 번 돌아보지 않고 속도를 높여 달려 나간다.

미래의 목표를 위한 목적성 활동의 문제는 삶을 기계적인 태도로 살게 된다는 점이다. 지금을 위해 살지 못하고 늘 미래의 어떤 목적을 위해 살아가는 거다. 게다가 목표는 변화한다. 어떤 목표를 이루면 다른 목표가 그 자리를 대신한다. 마치 사막의 신기루처럼, 모래 위 한 줄기 선처럼 계속 그것을 향해 나아가지만 영영 잡을 수 없다. 그 긴 시간 동안 그 사이사이 작은 순간들은 망각이라는 검은 모래 속으로 사라져버린다. 목적성 활동, 목표와 상관없는 즐겁고 게으른 순간 – 그 순간만의 순수한 기쁨들 – 사이에는 균형이 필요하다.

일과 생산적인 활동에 적응돼 있다면 특별한 일을 하지 않고 노는 것도 쉬운 일은 아니다. 그래서 TV를 보거나 인터넷 서핑을 하거나 소셜 미디어를 들여다보는 수동적인 활동을 하기 쉽다. 이런 활동은 느긋하게 시간을 보내는 것일지는 몰라도 활기찬 삶을 사는 즐거운 태도는 아니다. 그러니 시간 낭비의 희생자가 되지 않으면서 시간을 느긋하게 보내는 방법을 고안할 필요가 있다. 이것이 여유 있는 시간의 난제다. 왜냐하면 미래 목표를 위한 활동이 성과가 보이지 않는 단순한 기쁨보다 훨씬 더 의미 있어 보이기 때문이다. 우리는 모두 목적 있는 삶을 살고 싶어 하므로 목적 있는 활동을 선호한다. 어쩌면 이 문제는 즐겁게 추구할 수 있는 것들에 '목적성'을 약간 추가하면 해결될 것이다. 그렇게 하면 즐거운 활동에 약간의 방향성과 부담 없는 목표가 생긴다. 예를 들어 파스텔화를 그려 지역 예술제에 출품하는 식이다. 요리를 배우고, 정원을 가꾸고, 특별한 취미를 갖는 것 역시 마찬가지다. 다만 일과에 이런 활동을 위한 자리를 비워두려고 신경 쓰지 않으면 자기도 모르게 자꾸 제쳐둘 수도 있다.

16장

도파민을 좇는 우리들

(　　　　오스트레일리아　　　　)
(　　　　　클룬즈　　　　　　)

진정한 자유는 자아와 그에 동반되는
감정의 명령으로부터 해방되는 것이다.

— 마티외 리카르

방갈로 바이런가의 유기농 식품점 문이 열리고 한 여자가 들어선다. 예전에도 본 적 있는 여자다. 숱 많은 갈색 머리에 커다란 선글라스, 눈에 띄는 보헤미안 스타일 드레스와 유목 스타일 샌들. 그는 아무에게도 말을 걸지 않고 늘 혼자 거리를 걷는다. 값비싼 유기농 상품 몇 개를 집어 들고 계산대로 온 그는 값을 치르고 나가려다 계산대 뒤에 서 있던 점원이 주말 축제에 올 거냐고 묻자 잠시 멈춰 선다. 나는 잠시 그가 영어를 못 해 대답을 안 하는 건지, 언어 기능에 문제가 있는 건지, 아니면 원래 대답하는 데 시간이 오래 걸리는 사람인 건지 생각한다. 하지만 곧 그는 자연스러운 미소를 지으며 축제에 갈 거라 답하고 다시 휴대폰으로 고개를 숙인다.

흥미를 느껴 동네 사람들에게 그가 어떤 사람인지 물어본다. 알고 보니 소셜미디어의 유명 인사란다. "팔로워 수가 엄청 많아요." 그는 거리를 걷는 게 아니라 무대 위를 활보하고 있는 거였다. #노마드카페 앞에서 포즈를 취하고, #원더러스트라는 옷가게를 방문하고, #건강페스티벌에서 즐거운 시간을 보내고, #에코디자인 원피스를 입고 #남들과비교를거부하는 샌들을 신는다. 그는 한 무대에서 다음 무대로 이동할 때마다 새로운 포스팅을 하고 팔로워들은 "핫걸" "안녕, 나의 여신님, 오늘도 좋은 하루 보내세요!" 같은 코멘트로 그 이미지에 화답한다. 그는 항상 접속 중이고 그의 자아와 자부심은 그것들을 먹고 산다. 휴대폰 알림음이 울릴 때마다 그의 부신은 아드레날린을 생성하고 그는 에너지가 샘솟는 걸 느낀다.

나르시시즘(자기도취증)은 자기 자신을 숭배하고 남들로부터 숭배 받기를 바라는 습관이다. 소셜미디어는 나르시시스트들을 찍어내는 거대한 공장이다. 소셜미디어 이용자 대부분은 좋아요와 팔로워들을 모으기 위해 '셀카selfie'라는 적절한 용어가 붙은 본인의 사진을 올린다. 이 시스템에 셀카를 올리는 사람들은 그 행위에 대한 보상을 받고 그 보상은 더 많은 셀카를 촉발한다. 이 긍정적인 피드백의 고리는 그들을 한껏 고조된 자기애의 길에 올려놓는다.

나르시시스트의 문제는 자기애가 다른 것들에 대한 사랑을 전부 넘어선다는 데 있다. 예술, 스포츠, 사업, 경제, 튤립, 에인절피시, 희귀한 이집트 유물 등 그것이 무엇이든 간에. 결국 그 의미는 나르시시스트들은 즐거움을 누릴 수 있는 대상에 대한 열정과 활력을 잃을 가능성이 크다는 뜻이다. 유기농 식품점에서 만났던 그 사람도 꿈에 그리던 동반자를 만날 수는 있지만 그를 사랑하기는 쉽지 않을 것이다. "허영심이 그 정도까지 자랐을 때는, 다른 어떤 이에게서도 진정한 관심을 느낄 수 없고 따라서 사랑에서 진정한 만족감을 얻기도 어렵다"고 버트런드 러셀은 말했다.

허영심이나 나르시시즘이 곤란한 이유는 세상이 무채색으로 변하기 때문이다. 러셀은 자신의 예술로 유명해지길 원하는 나르시시스트 예술가의 예를 든다. 포상에 대한 간절한 열망이 예술을 창조하는 과정에서 생기는 기쁨을 짓밟는다. 캔버스에 물감을 바르고, 이리저리 움직이고, 톡톡 누르고, 번지게 하고, 닦아내고, 치우고, 다시 시작하는 그 과정 말이다. 결국 예술을 만드는 과정이 지루해진 그들은 캔버스 위에 대충 되는 대로 아무렇게나 그리게 된다. "허영심이 어느 수준을 넘어서면 모든 활동 그 자체의 기쁨을 죽인다. 그리고 결국 무관심함과 지루함으로 이어진다"라고 러셀은 썼다.

소셜미디어 돌풍으로 휴대폰의 기술력은 목적을 위한 수단에서 목적 그 자체로 바뀌었다. 이제 전화기가 어디서 무엇을 하며 시간을 보낼지 결정한다. 휴대폰이 그의 사회 집단이고, 기억력이며 자아이고, 삶의 운용 코드다. 그래서 어떤 포스팅에서 좋아요를 다른 포스팅만큼 얻지 못했을 땐 스트레스 호르몬이 치솟았다 떨어지며 기분과 생각을 관장하는 뇌의 영역, 해마, 편도체, 이마앞엽 겉질의 작용에 변화가 생긴다. 소셜미디어가 없다면 그가 설 자리는 어디일까? 이런 질문에 그의 팔로워들은 이렇게 외치리라. "인터넷이 그의 삶을 만들어줬잖아. 소셜미디어가 없다면 그는 그냥 거리를 돌아다니는 여자일 뿐이지만, 인터넷 덕분에 유명인이 됐어!" 그런 논리는 무기 거래상에게도 똑같이 적용할 수 있다. "무기 거래를 하지 않는다면 그는 가난할 거야. 하지만 무기 거래 덕에 고급 자가용도 몰고 목에 금목걸이도 하고 다니잖아."

사실 휴대폰이나 태블릿을 잠깐 들여다보는 일이 별로 큰일처럼 느껴지진 않는다. 확인을 할 때마다 1~2초를 쓰는 것뿐이니까. 하지만 전 세계적으로 보통 사람들이 휴대폰에 소비하는 시간은 하루에 3시간 15분이다. 그러니까 다른 어떤 활동을 하든 1186시간을 매년 휴대폰에 쓴다는 이야기다. 하나의 자극에 주의를 기울이는 동안 다른 것에 관심을 가질 순 없다.

알고리즘의 이면에는 포스팅의 오른쪽 아래 댓글의 조그만 글자들이 증명하는 팔로워들이 존재한다. 만약 이 팔로워들을 한 방에 모여 있는 진짜 피와 살을 갖춘 인간들로 형상화할 수 있다면 측은한 광경이 될 것 같다. 그들이 팔로우하고 있는 것은 누구란 말인가? 대부분 인플루언서들의 재능이란 작은 퍼즐 조각에 적어 넣기도 어려울 정도로 빈약하다. 대부분이 음악, 수학, 그림, 공학, 철학 등 그 어떤 분야에도 특별한 재능을 가진 사람들이 아니며 그렇다고 모험가이거나 의사, 발명가, 극작가인 것도 아니다.

한 발 더 나아가 생각해볼 만한 문제가 있다. 그들은 정확히 어떤 영향influence을 주고 있을까? 소셜미디어가 돌아가는 원리를 잘 들여다보면 속상한 일, 슬픔, 실패, 우울, 결별, 불안이 좋은 소식이 담긴 스토리보다 조회 수가 더 높다(같은 원칙으로 돌아가는 뉴스와 아주 비슷하다). 따라서 인플루언서란 신경증 유발자들이기도 하다. "사회는 마치 우리에게 필요한 상품인 옷이나 신발이나 자동차를 제작하듯 여러 유형의 사람들을 만들어낸다"라고 에리히 프롬은 썼다. "그리고 사람들은 어릴 때부터 사회가 어떤 유형의 사람을 필요로 하는지 습득한다." 그렇다. 인플루언서는 시시한 새 제품을 찍어내려고 안달 난 사회의 한 생산품이다.

"유명인이라는 현상은 대중의 갈망을 반영한다"라고 역사가 스튜어트 유언Stuart Ewen은 《이미지는 모든 것을 삼킨다All Consuming Images》에서 말했다. "유명인으로부터 사람들은 자기 자신의 한 조각을 발견할 뿐만 아니라 그들이 갖기 위해 분투하는 면을 발견한다." 그림자가 형상을 찾으려 하듯 소셜미디어 사용자들은 이상적인 자아와 가장 근접한 누군가를 팔로우한다. 그리고 인플루언서를 자신이 그리는 완벽한 이미지로 여기고 싶어 한다. 이 연애 관계가 지속되는 한 인플루언서는 이런 관계에서 득을 본다. 하지만 이 이상 속의 판타지가 실현되지 못하면 인플루언서들에 대한 관심은 쉽게 식는다.

인플루언서 가운데는 배경이 대단한 사람이 많지 않아 팔로워들에게 언젠가는 이 피라미드를 기어올라가 인플루언서가 될 수 있다는 꿈과 희망을 선사한다. 유명 브랜드의 승용차나 후드 재킷 같은 물질을 손에 넣는 것이 성취의 증거인 소비 중심 문화에서 매일 신상품을 구매하며 돈은 문제가 아닌 것처럼 보이는 인플루언서들은 동화 속 환상으로 보일 수도 있다.

"유명인은 가장 접근 가능한 부의 형태를 보여준다"라고 유언은 말한다. 소셜미디어에서 유명인과 인플루언서들은 부유하게 산다는 것이 어떤 것인지 보고 느낄 수 있게 해준다. 그러나 유언이 지적했듯이 유명인은 부와 권력 사이의 관계는 드러내지 않는다. 유명인이 잘 알려진 부자인 경우도 있긴 하지만, 소비는 그들의 권력의 존재나 부재를 표현하는 주된 수단이다. "진정한 유명인은 줄을 서지 않고 영화관에 들어갈 수 있고, 예약 없이도 바로 식당의 제일 좋은 자리에 앉을 수 있다. 이런 것들은 소비자의 기본적인 열망이다. 사고 싶은 것을 마음껏 사며 주위의 부러운 시선을 즐기는 것"이라고 유언은 말한다. 그러나 유명인들에게 진정한 힘은 없다. "금융자본가, 다국적기업, 기업 운영진, 정책 입안자, 대중매체 조직을 운영하는 사람들은 대개 알려져 있지도 않고 눈에 띄지도 않는다."

　유명인들은 쇼핑 나들이의 왕과 왕비일지는 모르겠으나 진짜로 사회를 움직이는 사람들의 이름은 대체로 알려져 있지 않다. 그들이야말로 유명인사도 아니고 명성이 드높지도 않지만 힘은 막강한 사람들이다. "이제 사람을 '전국적으로 홍보된 브랜드'로 만드는 특성은 인간의 공허감이라는 새로운 영역이다"라고 《이미지와 환상The Image》에서 대니얼 부어스틴은 말한다. 실제로 인플루언서들이 우리에게 목적성을 제시할 수 없는 이유는 그들에게 목적이 없기 때문이다. 그들이 우리의 지평을 확장시켜줄 수 없는 이유는 그들이 유통기한 있는 포장 상품이기 때문이다. "우리는 이제 더 이상 존재하지 않는 영웅이나 시야 밖으로 밀려난 영웅들을 유명인들로 대체하려 한다. 그리고 그들을 위대함이라는 틀이 찍어낸 조형물인 것처럼 모방하려 한다"라고 부어스틴은 말한다. 그런 명성이나 '셀러브리티'가 위대함의 보증마크라는 잘못된 믿음은 우리 스스로 선택한 것이다.

흥미를 느껴 그의 소셜미디어 계정에 들어가본다. 그가 찍어 올린 셀카들은 패션 광고로 써도 될 만한 수준이다. 뒤로 젖힌 머리, 반짝이는 치아, 어깨까지 늘어뜨린 윤기 나는 긴 머리. 사진 아래에는 43,034이라는 숫자, 그날의 좋아요 개수가 찍혀 있다. 어제의 23,400보다는 많지만 해변 사진을 올린 월요일의 54,005보다는 적다. 예전 포스팅을 살펴보니 수백 개의 셀카 사진들이 등장한다. 안락의자에 느긋하게 앉아 웃거나 바다를 사색에 잠긴 표정으로 보고, 최근에는 도발적이고 유혹하는 듯한 눈빛이 가득한 비키니 사진들이 올라와 있다. 제일 첫 사진은 어떤 것이었을까? 2016년, 2010년으로 시간을 거슬러 올라간다. 그러다가 그의 소셜미디어의 탄생과도 같은 사진 앞에서 멈춘다. 그것은 장미덤불을 찍은 사진이다. 다음 사진은 미술품을 찍은 스냅 사진이고 그다음에는 친구들과 팔짱을 끼고 활짝 웃는 사진이 나온다. 그 이미지의 좋아요 개수는 3이다. 그러다 어느 날, 사건이 일어난다. 좋아요 개수가 폭발적으로 늘어난 것. 사람들은 그의 포스팅을 좋아했다. 댓글이 줄줄이 달렸다. 그가 눈밭에 서서 인조 모피 모자를 이마까지 잡아당겨 쓰고 있는 사진이었다. "너무 귀여워요!" "멋져요!" "나도 거기 가고 싶어요." "#너어어어무 예뻐요." 좋아요 개수가 128을 찍었다.

2001년 불교 승려 마티외 리카르는 임상심리학자 폴 에크먼에게 놀라운 재능을 가진 사람들에게서 공통적으로 찾아볼 수 있는 특징이 무엇이냐고 물었다. 감정과 비언어적 행위에 관해 평생 연구해온 에크먼은 특출한 능력을 가진 사람들을 포함하여 다양한 유형의 사람들과 유대를 맺었다. "재능을 가진 사람들의 공통적 특징은 무엇인가요?"라고 리카르가 묻자, 에크먼은 "그들에게선 선한 기운이 흘러나옵니다"라고 대답했다. "그들은 자기 지위나 명성을 이용하지 않고, 간단히 말해 자기 자신이 대단하다고 생각하지 않는 태도로 다른 사람들에게 영감을 줍니다. 그들은 자신의 지위나 중요성을 누가 알아주길 절대로 바라지 않죠." 에크먼이 뛰어난 사람들의 특징으로 알아본 것은 자기를 내세우지 않는 것이었다. 무엇보다도 그들은 자부심을 잘 드러내지 않는다.

리카르에겐 이런 통찰력이 별로 놀랍지 않았으리라. 불교 승려들에게 정신적 고통 ─ 질투, 증오, 시기, 탐욕, 자만 ─ 의 원인이 되는 것이 바로 자아다. 자아는 언제든 상처받거나 만족할 준비가 돼 있다. 자아는 "우리가 그것을 자율적 독립체로 간주할 때 부적절하고 유해한 것이 된다"라고 리카르는 《어떻게 행복해질 것인가 The Art of Happiness》에 썼다. "우리의 자아에 대한 애착은 우리가 느끼는 고통, 우리가 타인에게 주는 고통과 근본적으로 연계돼 있다."

최근 소셜미디어 플랫폼 운영진 몇 명이 그 운영 체계를 비난한 일이 있었다. 소셜미디어는 우리가 세상이나 타인과 관계 맺는 방식을 좋지 않은 방향으로 바꾸고 있다면서. 2017년 왕립공중보건협회에서 소셜미디어가 담배나 알코올보다 더 중독성이 강하다는 연구 결과를 발표했다. "젊은 사람들의 소통을 도울 의도로 만들어진 이런 플랫폼들이 실은 정신 건강의 위기를 초래할 수도 있다." 14~24세 1500명을 대상으로 조사한 결과, 연구 저자 매트 커래처 Matt Keracher는 소셜미디어가 젊은 여성들에게 "한 번 거르고, 포토샵 처리하고, 엄선된 비현실적인 버전"과 자신을 비교하게 만든다는 사실을 밝혔다. 자기 자신이 집중과 숭배의 대상이 되면 어떤 문제, 어떤 비난이든 견디기 어렵다. 갑작스런 좋아요 수의 감소나 부정적인 댓글이 견딜 수 없을 정도로 괴롭게 느껴지고, 앞으로는 그런 불쾌한 일이 일어나지 않도록 예방하겠다는 의지를 불태우게 된다. 피드백의 굴레라는 덫에 걸린 소셜미디어 사용자는 자신의 명성과 지위를 향상하기 위해 고군분투한다. "자아가 중요하다는 감정이 우리 존재를 조종하는 한 우리는 절대로 지속적인 평화를 누릴 수 없다"고 리카르는 말한다.

모든 것이 시작된 처음으로 돌아가려면 어떻게 해야 할까? 장미 덤불과 예술 작품과 친구들과 함께 찍은 사진의 날들로, 외로운 셀카의 행진이 시작되기 전의 날들로? "내가 친밀하게 느끼는 나의 이미지에 대한 집착을 버리고 자아의 중요성을 벗어버리는 순간 놀라운 내면의 자유를 느낄 수 있다"고 리카르는 강조한다.

그러나 이 굴레에서 탈출하기란 어려운 것 같다. 이번에 그는 선글라스를 끼고 수영장 물을 헤치며 걷는다. 분명히 존재하는 카메라는 전혀 의식하지 못하는 듯한 표정이다. 댓글이 줄줄이 달린다. "#toohot(#핫하다)" "아름다워요." "예뻐요." "너무 귀엽잖아요." "멋져요." "베이비베이비 베이비베이비"

누구든 처음 소셜미디어 플랫폼에 발을 들였던 때로 돌아가기란 쉬운 일이 아니다. 우리를 처음 그 세계에 접속하게 한 외부 자극이 무엇이었는지 기억하기도 어렵다. 광고, 화면의 아이콘, 링크, 누군가의 추천? 어쩌면 심야 뉴스 진행자가 흥분한 목소리로 "지금 접속해서 토론에 참여하세요!"라고 말했을지도 모른다. 하지만 이제 사람들은 지루하거나 외롭거나 뭘 해야 할지 모를 때 접속한다.

1950년대에 B.F. 스키너는 레버를 누르면 먹이가 공급되도록 만들어진 상자 속에 비둘기를 넣었다. 먹이가 공급되는 시차가 규칙적이지 않고 무작위적일 때 비둘기들은 불안해했고, 과도하게 흥분했으며 레버를 반복적으로 눌러댔다. 변동이 심한 보상에 대한 기대를 할 땐 뇌의 즐거움을 관장하는 본부의 불이 들어오고, 도파민이라는 신경전달물질 공급량이 치솟는다.

우리는 감질나는 이미지, 사회적 접촉, 교류 같은 새로움이나 의외의 상황을 기대하고 소셜미디어에 접속한다. 누가 나와 접촉하려 할까? 나의 포스팅을 좋아한 사람은 누굴까? 내 친구들은 오늘 뭘 할까? 사진을 올리고, 공유하고, 팔로우하고, 팔로워를 늘리고, 배지나 특혜를 얻으려고 시간과 에너지를 투자하면 할수록 생각이나 선별한 뉴스나 사진을 올려가며 결과물에 더 많은 투자를 하게 되고, 그 결과 우리는 소셜미디어에 더 전념하게 된다. 《훅 Hooked》에서 소비 심리학자 니르 이얄은 우리가 어떻게 습관 형성 제품들에 중독되는지 보여준다. 우리가 '훅'(대단히 즐기고 빠져 있는 무언가)의 주위를 도는 시간이 늘어날수록 그 과정은 더욱 자동적이고 무의식적으로 변하며 그러다 어느 날 우리 계정에 로그인하는 일은 이를 닦거나 아침 인사를 하는 것, 심지어 숨을 쉬는 것만큼이나 자동적인 습관이 된다.

〰️

하루는 우리 아이들이 마카다미아 농장을 하는 집에 생일 초대를 받는다. 황폐해 보일 정도로 오래된 농가 주택이다. 우리는 괴이할 정도로 웅장한 로비를 배회하며 들어가, 물은 없고 띄엄띄엄 쥐들이 죽어 있는 실내 수영장을 지난다. 그리고 마치 디스코텍을 방불케 하는 거실에 들어선다.

시끄러운 소음, 전자 총소리와 레이저빔이 폭발하듯 우리를 덮친다. 생일 주인공 아이들의 아빠 에드는 거실 한가운데 커다란 가죽 쿠션 위에 올라서 있다. 까닥거리는 머리가 천정에 닿을 듯한 그는 거대한 회색빛 스크린의 사무라이 전사에게 플라스틱 총을 미친 듯이 쏘아대고 있다. 그의 양옆에 앉은 아이들은 태블릿에 빠져 있다.

야외 테이블에서 점심을 먹을 때 아이들 엄마는 목소리를 낮춰 남편이 늘 지루해한다는 말을 한다. "맨날 지루하대요. 지루해, 지루해, 지루해라고 계속 저한테 말해요. 마카다미아 농장도 경영해야 하고 아이들도 키워야 하는데 어떻게 지루할 틈이 있죠?"

그가 말을 잇는다. "만약 한 100년 전에 태어났다면 지루할 수도 있겠죠. 볼 것도 없고 생각할 것도 없을 테니까. 트랙터에 탔을 때도, '팟캐스트를 들어'라고 말해줬어요. 들을 만한 팟캐스트가 넘쳐나잖아요. 아니, 지루할 새가 어디 있어요?" 그는 우리를 TV 앞에 놓인 러닝머신으로 데려간다. 그 위에서 그는 운동을 하며 드라마를 본다고 한다. 나는 에드의 뇌 속 '새로움 본부'를 생각하며 러닝머신을 응시한다.

펜실베이니아 주립대학교에서 철학을 강의하는 마크 피셔는 철학 수업 수강생 중 책을 읽지 않는 학생들의 수를 알고 당황했다. 그의 학생들은 고전, SF 소설, 만화책 중 어느 것도 단 몇 줄도 읽지 않는다고 했다. 심지어 교과서조차 읽지 않는다. "아마도 그들은 읽을 수가 없다고 항변할 것이다"라고 피셔는 저서《자본주의 리얼리즘Capitalist Realism》에서 말한다. 어째서 이 학생들은 읽을 수 없는 걸까? "교사들이 가장 자주 듣는 불평은 독서가 지루하다는 것이다"라고 피셔는 말한다. 사실 이 학생들은 읽을 능력을 가졌으나 독서라는 행위가 문자, 소셜미디어, 동영상 시청보다 즐겁기는 어렵다. 뇌에서 즐거움을 관장하는 본부는 학생들을 독서처럼 즐거움의 강도가 약한 영역에서 보상이 큰 활동 쪽으로 방향을 돌리도록 만든다.

피셔는 "내가 만난 10대 학생들 중 많은 수가 내가 '우울한 쾌락주의'라고 지칭한 상태에 있는 것 같다"고 말한다. 그는 우울한 쾌락주의를 즐거움을 좇는 것 외에 다른 것은 전혀 할 수 없는 상태로 정의한다. 무언가가 결여돼 있다는 불안한 감정 때문에 학생들은 그 공허감을 채우기 위해 사이버 세계로 들어가 즐거움과 새로움을 찾아 배회한다. "유흥의 매트릭스에 중독된 결과는 불안 초조한 상호수동성, 곧 집중하는 능력의 상실이다"라고 그는 지적한다.

전자기기에 고개를 파묻고, 화면을 향해 주먹을 날리는 학생들은 사실 그것이 그다지 즐거운 행위가 아니라는 사실을 인지하지 못한다(거침없이 첼로 활을 켜거나 자전거를 타고 미친 듯한 속도로 언덕길을 내려가는 것처럼 활기찬 일은 솔직히 아니지 않은가). 온라인에 접속 중인 학생들은 위축돼 보이거나 뚱해 보이는데도, 단 몇 분 이상 그 즉각적인 만족을 채워주는 원천으로부터 분리하는 게 불가능해 보인다.

"현재의 상황과 그보다 더 즐거운 상상 속 상황의 대조가 바로 지루함의 본질적 요소다"라고 버트런드 러셀은 말한다. "인간의 능력을 온전히 다 사용하지 않아도 되는 것 역시 지루함을 만드는 필수 요소 중 하나다."

요즘은 지루함이 상승세인 것 같다. 이 마카다미아 농장뿐 아니라 일터, 학교, 집에서도 마찬가지다. 센트럴랭커셔 대학교에서 심리학을 강의하는 산디 만은 저서 《지루함의 과학The Science of Boredom》에서 "일터에서 당신을 지루하게 하는 것은 무엇입니까?"라는 질문에 응답자의 14퍼센트가 '다른 사람'이라고 답했다고 밝혔다. 이제는 사람마저도 지루한 세상이 됐다. 그렇다면 무엇이 문제인가? 만에 따르면 지루함은 21세기의 저주다. "우리를 자극하는 것들이 많으면 많을수록 우리는 더 많은 자극을 열망한다."

지루함에서 벗어나기 위해 기술력에 의지하는 일의 문제는, 화면 속에서 제법 새롭고 자극적인 듯 보이는 것들을 작동시키는 행위가 사실상 지루한 일이라는 것이다. 톡톡 두드리고, 옆으로 밀고, 들여다보고, 두드리고, 두드리고, 옆으로 밀고, 들여다보고, 흠, 들여다보고, 들여다보고, 들여다보고. "겉보기엔 우리가 손가락 하나로 온갖 유흥거리를 즐길 수 있는 다양하고 신나는 세상에서 사는 것 같지만 사실 그 점이 문제다. 우리는 대다수의 자극을 놀라울 정도로 비슷한 방법으로 얻는다. 바로 우리의 손가락을 통해서다. 우리는 신경 자극의 욕구를 늘 완전히 똑같은 방법을 통해 만족시키려는 틀에 갇혀 있다. 지루함을 해소하기 위해 다양한 신경 체계를 동원하는 여러 가지 활동(스포츠, 뜨개질, 그림 그리기, 요리 등등)을 하는 대신, 하루의 대부분을 화면을 탭하는 방식으로 퇴보하고 있다. 깜빡거리는 화면과 키보드를 중심으로 돌아가는 삶은 더욱 단조롭고 반복적이고 틀에 박힌 것이 된다. 아이로니컬하게도 잠시 잠깐의 지루한 순간을 피하려고 우리는 모든 여유 시간을 틀에 박힌 반복적인 행위로 채운다."

그러나 화면을 톡톡 두드리고 들여다보는 것이 정말 그렇게 지루하다면 우리가 그걸 계속 할 리 없다. 재미있지 않고서야 왜 그렇게 많은 사람이 인터넷이라는 새로운 재미를 생산해내는 기계에 묶여 있겠는가? 만은 그 질문에 우리에겐 다른 선택지가 없기 때문이라 주장한다. 우리 뇌는 새로움을 추구하도록 프로그래밍돼 있다. 심지어 중뇌에는 흑핵/복측 피개부(SN/VTA)라는 이름의 새로움 본부가 자리하고 있는데 우리가 새로운 이미지를 보면 이 부위가 밝아지며 즐거움 화학물질인 도파민이 분비된다. "우리는 새로움을 찾도록 프로그래밍돼 있고, 그것을 발견할 때 즐거움이라는 감정으로 보상을 받는다."

에드는 점심 식사 테이블과 콘솔 사이를 서성이며 여기저기 눈길을 던진다. 그러더니 결국 맥주를 집어 들고 근처의 작은 헛간으로 들어간다. 새로 사들인 마카다미아 농장에는 그의 시간을 필요로 하는 일들이 쌓여 있다. 예전 주인이 아무것도 하지 않은 게 분명하다. 덩굴식물들은 북쪽의 강렬한 햇살에 시들고 마치 오래 감지 않은 머릿결처럼 서로 뭉쳐버렸다. 풀은 무릎 높이까지 무성하게 자라 그 안에서 뱀들이 꿈틀거린다. 하지만 에드는 자기 삶을 투자할 일은 따로 있다는 듯 그 모든 것들에 무관심하다. 근처 해변의 빈집을 사들이거나 야외 어드벤처 사업이라도 시작하고 싶은 걸까? 나는 파충류의 뇌와 비슷했던 그의 뇌에 대해 생각해본다. 훨씬 더 간단하게 세상을 살 수 있도록 고안됐다가 기나긴 세월 동안 진화해온 뇌 말이다. 그는 헛간에서 다시 나오더니 흰색 플라스틱 테이블 앞에 선다. 테이블에는 햄 샌드위치, 케이크, 구겨진 종이 접시에 놓인 파이 열 개 정도가 있다. 그의 딸의 붉은 빛 금발 포니테일이 그를 스치듯 치고 지나간다. 그는 아침에 보았던 회전 전기톱을 돌리는 해병과 사무라이의 눈길로, 바다 전망의 땅을 바라본다. 최근에 사람들이 다 나가 비어버린 1800평방미터 넘는 넉넉한 땅이다.

그의 뇌가 화면에서 보았던 것들을 해석하는 동안 감촉, 맛, 냄새를 느끼는 감각은 죽어 있다. 오감 중 세 가지는 잠들어 있는 것이다. 정원 일을 컴퓨터로 하는 일과 비교해본다면, 손가락 사이로 부서지는 검은 흙의 거름 냄새 대신 마치 사이코패스의 해부용 테이블처럼 깨끗한 은색 키보드만 있는 것이다.

종교계에서는 감각의 힘이 우리 기분을 고양시킨다는 것을 잘 알았다. 종교 의식을 임시 창고 같은 데서 하지 않고 웅장한 성당을 건축해서 거행한 이유다. 아치형 천장과 플라잉 버트레스(대형 건물 외벽을 떠받치는 반 아치형 벽돌 또는 석조 구조물 – 옮긴이)는 쳐다보는 것만으로도 경외심을 불러일으킨다. 우리는 그 앞에서 고양된다. 그와 같은 이치로 찬송·음악·합창 등 장엄한 소리에도 우리는 감동받고, 변화를 느끼고, 다른 곳으로 순간 이동됨을 느낀다. 우리가 무엇을 먹는 이유가 되는 후각도 강력한 감각이다. 냄새를 꽃 향, 나무 향, 열매 냄새, 화학 약품 냄새, 민트 향, 달콤한 냄새, 팝콘 냄새, 레몬 향, 톡 쏘는 향, 썩은 냄새 등 열 개의 범주로 나눌 수 있다고 주장하는 과학자도 있다. 우리는 냄새 – 유향의 영광스러운 향이 가득한 교회의 의식 – 를 뇌의 후각체계로 접수한다.

1954년 미국 국립정신건강연구소의 심리학자들은 세뇌 기술을 실험하기 위해 실험 참가자들을 부유 탱크(사람들이 긴장을 풀기 위해 들어가 떠 있도록 만든 소금물 탱크 – 옮긴이)에 들어가도록 했다. 옷을 입지 않은 상태로, 앞도 안 보이고 물 때문에 잘 들리지도 않는다. 그렇게 부유 탱크 안에 있는 일은 마치 사해를 표류하는 것 같다. 세상을 인지하는 일반적인 방식이 차단됐을 때 뇌의 작용이 바뀔까? 뇌는 잠들어버릴까? 아니면 둥글게 휘고 뒤틀리며 더 적극적으로 필사의 노력을 할까? 감각을 상실하면 우리는 자신의 일부를 잃어버리는 걸까?

부유 탱크에서 굶주린 실험 참가자들의 뇌는 심리학자들에게 많은 결실을 안겨주었다. 감각이 닫히면 우리는 각자의 정신적 이미지에 사로

잡히고, 머릿속에서 했던 생각을 되풀이한다. 과거의 일을 되짚어볼 수도 있고, 미래의 일을 생각해볼 수도 있고, 걱정을 하거나 초조해할 수도 있다. 뇌가 자극을 간절히 원할 때는 인지되는 모든 것 – 메시지, 기호 – 을 배고픈 정신이 필사적으로 집어삼킨다. 오랜 시간 감각이 박탈된 공간에 들어가 있던 환자들은 결국 환각과 망상에 시달린다. 곰팡이가 피어나듯 광기가 자리 잡는다.

부유 탱크나 온라인에 접속한 상태처럼 자극이 별로 없는 공간에서는 어떤 자극이든 우리의 세계를 꽉 채울 수 있다. 그것이 바로 우리가 자극이 다양한 저녁 파티나 교실 같은 공간에서는 감히 중얼거릴 엄두도 못 내는 말을 온라인상에서 종종 거리낌 없이 쏟아내는 이유다. 극단적인 예로는 소셜미디어 중독자인 트롤들이 있다. 그들은 자연스러운 세계와 단절한 채 미각·후각 등 감각적 경험을 멀리하고 레버를 쪼아 즐거움이라는 사료를 배급받는 비둘기가 된다. 트롤들은 노란 파자마를 입고 식탁 의자에 앉아 키보드로 이런저런 기호들을 입력한다. 홀로, 우울하게, 돌고 도는 굴레에 갇혀 멈추지 못하는 것이다. 그들에게 필요한 것은 충분한 양의 햇볕, 즉 바깥세상이다. 그들은 넓은 흙바닥을 찾아 벌렁 드러눕고 뒹굴어야 한다. 얼굴을 야생의 땅에 대고 하늘을 올려다보며 심장이 터지도록 소리를 질러야 한다. 그러면 식탁 의자로 돌아갈 때 의심의 여지 없이 훨씬 좋은 상태, 훨씬 더 차분하고 광기는 확실히 진정된 상태일 것이다.

그러나 에드의 눈은 피셔의 더 이상 책을 읽을 수 없는 학생들의 눈과 별반 다르지 않다. 포도송이 같은 마카다미아 열매가 주렁주렁 달린 나무가 그의 시야 안에 있음에도 그는 온라인 검색을 할 때 아드레날린이 솟는 느낌과 비슷한 보상을 전혀 느끼지 못한다. 기술이 현대인들의 인지 능력을 좌지우지하는 동안 우리의 태곳적 뇌는 수십만 년 동안 삶을 인식해온 방식으로 돌아가길 갈망한다. 우리는 초원으로, 사바나로, 아라비아 사막으로 돌아가 우리 발밑의 흙을 느끼고 따끔따끔한 한낮의 태양을 쬐며 민트 향 차를 혀로 맛보길 간절히 바란다.

인터넷 사진들의 문제는 그것들이 보여주는 것이 꿈이라는 점이다. 꿈같은 광경이란, 일상적 삶의 단조로운 현실에 비해 훨씬 더 새롭고 자극적이다. 그날그날의 사건, 지나가는 차량, 대기 중 먼지, 교통 소음, 방충망에 끼인 파리 같은 것들은 일상의 답답함이나 드러낼 뿐이다. 고통스러운 현실과 생기 넘치는 꿈의 풍경들을 비교하면 당연히 인터넷 영상과 소셜 네트워크, 예쁜 사진들에 끌리기 쉽다.

인간들이 음식을 직접 사냥하던 선사 시대에는 늘 쫓아야 할 것들이 있었다. 그리고 상상 가능하겠지만 그런 일은 지극히 흥분되는 일이었다. 빽빽한 숲속에서 거대한 엘크를 뒤쫓아 다니다 보면 신이 나지 않을 수 없었으리라. 저 앞에서 거대한 뿔이 마치 깃발처럼 흔들리고 날씬한 다리가 맹렬한 속도로 내달리는 광경을 상상해보라. 요즘 사냥은 온라인 검색 형태로 행해진다. 뉴스 한 토막부터 내 기계 안으로 들어온 모르는 사람이 남긴 코멘트까지. 우리는 그 안에서 흥분을 맛본다.

미국 콜로라도주립대학교 교수이자 작가 템플 그랜딘은 저서 《동물과의 대화Animals in Translation》에서 뉴욕 아파트에 사는 친구의 고양이 두 마리에 대한 이야기를 들려준다. 동물행동학자 그랜딘은 강의할 때 화면을 가리키는 레이저 포인터를 가지고 있었다. 그랜딘이 그것을 휘두르자 빛이 방의 이쪽에서 저쪽으로 뛰었다. "나는 고양이 릴리와 할리를 온 집 안을 뛰어다니게 만들 수 있었다. 주방 조리대 위로 뛰어오르게 했다가 다시 바닥으로 뛰어내리게 하고, 다시 책꽂이 위로 올라가게 하고, 고양이들을 내가 원하는 곳 어디로나 보낼 수 있었다. 고양이들이 어찌나 광분해 있는지 갑자기 방향을 반대로 바꾸지 않도록 조심해야 했다. 릴리가 그 빨간 빛에 너무 몰입해 있어서 잘못했다간 릴리를 공중에서 한 바퀴 돌려버릴 것 같았기 때문이다."

그랜딘은 당혹스러웠다. 야생 고양이들은 레이저 빔을 쫓아다니지 않는다고 한다. 레이저 빔이 먹이가 아니라는 걸 분명히 알기 때문이다. "릴리와 할리는 바깥에 나가본 적이 없고, 어미 고양이로부터 사냥법을 배운 적도 없다. 반면에 집 밖에서 자란 야생 고양이들은 무엇을 언제 쫓아야 하는지 안다"라고 그랜딘은 설명한다. "야생 고양이들은 먹잇감을 따라다니다가 잡을 수 있을 정도로 가까이 다가가기 위해 추격 본능을 억제하는 법도 배운다."

릴리와 할리는 행동과학자들이 포식자 추격 본능의 과잉활동성이라 부르는 단계로 접어든 것이라고 그랜딘은 설명한다. "이 고양이들은 분별력을 잃을 정도로 집착한 나머지 자기 몸을 다치게 할 수도 있는 상태였다. 이런 상황이 초래된 것은 고양이들이 레이저 포인터의 빨간 점을 볼 수는 있지만 잡을 수 없었기 때문이라고 생각한다. 고양이가 앞발을 빨간 점 위에 올려놓은들 감촉을 느낄 수도 잡을 수도 없다. 고양이들이 추격하고 포획하는 과정을 완성할 수 없기 때문에 이 레이저 포인터의 빨간 점은 초강력 자극제가 되고 추격 본능이 꺼지지 않는 것이다."

컴퓨터, TV, 휴대용 기계에 몰두해서 화면의 화소를 눈으로 쫓고 리모컨으로 채널을 돌려대는 사람들과 집 고양이 사이에는 흥미로운 유사

점이 있다. 릴리와 할리처럼 그런 사람들은 새로운 TV 프로그램, 이메일, 영화, 뉴스, 소셜미디어 메시지, 인터넷 검색처럼 만질 수도 없고 손에 잡히지도 않는 경험에 너무 자극된 나머지 추격 본능을 잠재울 수 없는 것이다.

17장

두려움과 괴로움

(　　　　오스트레일리아　　　　)

(　　　　　방갈로　　　　　)

시간은 변화이다.

우리는 변화의 정도에 따라 시간의 흐름을 측정한다.

– 나딘 고디머

우리는 우리 책방이 있는 바이런 베이 바깥쪽 언덕 마을인 방갈로에 집을 빌린다. 점점 발전하는 동네를 내려다보는 널찍한 목재 데크에다 한쪽 옆으로는 고속도로가 난, 하얀색 판자로 장식된 집이다.

어느 날 오후엔 집에 돌아왔더니 우리 차 앞 유리에 메모가 붙어 있다. 어린아이를 키우는 이웃 부부가 인사차 붙인 것이다. 우리는 곧 그들과 아이들을 공원에서 만난다. 여자는 큰 키에 금발이고, 남자는 짙은 색 머리에 열정적이고, 둘 다 말이 빠른 편이다. 10분 만에 우리는 그들이 살아온 이야기를 속속들이 알게 된다.

공원에서 돌아오는 길엔 길거리에서 그들을 알아보는 사람들이 너무 많아 당혹스럽다. 분명 이사 온 지 얼마 안 됐다고 했는데 사람들이 가던 길을 멈추고, 말을 건네고, 손을 흔든다. 길 건너편에서 친구들 여럿과 길을 가던 남자가 돌아서더니 큰 소리로 외친다. "조언 고마워요. 덕분에 삶이 달라졌어요."

그로부터 얼마 지나지 않아 그 부부가 뭔가를 잔뜩 들고 우리 집 문을 두드린다. 그들이 출연한 영화와 다큐멘터리가 담긴 DVD들과 그들이 공동 집필한 책들 그리고 그들의 가치와 명성을 증명할 만한 갖가지 형태의 물건들이다. 제법 오랜 기간 화면으로는 아무것도 시청하지 않은 우리로서는 그들에 대해 아는 바가 전혀 없다.

사람이 유명해지는 건 순전히 눈에 띄는 빈도에 의해서다. 배우들은 널리 방송돼 더 유명해지지만 사실 그런 이미지를 보는 것은 여전히 아주 자발적인 행위이다. 현대사회에서 대중매체는 언제 어디서나 접할 수 있을 정도로 우리 삶을 점령했지만 우리가 잠든 사이, 차를 운전할 때 혹은 걸어서 출근할 때까지 그런 이미지들을 우리 뇌에 쏘아댈 수준에는 아직 도달하지 못했다. 여전히 이 '보여주고 말하기' 게임의 참가 여부는 각자의 의지에 달렸다.

우리가 그들을 잘 알아보지 못하자 당황한 그들은 거의 불안에 가까운 모습이다. 마치 유명 디자이너가 만든 고가의 옷에 반짝이는 빨간 명품 구두, 럭셔리한 핸드백으로 치장하고 패션에 전혀 관심 없는 사람들만 사는 동네를 누비는 기분과 비슷할까? 8000달러짜리 드레스에 그와 비슷한 값의 핸드백과 구두는 5성 호텔에 들어서는 유명인을 보려고 기다리는 초롱초롱한 눈망울의 구경꾼들에게나 경외감, 욕망, 질투심, 굴복의 감정을 불러일으키는 법이다. '패션과는 거리가 먼' 동네 주민들에게는 그런 감정을 기대할 수 없다. 쇼펜하우어는 이런 말을 남겼다. "부는 마치 바닷물 같아서 마시면 마실수록 갈증이 더 심해진다. 명예도 마찬가지다."

이는 우리가 삶에서 추구하는 것이 맥락 안에서 형성됨을 보여주는 예다. 우리는 우리를 지켜보는 세상이라는 맥락 안에서 명성을 얻으려 하고, 우리가 소유한 물건들이 값비싸다는 걸 잘 아는 세계 안에서 고가의 소비재를 추구한다. 그랜드슬램 테니스 경기에서 관중들이 전부 빠진다고 생각해보자. 그때 남는 것은 막대기 인형 두 개가 노란 공을 그물망 너머로 넘기는 모습일 뿐이다. 결국 부와 명예는 환상이다. 반면에 바위는 맥락을 다 빼고 바라보아도 여전히 바위다.

우리 책방은 비탈길의 끝자락 배수로 앞에 위치해 있다. 길의 제일 끝에는 늘 새롭게 단장 중인 카페가 하나 있다. 카페 안은 좁고 긴 구조라

손님은 저 안쪽 구석자리에 앉아 있다. 반면에 이곳보다 잘되는 카페들은 모든 것을 전면에, 잘 보이는 곳에, 접근이 쉬운 곳에, 그럴듯하게 내세운다. 길거리를 돌아다니다가 연인이 커피를 마시고 케이크를 먹는 모습을 보면, 보는 사람도 그 자리에 참여하고 싶어진다.

삶에서 당신이 성취하고 싶은 것들도 모두 같은 이치다. 눈에 잘 띄고, 멋지고, 접근이 쉬워야 한다. 꿈을 저 멀리 구석방에 처박아두고 언젠가는 어두운 복도를 따라 들어가 그것을 찾아와야지 생각하면 오산이다. 꿈을 간직하고 있다면 그것을 앞으로 끌고나와 모든 사람들이 볼 수 있도록 전시해야 한다.

그 동네 카페가 진화하는 동안 커피 머신은 한때 바의 중간쯤에 놓여 있었다가 얼마 뒤에는 불안해보일 정도로 인도 쪽에 가깝게 옮겨졌다. 카운터 옆 선반에는 지역 생산품들이 추가됐다. 잼 병, 커피 봉지, 때로는 꽃도 들어왔다. 음식 메뉴는 샌드위치에서 초밥으로 바뀌었다가 다시 고급 차와 케이크로 바뀌었고, 그럴 때마다 고객들이 하나씩 떨어져나갔다. 그러다 이제는 새로 하얗게 페인트칠하고 새 벤치 의자가 마련된 그 카페에 '매매'라는 커다란 팻말이 붙었다.

요식업에 종사하는 한 친구에 따르면, 손님들은 자기가 좋아하는 식당이 바뀌는 걸 좋아하지 않는다. 단골들은 메뉴, 자리 배치, 바나 커피 스탠드의 위치, 심지어 종업원들에게 익숙해진다. 따라서 주인은 불가피한 불편 사항이 없으면 카운터를 다른 구석자리로 이동하거나 새 벤치 좌석을 추가하는 등의 변화를 주는 데 지극히 신중해야 한다. 갑작스러운 변화가 너무 낯설어 단골들은 예전처럼 자주 단골집을 찾지 않거나 아예 발길을 끊기도 한다. 그들의 최애 카페는 이제 예전의 그곳이 아니기에 새로운 곳을 찾는다.

너무 많은 변화는 사업에 해를 끼친다고 나의 지혜로운 요식업계 친구가 말했다. 그가 대신 추천한 것은 '개구리 끓이기' 접근법이다. 변화를 줄 때는 의자를 하루에 2~3센티미터씩만 옮기는 식으로, 사람들이 감지하지 못하도록 아주 미세하게 실행해야 한다는 것이다. 그렇게 하면 손님들은 큰 변화에 불편해할 일이 없다. 그는 이렇게 말했다. 가능하다면 "어떤 것들은 똑같이 유지해야 해." 세상에는 그대로 유지돼야 하는 것들도 있는 법이다.

개구리 끓이기란 개구리를 갑자기 뜨거운 물에 바로 넣으면 깜짝 놀라 튀어 나오지만 찬물에 넣고 천천히 온도를 높이며 끓이면 온도에 적응하면서 변을 당하는 줄 모른다는 의미다. 이 유명한 은유는 실제로는 결함이 있겠지만 그럼에도 불구하고 유용한 통찰이 담겨 있다. 끓는 개구리와 마찬가지로 우리 역시 급작스러운 큰 변화에 직면하면 몸부림치게 된다는 것.

임상심리학자 로버트 마우어는 지칠 대로 지쳐 그를 찾아온 엄마들이 만성피로와 불안을 토로할 때 사실은 이미 그 해답을 알고 있다고 말한다. 운동. 그는 지치고 스트레스에 찌들어 찾아오는 환자들에게 이렇게 말하고 싶다. "밖으로 나가세요! 집안일이 시작되기 전에 먼저 일찍 일어나서, 거리를 누비세요. 그냥 하세요!"

하지만 수면 부족에 시달리며 자기 시간이라고는 거의 없는 엄마들에게 이런 조언은 좋은 반응을 기대할 수 없다. "애 넷을 챙기느라 정신이 하나도 없는데, 종일 설거지하기도 바쁜데 어떻게 운동하란 소릴 할 수 있어!"

　마우어는 이런 조언이 효과가 없다는 걸 잘 안다. 만성피로에 시달리며 스트레스를 심하게 받는 환자의 뇌는 경고의 알람을 울려댈 것이다. "안 돼! 너는 이미 지칠 대로 지쳐 있어. 운동하는 데까지 에너지를 쓰면 쓰러질지도 몰라!" 이성적이고 사고하는 뇌(혹은 대뇌 겉질)가 매일 일과에 신체 움직임을 끼워 넣을 때의 장점을 지적하려고 해도, 중뇌(혹은 편도체)가 이를 막는다. 일상의 변화나 새로운 생각, 기회는 중뇌에 두려움을 촉발한다.

　우리가 안전하고 익숙한 습관에서 벗어나려 하면 중뇌는 그것을 막기 위해 최선을 다한다. 그것이 바로 우리가 일상을 바꾸는 데 실패하고 그냥 늘 해오던 대로 살게 되는 이유다. 비록 늘 살아오던 방식이 우리를 불행하게 하고, 건강을 해치고, 활기를 전혀 주지 않는다고 해도 말이다. 새해 다짐을 실천에 옮기지 못하는 것도 같은 이유에서다.

　그래서 운동이 해답임에도 그런 조언을 할 수 없는 마우어는 다른 방법을 취한다. 동기부여의 비결은 행동이다. 고가의 러닝머신이 있지만 올라갈 엄두를 내지 못하는 여성 환자에게 그는 과감한 치료 계획을 짜주었다. 첫 달에는 매일 아침 러닝머신에 올라가 커피를 마시고 신문을 읽으라고 했다. 한 달 내내 다리는 움직일 필요도 없었다. 둘째 달에는 커피를 다 마시면 1분만 러닝머신 위를 걷도록 했다.

　"치료 초기 그의 작은 행위는 비웃음을 샀을 것이다"라고 마우어는 《아주 작은 반복의 힘One Small Step Can Change Your Life》에서 말한다. 하지만 마우어가 한 것은 본인도 인지하지 못하는 사이에 습관을 바꾸는 일이었다. 곧 그는 매일 아침 러닝머신을 향해 가는 습관을 갖게 됐다. "머지않아 비웃음을 살 만했던 그의 작은 행위는 매일 1.5킬로미터씩 달리는 굳건한 습관으로 자리 잡았다." 이 기술은 고대 일본의 철학 '카이젠', 혹은 '지속적인 개선'에 기반을 두고 있다. 전면적이고 과격한 변화 대신 지극히 작은 개선을 목표로 한다.

이 기술은 삶에서 바꾸고 싶은 모든 것에 적용 가능하다. 매일 커피를 한 모금씩 덜 마실 수 있고, 스케치북에 선을 하나만 그려 넣을 수 있고, 시를 쓰기 위한 단어를 하나씩 적어볼 수 있고, 피아노에 앉아 음을 하나만 눌러볼 수 있고, 외국어 단어를 하나만 익힐 수 있다. 우리의 행동이 웃음거리가 될 정도로 아주 작을 때 뇌는 자기 방어적인 제재 태세로 돌입하지 않는다.

"왜 당신이 멋진 인간이 되거나 직업적인 목표를 성취하는 것에 두려움을 느끼는지 이해하기 위해 몇 년씩 상담을 받을 게 아니라 그 두려움을 피해서 나아가기 위해 카이젠 기술을 활용하면 된다"라고 마우어는 조언한다. "성취가 쉬운 작은 목표들, 가령 늘 지저분한 책상에서 클립 하나씩만 치우기는 편도체의 경보기를 울려 깨우는 일 없이 발끝으로 조용히 통과 가능하다. 작은 발걸음이 계속 이어지고 대뇌 겉질이 일을 하기 시작하면 뇌는 당신이 원하는 변화를 위한 소프트웨어를 만들기 시작한다. 즉, 신경의 새로운 경로를 깔아 새로운 습관을 형성하는 것이다. 머지않아 변화에 대한 내적 저항은 약해진다. 변화에 겁먹던 부분에는 새로운 정신의 새로운 소프트웨어가 자리 잡고, 기대보다 빠른 속도로 최종 목표를 향해 나아갈 수 있게 될 것이다."

개구리 끓이기 은유는 일본의 카이젠과 개념이 비슷하다. 개인적 변화는 인간의 기본적인 힘 두 가지를 촉발한다. 바로 두려움과 게으름이다. 당신이 변화를 추구하고자 할 때마다 이 쌍둥이가 의식의 운전석을 차지하는 걸 볼 수 있을 것이다. "오늘 하루는 정말 최악이었어. 오늘 같은 날은 도저히 뛰러 나가거나 헬스장에 갈 수 없어. 다른 날은 다 되더라도 오늘은 아니야."

당신이 무언가 새로운 것을 시도하거나 스스로를 어떤 식으로든 개선하려고 할 때, 길을 닦아나가려고 하거나 꿈을 좇으려고 할 때, 혹은 "다 어찌 되든 상관없어. 이게 바로 내가 원하는 거야"라고 말할 때 두려움과 게으름이 곧바로 고개를 든다는 걸 카이젠은 인지한다. 우리가 일을 그만두고 공부를 하기로, 혹은 사업을 시작하거나 운동 프로그램에 돌입하기로 결정하는 순간 이 쌍둥이가 우리 삶에 등장한다. 융 심리 치료사들이라면 이 쌍둥이들을 우리의 그림자라 칭할 수도 있으리라. 우리를 똑같은 일상에 가두고 습관적인 루트 안에서만 빙빙 돌게 만드는 그 힘 말이다. 융 심리학에서 그림자는 갈림길에 숨어 있다가 당신이 새로운 길 혹은 잘 모르는 방향으로 나아가지 못하도록 붙잡는다. '이 일로 돈을 잃거나 시간을 낭비하면 어쩔래? 힘이 많이 들 텐데. 실패하면 어쩔래? 그 일을 싫어하게 되고, 결국 우울과 불안만 떠안고 끝날지도 몰라. 친구도 하나도 못 사귈지도 몰라. 정말 끔찍한 사람들을 만나고 그들이 나를 괴롭힐지도 몰라…'

카이젠은 이런 목소리를 '정상적'이고 '자연스러운' 것으로 받아들이라고 가르친다. 그 목소리는 현명한 상담자가 아니라 겁먹은 어린아이일 뿐이라고. 그렇다면 어떻게 해야 이 목소리를 낮추거나 아예 잠재울 수 있을까?

식당을 운영하는 내 친구의 말처럼 카이젠 역시 지극히 미세한 변화, 변화의 폭이 너무 작아 그 목소리 몰래 지나갈 수 있는 변화를 추구하라고 조언한다. 그사이 그 뒤에선 무언가가 만들어지고 있을 것이다. 삶을 변화시키는, 강력한, 거의 마법과도 같은 것. 그것이 바로 습관이다.

•

18장

•

무엇이 좋은 삶을 만드는가

(태즈메이니아   )
(호바트   )

지적인 풍요로움보다 물질적 안락을 선호하는 사람은
호화로운 방을 비워두고 하인의 숙소에서 살아가는
궁궐 주인과 같다.

– 마리 폰 에브너 에센바흐

우리는 방갈로 언덕의 2000제곱미터 쯤 되는 땅을 사고 싶다는 의사를 밝혔다. 그 땅을 산다는 것은 집을 짓고 울타리를 치고 나무를 심는다는 의미다. '뿌리를 내린다'는 표현은 아마도 이런 시나리오에 딱 맞는 표현일 거다. 땅을 골라 네모반듯하게 정리하고 삶의 기반을 잡는 것.

계약서에 서명하기 전날 밤, 땅거미가 질 무렵 그 작은 땅 근처를 거닐며 그곳에서 우리의 미래를 그려본다. 아이들이 언덕을 발맞추어 걸으며 새로 심은 관목들과 함께 자라나는 모습을. 목재 말뚝들로 표시된 그 땅을 걸음짐작으로 헤아려보며 경사진 땅을 따라 내려간다. 그리고 어두운 쪽으로 다녀야 한다는 것도 기억한다. 사위는 빠르게 어두워지고 있고, 가로등 하나 없는 이곳에서 아이들은 서로를 쫓아 달린다. "쉿!" 오래된 판잣집의 커다란 부엌 창은 교도소 중앙 감시탑처럼 불이 환히 켜져 있다. 잰은 그쪽을 가리키며 아이들에게 주의를 준다. "아직은 우리 땅이 아니야."

부엌 창을 가로지르며 그림자 하나가 움직이고, 나는 내 시야에서 벗어나 조용해진 아이들을 찾느라 주변을 살핀다. 마을의 반짝이는 불빛은 마치 우리를 축하하는 듯하고 나는 샴페인이 있으면 좋겠단 생각을 한다. 미래를 위해 그리고 이 땅이 우리 땅이라는 최종 결정을 위해 건배하고 싶다. 우리는 언덕 꼭대기에 도달했고 마침내 깃발을 꽂을 것이다.

그러다 돌아서서 아이들을 찾아 나서고, 피곤해하며 다시 언덕길을 따라 올라간다. 우리 동네 주민인 이 땅의 주인은 내일 계약서에 서명을 할 것이다. 나는 언덕 위 그의 집을 다시 올려다본다. 곧 작은 조각들로 잘려나갈 그의 넓은 땅도 바라본다. 그도 초조하지 않을까? 오랜 세월 이 산의 제왕으로 군림하다 땅을 나누어주기란 쉬운 일이 아닐 텐데.

갑자기 날카로운 비명이 들려오더니 곧 쿵하고 뭔가 무거운 게 땅에 떨어지는 소리가 들린다. 언덕 위의 집 창가에 사람 그림자가 나타났다가 곧 현관으로 나온다. 땅 주인이 손을 망원경 모양처럼 만들어 자기 땅을 내려다보고 있다. 우리 애가 말뚝을 높이 쳐들고 있다가 내던지려고 하는 모습이 포착된다. 잰은 아이들을 조용히 시키려고 쉿 소리를 내며 어두운 그림자 쪽으로 끌어당긴다. 그리고 저 위에서 마치 하늘에서 호령하는 듯 한 소리가 들려온다. "거기 아래, 누구야?"

나는 아이가 들고 있던 말뚝을 빼앗아 구멍 안에 도로 꽂아 넣어보려고 한다. 하지만 이제는 정말 내 발조차 보이지 않을 정도로 깜깜해졌고, 나는 산마루를 따라 게처럼 옆으로 기어가며 고개를 숙여 말뚝이 박혔던 자리를 더듬어 찾는다. 어둠이 집어삼킨 땅에서 말뚝의 자리는 도저히 찾을 수 없다. "이봐!" 저 위에서 땅 주인이 무언가를 집으려고 몸을 숙이며 소리치고, 나는 말뚝을 집어던지고 눈물이 그렁그렁한 아이의 손을 잡는다. 그리고 우리는 미끄러지듯 언덕을 내달려 그의 시야를 벗어난다.

심장이 쿵쾅거린다. '땅 주인이 나를 봤을까? 말썽을 부린 게 우리라는 걸 알았을까?' 그리고 잰과 다른 아이들을 따라잡았을 땐 심장이 터질 듯하고 숨도 잘 안 쉬어졌다. 말뚝은 뽑혀 나갔고, 매매용이라고 분명하게 표시돼 있던 땅은 남쪽 끝 지점의 표식을 잃었다. 내일 아침에 계약서에 서명할 수 있을까 걱정하며 아이 쪽을 돌아보니 이 갑작스러운 운명의 변화가 자기 책임이라고 생각하는 듯 고개를 숙이고 있다. 이유는 모르겠지만 갑자기 웃음이 난다. 나는 마치 승리자처럼 아이의 팔을 번쩍 들어 올리며 말한다. "그래, 그럴 수 있어." 이제 우리 힘으로 이 상황을 바꿀 방법은 없다. 나는 땅을 등지고 돌아선다. "그냥 말뚝을 뽑아버리고 싶을 때도 있는 거지 뭐."

그로부터 일주일이 채 지나기도 전에 우리는 세 들었던 집을 비운다. 우리가 사려고 했던 땅은 다른 임자를 기다리게 됐고, 우리 책방은 직원이 맡아 운영하게 됐다. 우리는 아이들을 밴에 태우고 남쪽으로 향한다. 이번에는 태즈메이니아다.

　　새로운 땅에서의 삶을 미리 그려보자니 환경의 변화도 나쁘지 않을 듯하지만 인생의 변화를 군이 항해를 통해 이뤄야 하는 건 아닌 것 같다. 우리 가족의 지인 중에 40년 넘게 줄담배를 피워오다가 어느 날 갑자기 금연을 한 여자가 있다. 그는 아무에게도 그 사실을 말하지 않았다. 심지어 매일 얼굴을 보는 남편도 무슨 일이 일어나고 있는지 몰랐다. 어느 날 담배를 쓰레기통에 던져 넣고 다시는 담배를 다시 사지 않겠다고 다짐했을 뿐. 자기가 가게에 담배를 사러 가는 유일한 사람인 것 같다는 생각이 들자 미래의 자신은 그러지 못하게 해야겠다는 생각이 들었다는 거였다. 이제부터 담배는 금지였다. 어느 날 그의 평소답지 않은 감정기복과 변덕에 뒷마당에 서 있던 남편이 소리를 질렀다. "당신 도대체 왜 이러는 거야?" 그의 아내는 매일 한 갑씩 피우던 담배를 하룻밤 새 끊었다. 엄청난 변화였다. 무엇이 이런 변화를 촉발했을까? 흡연은 단순한 습관이 아니라 일종의 중독이다. 어떻게 행동의 이런 갑작스러운 변화가 가능한 것일까?

　　스토아학파 철학자 마르쿠스 아우렐리우스는 임종을 앞두고 삶의 단계에 대해 반추하며 삶이라는 여정을 자아의 작은 죽음으로 나누었다. 청소년기로 접어들며 처음으로 떠나는 것은 유년기의 자아이고, 성인기에 도달하면 청소년기의 자아가 우리를 떠난다. 출산, 이혼, 투병, 교육,

이사 혹은 이민, 사랑하는 이의 죽음, 새로운 동반자와의 만남, 새로운 친구와의 만남, 금연. 이런 중대한 사건들은 새로운 자아가 등장하는 전조가 되곤 한다. 도널드 로버트슨은《로마 황제처럼 생각하는 법How to Think Like a Roman Emperor》에서 이렇게 말한다. "노인으로서 그는 자신의 죽음을 대면한 것이 처음이 아니라 마지막이었다. 태어난 순간부터 우리는 끊임없이 죽음을 맞이한다. 삶의 각 단계에서만이 아니라 매일 일어나는 일이다. 어제와 똑같은 사람은 아무도 없다. 이 이치를 깨달으면 놓아 보내기가 한결 쉬워진다. 삶을 붙드는 것은 세차게 흘러가는 물길을 붙잡는 것만큼이나 어려운 일이다."

줄담배를 피우다 돌연 금연을 시작한 여자는 흡연하는 자아에게 이별을 고한다. 똑같은 하루와 하루 사이에 새사람이 된 것이다. 행동도 바뀌고, 생각도 바뀌고, 심지어 세포 속 화학물질에서도 근본적인 변화가 일어난다. 그 몸속의 니코틴, 납, 수소, 시안화물 수치가 떨어지고 혈류의 산소 수치가 올라가기 때문이다.

워싱턴대학교 올린 비즈니스 스쿨의 연구원들은 생일, 명절, 한 주/한 달/한 해의 첫날, 결혼 같은 중대한 사건과 목표를 개시하는 일의 상관관계에 대해 알아보았다. 즉, 목표를 중요한 날짜에 맞추면 목표 성취 확률이 올라갈까? "지금부터 담배를 끊을 거야"라고 말하기보다 생일 같은 중요한 날짜에 금연을 시작하기로 마음먹는 거다. "새로운 시작이나 새로운 기간의 시작을 알리는 시간적 랜드마크는 목표의 개시를 촉발할 수 있다"라고 연구원들은 〈불완전한 자신과 이별하라: 시간적 랜드마크는 목표 개시의 원동력Put Your Imperfections Behind You: Temporal Landmarks Spur Goal Initiation When They Signal New Beginnings〉이라는 논문에서 주장한다. 논문에 '시간적 랜드마크'라고 정의된 시점은 "사람들의 삶에서 끝없이 이어지는 사소하고 일상적인 일들과 뚜렷한 대조를 이루는 날들이다."

연구원들은 시간적 랜드마크가 한 사람의 과거, 현재, 미래의 자아를 구분하는 장치로 작용함을 보여주었다. 그들은 비포와 애프터 – 가령 이혼 이전의 나와 이후의 나 – 사이에 거리를 설정했다. 즉, 과거와 현재의 자아 사이에 인지된 격차 혹은 심리학적 거리가 있다는 말이다. 새로운 시작은 새로운 '정신적 계정'을 터준다. 우리는 부정적인 특징들을 예전의 자아 탓으로 돌리고 새로 등장한 자아의 손을 들어준다.

연구원들은 시간적 랜드마크가 정말로 새로운 시작을 촉발할 수 있다는 사실을 발견했다. 비록 많은 사람이 '새해 결심'을 비웃지만 시간적 랜드마크는 새로운 목표를 시작하는 데서 정말 중요한 요소라는 것이다. 목표를 성취하고자 하는 의욕이 기념비적인 날에 더 올라갈 것이라는 예측이 가능하기 때문이다. 이 발견은 옛날의 우리 조상들을 생각해보면 그다지 놀라운 일도 아니다. 그들은 춘분과 추분, 동지, 추수의 마감과 꽃 피는 봄 등 시간적 랜드마크로 이루어진 시간의 틀에서 살아갔다. 이들의 연구에 따르면 사랑하는 이의 죽음이나 실직 등 고통스러운 사건 역시 새로운 도전을 받아들이게 하고 새로운 자아를 이끌어낸다.

페리가 뱃머리로 바다의 심장을 격렬하게 때리는 동안 나는 베개에 머리를 반듯이 대고 누워 새로운 자아 만들기에 대해 생각한다. 배스해협(오스트레일리아 대륙과 태즈메이니아 사이의 해협 – 옮긴이)을 가로지르는 열두 시간이라는 기나긴 항해 대부분을 나는 멀미 때문에 선실 침대에 누워 머리도 움직이지 못한 채 보낸다. 짐은 페리의 깊숙한 곳에 실은 밴에 들

어 있다. 컴퓨터 몇 대, 옷가지와 장난감 정도. 우리는 추억 이외에 과거의
물건은 거의 가져오지 않았다.

며칠처럼 느껴진 시간이 흐른 후 처음으로 땅이 보이자 페리의 뱃고
동이 울린다. 데번포트에 새로운 사람들이 내릴 거라고 알리는 묵직한 울
림이다. 기대에 찬 얼굴들이 직사각형 창문 밖을 내다보고, 사람들은 종
종걸음으로 갑판 위를 걸어 나가고, 아이들이 폴짝거린다. 새로운 땅에서
무엇을 발견할 수 있을지 설레는 마음을 안고 나 역시 그 인파에 섞여 있
다. 이 항해에 나선 다른 모험가들을 보며 왜 우리는 모두 이렇게 가만히
있지 못하는 것인지 생각해본다. 우리는 이 세상의 끝에서 뭘 발견하고
싶은 걸까? 우리가 찾는 것은 뭘까? 극소수의 사람들만이 마음의 평화를
누리고 산다. 우리는 무엇을 그토록 두려워하는 걸까?

데카르트에서 니체까지 수많은 사상가에게 영향을 준 프랑스 철학
자 몽테뉴는 자아 속으로 은퇴했다. 많은 사람이 그러하듯 내가 뭘 찾는
지도 모르는 채 하나의 세계에서 다음 세계로 곧바로 이동하는 대신, 몽
테뉴는 가족이 소유한 성의 탑 속 서재로 들어가 완전한 고립 속에서 읽
고 쓰고 명상하며 시간을 보냈다. 그의 서재는 장서 1500여 권이 꽂힌 둥
근 방 형태였고, 그리스어와 라틴어 명문들로 장식돼 있었다. "조상들의
달콤한 은신처"였던 그곳에서 그는 《수상록Essais》을 집필했다. 자기 자신
과 자기 생각을 쓴 자화상에 가까운 글이자 인류에 대한 솔직하고 정직한
글이다. 몽테뉴는 선조들처럼 내면의 삶을 일구는 것을 가치 있다고 생각
했는데, 그 내면의 삶이란 것이 만족을 위해 매초마다 새로운 관심거리를
찾는 일은 아니리라. 《수상록》 1권에 실린 〈고독On Solitude〉이라는 수필에
서 몽테뉴는 고독의 가치에 대해 논한다. 그는 타인의 인정과 명예를 추
구하는 것이 평온한 삶으로 가는 길을 방해한다고 주장했다.

데번포트의 항구 마을을 둘러보며 우리가 남겨두고 온 것에 대해 생각한다. 동네 사람들의 이름을 거의 다 알고 지냈던 작은 마을에서의 삶. 이제 우리는 여기, 아는 얼굴 하나 없는 땅에 와 있다. 이런 생각에 잠긴 동안 내 두 눈은 페리가 움직이는 속도를 따라 콘크리트 길을 달려오는 형체 둘을 따라간다. 그들은 마치 환영의 몸짓을 하듯 팔을 흔들고 있다. 공항 입국장에 도착해 오랜 기간 떨어져 지낸 가족을 만난 아이처럼 마음이 고조된다. 둑을 따라 어슴푸레한 그 형체를 눈으로 좇는다. 짙은 색 후드 티에 운동복을 입은 10대 소년들이 껑충거리며 손을 흔들고 있다. 우리 아이들도 새로운 곳에서 새로운 사람들과 벌어질 일에 대한 예고라도 보듯 그 소년들에게서 눈을 떼지 못한다. 바다를 건너는 길고 힘든 여정 뒤의 조용한 휴식 같은 시간, 우리는 모두 희망에 차 있다.

복부가 거대한 페리는 마지막으로 한 번 더 전진해 들어가며 하얗게 거품이 인 수면 위를 미끄러진다. 그리고 10대 소년들은 이제 울타리에 얼굴을 바짝 붙인 채 매달려 있다. 키 큰 아이 얼굴의 주근깨와 적갈색 눈동자가 다 보일 정도로 가까운 거리다. 그는 페리 위의 사람들을 쳐다보며 가운뎃손가락을 치켜들더니 이렇게 외친다. "너네들 당장 다 꺼져버려."

어느 날 갑자기 그냥 삶을 바꾸기로 결심한다면, 그러자마자 엄청난 실수를 저질렀다는 느낌에서 헤어 나오지 못할 가능성이 매우 크다. 그러나 일단 가속도가 붙기 시작하면 돌아갈 수 없다. 그렇게 잰의 발은 엑셀을 밟고 우리는 평평한 노란 평야를 가로질러 이동하고, 결국 어느 순간 나도 시골 풍경의 단순한 아름다움에 마음을 놓는다. 짐은 거의 없다. 날아오를라치면 날아오를 수 있을 정도로 짐이 없다는 건 얼마나 좋은 일인가.

유명한 건축가의 집을 방문한 일이 있다. 공간을 다루는 묘한 재주가 있는 그의 집 인테리어는 야외의 느낌을 많이 담고 있었다. 정원은 실내 복도로 마치 한 공간인 듯 자연스럽게 이어졌고, 나뭇가지들이 유리 천장 위를 쓰다듬듯 덮고 있었다. 현관에서 1미터쯤 떨어진 곳에 놓인 커다란 플라스틱 인형의 치맛자락에서 형광 분홍색 불빛이 반짝거렸다. "지금부터 투어를 시작할까요?"라는 그의 말이 무슨 뜻인지 이해할 새도 없이 나는 어두운 복도로 등을 떠밀려 집 구경을 시작했다.

집 구경은 희한한 이벤트다. 다른 사람의 집 안을 누비고 다니며 마치 갤러리 오프닝 행사에 초대받은 후원자 같은 대접을 받는다. "여기, 이건 18세기 태피스트리예요"라거나 "이건 노르웨이에서 건너온 사슴 머리예요" 하는 물건 자랑이 끝나면 집주인은 '우아, 이야'라는 감탄사와 인정의 끄덕임을 기대한다. "우아, 정말 아름답네요."

《새The Thing with Feathers》에서 저자 노아 스트리커는 오스트레일리아 오지에서 우연히 작은 오두막을 발견한 경험을 이야기한다. 오두막 입구 바깥쪽은 마치 어떤 종교의 제단처럼 하얀 돌멩이들과 색 바랜 뼈들, 녹색 잎 등으로 장식돼 있었다. "깔끔한 그 장식은 헐벗은 광대한 땅으로 둘러싸여 있어서 마치 진공청소기로 주변을 흡입해버린 것만 같았다"라고 작가는 묘사한다.

오두막의 주인이 마침내 모습을 드러낸다. "그는 고개를 옆으로 까딱 젖히고 자신의 창조물을 다양한 각도에서 감상하기 위해 돌멩이와 나뭇잎 사이를 돌아다녔다." 순간 스트리커는 자신이 무엇을 보고 있는지 깨달았다. "나는 오스트레일리아의 날개 달린 카사노바, 새 왕국의 유명한 바람둥이, 위대한 바우어새의 안식처로 흘러든 것이었다."

수컷 바우어새들은 건축과 디자인 솜씨를 뽐냄으로써 암컷에게 구애한다. 그들은 신방을 설계하고 주변 관목지에서 찾은 재료들로 꾸미는 데 1년 중 열 달을 보낸다. 바위, 뼈, 조개껍질, 열매, 잎사귀 그리고 플라스틱 숟가락이나 볼펜 같은 인간들이 버린 쓰레기는 바우어새들이 암컷을 감동시키기 위한 소중한 재료다. "위대한 바우어새들이 오랜 시간 공들여 멋지게 꾸며놓은 신방을 보면 자연히 예술 작품이란 생각이 들 수밖에 없다"라고 스트리커는 말한다. "오스트레일리아 미개간지의 한가운데 땀을 흘리며 서서, 이 기묘한 새가 완벽한 시각적 패턴을 완성하기 위해 소중한 돌이나 나뭇잎을 1밀리미터씩 옮기는 것을 보노라면 그 작품에 감탄을 금할 수 없다. 나는 궁금했다. 이 새는 그저 자신의 본능이 시키는 대로 움직이는 걸까, 아니면 예술가인 걸까?" 어쨌든 바우어새는 다른 장소에다 다른 물건들로 새 신방을 차리느라 시간을 낭비하는 일이 없다. 그보다는 훨씬 창의적인 새니까. 바우어새는 자기 앞에 어떤 기회들이 있는지 살펴본 후 그 상황에서 최선의 결과를 만들어낼 뿐이다.

〰

그로부터 몇 달 뒤, 우리는 호바트라는 항구 도시에서 넷째를 낳고 샌디베이의 빈 임대 주택으로 데려온다. 가구를 실은 트럭은 국경에 몇 달째 묶여 있는 중인 것 같고, 우리가 가진 것은 여행가방 몇 개와 바닥에 깔린 매트리스 두어 개가 전부다. 집주인이 우리에게 작은 선물을 갖다주면서 혹시 자기 딸이 일주일에 며칠씩만 우리 뒷마당의 창고에서 묵어도 되겠느냐고 물어볼 땐, 완전히 정착할 집을 찾고 싶은 마음이 간절해진다.

아기를 슬링에 넣어 데리고 다니며 우리는 호바트 시내에 '시인'을 열려고 준비 중이다. 우리가 들어가기로 한 곳은 화려한 19세기 건물로 예전에는 출판사와 인쇄소 본부로 쓰였다. 우리는 직원을 뽑고, 한 번 더 책방과 찻집이라는 구시대적 개념의 장소를 만들기 위해 수리 중이다. 새로 뽑은 직원은 북적거리는 출판사와 책방을 만드는 일원이 됐다는 생각에 흥분한 것처럼 보인다. 확실히 결정된 게 아무것도 없고, 모든 게 흘러가는 대로 바뀔 수 있는 우리의 혼란스러운 작업 방식을 보기 전까진 말이다. 질서도 없고, 그날그날의 계획조차 없고, 우리는 책을 팔고 싶은 마음만큼이나 그 장소를 카페나 옷가게로 꾸며도 좋다는 마음도 크다. 그러다 하루는 지방의회 사람들을 불러들여 50제곱미터의 공간을 음식점 주방으로 용도 변경하는 문제를 논의하기도 했지만 주방 공간은 결국 옷걸이와 옷 선반을 놓는 자리로 바뀐다. 배송된 옷 상자들이 도착하는 족족 신중하게 선별해서 꽂아두었던 요리책들을 몰아내고 진열되는 걸 지켜보던 직원이 그만두며 말한다. "패션으로 대박 나세요."

끈기 있게 남은 직원은 제스 딱 한 명이다. 그는 통제 불능의 '시인'이라는 우리 배의 키를 잡고 성난 파도 위를 헤쳐 나간다. 바닐라 루이보스부터 망고 조각이 들어간 말차, 석류향이 첨가된 백차, 바나나 차에 이르기까지 스리랑카에서 차가 담긴 통 2만 6000개가 도착했을 때도 흔들림이 없다. 그사이에 호바트 주민들은 출근길에 혹은 아이 등굣길에 차를 타고 지나가며 삶과 죽음에 관한 철학적 글귀를 본다. 이를테면 헨리 밀러의 인용문 같은 것. "굳이 말할 필요도 없이 당연한 이야기지만 끊임없이 강조할 수밖에 없는 말. 모든 것은 창조되고, 변화하고, 흘러가고, 변형된다."

밀러가 하고 싶은 말이 무슨 뜻인지는 알겠으나 때로 삶에는 약간의 영속성도 필요한 법이다. 그래서 나는 우리 집이라고 할 수 있는 고정적인 거주지를 찾는 데 여념이 없다.

2층 창가 자리에서 커튼을 옆으로 젖힌다. 숨을 고르고 남은 삶 동안 보게 될지도 모를 풍경을 바라본다. 나는 호바트에 집을 사기로 결심했고 몇 주간 돌아다닌 끝에 어쩌면 이 집을 살지도 모르겠다고 생각했다.

나의 두 눈은 이웃의 마당과 우리 집을 나누는 뒤뜰 울타리를 따라간다. 그러다가 홱 돌아서서 가리킨다. "저 집… 정말… 멋지네요…"

"그렇죠." 부동산 중개인은 이웃집의 박공지붕을 바라보며 자부심이 묻어나는 목소리로 말한다. "제가 작년에 판 집이에요. 옛날에는 저 집이 본채였고, 이 집은…" 그는 잠시 머뭇거렸다가 이어간다. "손님이 지금 서 계신 이 집은 마구간이었어요." 말 털 냄새가 나는 것 같진 않지만 열심히 맡아보면 날 것도 같다. 나는 약간 풀이 죽은 채로 아래층으로 내려가 마당으로 나간다. 중개인은 내게 화단을 보여준다. 1년 중 이맘때가 되면 집주인에게 자랑거리가 될 만한 화단이다. 그렇지만 나는 다시 옆집을 쳐다보고 있다. 이번에는 울타리에 바짝 붙어 이웃집의 사암 기둥들과 아치형 창문들을 감상중이다.

더 가까이에서 들여다보니 측면 입구를 가시철사 울타리가 두르고 있고, 임시로 걸어놓은 줄에 빨래가 축 늘어진 채 걸려 있다. 마당 바닥도 고르지 않다. 왜 이렇게 어수선한 걸까? 이렇게 좋은 집에서 산다면 매일 아침 일어나 열심히 집 안을 관리할 것 같은데.

혹시 오해가 있을까 봐 밝혀둔다. 내가 서 있는 이 집은 안내 책자를 인용하자면, "영국 연방의 앤 여왕 풍 건축물의 전형으로, 한때 신사들의 마차·말·마구를 보관하던 방들은 이제 아름답고 우아한 가정집으로 변모했다." 삶이란 고립된 채 이어지는 것이 아니다. 집은 다른 집 사이에 서 있다. 그리고 진실은, 울타리 너머의 집은 어수선한 상태에서도 이 집보다 훨씬 좋아 보인다는 거다.

새로울 것도 없는 이야기다. "옆집 잔디가 더 푸르게 보인다"나 "사촌이 땅을 사면 배가 아프다" 같은 말이 대변하는 누구나 다 아는 정서 아닌가. 다른 사람이 번쩍거리는 새 차를 뽑거나 온수풀을 설치하면 그대로 따라하려는 것이 흔하디흔한 경향이다. 그러나 이런 진부한 표현들은 이런 상황의 근본적인 원인을 드러내지는 않는다. 왜 우리는 우리가 가진 것들로만 행복할 수 없는 걸까? 왜 우리는 더 나은 삶처럼 보이는 것들을 늘 담장 너머로 바라보고 있을까?

행동과학자이자 심리학자인 대니얼 네틀은《행복의 심리학Happiness: The Science Behind Your Smile》에서 우리는 유기적 조직체로서 우리에게 최선인 것을 추구할 필요가 있다고 말한다. 생존하기 위해, 더 나아가 번영하기 위해 우리는 "더 나은 환경, 더 나은 인간관계, 더 나은 태도를 찾을 수 있는 시야를 살피고 확보해야 한다. 그리고 언제나 불만이 움틀 수 있는 작은 공간을 마련해두어야 한다. 우리 시야로 정말 특별한 것이 들어와 맴돌 경우를 대비하기 위함이다. 만약 이렇게 행동하지 않았다면 우리는 성공적인 유기적 조직체가 될 수 없었을 거라고 네틀은 강조한다. 우리가 지금껏 우월한 DNA를 타고났다며 으스대고 돌아다녔다면 더 야심찬 유기체에 의해 벌써 사라졌을 거라고. 그러니 만족을 모르는 능력은 우리에겐 최고의 선물이다. 우리가 이 행성에서 다른 유기체를 정복하도록 해준, 동기를 부여하는 힘이다. 우리가 원하는 것과 우리가 실질적으로 가진 것 사이의 틈으로 소비지상주의가 화려한 라인업을 자랑하며 입장한다. "추억팔이 장사꾼들, 종교 체제, 마약, 온갖 종류의 소비재 등이 우리가 현재 만족하는 지점과 더 큰 만족을 바라는 마음 사이를 비집고 들어와 그 격차를 좁혀주겠노라 약속한다. 지위, 아름다움, 건강, 부 등 우리의 생물학적 우수성을 다른 이들에게 과시하는 데 필요한 것들은 우리에게 진짜로 필요한 것들보다 더 유혹적이다.

경제학자 리처드 이스털린은 1978년 다양한 표본의 미국 대중에게 '좋은 삶'을 산다는 것이 무슨 의미인지 질문을 던졌다. "당신이 삶에서 원하는 것은 무엇입니까?" 그는 사람들에게 돈이 많이 드는 24개의 항목(자가용, TV, 해외여행, 수영장과 별장 등)이 적힌 카드를 건넸다. "좋은 삶, 내가 살고 싶은 삶에 대해 생각할 때 이 항목 중 개인적으로 좋은 삶의 일부라고 생각하는 것은 무엇인가?" 응답자들에겐 그중에서 이미 갖고 있는 항목에도 표시를 하도록 했다. 그로부터 16년 뒤인 1994년, 같은 사람들에게 똑같은 설문을 진행했다. 여기서 가장 인상적이었던 현상은 응답자들이 더 많은 것을 소유했지만(1978년 1.7개, 1994년 3.1개), 원하는 것도 더 많아졌다는 것이다(1978년 4.4개, 1994년 5.6개). 즉, 16년이 흐른 뒤에도 사람들이 가진 것과 간절히 원하는 것 사이의 격차는 2.5개로 좁아지지 않았다. 조사 결과는 그들이 언제나 2.5개 항목이 부족한 상태임을, 어쩌면 이 격차, 즉 갈망이 만드는 작은 여백 또는 부족함이라는 불편한 느낌이 삶의 어느 자리든 남아 있으리란 것을 증명했다. 렘브란트의 판화를 정말로 걸고 싶어 하는 사람들은 극소수지만, 구매 능력만 갖추면 위시 리스트에 올리는 것은 시간문제라는 것이다. 일반 서민들이 휴가용 별장을 꿈꿀 때, 억만장자는 자기 이름을 딴 미술관에 식당과 호텔까지 겸비하고 싶어 한다. 제아무리 열심히 달린들 우리는 그 손에 잡히지 않는 '물건들의 격차'를 넘어설 수 없다. 우리 DNA가 그렇게 만들어졌다.

나는 빨래와 철망으로 둘러싸인 울타리 너머의 대저택에 대해 생각한다. 금박 벽지를 바른 호화로운 거실로 들어선 집주인들이 맥주 공장을 시작할지, 멀리 항해를 떠날지, 인도네시아에 작은 별장을 구입할지 설전을 벌이는 모습도 그려본다. 그러는 동안 장미는 시들고, 정원의 잔디는 군데군데 흙이 드러나고, 아치 창문에 갈라진 틈은 더 벌어질 것이다. 그리고 '물건의 격차'는 언제나 그대로 남는다.

어느 날 오후, 아이들이 생일파티에 초대받는다. 정확한 지번을 확인하진 못했지만, 지도에서 가리키는 곳은 엄청난 수리 과정을 거쳐 주택단지로 개조된 2층 건물과 일치한다. 구불구불 이어지는 포장 보도를 둘러싸고 세심하게 설계된 정원을 하얀 울타리가 액자틀처럼 두르고 있다. 차고에는 반짝이는 고급 승용차 두 대가 마치 자동차 전시장처럼 지나가는 차들을 향해 주차돼 있다. 울타리 위에는 품종 묘가 주인의 세심한 취향을 자랑하듯 앉아 있다.

이웃보다 빛나고 싶은 욕구는 현대의 기이한 현상이 아니다. 이탈리아 토스카나 언덕에 있는 산지미냐노는 천국까지 뻗은 탑들로 이루어진 중세 도시다. 이 탑들은 부유한 가문들의 권력과 명예의 보루였다. 13세기 토스카나의 명문가 사람들은 정상까지 달려가는 경쟁에 평생을 바쳤다. 그 당시 산지미냐노 가문들에게는 탑의 크기가 이웃을 능가하는 방법이었다. 전성기에는 72개의 탑을 자랑하던 도시에 이제 남은 명예의 기둥은 14개뿐이고 그나마 남은 것들도 불안정한 기반 아래로 무너져 내리기 직전이다.

잔디가 상하지 않도록 보도 위를 가만가만 걸어 들어가자 입구에서 어떤 여자가 문을 아주 살짝만 열고 내다본다. 나는 실례지만 파티가 열리는 곳이 어디냐고 묻는다. "옆집이에요." 그가 미간을 찌푸리며 답하더니 내가 애 넷을 달고 호화로운 자기 집을 기습할까 두려운 얼굴로 문을 탁 닫아버린다.

저택 안에서 세상과 격리돼 사는 그는 인색하고 방어적으로 보인다. 본인의 물질주의를 거리에 과시하는 태도와는 무척 대조적이다. 경쟁에서 성공하기 위해 그는 어떤 것들을 얼마나 희생했을까. 그의 거실에서 비발디의 곡조 같은 건 울려 나오지 않았고, 주방에서 갓 구운 빵 냄새가 풍겨 나오지도 않았다. 그의 집은 춥고 조용하고 어둡다. 그 집 아이들은 번쩍거리는 저택에서 울타리 위 고양이처럼 단정하고 화려한 차림으로 밖을 내다보지만, 말도 없고 미동도 없다.

그 여자는 적어도 그 동네 이웃들보다는 물질적 성공을 이루었다. 하지만 다른 건 어떨까? 일반적인 대화의 기술을 익히지 못한 것은 확실하다. 그의 정원에 꽃들이 피어 있을지는 몰라도 식물의 이름은 모를 수도 있다. 정원사를 고용해 대신 꽃을 선택하고 심게 했을 것이고, 자신이 손에 물을 묻히지 않아도 되도록 물주는 일도 정원사에게 시키거나 스프링클러를 설치하도록 했을 것이다. 그 여자는 자신이 승리자라고 느낄지 모르겠으나 문 뒤에 웅크린 그 행동은 승리자답지 않다. 반짝이는 차를 사기 위해 오랜 시간 애쓰느라 지적 능력이 둔화됐는지도 모르겠다. 그의 앞마당에서 '성공'이 요란한 소리를 낸다 해도 그는 눈에 띄게 조용하다. 만약 그가 이렇게 축적한 부로 화법이나 요리 수업을 듣거나 잔디를 꾸미기 위해 플라스틱 보트 사이즈의 커다란 푸들을 만들어놓았다면 차라리 동네 주민들에게 즐거움이라도 주었을 텐데.

그의 차들도 문젯거리일 뿐이다. 잔고장을 일으키거나 마트의 쇼핑 카트에 긁힐 염려도 있다. 만약 차에 들인 돈을 친구들에게 즐거움을 줄 수 있는 다른 좋은 것들에 썼다면 그는 얼마나 더 좋은 삶을 살 수 있을까? 그 돈으로 할 수 있는 수만 가지 특별한 일들을 생각해볼 때 부잣집 앞에 고급 세단들이 서 있는 모습을 보는 건 너무 뻔해서 지루할 지경이다. 진화 심리학자 제프리 밀러는 이런 질문을 던진다. 우리의 소비문화 속에서 우리가 타인에게서 가장 많이 발견하는 행동 특성은 무엇일까? 《스펜트Spent: Sex, Evolution, and Consumer Behavior》에서 밀러는 안타깝지만 그 행동 특성은 나르시시즘이라고 말한다. 나르시시즘이란 자기중심적이고 타인으로부터 숭배받기를 바라는 강한 욕구와 타인에 대한 공감 결여가 합쳐진 이기적인 행동이 특징이다. 밀러에 따르면 이런 자기 도취자들은 자신을 이야기의 스타로, 자신만의 서사의 주인공으로 보고, 그 외에 다른 사람들은 모두 비중 없는 단역으로 본다. "그런 면에서 그들은 블로거와 비슷하다"라고 그는 지적한다. "그들은 다른 사람들은 안중에도 없다는 듯, 그들의 삶·커리어·가족에 대해서만 이야기한다."

진화 심리학에 따르면 그 여자는 값비싼 사회적 과시 용품으로 '자애적인 자기 자극'을 해왔던 것 같다. 그는 부와 지위, 취향을 내보이기 위해 '거짓 적합성 지표'를 송출한다. 고급 승용차, 보석, 가방 같은 거짓 적합성 지표에 의존하는 것이 문제인 이유는 갖기 위해 너무 많은 돈이 들고, 유지하기도 부담스러우며, 진화 심리학자들에 따르면 우리 인간들이 타인에게서 찾길 바라는 생물학적 특성(매력 있는 외모나 신체적·정신적 건강, 지성, 매혹적인 성격)을 보여주는 역할을 전혀 못 하기 때문이다. "소비지상주의의 어두운 비밀 하나는, 우리는 사람들과의 평범한 대화만으로도 이런 우수한 특성을 무척 잘 파악해낸다는 것이다. 따라서 엄청난 노력을 쏟아야 구입할 수 있는 전시용 상품이나 서비스는 사실상 불필요하고, 때로는 더 역효과를 줄 뿐이다"라고 밀러는 주장한다. 밀러에 따르면 인간은 수천 년간 진화해오면서 다른 사람을 파악하는 데 능숙해졌다. 우리는 다른 사람들의 지성, 친절, 성실성, 열린 마음, 신체적 건강과 매력을 가늠하는 능력이 정말 끝내준다.

고가 브랜드의 옷, 스포츠카, 대출을 잔뜩 끼고 사서 대대적으로 수리한 집, 다이아몬드 박힌 시계, 성형수술 등으로 남들의 눈을 속일 수 있다고 생각할지 모르겠지만 사람들 대부분은 그런 것들을 아예 알아차리지 못하거나 오히려 그렇게 부와 지위를 드러내려는 태도를 불편해한다. 이 부분에서 밀러는 의문을 제기한다. "그렇다면 소비지상주의적 특성을 드러내기 위해 왜 우리는 그렇게 많은 시간과 에너지와 돈을 쏟아붓는가?" 밀러의 지적대로 거짓 신호를 보내는 데 쓰이는 장치들이란 지성, 신체의 건강, 호감을 주는 성격을 가꾸는 것을 포기한 대가로 얻는 경우 역효과만 낳을 뿐이다. 잠시 가만히 생각해보자. 당신이 절친한 친구에게서 가장 좋아하는 점은 무엇인가? 그의 선글라스나 배나 반짝이는 구두일까? 아니면 한 마디로 딱 꼬집어 말하기 어려운, 어디로 분류할 수 없는 영혼의 기운이나 색채처럼 손에 잡히지 않는 인간의 특징일까?

미국의 환경과학자 도넬라 메도스Donella Meadows는 이렇게 말했다. "사람들에겐 거대한 차가 필요하지 않아요. 사람들은 그저 존중받고 존경받길 원하죠. 새 옷을 계속 살 필요도 없어요. 사람들은 다른 사람들이 자신을 매력적인 존재로 본다는 느낌을 원할 뿐이에요. 그리고 흥분, 다양성, 아름다움을 필요로 하죠. 꼭 전자기기를 통한 유흥이 필요한 게 아니에요. 그저 그들의 정신과 감정을 쏟아부을 수 있는 흥미로운 무언가를 원할 뿐이에요. 물질적인 것들로 정체성, 공동체, 자존감, 도전 정신, 사랑, 기쁨 같은 비물질적인 것을 채우려는 노력은 곧 충족 불가능한 식욕에 절대로 만족감을 줄 수 없는 거짓 해결책을 던져주는 것과 같아요. 비물질적인 인간의 욕구를 인정하고, 분명히 설명하고, 그것을 만족시키기 위한 비물질적인 방법을 찾으려 노력하는 사회는 훨씬 적은 물질과 에너지를 소모할 것이고, 인간의 성취도 훨씬 높아질 거예요."

19장

내 인생의 정원을 가꾸는 법

(　　　　　아일랜드　　　　　)
(　　　　　킬케니　　　　　)

이제 나의 목적지는 장소가 아니라 새로운 시각이다.

－ 마르셀 푸르스트

어느 주식 투자자의 말에 따르면, 성공적인 투자는 처음 성사시킨 거래에 좌우되지 않는다. 노련한 투자자는 첫 거래, 방아쇠를 당길지에 대한 판단, 매수냐 매도냐에 대한 결정에 그다지 집착하지 않는다. 중요한 것은 그다음 상황이다. 다음 상황에서 얼마나 협상을 잘하고, 몰려오는 파도를 얼마나 잘 넘어가고, 그 거래를 얼마나 성공적으로 잘 마무리하는가가 가장 중요하다. 살아가는 것도 마찬가지라면 우리는 에콰도르나 아르헨티나, 심지어 아일랜드에 정착해도 아무 상관 없을 것 같다. 중요한 것은 첫 번째 결정을 내린 다음 생기는 문제들에 우리가 어떻게 대응하느냐다. 우리가 보통 '큰' 결정이라고 하는 것들, 몇 달 혹은 몇 년씩 고민하는 결정들은 사실상 살아가면서 내리는 작은 결정들만큼 중요하지 않다. 시간을 어떻게 보낼지, 어떤 일을 하며 보내고, 어떤 사람들을 만나고, 어떤 음식을 먹을지, 종일 TV만 여섯 시간씩 볼지 아니면 정원의 화단을 가꿀지 같은 결정들 말이다. 차이를 만드는 것은 작은 결정들이다. 숨겨진 플롯을 이끌어내는 연극의 사소한 순간들처럼.

나는 어느 날 갑자기 변화를 선언하는 사람들에게 늘 매력을 느낀다. 그들은 여행가방을 꺼내들고, 집을 정리하고 짐을 챙겨 바깥으로 나가서는 문을 잠근다. 이런 일은 어떻게 생기는 걸까? 대부분의 일들처럼 이런 변화도 사실은 서서히 진행된 것이다. 묘목이 완전히 성장해서 나무가 될 때까지 시간이 걸리듯, 변화는 언제나 느리다. 우리는 나무를 심고 그 나무의 키가 훌쩍 자라고, 가지도 튼실해지고, 아름드리가 되길 바라지만 가시적인 변화를 느끼려면 어느 정도 시간이 흘러야 한다는 걸 잘 안다.

우리는 차로 아일랜드 킬케니의 뒷길을 달리고 있다. 회색빛 건물들이 잿빛 스카이라인에 맞닿아 있다. 아이들은 밴의 뒷자리에 앉아 우리의 새 집이 될 수도 있는 곳의 풍경을 내다본다. 역사적 건물이지만 지금은 폐가가 된 킬페인 하우스를 보기 위해 부동산 중개인을 오전에 만나기로 했다. 우리는 그곳이 보금자리, 우리가 '플러리시'라 이름붙일 수 있는 곳이 될지도 모른다는 희망에 차 있다. 우리의 철학 공동체, 우리가 지금껏 찾던 곳이 될 수도 있다는 희망이다. 아이들도 새로운 운명을 맞이할 준비를 하는 듯 조용하다.

운명을 결정하는 본능이나 직감은 나를 종종 당혹스럽게 한다. 이런 것은 어디서 나오는 걸까? 우리가 다른 집들을 제쳐두고 어느 한 집을 선택하고, 여럿 중 어느 한 사람, 한 직장, 혹은 한 여행지를 선택하는 이유는 무엇일까? 우리의 결정은 삶의 전력망이 돼 삶의 다양한 부분들을 연결한다. 하지만 우리의 선택들을 연결하는 원천이 무엇인지, 우리의 상호 연관 체계를 만드는 것이 무엇인지 생각해보는 시간을 갖는 사람은 별로 없는 것 같다.

12월의 가랑비가 계속해서 내리는 가운데 희미한 불빛 아래 초록 숲에 둘러싸인 거대한 건물이 눈앞에 모습을 드러낸다. "저거야." 나는 나직이 말한다. 오랜 세월 비와 바람과 서리를 맞으며 화강암 건물의 색이 짙어졌다. 흐릿한 빛 때문에 더 우울하고 창백한 분위기가 어딘가 불길해 보이기도 하고, 언덕을 오르며 조금씩 다가가는 우리를 내려다보는 듯도 하다. 건물의 그림자 안으로 들어가자 차 안은 더 어두워진다.

아이들은 자리에서 밖을 내다보며 꼼짝도 하지 않는다. "좀 무서워요." 한 아이가 말한다. "멋진 거야." 나는 얼른 대답한다. "아름다워… 그냥 좀 낡았을 뿐이야."

"내리기 싫어요." 이번엔 다른 아이가 창에 꼭 붙어 앉아 말한다.

우리가 누구인지, 어떤 감정을 느끼는지를 바꾸고 싶다면 그 변화를 스스로 만들어야 한다. 원하는 것을 적어보고, 목표들을 추가하고, 그것을 이루기 위한 동기를 만들고 훈련해야 한다. 그냥 어느 날 갑자기 새로운 존재가 될 수 없는 이유는 무엇일까?

영국의 철학자 데릭 파피트는 나를 고유한 나로 만드는 것과 나를 더 이상 나로 만들지 않는 것, 즉 개인의 정체성에 대한 개념으로 명성을 얻었다. 파피트는 정체성에 대한 자신의 생각을 사고 실험을 통해 설명했다. 사고 실험이란 철학자들이 관습을 벗어난 개념을 다룰 때 주로 사용하는 도구다.

파피트가 언급한 사고 실험은 미국 철학자 시드니 슈메이커Sydney Shoemaker가 고안한 것으로, 브라운과 로빈슨이라는 두 남자가 있다는 가정으로 시작한다. 두 남자 모두 뇌종양 수술 과정에서 뇌를 적출당했다. "수술의 마무리 과정에서 수술을 보조하던 사람의 실수로 브라운의 뇌가 로빈슨의 머리로 들어갔고, 로빈슨의 뇌는 브라운의 머리로 들어갔다. 두 남자 중 한 명은 그 자리에서 사망했지만 다른 한 명, 즉 로빈슨의 몸에 브라운의 뇌가 들어간 사람은 마침내 의식을 되찾았다. 후자를 브라운슨이라 부르기로 한다. 의식을 되찾는 과정에서 브라운슨은 자신의 외모와 몸을 보고 엄청난 충격을 받는다. 그리고 브라운의 몸을 보고 믿을 수 없다는 듯 외친다. '이 몸은 내 몸이 아니에요. 저기 있는 게 내 몸이에요!' 이름을 묻자 그는 자동적으로 대답한다. '브라운.' 그는 브라운의 아내와 가족(로빈슨은 한 번도 만난 적 없는)을 알아보고, 브라운의 삶에 있던 사건들을 자기가 겪었던 것처럼 자세하게 이야기했다. 반면 로빈슨의 과거는 전

혀 아는 게 없었다. 한동안 관찰한 결과 브라운슨은 예전 브라운의 성격
·버릇·관심·호불호 등을 모두 보여주었고, 말투나 행동도 예전의 로
빈슨과는 완전히 동떨어진 모습이었다."

　　이 사람의 생김새는 로빈슨처럼 보일지 모르지만 사람들 대부분은
이 몸의 주인이 브라운이라는 데 동의할 것이다. 그가 브라운의 성격·특
징·유머감각·말투·기억을 갖고 있기 때문이고, 바로 이런 것들이 그를
브라운으로 만든다. 파피트는 개인의 정체성은 기억, 성격적 특징, 관심
사를 포함한 '심리적 연속성'이라고 주장한다.

　　개인의 정체성을 바꾸려면 기억, 성격, 관심사를 바꿔야 한다. 당신
이 성형외과를 찾아가 얼굴을 완전히 다른 얼굴로 고쳐달라고 말했다 치
자. 당신은 높아진 코, 깎인 광대뼈, 길어진 턱 선으로 건물에서 나와 눈부
신 햇살을 받는다. 그때 당신은 다른 사람인가? 파피트는 아니라고 대답
할 것이다. 당신은 그저 얼굴만 달라진 똑같은 사람이다. 개인의 정체성
은 당신이 어린 시절 플라스틱 개구리를 놓고 형제자매와 싸운 일, 로스
쿨에서 졸업하던 날 동네 호수에 빠져 죽을 뻔했던 일, 혹은 회사에서 해
고당한 날의 기억과 같은 모든 기억의 총체다. 개인의 정체성은 새로운
머리 스타일과 패션, 새 직장, 심지어 성형수술 등 표면적인 변화로 쉽게
바뀔 수 있는 것이 아니다.

　　그것이 바로 사람들이 쉽게 새사람이 되지 못하는 이유다. "나는 예
술가가 되고 싶어"라고들 하지만, 그 말이 진심으로 느껴지지도 않고 어
쩐지 어색하다. '가면 증후군'이란 이런 상황에서 시작된 개념이다. 자신
은 그저 새로운 관심사를 갖기 시작한 사기꾼일 뿐이고 진짜 자아는 가면
뒤에 숨어서 들킬까 봐 초조해하고 있다고 생각하는 것이다. "어떻게 지
금의 내가 갑자기 예술가인 내가 될 수 있을까?"라고 그들은 질문한다. 사

실, 변화란 정도의 문제다.

파피트는 이 문제를 더 분명하게 설명한다. "데릭 파피트가 서서히 그레타 가르보로 변해간다고 상상해보자. 분자가 하나씩 하나씩 변하면서 아주 천천히. 이 전체 과정의 초기 단계에는 데릭 파피트가 있고, 제일 마지막 지점에는 데릭 파피트가 아예 존재하지 않는다. 데릭 파피트는 사라지고 없다. 이제는 그레타 가르보만 있다. 그렇다면 핵심 질문은 이거다. 변화는 이 변형 과정의 어느 지점에서 일어난 것일까? 데릭이란 존재는 언제부터 사라지고 그레타라는 존재는 언제부터 나타난 걸까? 잠시 이 문제를 가만히 생각해보면 특정한 지점을 지목할 수 없다는 걸 금방 깨닫게 된다. 데릭의 존재가 없어지고 그레타가 존재하기 시작하는 특정한 날도 지목할 수 없다. 우리가 보는 것은 이 사람이 점점 더 우리가 알던 데릭에서 멀어져가고 이 사람을 데릭이라고 말하는 것이 점점 더 옳지 않는 말이 되며, 그가 사라지고 완전히 다른 사람이 존재하게 됐다고 말하는 것이 점점 더 옳은 말이 돼가는 과정이다."

다행스러운 점은 개인의 정체성이 고정된 것이 아니라 계속 변화한다는 것이다. 데릭 파피트가 마법처럼 한순간에 그레타 가르보가 될 수 없듯이 하룻밤 새 새로운 사람이 될 수는 없다. 그것은 시간이 걸리는 일이며 분자가 하나씩 바뀌면서 한 해 한 해가 흘러갈 때마다 조금씩 더 그레타라는 사람을 향해 이동해가는 과정을 거쳐야 한다.

파피트의 설명에서 알 수 있는 점은 무엇일까? 우선 나라는 사람이 변할 수 있다는 점이다. 단지 시간이 걸릴 뿐이다. 데릭이 그레타로 변형돼가며 수정과 적응이라는 과정을 겪었듯이 새로운 기억과 경험을 쌓아 올릴 시간이 필요하다. 예술가가 되길 바라는 사람은 '예술가다운' 기억이 필요하다. 미술학원에 다니고, 예술 관련 서적을 읽고, 미술관과 예술가 모임에 많이 나가고 그 분야의 친구들을 사귀며 예전에 하던 일은 점차 줄인다. 근본적인 변화를 원한다면, 지금의 존재에서 원하는 존재로 이행하려면 '직접 살아본' 경험을 해야 하고 그러는 사이 진짜 기억을 만들어나가야 한다.

조지안 양식(1714~1830년의 건축 양식으로 영국 왕 조지 1, 2, 3세의 이름을 딴 것 – 옮긴이)으로 지은 저택 안을 나는 아이들과 함께 돌아다닌다. 커다란 연회장부터 응접실, 정원으로 활짝 열리는 이중창과 빛이 환히 드는 서재까지. 벽은 마치 누군가 급하게 빠져나가며 그림이나 붙박이 가구를 뜯어낸 것처럼 금이 가고 갈라져 있다. 이제 방들은 가구 하나 없이 텅 빈 상태로 조용한 기대감에 차 있다. 새 주인으로 누가 오느냐에 따라 그 방들은 예쁘게 꾸민 가정집이 될 수도 있고, 호텔이 될 수도 있으며, 바깥의 비옥한 땅은 농장이 될 수도 있다. 하지만 이 부지가 놀이공원이나 농구 경기장이 될 것 같진 않다. 이미 골조가 잡힌 화강암 건물과 아일랜드 시골이라는 위치가 그런 가능성을 배제한다.

1층에는 침실이 여덟 개, 욕실이 네 개 있고, 도착하자마자 받은 부동산 안내 책자에 실려 있듯이 2층은 "침실이나 게임 룸, 사무실, 체육관이나 별도의 집으로 개조할 가능성이 활짝 열려 있다." 부동산 중개인도 2층에 들어올 수 있는 시설들을 나열하지만 아이스링크나 고급 백화점은 그 안에 없다. 그렇다면 사람도 건물처럼 변화의 가능성이 제한돼 있을까? 어린 시절, 청소년기, 사회생활 경력에 따라 각자 가진 방의 개수가 정해져 있고, 자신의 가능성에 대해 고민하거나 변화의 가능성을 타진해

보려 하면 그때 할 수 있는 것은 제한적일 수 있다. 상당한 노력을 들이면 응접실이 멋진 주방으로 개조되기도 하지만 결코 볼링장으로는 개조할 수 없을 것이다.

철학자 케네스 크레이크Kenneth Craik는 《설명의 본질The Nature of Explanation》에서 '심성 모형mental model'이라는 용어를 처음 소개했다. 이는 미래에 대한 결정을 내리기 위해 인간의 정신이 현실의 모형을 구축하는 방식을 설명해준다. 좀 더 풀어서 말하자면, 우리 머릿속에 들어 있는 이론들이 세상을 인식하고 다루는 방식에 영향을 준다는 것이다. 우리 심성 모형을 집에 비유하자면 우리에겐 제한된 방들이 있고, 우리 능력을 토대로 이 방들을 어떻게 활용해볼 수 있을지 예상할 수 있다. 예를 들어, 우리 모두가 한 나라의 지도자가 되거나 〈백조의 호수〉에서 주연 발레리나가 되는 미래를 예상하지는 않는다는 것이다. 알프스산맥에 오두막집을 짓고 살거나 남극대륙에 연구팀을 이끌고 떠나는 미래를 꿈꾸는 사람들도 있다. 이 모든 것들은 세상에 대한 우리의 정신적 해석, 혹은 자아를 품은 집이 어떤 것이냐에 따라 달라진다.

칼 융은 매일 아침 공책에 원이나 만다라(우주 법계의 온갖 덕을 나타내는 둥근 그림 ─ 옮긴이)를 그렸다. 융은 지그문트 프로이트와 결별하면서 신경이 날카로워졌다. 1916년 융이 처음 그린 만다라는 당시 그의 정신 상태를 대변하는 것으로 보였다. 그래서 그다음 날과 그로부터 27일 후, 융은 연필을 들고 또 다른 만다라를 그렸다. 배달된 편지를 읽고 마음이 편치 않았던 융은 그날 그린 만다라 그림의 균형이 안 맞고 대칭이 어긋난다는 사실을 알아차렸다. 그리고 만다라와 내면의 상태가 연결돼 있다는 생각을 했다. "이 그림들의 도움으로 나는 매일 일어나는 정신의 변형 과정을 관찰할 수 있었다. 나의 만다라는 활발하게 움직이고 있는 자아 – 존재의 전부 – 를 들여다볼 수 있는 암호였다." 모든 지점이 그림의 중심과 등거리인 만다라는 완전함, 총체, 완벽함의 상징이다. 산스크리트어로 '만다라'는 '원'을 뜻하고, 힌두교와 불교에서 만다라는 우주를 대변한다. 연꽃, 조개, 사과, 눈송이, 거미줄 등 우리는 자연에서 만다라를 발견할 수 있다.

융은 오랜 세월 자신의 내면을 표현하고 늘 그를 괴롭히던 무의미함이라는 느낌을 풀어내는 수단으로 글을 썼다. 그러나 1992년 돌연 그는 "종이와 잉크가 더 이상 '진실'하지 않다"라는 사실을 깨닫는다. 융은 더 실체 있는 무언가가 필요하다고 느꼈다. 그래서 늘 매력을 느꼈던 취리히호수 상류 부근의 낡은 교회와 땅을 사서 자신의 내면적 존재를 품을 수 있는 석조 건물을 짓기로 했다. "그것이 바로 나를 위해 볼링겐에 지은 '타워'의 시작이었다"라고 융은 썼다. 타워를 짓던 초창기에 융은 수돗물과 전기 없이 살았다. 그는 벽난로에 불을 피웠고, 우물에서 물을 길어 썼으며, 장작을 패고 호숫가에서 옷을 빨았다. 저녁이 되면 석유램프를 켜고 타워의 돌바닥을 걸어 다녔다. "죽은 자를 방해할 만한 것은 아무것도 없었다. 전깃불도 전화기도 없었다." 16세기 사람이 그 집에 이사를 들어온다 해도 신기하게 생각할 만한 건 석유램프와 성냥밖에 없을 거라며 융은 신이 나서 외쳤다. "그것 말고는 이 집에서 지내는 데 아무 문제가 없을 것이다."

1923년 그는 처음 둥근 원형 집인 '주거 타워'를 짓고, 1927년에 중심이 되는 구조물과 탑 형태의 부속 건물을 추가로 지었다. 1931년에는 다시 부속 건물을 증축했다. 흥미롭게도 융은 이 집을 지으면서 돌 속에서 다시 태어나는 느낌을 받았다. "볼링겐에 머물 때 나는 진정한 삶의 중심에서 살고, 가장 깊은 곳의 나를 발견한다." 융은 단순하게 살아가는 것이 어려운 일임을 인정했지만 그것만이 영혼의 위안이 된다는 걸 믿었다. "고요가 나를 감싸는 소리가 거의 들리는 듯하고, 나는 자연과 수수하게 조화를 이루며 살아간다"라고 그는 적었다. "창의력과 놀이는 아주 가깝다."

자원이 제한된 상황에서 시공간적으로 아주 가까이에 있는 것들에만 의존하면서 살게 되자, 융은 미래가 더 달콤하며 더 많은 기회가 기다릴 거라는 환상으로부터 도리어 자유로워졌다. "현재를 살아가지 않고 황금기가 올 거라는 미래의 비현실적인 약속 안에서 살아가느라 모든 게 너무 부산스럽고 조급한 것이다. 우리는 이제 가진 것에 의탁해 살려 하지 않고, 현재의 밝은 빛 아래가 아닌 미래의 어두운 약속에 의존해서 살아가려 한다. 미래의 그 어둠 속에서 언젠가는 제대로 태양이 떠오를 거라고 기대한다." 야외에서 바깥 공기를 마시며 맨손으로 집을 짓고, 커다란 솥에 스튜를 끓이고, 매일 아침 거친 솔로 몸을 씻으며 융은 지적인 삶을 추구하느라 일시적으로 묻혀 있던 세상이 열리는 걸 느꼈다.

"계속 고조되는 결핍감, 불만, 초조함 때문에 우리는 새로운 것들을 향해 앞뒤 안 가리고 돌진한다. 더 좋은 무언가는 지금 내가 가진 것이 더 나쁘다는 전제하에 존재한다는 사실을 우리는 직시하지 않으려고 한다." 환자 대다수가 앓는 질환이 무엇이냐는 질문에 융은 자신의 환자 중 3분의 1에게는 아무런 병도 없다고 답했다. 만약 그들을 병들게 하는 무언가가 있다면 그것은 목표의 상실, 혹은 삶의 의미 부족이며 이렇게 되는 이유는 그들이 살아가는 방법을 모르기 때문이라고 했다. 융에게도 이 문제는 인생에서 풀어야 할 숙제였던 모양이다.

부동산 중개인은 우리에게 반갑게 인사를 하고 어느 회사원을 따라 주방으로 들어간다. 나는 자기 손으로 집을 짓거나 수리하고, 간단한 스튜를 끓이고, 자연과 수수한 조화를 이루는 융의 단순한 삶에 대해 잠시 생각한다. 그러나 지금 당장은 다락방으로 사라진 아이들이, 신나서 소리 지르는 소리가 벽을 따라 들려온다. 단순한 삶을 산다는 것은 왜 이토록 어려운 걸까? 현대사회는 왜 물질적 부, 혹은 사회적 권력이나 영향력을 원하는 욕구를 심어주었을까? 직장에서 승진이나 바닷가의 좋은 집을 원하듯 단순함은 왜 원하지 않는 걸까? 프랑스의 사회학자 피에르 부르디외는 인간이 세상을 헤쳐 나가기 위해 문화적·경제적·사회적 자본 등 여러 형태의 자본에 의지한다고 믿는다. 우리는 문화적 자본(교육을 통해 얻는 지식과 기술)을 키우기 위해 공부를 시작할 수도 있고, 경제적 자본(물질적 풍요)를 불리기 위해 보수가 더 나은 직장을 택할 수도 있고, 사회적 자본(사회적 인맥)을 키우기 위해 인맥을 쌓는 모임에 참석할 수도 있다. 마지막으로 육체적 자본을 키우기 위해 헬스클럽에 가서 운동하는 데 시간을 투자할 수도 있다. 이렇게 짜인 우리의 생활 망 속에 단순한 삶이 들어갈 자리는 어디일까? 가구 만들기를 배우고, 자기 옷을 직접 꿰매 입고, 완벽한 정원을 만드는 일은 인간의 항해 지도에 올라 있지 않다. 이런 길은 사람들이 잘 다니지 않는 길이다.

단순한 삶은 다른 형태의 자본만큼, 혹은 그 이상을 우리에게 제공한다. 우리 자신과 세상에 대해 배울 수 있고, 그렇게 배운 지식으로 우리가 매일 살아가는 세상을 이해할 수 있다. 좀 더 그럴듯한 이름을 원한다면 이 자본을 우리 삶을 더 아름답게 만드는 시적 자본이라 불러도 괜찮겠다. 회계학 학위나 월급 인상, 뜻밖의 소득은 삶의 질을 개선한다는 보장이 없지만 단순한 삶은 확실히 삶의 질을 개선한다. 우리 삶의 또 어떤 활동이 시적 자본으로 분류될 수 있을까? 새로운 운동을 배우거나 음악적 지식을 쌓는 것, 혹은 손으로 무언가를 만드는 기술을 배우는 것 등도 시적 자본에 들어갈 수 있다.

내게 별 관심 없다는 듯한 부동산 중개인의 태도에 위축된 나는 이 집이 플러리시, 즉 번영의 안식처가 되지 않을 것 같다는 생각에 기분이 처졌다. 그러다 문득 번영이란 것은 어차피 손으로 만질 수 있는 것이 아니라는 생각에 닿는다. 번영이란, 미래의 언젠가 내가 꿈꾸는 집이나 꿈꾸는 삶이 아니라 그날그날을 살아가는 습관이고 행동이며 마음가짐이다. 세상에 제공할 수 있는 나만의 고유한 재능이 무엇인지 서서히 깨달아가는 과정이며, 그때 우리가 발휘할 수 있는 재능이란 건 마치 날씨처럼 계속 변화하기 마련이다.

우리는 역사적인 숲속 길과 그 사이사이 숨겨진 고사리들을 따라 잠시 거닌다. 그리고 그곳에서 아일랜드의 정원 디자이너이자 작가인 메리 레이놀즈에 대해 생각한다. 그는 20년간 정원 조경 일을 해오다가 어느 날 갑자기 예쁜 정원은 만들 수 있는 것이 아니라는 사실을 깨닫는다. 자기가 꾸며오던 정원들이 진짜 자연 본연의 모습보다 못한, 통제되고 조작된 공간으로 보이기 시작했다. "어쩌다 보니, 어느 시점부턴가 정원이 죽은 공간이 돼버렸다"라고 레이놀즈는 《생명의 정원The Garden Awakening》에서 말했다. 우리가 정원을 통제하려 들고 이겨먹으려 한다는 것은 우리가 그들을 공격하는 데 쓰는 도구의 목록만 봐도 알 수 있다. 잔디 깎는 기계, 송풍기, 전기톱, 트리머, 화학약품과 살충제. 조경 일은 어느새 "자라고자 하는 것들을 자라지 못하게 막는 일"이 돼버렸다.

레이놀즈는 자연의 기운에 대항하려 하지 말고 그것에 발맞추어 일하는 법을 깨달아야 한다고 말하며, 조경의 정의를 새롭게 내렸다. "땅은 자기만의 의도가 있다. 자연은 자기만의 생각이 있고 나는 그것이 무엇인지 배워야 했다." 레이놀즈의 숲 조경은 자연 삼림지대의 여러 겹 구조를 본뜬 것이다. 개암나무 같은 숲의 지붕 노릇을 하는 높은 나무들이 중간 크기의 과실수 위로 그늘을 드리우고, 산딸기류 관목들은 향초와 약용 식물들을 덮고 있다. 질소 고정을 돕는 식용 식물들, 미생물, 곰팡이류는 덩굴식물들 속에 뒤섞여 자란다. "이런 공간에 자연이 진정한 모습을 드러낼 수 있도록 자리를 마련해준다면, 그래서 땅을 치유하고 다시 조화로운 공간으로 만들 수 있게 해준다면 그때부터 마법 같은 일들이 벌어진다. 자연은 사람들이 오랫동안 경험하지 못했던 방식으로 당신을 품어줄 것이다. 우리를 향해 마법의 문이 열리는 것이다."

　　레이놀즈에 따르면 숲속 정원은 자연이 의도한 것이기 때문에 숲속 정원을 만드는 기술은 자연에 맞서는 것이 아니라 인간의 개입을 최소로 하고 자연이 자립적으로 번창할 수 있는 환경을 자연과 함께 만드는 것이다. 하지만 언젠가 우리가 갖고 싶은 정원, 나의 정원을 떠올릴 때 숲을 생각하는 사람은 흔치 않다. 대부분은 깔끔하게 잘 길든 잔디와 잘 가꾼 생울타리, 줄줄이 피어난 장미를 떠올리리라. 교외의 이끼 낀 숲, 덩굴, 개암나무, 약초들이 여기저기 자라는 마당을 꿈꾸는 건 보통 비정상 취급을 받는다.

　　레이놀즈의 좌우명이 된 '자연과 더불어 일하기'는 삶의 목적에 대해 생각할 때도 똑같이 적용할 수 있다. 이를 모토로 삼으면 이런 질문들이 가능해진다. 나에게 가장 자연스러운 일을 어떻게 활용할 수 있을까? 어떻게 하면 최소한의 개입만 받고도 번영할 수 있을까? 새롭게 보이기 위해, 새로운 존재가 되기 위해 나를 깎아내지 않고 '고유한' 나를 끌어내고 기리는 방법은 무엇일까? 다른 사람이 되려고 노력하는 대신 내 안에서 최선의 모습을 끌어내려면 어떻게 해야 할까?

꽃에 열정을 품었던 원예사 헬레나 루더퍼드 엘리Helena Rutherfurd Ely는 뉴욕시 교외의 2만 평 땅에 자신의 창작품인 오두막 정원을 조성하기 시작했다. 조경에서 영감을 받은 엘리는 4만 부가 팔린 1903년 작《여자의 강인한 정원A Woman's Hardy Garden》을 포함해 세 권의 책을 썼다. "조그마한 땅이라도 소유할 수 있을 정도로 운이 좋은 사람들이라면 누구에게든 정원을 만들라고 적극 권하고 싶다. 정원을 돌보며 갖게 되는 여유와 건강상 혜택은 상상 이상이다. 이른 아침이나 늦은 오후, 몇 분만이라도 짬을 내어 식물 속에서 보낸다면 삶의 새로운 면이 열리고, 건강이 좋아지고, 근심은 사라지고, 당신은 자연에 한 발 가까워진다."

정원을 가꾸기 시작하라는 엘리의 조언은 새로운 사업을 시작하는 것부터 난생 처음 피아노를 배우는 일까지 삶의 어떤 새로운 시도에든 적용 가능하다. "정원을 시작할 때 첫 번째 질문은 당연히, 어디에 무엇을 심을까이다. 만약 당신이 정원을 가꾸어본 경험이 없고 땅은 낯설고 면적도 크다면 유능한 정원사를 찾아가 조언을 듣고 설계에 도움을 받는 게 좋다. 그렇다고 그 말을 그대로 따를 필요는 없다. 최소한 그 즉시, 모든 걸 한꺼번에 적용할 필요는 없다. 잠시 그곳에서 살아가며 당신이 어느 자리에 무엇을 원하는지 느낌이 올 때까지 기다린다. 최대한 많은 정원을 구경하고, 당신이 원하는 것이 무엇인지 알 것 같으면 그때 시작해도 늦지 않다." 그의 조언을 정리해보면, 먼저 조언을 구하고, 계획을 세우고, 여러 곳을 방문하며 많이 구경하고, 마지막으로 자연이 스스로 나아갈 길을 찾도록 잠시 기다려주라는 것이다.

당연한 이야기지만, 가는 길이 내내 평탄하리라 기대해선 안 된다. 시련은 피할 수 없는 법. 엘리에게 잡초, 해충, 벌레, 심술궂은 날씨는 극복할 도전 과제였을 뿐 스포츠 경기의 적수 같은 것이 아니었다. "만약 심은 모든 것들이 잘 자라나 번창했다면 정원 일은 재미없었을 것이다"라고 그는 말한다. "인내와 끈기는 정원사의 필수 덕목이다. 올해에 어떤 식물이 죽거나 피어나지 않으면, 다음 해에 다시 도전해보라. 달라진 환경에서 어려움이 극복될 때까지."

20장

다시, 집으로

(　　　　　集　　　　　)
(　　　　　　　　　　)

삶 자체가 메시지가 돼야 하리.

　　　— 틱낫한

우리는 가게 '시인'을 예전 가게 자리에서 200~300미터 떨어진 호바트의 19세기 교회 건물로 옮긴다. 고딕 양식의 서까래 아래 강당 크기만 한 공간에 프랑스 골동품, 책, 잡지, 의류, 차 2만 6000통을 풀어놓는다.

바깥에선 비바람이 치고 있지만 1890년에 세워진 빅토리안 고딕 양식의 교회는 달관한 듯 비바람을 견딘다. 빗물이 경사진 지붕을 두드리고, 바람은 벽돌로 지은 건물의 거대한 뒷면을 때린다. 집 앞 보도에는 헐거워진 철제 다리가 붙은 입간판이 찬 공기 속에서 덜덜 흔들린다. 입간판 앞면에는 "예술과 철학 박물관"이라고 쓰여 있다. '시인'의 가장 최근 모습이다. 책방에 예술 공간이 더해졌다.

어둑어둑해질 무렵 나는 수레바퀴 형태의 스테인드글라스 창이 정면으로 보이는 교회 신도석에 앉는다. 책 50여 권이 가득 놓인, 프랑스에서부터 들고 온 내 책상 위로 창문의 육선 성형, 즉 다윗의 별을 통해 굴절돼 들어온 햇빛이 파란색 빨간색 초록색으로 빛난다.

예전에 이 교회는 대영제국의 항구마다 지부를 뒀던 선원 포교단이라는 영국 협회의 거점이었다. 그들은 항구로 들어오는 선원들을 돌보고 항구의 삶에 있을 수밖에 없는 유혹들로부터 그들을 보호했다. 이런 역할을 수행하기 위해 교회는 글을 쓸 수 있는 시설을 잘 갖추었고, 다과와 놀이도 제공했다. 그 당시에는 훌륭한 도서관도 있었다. 교회의 창문 – 한면에 여섯 개, 다른 한 면엔 다섯 개 – 너머 호바트의 와핑 지역구는 질병과 오수로 뒤덮여 있었다. 찰스 디킨스의 《올리버 트위스트Oliver Twist》의 악역 페긴의 모델로, 소매치기들을 훈련시켰던 옛 런던의 범죄자 아이작 '아이키' 솔로몬이 바로 이곳에 담배 가게를 차렸다.

고대 철학자 아리스토텔레스가 종종 '번영하는'으로 번역한 그리스어 'eudaimonia'(에우다이모니아)는 두 부분으로 구성돼 있다. 'eu-'는 '좋은'이라는 의미이고, 'daimon'은 '신성' 혹은 '영혼'을 의미한다. 번영하기 위해서는 물질적인 면을 초월해야 한다. 아리스토텔레스는 인간이 스스로 삶의 방향을 결정할 수 있는 이성적인 존재이며, 사건에 따른 연쇄 반응을 끊어내고 우리를 새롭게 만들 수 있는 행위를 시작하는 힘이 있다고 믿었다. 잘 살고 번영하기 위해선 이 귀한 능력을 인식하고 장악할 수 있어야 한다고 그는 강조했다.

빈센트 반 고흐는 자신이 화가가 되리라곤 생각조차 못 했다. 그는 "네, 저는 두 살 때부터 그림을 그렸어요. 저는 그림을 그리고 싶은 사람이란 걸 언제나 알았죠"라고 말하는 사람이 아니었다. 니체는 자아실현을 "한 사람의 존재의 구덩이 속으로 거칠게 떨어지는 것"이라고 표현하기도 했는데, 반 고흐는 자아를 실현하는 여정이 유독 험난했다. 그는 고뇌가 많았고, 의심이 가득했고, 혼란스러웠고, 딱히 규정할 수 없는 무언가 때문에 미칠 것 같았다. 마치 새장에 갇혀 창살에 머리를 찧어대는 새가 된 기분이었다. 자기 안에 무언가가 있고, 자신이 꼭 해야만 하는 일이 있다는 것도 알았지만 그것이 정확히 무엇인지는 몰랐다.

스물여섯 살이 될 때까지 반 고흐는 미술상, 교사, 서적상 등 열 개도 넘는 직업을 거쳤다. 그러다 자기 아버지처럼 선교사 일을 시작했다. 손에 잡히지 않는 에우다이모니아의 '신성함' 혹은 '영혼'을 찾기 위해 반 고흐는 벨기에 보리나주의 불우한 탄광촌 목사로 일했다. "이곳은 첫눈에 모든 것이 음울하고 죽은 듯한 느낌을 주는, 어두운 곳이야"라고 고흐는 동생 테오에게 보내는 편지에 썼다.

그는 목사로서 사람들을 돕기 위해 자신의 건강을 희생하면서 열심히 일했지만, 당황스럽게도 삶의 목적에 대한 끝없는 의문은 수그러들지 않았다. 끊임없이 마음을 이렇게 저렇게 바꿔가며 이것저것을 시도한 끝에 고흐는 고통을 느꼈다. 테오에게 보낸 편지에는 "그렇게 많은 것들을 고민해보았지만, 결국은 다 할 수 없는 일들이었어"라고 썼다.

그러는 동안, 일을 하지 않는 조용한 시간이면 연필로 그림을 그렸다. 처음에는 다른 화가들의 그림을 모방하는 걸로 시작했다. 그리고 1889년 겨울 70킬로미터 가량을 걸어 프랑스 국경 건너편 마을 쿠리에르로 갔다. 그 마을 출신인 프랑스 자연주의 화가 쥘 브르통이 고향으로 돌아왔다는 소식을 들었기 때문이었다. 왜 살을 에는 바람과 비를 무릅쓰고 밤에는 건초더미에서 잠을 청하며 걸어서 그곳까지 갔는지, 반 고흐 그 자신조차 이유를 몰랐다. "나도 모르게 그냥 간 것 같아"라고 테오에게 말했다. "이유를 정확히 모르겠어." 의심의 여지없이 반 고흐는 '그의 기쁨을 따라갔던 것'이었고, 쿠리에르로의 순례는 새로운 자아로 깨어남, 혹은 탈바꿈을 상징하는 여정이었다. 그곳에 도착해서는 브르통의 화실 주변을 서성였지만 그곳에 들어가 자신을 소개할 용기가 부족했다. 그래서 동네를 좀 배회하다 집으로 돌아와버렸다. 고흐에겐 브르통이 필요하지 않았다. 그의 화실에 들어가 거장과 함께 앉을 필요가 없었다. 어떤 일도 함께 도모할 필요가 없었다. 반 고흐는 태어나서 처음으로 이미 자기의 길을 걷기 시작했으니까.

"기다려봐, 어쩌면 언젠가 내가 화가가 되는 모습을 볼 수 있을지도 몰라." 고흐는 1880년 보리나주에서 테오에게 보낸 마지막 편지에 이렇게 적었다. "내가 뭘 할 수 있을진 모르겠지만, 뭔가 인간적인 것이 담긴 그림을 그리고 싶어. (…) 길은 좁고, 문도 좁고, 그걸 찾을 수 있는 사람도 별로 없는 것 같아."

반 고흐와 마찬가지로 폴 고갱 역시 중년에 자아의 변형을 경험했

347

다. 그는 프랑스 해군에 입대하기도 했고, 증권 중개인으로 일하기도 했다. 그림은 그가 30대 중반을 넘어설 때까지 전업이 아니었다. 그런데 반 고흐가 미술상으로 일하던 동생 테오의 영향으로 프랑스 남부 아를의 집 – 라마르틴 광장의 '노란 집' – 을 함께 빌려 살자고 설득했을 때, 고갱은 강한 흥미를 느꼈다.

고갱이 노란 집에 도착하기 전에 갓 사귄 이 두 화가는 자화상을 맞교환했는데 이 그림들은 35세의 네덜란드인과 40세의 프랑스인이 새로운 역할로의 '초월'을 어떻게 포용했는지 잘 드러낸다. 고갱은 자화상의 아래쪽 구석에 이름을 쓰고, 그 바로 위에 붓으로 빅토르 위고의 소설 제목인 '레 미제라블'을 써 넣었다. 반 고흐에게 보낸 편지(어쩌면 '이상적' 자아에 대한 통찰을 더 잘 담고 있을 법한)에는 소설의 주인공 장발장이 어떻게 자신의 영감의 원천이 됐는지 적었다. "장발장 같은 도둑의 얼굴, 강인하지만 남루한, 하지만 그 안에 숭고함과 온화함이 숨겨진 얼굴이지. 마치 발정 난 생명체처럼 열정적인 피가 온 얼굴로 번지고, 두 눈은 용광로의 불길처럼 시뻘건 색으로 불타고 있어. 그것은 우리 같은 화가들의 영혼에 마치 용암처럼 흘러들어 가득 채우는 영감을 가리키는 색이지." 고갱에게선 그의 이상적 자아가 캔버스 위에 만져질 듯 구체적으로 그려졌다. 이 허름한 차림의 지칠 줄 모르는 예술가는 녹아 흐르는 용암만큼이나 뜨거운 창의적 열정, 너무 엄청나서 스스로를 파괴할 수도 있을 열정으로 들끓고 있었다.

반 고흐의 자화상은 고갱의 편지가 아를에 도착하기 전에 발송됐는데, 그의 자화상 역시 진화하는 화가 본인의 모습을 드러냈다. 반 고흐는 자신을 일본 승려의 모습처럼 그리고, "영원한 부처를 모시는 검소한 승려"라고 적었다. 반 고흐가 아를의 카페 드 라 가르에서 상상해보곤 했던 노란 집은 예술에 전념하는 화가들의 수도원 같은 공동체 역할을 할 곳이었다. 평범한 삶의 산만한 일상으로부터 멀리 떨어진 외딴 남쪽의 그곳에서 그들은 그림을 그리고, 공부하고 번영할 터였다. "내가 모든 걸 계획해 두었어요"라고 반 고흐는 적었다. "나는 정말 그곳을 화가의 집으로 만들고 싶어요."

그가 빌린 네 개의 방에서 소박하지만 생산적인 삶을 살아가는 화가들의 모습, 그림이라는 단 한 가지에 전념하는 화가들의 모습을 반 고흐는 생생히 그려볼 수 있었다. 그것은 예술이라는 종교였고, 미학에 근거한 신념이었다.

비록 서른일곱에 생을 마감하기 전까지 반 고흐가 화가로 지낸 기간은 10년뿐이지만 그는 많은 작품을 남겼다. 유화, 소묘, 스케치를 포함해 900점 넘는 작품을 그렸는데, 거의 36시간마다 작품 하나를 그려냈다고 볼 정도로 엄청난 속도였다. 우리 인간은 삶의 목적을 발견한 뒤에는 놀라운 생산력을 발휘한다.

반 고흐가 노란 집의 외딴 방 – 때로 그는 며칠씩 아무와도 말을 하지 않았다 – 밖으로 나와 스케치를 하고 그림을 그리기 위해 아를을 산책할 때면 긴 작업복을 입고 싸구려 밀짚모자에 파란색 혹은 노란색 리본을 달고 이 사이에 파이프를 문 모습이었다. 반 고흐의 새로운 모습은 조롱을 면치 못했다. 동네 젊은이들은 그를 비웃으며 양배추를 던지기도 했다. 그로부터 8년 전만 해도 벨기에에서 목사로 일했던 사람이라는 것을 상기해볼 때 자아에 대한 관념에 엄청난 변화가 있었음을 알 수 있다. 이런 산책길에 때로는 고갱도 함께 했는데 역시나 전업 화가로 거듭난 고갱은 브르타뉴의 선원 같은 차림에 셔츠를 입고, 베레모를 쓰고 나막신을 신은 모습이었다.

오늘날 유명인이나 연예인들이 진화 중인 10대들에게 영향을 준다면 19세기에는 문학계의 거장들이 그 역할을 했다. 고갱의 정체성 형성에 도움을 준 사람은 바로 피에르 로티Pierre Loti였다. 로티의 1883년 작《나의 형제 이브My Brother Yves》는 1800년대 후반 프랑스 해군 장교 로티와 주정뱅이 브르타뉴 선원 사이의 우정에 대한 반 자전적 이야기다. 브르타뉴 선원의 삶에 대한 묘사는 고갱이 해군에 입대한 초창기부터 끓어오르기 시작한 자아감을 일깨웠다. 로티의 책에는 평범하고 진부한 유럽의 삶을 벗어나 타히티나 일본 같은 이국적인 목적지로 떠나는 이야기가 담겨 있었고,《아이슬란드의 어부An Iceland Fisherman》를 포함한 작품들은 고갱의 미래 지도 위에 목적지를 찍어주었다. 그렇게 고갱은 회사원의 옷을 벗어던지고 브르타뉴 선원의 옷을 입었다. 반 고흐에게도 로티의《국화 부인Madame Chrysantheme》이 고갱만큼이나 큰 영향을 주었다. 일본인 유부녀와 프랑스 해군 장교의 정사를 다룬 그 소설을 통해 고흐는 일본의 승려 생활을 접하게 됐다. 그 이야기가 이 은둔적인 예술가에게 미학적 재능의 필요성을 깊이 일깨웠던 것 같다. 노란 집은 그 문학 작품 속 분위기를 무척 많이 반영하고 있다.

퇴근길에 밝은 핑크빛 세단이 급하게 내 차 앞으로 끼어든다. 차 후미에는 'P'자(영국·오스트레일리아에서 운전자가 임시 면허를 갖고 있음을 알리는 표시 – 옮긴이)가 붙어 있다. 운전대를 잡고 차량들 사이로 핑크빛 금속을 모는 여자는 상당히 앳돼 보인다. 나는 은색 밴을 몰고 그 차를 뒤따라가며 저런 모습이 요즘 젊은이들의 모습 아닐까 생각해본다. 바쁠 일도 없는 나는 우리 차선 저 앞에서 질주하는 그의 차를 지켜보며 가는데, 결국 그 차도 곧 천천히 기어가기 시작하고 커다란 차들이 차선을 장악한 가운데 자꾸만 멈춰 선다. 아무리 애를 써도 그 사이를 뚫고 나갈 수는 없다. "삶도 저렇지 않나?" 나는 혼자 중얼거린다. "아무리 배짱과 에너지가 있어도 계속해서 무언가의 꽁무니에 부딪히게 되지. 끝없이 현실의 벽에 부딪히는 거야."

우리가 살아가며 하는 일들은 우리의 목표와 비전에만 지배되는 것이 아니고, 앞을 막아서는 장애물이나 다른 사람들의 영향을 받기도 한다. 대단한 아이디어와 선견지명을 갖고 있어도 돈이 부족하거나 인간관계에 실망하거나, 직장 면접에서 떨어지거나 계획이 어그러지기도 한다. 우리는 앞으로 달려 나갈 에너지와 의지를 갖춘 핑크빛 세단이지만 계속 무언가가 앞길을 가로막는다. 더 나은 무언가가 손 닿을 거리에 있다는 걸 알지만 어떻게 거기에 도달할 수 있는지는 모른다.

조지프 캠벨은 우리가 삶의 어느 한 지점에서 다른 지점으로 가고 싶을 때 제일 먼저 해야 할 일은 장애물을 극복하는 것이라고 했다. 그 장애물은 우리의 꿈이 절망적이라고 말해야 할 이유가 아니라 오히려 우리가 기대하고, 심지어 환영해야 하며 이정표로 삼아야 하는 것이라고. "이 길이 막혔으니 새로운 길을 개척해야겠어." 방향을 바꾸고, 옆길을 시도하는 것이 캠벨의 방식이다. 장애물을 창의력을 발휘할 자극제로 삼는 것이다. 우리의 앞길을 방해하는 사람들 덕에 지평이 확장된다고 생각하면 된다. 바꾸어 말하면 장애물은 우리를 길 밖으로 밀어내는 힘이 아니라 길 그 자체다. 미국의 정치가 프랭크 클라크Frank A. Clark는 이런 말을 남겼다. "만약 당신이 장애물이 없는 길을 발견한다면 그 길은 어디로도 이어지지 않는 길일지 모른다."

여전히 교통 정체 속에 갇힌 채 교차로에 서서 나는 가게 진열창에 적힌 글을 읽는다. 그 글귀는 가게 주인이 가게 앞을 지나는 차들에게 보이도록 화이트보드 위에 파란색 마커로 써놓은 것이다. 가게 주인은 차를 타고 지나가는 사람들이 잠깐 멈추고 생각에 잠길 수 있도록 매주 글귀를 바꿔 적는다. "매일 밤 9시에 잠자리에 들 때마다 나 자신에게 속삭인다. '너는 아직도 록 스타야!'"

그렇다, 우리는 모두 좀 더 많은 것을 했기를, 더 성취했기를 바란다. 화이트보드 위의 글귀를 읽다 보니 영화 〈워터 프론트On the Waterfront〉에서 테리 말로이가 삶의 수많은 결정들에 대해 한탄하는 모습이 떠오른다. "너는 이해 못 해! 나는 공부를 할 수도 있었어. 도전자가 될 수도 있었어. 이런 부랑자 놈팡이가 아닌 누군가가 될 수 있었다고. 하지만 나는 그런 놈일 뿐이야. 그걸 인정하라고."

우리는 록 스타들을 사랑하고, 천재들을 숭배한다. 전성기에 오른 예술가들을 사랑하고, 그들이 마치 신인 것처럼, 무슨 기적이라도 되는 것처럼 그들의 성취에 감탄한다. 그러나 우리 자신을 그런 위대한 사람들과 나란히 놓고 이런 생각을 하지는 않는다. "나도 언젠가는 라파엘처럼 그림을 그리고, 괴테처럼 글을 쓰게 될 거야. 약간의 끈기와 노력만 있으면 가능한 일이야." 만약 혹시라도 그런 생각이 들었다면 아마 스스로 이렇게 말하리라. "말도 안 되는 소리… 라파엘처럼 그림을 그린다고? 장난해?" 자신을 위대한 거장들과 비교한다는 것 자체가 신성모독처럼 느껴지는 것이다.

니체는 우리가 '위대한 인물들'을 신의 경지로 올려놓는 이유는 자신과 그들을 비교하는 데서 오는 괴로움을 면하기 위함이라고 말했다. 질투의 고통으로부터 우리를 구하는 것이다. "누군가를 '신'으로 부른다는 것은 '이 존재와는 경쟁할 필요가 없다'는 의미다." 그들이 정녕 기적이라면 그들은 '드물게 일어나는 사고'이거나 '저 높은 곳에 계신 분'이 된다. 우리와 다른 부류의 사람들을 기리는 것은 자존심에 상처를 내지 않는다.

그러나 우리가 위대한 화가들의 작품을 볼 때, 혹은 각자의 분야에서 눈부신 경지에 오른 사람들을 볼 때 간과하는 것은 긴 세월 동안 그들이 기울인 노력이다. 니체는 '위대한 거장들'을 기계 발명가나 역사학자, 천문학자처럼 '생각이 한 가지 방향으로 활성화된 사람들'에 비유한다. "그 목표 하나만을 향해 모든 것을 쏟아붓고, 언제나 내면을 열심히 들여다보며, 가진 것들을 조정하고 손보는 일에 지치지 않는 사람들이다." 천재는 선천적인 기술을 갖고 태어나는 것이 아니라 누구든 시도하기만 한다면 훈련과 그 과정에서 습득되는 재능으로 만들어진다.

니체는 말한다. "천재도 처음에는 돌을 제 위치에 놓는 법을 배우는 것부터 시작한다. 그다음에 지어 올리고, 늘 재료를 찾으며, 계속 형태를 잡고 다시 수정한다. 천재만 그런 것이 아니라 인간의 모든 행위는 놀라울 정도로 복잡하다." 그러나 그중에 기적인 것은 아무것도 없다. 예술가의 진화 과정, 즉 실수들, 실망의 순간들, 건강 악화나 빈곤으로 인한 역경을 목격한 다음에야 우리는 기적이 일어나는 모습을 볼 수 있다. 우리 역시 기적이 될 수 있다.

니체의 이런 말은 코로나 팬데믹 때 어느 라디오 진행자가 무심코 한 이야기를 상기시킨다. 당시 많은 배우들이 로스앤젤레스라는 화려한 도시를 떠나 부모님이 계신 집으로 돌아가 영화 산업이 다시 돌아가길 기다렸다. 스포트라이트를 벗어난 몇 달간 대중들로부터 잊힐 수도 있다는 두려움에 그들은 팬들을 위해 팟캐스트를 하거나 소셜미디어에 사진을 찍어 올렸다. 반려견과 함께 소파에 앉은 모습, 뒤뜰의 빈약한 사과나무 아래 앉은 모습 같은. "그게 말이에요." 라디오 진행자가 말했다. "그 사람들이 너무나 안 유명한 사람 같아 보이는 거예요. 로스앤젤레스의 화려한 조명 아래에선 그렇게 매력적으로 보이던 사람들이 집에선 그냥 평범해 보이더란 말이에요. 좀 놀라울 정도였어요." 신중한 발언은 아니었지만 그의 말에는 현대의 '위대한 인물들'도 그저 열심히 노력하고 운이 더 좋은 평범한 사람들이었다는 깨달음이 담겨 있다.

타인의 성취를 우러러보는 것도 좋은 일이지만, 니체는 우리에게도 커다란 성취를 할 수 있는 힘이 있다고 믿었다. 다만 무언가 시작하기 전에 꼭 기억해야 할 사실은 원대한 목표를 세우는 것은 좋은 일이나 무언가를 꽃피우는 일은 매일 아주 느린 속도로 진행된다는 것이다.

여러 해 전에 록 밴드 너바나의 리드 보컬인 커트 코베인의 다큐멘터리를 보았다. 그는 너무 갑작스럽게 유명해지는 바람에 이성적인 판단 능력을 잃어버렸다. 자신의 삶을 돌아보는 인터뷰에서 코베인은 밴드를 막 시작한 때로, 그들이 먹을 것도 제대로 못 먹고 고생하던 날들로 돌아가고 싶다고 고백했다. 무대 위에 오르고, 환호를 받고, 모두가 그를 추앙하고 비위를 맞춰주는 날들을 살고 있었지만, 스물일곱에 자살한 코베인이 갈망했던 날들은 고생하던 시절이었다. 많은 사람이 남몰래 갈망하는 삶을 살았던 록 스타 코베인은 가장 어려웠던 시절을 자신이 가장 찬란하게 꽃을 피운 시기로 여겼다. 이 사실은 많은 철학자들의 견해 그리고 이 책을 쓰기 위해 지난 10여 년간 조사하며 내가 발견한 사실과 일치한다. 바로 자신이 바라는 사람이 되기 위한 고생이 번영의 본질이라는 사실이다. 우리가 부딪히는 문제와 장애물, 사고나 고난이 모두 번영의 본질이다. 삶의 마지막에 이르러 가장 소중하게 여기게 되는 것들도 역경을 이겨내는 과정이다. 목적지는 상관없다.

"다른 동물들과 달리 인간이라는 동물은 일정한 양의 삶의 역경에 적응돼 있는 존재다. 따라서 엄청난 부 덕분에 호모 사피엔스가 자신의 온갖 변덕을 별 노력 없이 만족시킬 수 있게 되고 노력할 필요가 없어지면 행복의 본질적인 요소가 사라지게 된다." 버트런드 러셀은《행복의 정복》에서 이렇게 밝혔다. "적당한 욕구라고 생각되는 것을 아주 쉽게 손에 넣을 수 있게 되면 원하는 것을 손에 넣었을 때 행복감을 느낄 수 없게 된다. 만약 그가 철학적인 기질을 가진 사람이라면, 원하는 것을 모두 가져도 여전히 불행하므로 인간의 삶이란 본질적으로 가련한 것이라는 결론을 내리게 된다. 원하는 것이 어느 정도 결여된 상태가 행복의 필수 조건이라는 사실을 잊어버리는 것이다." 코베인은 자신이 원하는 것을 전부 살 수 있고, 그가 무엇을 하든 안 하든 모두가 좋아해주기 시작하자 무언가를 추구할 동기를 상실했다. 바로 행복의 필수 조건을 잃어버린 것이다. 이미 모든 것을 다 가졌는데 무엇을 위해 분투해야 한단 말인가? 고속도로 위를 전속력으로 질주하다 갑작스럽게 막다른 길에 다다른 것이다.

번영한다는 것은 이상적인 자아가 되기 위해 분투한다는 뜻이다. 늘 변화하고, 성장하고, 실패하고, 장애물을 만나고, 모르는 길로 방향을 틀기도 하는 것이다. 니체는 인간의 운명이 고생, 고통, 실패 그리고 또 다른 실패라고 말했다. 행복은 고생이라는 산을 하나 정복하거나 하나의 성취를 이룬 다음 아주 드물게 찾아왔다 순식간에 사라지는 것이며, 일상의 삶에서는 만나기 매우 힘든 것이라고 말했다. "삶의 무게가 너무 무거운가?" 니체는 묻는다. "그렇다면 삶의 무게를 더 늘려야 한다." 내가 여기서 말하는 '분투'는 빈곤, 전쟁 혹은 기근에서 살아남으려는 분투가 아니라는 것을 짚고 넘어가야 할 것 같다. 그런 커다란 어려움들은 우리가 자아실현을 위해 분투할 수 있는 특혜를 누리기 전에 이미 극복된 것들이다.

매슬로는 피라미드의 기반에 음식과 주거 문제가 있고, 자아실현의 욕구는 이런 기본적인 욕구들이 해결된 뒤에 생긴다는 사실을 욕구 단계의 피라미드에서 지적한 바 있다.

그러나 아무 일도 일어나지 않는 아주 긴 시간 속에서도 우리는 분투하곤 한다. 바로 기다림이라는 힘겨운 몸부림이다. 만족, 유흥, 네트워크 등 모든 것이 즉각적인 21세기를 살아가는 사람들 가운데 이것을 극복하는 능력을 가진 사람들은 흔치 않다. 우리는 원하는 것을 지금, 당장 갖는 것에 익숙해졌다. 어디론가 여행을 떠나고 싶다고? 지구 저 건너편에서 파는 무언가를 갖고 싶다고? 우리는 그런 것들을 즉각적으로 실행에 옮길 수 있음을 안다. 이 세상이 돌아가는 속도가 빨라질수록 우리가 무엇을 얼마나 빨리 가질 수 있을까에 대한 기대감 역시 같은 속도로 올라간다. 하지만 꿈꾸는 자들에게는, 자신이 늘 바라왔던 미래를 살고 싶은 사람들에게는 기다림의 시간이 필요하다. "사람들은 기다리는 것을 좋아하지 않는다"라고 헨리 나우웬 교수는 《하나님을 기다리며Waiting for God》에서 말했다. "기다림은 사람들이 잘 소화하지 못하는 감정이다. 사람들 대부분이 기다림을 시간 낭비라고 생각한다. 아마도 우리가 사는 사회에 기본적으로 깔린 정서가 '움직여. 뭐라도 해. 당신이 차이를 만들 수 있는 사람이란 걸 증명해봐. 그냥 주저앉아서 기다리고 있지만 마'라고 말하고 있기 때문일 거다."

불안이 많은 사람은 계속 밀어붙이며 끊임없이 나아가려고 한다. "두려움이 많은 사람은 기다리는 것을 힘들어한다. 두려움을 느끼면 지금 있는 곳에서 벗어나고 싶어지기 때문이다"라고 나우웬은 말한다. 어쩌면 이런 현상은 우리 뇌의 편도체에서 일어나는 '투쟁-도피' 반응 중 '도피'에 해당할 수도 있겠다. 도피 반응은 우리 조상들이 위험에서 도망치도록 준비시켰던, 인류의 진화에 아주 중요한 스트레스 호르몬 분비로 나타나는 반응이다. 현대사회에서 도피를 부르는 이 불안한 욕구는 끊임 없는 활동으로 표출된다. 끝없이 이어지는 할 일 목록, 계속 새로 생기는 미래 계획. 이런 것들은 일이 잘 풀리지 않는 기나긴 기다림의 날들이 이어질 때면 궤도를 이탈하거나 좌절된다. 성장하지 못하는 것에 대한 두려움은 의심의 여지없이 인간이 가진 가장 강렬한 감정이다. "사람들이 두려움을 더 많이 느낄수록 기다림은 더 힘들어진다. 이것이 사람들이 기다림을 싫어하는 이유다"라고 나우웬은 말한다. 내면의 두려움, 불안정, 지루함의 옆자리에 앉아 있느니 차라리 다른 도시로 떠나거나 직업을 바꾸거나 심지어 동반자를 바꿔버리는 것이다.

남아메리카 대륙을 밴을 타고 돌아다닐 때 우리 여정에는 시간의 제한이란 것이 없었다. 우리의 여정에 단 한 가지 규칙이 있다면 그것은 계획을 세우지 않겠다는 것이었다. 내가 미래의 이미지―꿈이나 새로운 아이디어 혹은 사업 계획 등―를 그려보려고 할 때마다 잰은 지금은 그럴 때가 아님을 상기시켰다. 그러면 나는 그냥 창밖으로 눈길을 돌려 파타고니아의 들판이 지나가는 모습을 보며 때가 될 때까지 꿈을 접어두기로 마음먹었다. 지금은 계획을 할 때가 아니야. 내 꿈은 잠시 기다려도 괜찮아.

어떤 사람들은 모든 것이 불명확한 상태에서도 성공적으로 일하고 심지어 그 상태에서 번영을 이루기도 한다. 내겐 기다림 때문에 동요하지 않는 친구가 있다. 오히려 그 반대다. 경제 전문가인 그 친구는 새로운 경제 시스템에 대한 글을 쓰고 그 내용을 공들여 책으로 쓴다. 그 친구가 정립한 시스템은 오늘날 우리가 채택한 자원 배분의 자본주의 유형과 다르다. 그 친구는 자신의 경제 시스템이 금방 채택되지 않으리라는 것도 인식하고 있다. 5~10년 내에 채택될 가능성도 없어 보인다. 어쩌면 영원히 채택되지 않을지도 모른다. 하지만 중요한 것은 그게 아니다. 그 친구에게 가장 중요한 본질은 자신의 이론이 세상에 '등장'했다는 것, 씨앗을 심었다는 사실이다. 그리고 언젠가 때가 왔을 때 그의 경제 이론은 그 시절의 흐름에 잘 맞아떨어질 것이다. 지금으로부터 100년쯤 뒤에 누군가가 그의 책에 쌓인 먼지를 툭툭 털어내고 이런 생각을 할지도 모른다. '이 이론이 괜찮은 것 같아.' 경제 기능에 대한 그의 꿈이 펼쳐질 만한 상황을 만날 수도 있는 것이다. 그 친구는 변화를 밀어붙이려고 노력하는 대신 역사가 펼쳐지는 과정을 기다려야 한다는 사실을 이해한다. 그리고 그 기다림의 시간 동안 그는 이론을 계속 갈고 닦는다.

나우웬에 따르면 "기다림이란 가능성과 함께 기다리는 것"이다. "기다리는 사람들은 기다려도 좋다는 약속을 받은 사람들이다. 그들은 마치 자라나기 시작한 씨앗처럼 무언가가 실현되고 있음을 안다. (…) 우리는 기다리던 것이 이미 시작됐을 때만 기다릴 수 있다. 따라서 기다림은 결코 아무것도 아닌 것에서 무언가로의 움직임이 아니다. 기다림은 언제나 무언가에서 더 발전한 무언가로의 움직임이다."

비록 아무것도 일어나지 않는 것 같은 느낌에 시달리고, 꿈이 절대로 실현되지 않을 것이며 똑같은 삶에 갇혀 똑같은 일만 하고 살 듯한 느낌이 드는 때에도 현실이 꼭 그렇지는 않다는 것이다. 우리가 미래의 어떤 이미지를 품게 되고 영감을 주는 무언가를 언뜻 보았다면, 그때부터 이미 우리 안에 무언가가 움직이기 시작한다. 맨 아래 서랍에 넣어둔 꿈이나 매년 우리의 목록에 올라가는 새해 결심들은 우리 안에 살아 있는 에너지의 근원이다. 우리가 그것들을 계속 믿기만 한다면, 내 친구의 경제 이론처럼 사회가 그 진보적인 아이디어를 지원할 수 있는 시간이 도래했을 때, 기다림 속에 쌓인 먼지를 털어내고 빛을 보게 될 것이다. 어쩌면 어느 날 곤경에서 벗어나기 위해 그 꿈이 필요할 수도 있다. 맨 아래 서랍에 넣어둔 꿈이 당신을 구원할 날이 올 수도 있다.

물론 우리는 늘 생산적으로 살아야 한다고 배워왔으니 기다림은 수동적이고 게으른 것처럼 느껴질 수도 있다. 우리는 늘 시속 150킬로미터로 일을 준비하지 않으면 해낼 수 없다고 생각하는 것 같다. 기다림의 비결은 씨앗을 일단 심었으면 이미 무언가가 시작됐음을 아는 것이다. "능동적인 기다림이란, 지금 내가 있는 곳에서 무언가가 일어나고 있다는 확신을 갖고 그 순간을 함께 하겠다는 의지로 그 자리를 지키는 것이다"라고 나우웬은 말한다. 도피하지 않고 기다리기 위해선 용기가 필요하다. 늘 하던 대로 앞으로만 내달리지 않고 지금 간직한 그 꿈을 잘 키우는 것이 쉬운 일은 아니다. 비록 계획했던 대로 일이 진행되지 않더라도 대단한 계획이란 것이 따로 있지 않음을 깨달아야 한다.

핑크 세단은 트럭 뒤에서 잠시 주춤거리다가 잠깐 공간이 열리자마자 앞으로 치고 나갈 수 있다는 기쁨에 겨워 앞으로 내달린다.

러셀은 노화 과정에서 뜻밖의 사실을 깨달았다. 나이가 들어갈수록 더 행복해진다는 것이었다. 노화라는 것이 젊음의 활력을 잃어가는 과정과 동반되는 현상임을 생각해볼 때 영국의 철학자에게 이런 깨달음은 예상 밖이었을 것이다. 이 감정을 좀 더 들여다본 끝에 러셀은 이 신기한 행복감의 근본적인 이유를 짚어냈다. 그것은 자신에 대한 집착이 줄어들기 때문이었다.

"청교도의 엄격한 교육을 받은 다른 사람들과 마찬가지로 나는 내 죄와 어리석음과 단점을 돌아보는 습관을 갖고 있었다. 내 눈에도 나는 한심한 인간이었다"라고 그는 썼다. "그러나 차츰차츰 나는 나 자신과 내 결함들에 무심해지는 법을 배웠다. 나는 관심을 점점 더 외부로 집중하는 법을 배워나갔다. 세상의 상황, 지식의 다양한 분야, 내가 애정을 느끼는 사람들. 물론 외부의 관심사들 역시 각기 나름의 고통을 불러올 수 있다. 세상은 전쟁에 휘말릴 수 있고, 어떤 분야의 지식은 터득하기 어려우며, 친구가 세상을 떠나기도 한다. 그러나 이런 종류의 고통은 자기혐오로부터 유발되는 고통처럼 삶의 본질을 파괴하진 않는다. 그리고 모든 외부적 관심사는 그 관심사가 살아 있는 한 그와 관련된 행동을 불러일으키기 때문에 권태감을 확실하게 예방해준다. 반면 자기 자신에 대한 관심은 발전적인 활동을 유발하지 않는다."

수도원의 승려도 비슷한 운명을 경험할 수 있다. 자아를 떠나보내고 수련을 통한 금욕생활을 하면서 자신을 둘러싼 바깥 세상에 온전히 집중할 수 있다. 빛깔들이 더 선명해지고 촉각과 후각도 고조된다. 자기 자신에 대한 집착을 끊어내는 법을 배우는 사람에겐 보상이 뒤따른다. 그렇지만 러셀의 경우에서 알 수 있듯이 자기절제의 열매를 즐기기 위해 꼭 승려가 될 필요는 없다. 외부 활동에 열렬한 관심을 갖는 것만으로도 그에 견줄 만한 보상이 주어진다.

이탈리아계 프랑스 패션 디자이너 피에르 카르댕은 어느 모로 보나 이례적인 삶을 살았던 사람이다. 그는 커트 코베인처럼 이 시대의 또 다른 '천재'였다. 한때 전 세계로 뻗어 나간 패션 사업을 일군 장본인으로, 그 당시 그의 옷을 입은 사람만 1500만 명으로 추산된다. 그는 자신의 역량을 의상으로만 제한하지 않았고, 가구 디자인으로 방향을 틀기도 하고 선글라스, 넥타이, 심지어 자동차 시트로 자신의 브랜드를 확장했다. 극장과 연기를 사랑했던 그는 극장을 운영하기도 하고 제라르 드파르디외 같은 젊고 검증되지 않은 배우들을 후원하기도 했다. 카르댕에게 일이란 삶의 의미이고 행복의 본질이었지만, 그가 이해한 일의 의미는 대부분의 사람들과는 다른 것이었다. 일을 한다는 것은 진전을 보이고, 앞으로 나아가고, 고군분투하고 경쟁하며, 성장하고, 뻗어나가는 것이었다. 일을 한다는 것은 그에게 '존재하는 것'과 같았다. "나는 밤낮으로 일을 합니다. 내게 일이란 해방이라고 할 수 있어요. 일을 어떻게 정의해야 할지 잘 모르겠어요. 왜냐하면 내겐 노는 것도 일하는 것이거든요"라고 그는 말했다. "이러다 언제든 일을 관두는 날도 오겠지요. (…) 이제 젊지 않으니까요. 하지만 나는 계속 일할 겁니다. 오직 일만이 나를 행복하게 해주니까요."

목표의 결승선에서 고꾸라진 코베인과 달리 카르댕은 마음속에 '목표'를 따로 두지 않았다. 만약 목표가 있었다면 그것은 언제나 새로 채워지는 것이었다. "나는 언제나 현재가 행복하지만 그렇다고 할 일이 끝난 것은 아니다"라고 그는 말했다. "내가 할 수 있는 일이라면 하지 않을 이유가 무엇인가? 만족하지 못해서가 아니다. 그저 달리는 사람, 자전거를 타는 사람, 축구 선수, 혹은 다른 운동선수들처럼 앞으로 나아가는 것뿐이다. 내 분야에서 나는 정복하고 목표에 도달하고 싶은 것이지 무언가를 소유하려는 게 아니다. 소유란 완전히 다른 것이다."

만약 우리 눈앞에 목표가 있다면 그것은 이정표 역할을 할 뿐 종점이 아니다. 이정표는 앞으로 나아가는 방향을 제시할 뿐, 처음에 가능하다고 생각했던 것보다 더 멀리 나아갈 수도 있다. 카르댕은 중국이 서구 사회와 거의 교류가 없던 시절에 모델들을 만리장성의 패션쇼 무대에 세웠고, 자신의 '일'을 하는 과정에서 넬슨 만델라와 만나기도 했다. 이런 이벤트는 일을 해나가는 과정에서 자연스럽게 성사된 것들이지 장기 목표 리스트에 올라 있던 것들이 아니었다. 갑자기 우연한 기회가 눈에 띄면 그는 그쪽으로 방향을 돌렸다. 한번은 다큐멘터리 영화 감독 P. 데이

빗 에버솔P. David Ebersole과 토드 휴즈Todd Hughes가 디자인계의 이 거장을 만날 수 있으리란 큰 희망 없이 피에르 카르댕의 플래그십 스토어에 무작정 찾아간 일이 있다. 운이 좋으면 소셜미디어에 올릴 사진이나 한 장 찍을 수 있을까 하는 생각이었다. 그러다 거장을 만나게 됐고 그 김에 다큐멘터리를 찍을 의사가 있느냐고 물었다. 놀랍게도 97세의 카르댕의 대답은 "좋아요, 합시다"였다.

이 모든 업적 뒤에 숨겨진 장대한 계획이 있었다면 그것이 무엇이냐고 물었을 때, 그는 이렇게 대답했다. "내 삶을 충족시키기 위해, 일하고 창조하는 동안 행복해지기 위해 (…) 저는 멈춘다는 생각을 하지 않습니다. 그냥 앉아서 내 삶의 마지막이 찾아오길 기다리라고요? 결국 그저 죽을 날만 생각하고 있어야 한다면 뭐하러 삽니까?" 그를 움직이는 힘은 쾌락주의가 아니라 삶에 대한 사랑과 열정이었다. 카르댕은 열정에 휘감겨 살았고 그것이 마치 커다란 쿠션처럼 삶의 날카로운 모서리들로부터 그를 보호했다. 자신이 사랑하는 다양한 색채들로 칠해진 공간 안에서 어떻게 불행해질 수 있을까? "그저 내게 기쁨을 주는 일을 하려고 할 뿐입니다. 때로는 성공하기도 하고 때로는 못 하기도 하는 거죠."

삶의 끝자락에서 그는 파리에서 40분가량 떨어진 우당이라는 지역에 아름다운 집을 사들였다. 그 즉시 그 집과 사랑에 빠진 카르댕은 "이곳이 꿈의 집이다"라고 노래했다. 흥미롭게도 꿈의 집이라는 '상품'을 그는 인생의 막바지에 갖게 됐다. 왜 좀 더 일찍이 아니고? 삶의 꽃을 피우느라 너무 바빴기 때문이다.

현재를 살아가는 것의 중요성은 고대 철학자들의 사고의 중심이었다. 자꾸만 가지지 못한 것을 보려 하지 말고, 지금과 상황이 다르기를 바라지 말아야 한다는 것. "삶의 모든 순간을 인생의 마지막 순간이라고 생각하며 살 것." 로마 황제이자 스토아학파 철학자인 마르쿠스 아우렐리우스는 말했다. 미래의 어느 시점에 자아실현을 이루는 모습을 그려보며 투쟁을 하는 중에 어떻게 현재를 포용할 수 있을까? 이를 해결할 해답은 미래에 그 모습을 비추어보려 하지 말고, 실질적 행동을 통해서 원하는 그 상황을 현재에 이루고자 하면 된다는 것이다. 그러면 질문도 '내 삶이 어떻게 펼쳐지길 바라는가?'가 아니라 '내가 꿈꾸는 대로 현재의 현실을 변화시키려면 어떻게 해야 할까?'가 돼야 한다. 이런 태도는 미래를 바깥으로 밀어내는 게 아니라 현재로 불러들이는 것이다. 이런 태도는 당신의 꿈을 집 안으로 불러들여 탁자 위에 올려놓고 이렇게 말하는 것이다. '어떻게 하면 내가 이 꿈들을 오늘 속에 풀어놓을 수 있을까?'

마침내 우리는 거대한 은빛 유칼립투스 숲 속에 자리한 석조 주택을 구입한다. 강이 보이는 집이다. 우리 소유의 첫 집인데 불가사의하게도 영원히 우리 집이 될 것 같은 기분이다. 안도감이 들지만 두렵기도 하다. 그래서 여행가방들은 풀다 만 상태로 몇 달씩 놓여 있다. 벽도 아무것도 표시하지 않은 상태로 남아 있고, 가구도 마치 곧 다시 운반해서 나갈 것들처럼 아무렇게나 놓여 있다.

그러나 결국 우리는 정착하고, 그러자마자 곧 다음 질문이 이어진다. 다음엔 뭘 하지? 그래서 집 한쪽 끝을 확장해볼까 고민하고, 많은 아이디어들을 주고받는다. 확장부의 새 지붕은 박공으로 할 수도 있겠고, 기괴한 아메리칸 고딕 스타일로 할 수도 있겠다. 집의 정면에서 앞으로 확장하는 방법도 있다. 전망에 더 근접하도록 통유리로 된 거실을 만들고, 벽난로 옆에 기대어 앉을 의자를 놓아두는 거다. 혹은 집 뒤쪽 경사지로 높게 확장하거나. 그러면 그 공간에 침실 두어 개와 욕실을 배치할 수 있다. 그렇게 궁리를 하면서 평평한 땅을 비워둔 채 몇 년을 더 살아간다. 그 빈 공간은 약간의 아쉬움이 뒤섞인 꿈을 품은 곳이 되고, 나는 설거지를 하고 요리를 할 때면 싱크대 앞 부엌 창밖으로 마구 엉킨 호스, 잡초와 빈 화분들의 자리가 된 그 땅을 바라보곤 한다. 영원한 휴면기를 맞이한 듯 활기를 잃은 이 꿈의 땅 한 조각이 내 시야의 정면을 차지한다.

우리는 어느 날 건축설계사를 불러들이고, 그다음에는 건축업자를 불러 이런저런 확장 계획을 열렬히 설명한다. 추가 침실이나 강 전망이 보이는 통유리 거실 공간도 빠짐없이 말한다. 그리고 그 땅 위로 상상력을 마음껏 펼치며 뛰어다니던 우리는 비용이란 현실에 부딪힌다. 이렇게 공사를 하려면 비용이 너무 많이 든다. 그런 이유로 늘 우리의 시야에 들어오는 이 빈 공간은 알라딘의 꿈의 궁전에서 그냥 흙바닥으로 전락한다. 꿈에서 현실로.

일이 재미있어지는 건 그때부터다. 그 땅에 토스카나 양식으로 담장을 두르는 방법을 문의해보았더니 우리 예산으로 가능하다는 답이 돌아왔다. 그뿐만 아니라 당장 공사를 시작할 수 있다. 우리는 사암 분수를 찾아내고 담쟁이덩굴도 심는다. 몇 달 뒤 창밖 풍경은 별의별 상상을 다 해보던 때도 그려보지 못했던 동화 속 오아시스가 된다.

이것이 마음속에 궁전을 지어 올리는 것의 문제다. 당신 눈 바로 앞에 펼쳐진 마법의 정원을 놓칠 수도 있다는 것.

에필로그

15년간의
여행에서 배운 것

여행은 이동하는 수도원 생활과 비슷하다.
길 위에서 우리는 지고 다닐 수 있는 만큼만 소유한 채 더 단순하게 살고,
운명에 자신을 맡긴다.

– 피코 아이어

그것이 찾아온다. 가만히 있기 힘든 마음의 동요. 불안감. 결국 다시 몇 달 안에 짐을 싸고 아이들을 차에 태워 우리는 어둠 속에서 공항으로 달린다.

나는 예측도 되지 않는 무언가를 위해 태즈메이니아 집의 안락함을 두고 떠나왔다. 우리는 이곳에서 1만 7300킬로미터 떨어진 스페인의 역사적인 도시 비예나로 향한다. 아탈라야 성의 그림자 아래 자리 잡은 성곽도시다.

택시기사가 구불구불 길게 이어진 길을 달려 우리 땅을 빠져나갈 때 나는 상실감을 느끼기도 한다. 나중에 돌아왔을 땐 우리 모두 지금과 같

은 사람일 수 없겠지.

변화를 찾고, 살던 곳을 떠나는 것은 깨부수는 연습이다. 내던지고, 문을 닫아야 한다. 그리고 무언가를 부수는 과정에는 불안이 따른다. 자기가 살던 삶에서 그냥 빠져나올 순 없다. 먼저 내 삶의 어떤 부분들은 환히 밝히고 자세히 들여다봐야 한다. 예전의 자아를 해체하는 과정이다.

우리는 '시인'을 닫았고, 그 보금자리였던 호바트의 19세기 교회 건물을 팔았다. 12톤 상당의 차, 책, 프랑스 골동품, 그림은 옮기거나 팔거나 나눠주거나 동네 사람들이 자기 집에 가지고 갈 수 있도록 길에 내놓았다. 태즈메이니아에서 살던 기억들이 담긴 옷과 장난감은 자선단체 중고 가게 앞 복도에 가져다두었다. 의심의 여지없는 일종의 죽음이다. 변화에는 아픔이 따른다.

하지만 소환당하거나 나만의 모험에 부름을 받았을 땐 결정을 내려야 한다. 감히 할 수 있을까? 이직이든, 이사든, 이민이든, 당신에게 손짓하는 것이 그 무엇이든 새로운 것에 도전할 때 적어도 얼마간은 안정감을 잃을 수밖에 없다.

변화는 인간의 뇌에 불안을 일으키고 그에 대항하는 엄청난 싸움이 벌어진다. 우리의 뇌는 세상이 익숙하고 예측 가능한 것이길 바란다. 뇌는 매일 아침 우리가 무엇을 하는지 알길 원하며, 우리의 정신은 여러 해에 걸쳐 만들어진 습관의 경로를 유연하게 활보하고자 한다. 하던 사업을 접고, 소유물들을 내던지고 짐을 싸서 떠나는 일, 문을 닫고 어리둥절한 친구들과 가족에게 작별을 고하는 일은 정신을 어지럽힌다. "그만! 안정을 찾으라고!"라고 비명을 지를 것이다. "무슨 짓이든 해서 있던 자리로 돌아가!" 우리의 정신이 미래를 들여다보고 아무것도 찾지 못하면 그때야말로 공포가 시작된다.

아리스토텔레스부터 캠벨에 이르기까지 사상가들이 우리에게 행복을 따라가라고 유도할 때 진짜 하고 싶은 말은 무엇일까? 간단히 말해서 그들은 성취를 추구하는 인간의 고유한 본성을 말하는 것이다. "성취감을 느끼는 것보다 더 중요한 일은 없다. 성취하고자 하는 성질은 우리 모두에게 잠재돼 있다. 성취를 탐색하는 것은 자아를 찾는 여행이 아니다. 그것은 당신의 재능, 그러니까 곧 당신을 세상에 실현시키기 위한 모험이다"라고 캠벨은 말한다.

그렇다면 나는 지난 15년간의 여정에서 무엇을 발견했을까? 그 긴 세월 해답을 찾고 있었다면, 나는 번영에 대해 무엇을 배웠나? 나는 그것이 지도 위에서 찾을 수 있는 장소가 아니라는 걸 배웠다. '번영'이라는 마을에 찾아들어가 번영을 이루었다고 말할 수는 없다. 인터넷을 검색하다가 혹은 황혼녘에 공원을 산책하다가 갑자기 발견할 수 있는 아이디어나 개념도 아니다. 어느 조용한 일요일 저녁에 갑자기 번영하는 법을 깨닫고 그때부터 모든 게 순탄하게 진행되는 것도 아니다. 미안한 말이지만, 인생의 경로는 쭉 뻗은 직선이 아니다. 삶에 똑바른 일직선은 존재하지 않는다.

태초에 시작된 중심도, 확장이 끝나는 가장자리도 존재하지 않는, 영원히 팽창 중인 우주처럼 번영이란 영원히 진화중인 과정이다. 그 끊임없는 흐름 속에서 다만 우리가 할 수 있는 일은 경계를 밀어내는 것이고, 그것은 우리가 꼭 해야만 할 일이다. 모험의 부름에 응답하는 일은 불어오는 바람에 조심성을 집어던지고, 한 발짝 앞으로 나아가 위험을 감수하는 것이다. 모든 게 안정적이라 생각하며 발을 올리고 쉴 수 있는 순간, 종착지나 목적지 같은 것은 존재하지 않는다는 사실을 깨닫는 것이다. 우주의 창조물인 우리가 번영한다는 것은 계속 진행되는 성장의 과정이다. 때로는 넘어지고 쓰러질 수도 있지만, 그때마다 툭툭 털고 일어나 다시 앞으로 나아가면 된다.

당신이 무엇을 생각하든 '번영'은 엄청난 통장의 잔고도 아니고, 반짝이는 검은 세단도 아니며 옆집보다 더 화려한 집도 아니다. 타인의 동의나 인정을 필요로 하는 명예도 아니다. 다른 사람의 인정을 필요로 하지 않는 자기만의 여정이다. 마지막 순간에 당신이 의지하게 되는 것은 반짝거리는 물건들이나 돈다발이 아니라 추억, 여정, 우정, 사랑 그리고 당신이 당신의 길을 다져왔다는 사실이다. 그 길이 당신을 어디로 이끌었든 간에.

감사의 말

나는 학교 영어 선생님이 학생들에게 조지 엘리엇의 《플로스 강변의 물방앗간The Mill on the Floss》 복사본을 나눠주셨던 날을 또렷하게 기억하고 있다. 특이한 카디건을 입은 선생님은 책상 끄트머리에 걸터앉아 엘리엇의 글을 큰 소리로 읽어주셨다. 아, 그토록 아름답게 쓰인 글을 듣던 그 순간은 내가 경험한 황홀감의 극치였다. 세상에서 가장 맛있는 요리를 먹는 것 같은 기분이랄까. 내 인생을 바꾸어놓을 만한 그 작품을 읽어주셨던 선생님께 꼭 감사드리고 싶다.

이 책은 나의 여행 동반자이자 베스트프렌드 그리고 영혼의 단짝인 잰이 없었다면 세상에 나올 수 없었을 것이다. 이 책에 실린 아주 많은 생각들이 '무엇이 의미 있는 삶을 만들까?'라는 주제에 대한 우리의 끝없는 토론과 철학적 대화에서 시작됐다. 잰의 세심한 편집 솜씨 역시 내 원고를 다듬는 데 큰 역할을 했다. 그는 나의 '이상한 표현들'을 멋지게 수정해 주었고 작은 오류도 놓치지 않는 그의 예리한 눈은 문법적 오류나 오탈자를 많이 발견했다.

잰의 친척 중에 우리를 '인크레더블Incredibles'이라고 부르는 분이 있다. 그분은 "오늘 우리 인크레더블 커플은 뭘 하시나?"라고 물었고, 나는 그 말을 들으면 기분이 좋아진다. 마치 슈퍼히어로가 된 것 같고 모든 게 다 가능할 듯하다. 한번은 내가 잰에게 이렇게 물었다. "그런데 우리가 정말 인크레더블일까? 그러니까 내말은 그런 슈퍼히어로로 된다는 건 어떤 의미일까? 우리가 어떻게 그런 존재가 될 수 있지? 우린 뭘 어떻게 해야만 하는 거지?"

놀라울 정도로 멋진 사람인 슈퍼히어로가 되기 위한 여정을 떠나는 것이 좋은 시작점인 것 같긴 하다. 그러면 이런 질문을 던질 수 있다. "인크레더블은 어떻게 할까?" 그러면 분명 한계를 뛰어넘으려 시도를 하게 될 것이고, "절대로 실패하지 않는다면 나는 어떤 것을 시도하고 싶은가?"라는 질문을 할 때와 같은 동기를 부여할 수 있다.

이 책은 언제나 나를 격려해주시는 부모님이 아니었다면 쓰지 못했을 것이다. 부모님은 내가 스스로 번영할 수 있는 기반을 만들며 부모 역할을 훌륭하게 해주셨다.

그리고 지난 몇 년간 내가 읽고 또 읽었던 책들의 저자, 철학자 버트런드 러셀, 매체 이론가 닐 포스트먼, 역사가 스튜어트 유언, 소설가 헤르만 헤세와 조지 엘리엇의 통찰력에도 늘 감사하는 마음이다.

나의 편집자 토머스 호스킨스에겐 큰 빚을 졌다. 그는 유연하고 창의적인 정신으로 이 책을 쓰던 과정의 위험한 순간들에 돌파구를 마련해 주곤 했다. 그의 긍정적인 마인드는 이 책을 인쇄하는 지점까지 나를 인도해주는 빛과 같았다.

마지막으로 나의 사랑스러운 네 아이, 졸라, 에셔, 울피, 헉슬리에게 언제나 그들을 자랑스러워하고 있으며 이 세상 그 어느 것보다도 사랑한다는 말을 전하고 싶다.

이 삶이 당신을 어디로 이끌었든

초판 1쇄 인쇄 2024년 5월 9일
초판 1쇄 발행 2024년 5월 22일

지은이 안토니아 케이스
옮긴이 김현수
펴낸이 최순영

출판1 본부장 한수미
와이즈 팀장 장보라
편집 진송이
디자인 함지현

펴낸곳 ㈜위즈덤하우스   **출판등록** 2000년 5월 23일 제13-1071호
주소 서울특별시 마포구 양화로 19 합정오피스빌딩 17층
전화 02) 2179-5600   **홈페이지** www.wisdomhouse.co.kr

ISBN 979-11-7171-191-8 03100